영 계 일 기
[2]

E. 스베덴보리 지음
안곡·박예숙 옮김

예 수 인

영계일기
(the Spiritual Diary)

THE
SPIRITUAL DIARY

Records and Notes made by
EMANUEL SWEDENBORG
between 1746 and 1765

from his experiences in the spiritual world

PUBLISHED POSTHUMOUSLY

SWEDENBORG SOCIETY (INCORPORATED)
20–21 Bloomsbury Way
London, W.C.1
1962

옮긴이의 서문(序文)

이 책의 제목 ≪영계 일기≫(the Spiritual Diary)에서 알 수 있듯이, 그리고 저자가 타계한 후에 다른 사람들에 의하여 편집, 발간되었다는 사실에서 알 수 있듯이, 이 책의 내용은 저자가 그 내용들을 널리 공표하기 위하여 집필한 것이 아니고, 단지 저자가 그의 저서들을 집필할 때 그 저서의 자료들로 사용하려는데, 목적이 있었음을 독자들은 먼저 이해하여 주시기 바랍니다. 특히 이 책의 내용 중에는, 성경에 등장하는, 모든 역사상의 저명한 인물에 관한 것들이 있기 때문에, 어떤 면에서는 흥미도 있지만, 어떤 경우는 이해하기 난해한 것들도 있다는 것을 밝혀둡니다. 옮긴이들의 소박한 소견은, 저자가, 독자들을 위한 것이 아니고, 저자 자신을 위한 자료였기 때문에 그렇게 표현, 기술하였을 것이라는 것과, 그리고 저자는 그 인물과 그 인물의 역할 —성서 안에서든, 사람들의 생각에서든— 이 우리 독자들과는 다른 견해를 가지고 있다는 것입니다. 다른 말로 하면, 극 중의 배우의 역할이 곧 그의 실제적인 성품이 아닐 수 있다는 것입니다. 아마도 이런 오해는 그분의 많은 저서들을 탐독할 때 해결될 수 있는 사안들이라고 생각합니다.

이 책의 내용을 이해하는데 다소 도움이 되게 하기 위하여 먼저 간략하게 아래의 내용을 기술하겠습니다. 즉 이 일기가 언제 쓰여졌는가? 이 일기가 어떻게 해서 현재 형태로 보전되어 왔는가? 이 일기의 내용은 무엇인가? 라는 내용이 되겠습니다.

1. 저자는 언제 이 일기를 썼는가?

저자는 이 일기를 1746년부터 1765년에 걸쳐 기록하였습니다. 우리가 알 수 있듯이, 그분의 생애를 세 부분으로 나누는 것이 보통인데, 1688년부터 1710년(22세)까지를 유년 시대와 학업 시절이라 할 수 있고, 1710년부터 1742년(22세부터 54세까지)까지를 과학 탐구 기간이라 할 수 있고, 1742년부터 1772년(54세부터 작고하기)까지를 영적 진리의 탐구 기간이라 할 수 있겠습니다.*

그러니까, 스베덴보리 선생께서는 제 3 기의 생애에 들어간 뒤에 이 일기를 쓰기 시작했다고 말할 수 있겠습니다. 그리고 그분은 계속해서 그분이 작고하기 7년 전까지 그의 연세로 말한다면 57세부터 77세까지 20년간에 걸쳐 기록한 것입니다.

그렇다면 독자들이 기억해야 할 것은, 이 일기는 젊은 사람이 쓰지 않고 노숙한 사람이 썼다는 것입니다. 그것도 18세기의 유럽에서 과학지식이 절정에 도달한 사람이 그의 말년에 썼다는 사실입니다.

2. 어떻게 해서 이 일기가 현재의 형태로 보전되어 왔는가?

스베덴보리 선생께서는 이 일기를 라틴어로 기록하였습니다. 그 당시 유럽 학자들의 관례가 라틴어 사용이 보편적이었기 때문입니다. 그는 이 일기를 공중 독자들을 위하여 출판할 목적으로 쓰지 않았을 것이라는 것이 연구가들의 공통된 의견입니다. 그 이유로 스베덴보리 선생께서 출판될 저서들을 쓸 때 그의 일기로부터 인용한 것들이 허다하다는 사실, 또 그분이 일기를 쓸 때 단어들을 많이 생략하고 자기가 알 수 있는 정도이면 자기 개인적인 문장 스타일을 택하였다는 사실들을 들 수 있겠습니다.

이 일기의 맨 처음 부분(# 1-148)을 연구가들은 "페이지에 깊이 밀어 넣어 쓴 문단들"(indented paragraphs)이라고들 합니다. 스베덴보리 선생께서 영적 진리 탐구 기간으로 들어가면서 성서를 연구하고, 그 연구 결과들을 집필하였는데, 그것이 <u>The Word of the Old Testament Explained</u> (간단히 The Word Explained)입니다. 이 저서에서부터 그는 이 처음 부분의 일기를 페이지에 "깊이 밀어 넣어 시

---

* 더 자세한 내용을 알기 원하는 독자는 <u>스베덴보리의 신학총서 개요</u>, 하권 뒤에 실린 "E. 스베덴보리 약전"을 참조하면 좋을 것이다.

작된 문단"이라는 명칭을 얻게 된 것입니다.

 스베덴보리 선생께서는 자기의 원고에 책명을 붙이지 않았습니다. Dr. Immanuel Tafel이 원고를 모아 라틴어 판 4권으로 1843년에서 1846년까지 출판하였는데, 그가 라틴어 판에 <u>Darium Spirituale</u>라는 명칭을 부여하였습니다. 이것이 나중에 영어로 <u>The Spiritual Diary</u> (영계 일기)로 번역되었고, 스베덴보리 협회 위원회(The Council of the Swedenborg Society)는 그 이름을 계속 사용하기로 결정하였습니다.*

 3. 이 일기는 어떠한 내용인가?

 이 일기는 스베덴보리 선생께서 영계에서 듣고, 보고, 경험한 것들을 즉시, 즉시 써 놓은 기록들을 모은 것입니다. 다른 말로 표현한다면, 스베덴보리 선생께서 경험을 통하여 발견한 영적 사실, 현상, 원리 등등의 기록을 모아 놓은 저장고(貯藏庫), 또는 보고(寶庫)라고 말할 수 있겠습니다. 스베덴보리 선생의 저서와 친밀한 독자들은 이 일기를 그리 큰 문제없이 읽을 수 있을 것입니다. 단어들을 생략하고 쓴 스타일이 곳곳에서 좀 어려움을 줄런지는 모르겠으나, 대체로 이들 독자들은 스베덴보리 선생의 특이한 사명을 다시 한번 이해할 수 있는 기회를 가지게 될 것입니다. 스베덴보리 선생께서 모든 사람들이 자연계와 영계 사이의 대응(對應)의 원칙에 따라 성서의 영의 (靈意)를 이해할 수 있는 길을 열었고, 그러므로 해서 그들이 기독교의 순수한 가르침을 다시 찾을 수 있는 기회를 마련했

---

* 미국의 General Church of the New Jerusalem에서 1998년에 출판한 번역은 "Emanuel Swedenborg's Diary, recounting Spiritual Experiences"라는 명칭을 보이고 있다. 그러니까 "영적(혹은 영계의) 경험(혹은 체험)을 진술하는 일기"라는 뜻으로 "경험" 혹은 "체험"을 강조하려는 의도를 나타내고 있다.

다는 것을 독자들은 이 일기를 통하여 새삼스럽게 깨달을 것입니다.

   스베덴보리 선생의 저서에 아직 익숙치 못한 독자들이라도 성서와 접하고, 그 성서가 가르치는 인간 영혼의 불멸, 사후의 삶, 등등에 관한 지식을 갖추고 있다면, 큰 부담 없이 이 일기를 읽을 수 있을 것입니다. 이러한 성서 원칙들을 우리들의 지각과 정서(感情)의 차원에서 더욱 더 밝히 깨닫고 체험할 수 있다면 이보다 더 이로운 도움이 있겠습니까? 스베덴보리 선생의 영적 경험을 기록한 이 일기가 바로 그러한 도움을 줄 수 있으리라 믿습니다.

   이 책이 출판되기까지 번역에 참여하신 박 예숙 권사님, 자료를 보내주시고, 많은 격려를 주신 미국에 계신 진 용진 목사님, 그리고 스베덴보리 선생을 흠모하고, 존경하는 동역자 여러분들과, 특히 〈예수인〉 동지들에게 재삼 감사의 말씀을 드립니다. 그리고 표지 장정에 수고하신 민 경석 님에게도 감사의 말씀을 드립니다.

2003년 3.1절 아침 안곡 드림

저 세상에서 나는 오랜 동안 면식(面識)이 있는 사람들과 그리고 친구들과 함께 지낸 것에 관하여

621. 내가 자신 있게 입증할 수 있는 것은, 저 세상에서 수많은 면식자(面識者)들을 만났다는 것, 따라서, 가끔 단절(斷絶)되는 일도 있었지만, 거의 계속해서 나와 같이 있었던 사람들과 더불어 회동, 그들과 같이 대화를 가졌다는 사실입니다. 어떤 친구는, 그가 강력하게 주장하였기 때문에, 한 달 넘게 계속해서 나와 함께 있기도 하였습니다. 내가 일일이 헤아릴 수 없을 만큼 그런 일은 무척 많았지만, 그리고 비록 그들이 그들의 친구들에게 내가 이런 사실을 일러주기를 원하였지만, 허락되지 않은 것을 제외한다면, 그들이 누구였는지 내가 말하는 것은 내게 허락되지 않았습니다. 다만 내가 말할 수 있고, 또 입증할 수 있는 것은, 이 세상의 삶, 즉 육신을 입은 삶(the life of the body)에 있을 때, 내가 잘 알고 있었던 수많은 사람들과 저 세상에서 회동(會同), 오랜 시간 대화를 가졌다는 것과, 그리고 불행한 상태나, 행복한 상태에 관해서 상당히 긴 시간 동안 대담(對談)들을 가졌다는 것과, 역시 이러한 영들이 그들에게 직접 나타나기도 하였다는 것 등등입니다. 그들이 매우 이상하게 생각하고 놀라워한 것은 육신을 입은 삶 가운데 있는 사람이 어느 누구도 사후 즉시 그들이 살아가고 있다는 것을 전혀 알지 못한다는 것과, 그리고 그들은 영들 가운데 있다는 것과, 또 그들의 삶은 육체에 속한 삶의 연속이라는 것과, 그러므로 그들은, 육신을 입은 삶 안에 그들이 여전히 있다는 것 이외에는 아무것도 알지 못한다는 것 등입니다. 이러한 사실은, 너무나도 확실하기 때문에, 여러 곳에서 기술된 내용을 제외하면 아무런 차이가 없다는 것 등입니다. 왜냐하면, 여러 곳에서 읽을 수 있는 것과 같이, 그들의 상태는 육신을 입은 그들의 삶에 따라서 변하기 때문입니다. 1748년 2월 1일

목성(木星)에 사는 주민들의 영들에 관한 속편

622. 541항에서 언급한 것과 같이, 마치 주제넘은 소리와 억압적인 태도로 말을 하던, 내 몸의 중간 아래, 왼쪽 옆에 서 있었던 벌을 주는 영(the punishing spirit)이 나에게 접근하였습니다. 그는 그들의 세상에서 하는 관습대로, 내가 생각하고 말한 어떤 것들 때문에 나에게 벌주기를 원하였습니다. 그들이 그들에 의하여 이와 같이 불리워진 것과 같이, 그들의 천사들은 그들이 그를 인도하기 위하여, 그리고 또한 여러 사정들에 따라서 그에게 벌을 주는 것이 허락되었고, 따라서 그것을 집행하기 위하여, 그의 머리의 영역에 배치되었습니다. 그러나 그들의 형벌들이 다종다양(多種多樣)하다는 것을 나에게 보여 주는 것을 제외하면 그가 나에게 어떤 일을 행하는 것은 허락되지 않았습니다. 그 영들이 하는 말로 그 형벌들 중에 하나는, 그들의 백성들에게 매우 심한 고통이 수반(隨伴)하는 것으로, 마치 예리한 허리띠(a sharp girdle)로 졸라매는 압박에 의하여 생겨나는 것과 같이, 복부 중간 부위에 주는 매우 심한 고통스러운 압박과 같은 것입니다. 그 형벌 중 또다른 것은 호흡(呼吸)을 멈추게 하는 것인데, 따라서 그들의 호흡은 매우 부자연스러웠고, 그리고 이와 같은 일은 간헐적(間歇的)으로 교대하여 계속되었습니다. 더욱이 그들은 그들을 죽음을 가지고 협박하였고, 따라서 그들의 배우자, 자녀들, 친구들에게서 비롯되는 즐거움의 박탈을 가지고, 또는 그들에게서 매우 중요한 것들을 빼앗는 것을 가지고 협박하였습니다. 왜냐하면 이런 영들은 그들이 애지중지(愛之重之)하는 것이 무엇인지, 일순간에 알 수 있기 때문입니다.

623. 더욱이 어느 누구나 유일하신 한 분 주님(the One Only Lord)에 관한 타락(墮落)한 견해에 빠지지 않게 하기 위하여, 온갖 형벌들, 협박들, 그리고 훈계(訓戒·admonitions)에 의하여 그것은 거룩하게 보호되었습니다. 그리고 만약 누군가가 그와 같이 된다면, 그들은 그 사회에서 쫓겨났습니다. 이 유성(遊星·行星)에서는 이런 견해들을 채택, 따르게 되면, 그들은 추방될 수밖에 없습니다. 또한 어느

가정이 그와 같은 견해에 기울게 되면, 그들은 완전히 이주(移住)되었습니다. 왜냐하면 그들에게 죽음(死亡·death)이 선포되기 때문인데, 그와 같은 일은 대부분 그들이 숨쉬는 일을 거두는 것에 의하여 일어났기 때문입니다. 우리의 지구에서는 아주 드물게 질병을 통하여 이런 일이 일어났습니다. 따라서 그들은, 그들이 말하는 것과 같이, 그것을 죽음이라고 부르지 않고, 아니 좀 더 정확히 말하면, 자신들이 만든 천국(heaven-made)으로 보내졌다고 합니다.

624. 그들의 보다 선량한 영들은 우리의 지구에 속한 영들과 쉽게 같이 있을 수가 없고, 오히려 그들은 반드시 떨어져서 살아야만 합니다. 왜냐하면 그들은 여러 세대를 걸쳐 조상들에 의하여 활착(活着)된 서로 상이한 삶에서 비롯된 상이한 기질(氣質)을 가지고 있기 때문입니다. 따라서 그들은 전혀 다른 삶을 가지고 있기 때문입니다. 결과적으로 그들은, 앞서 그들의 내면적인 천계에 속한 천사들 가운데 있는 무지개의 표징에 관해서 언급할 때 지적하였듯이(564항 참조), 천적인 것들과 제휴(提携)한 상이한 성품을 지녔기 때문입니다. 그 때 그들의 성품이 천적인 것들과 제휴하기 때문에, 표징적으로는 무지개의 다양한 여러 색깔들과 같이, 그리고 서로 다른 근원에서 비롯되었기 때문에, 각각의 성품은 너무나 다양하여, 내면적인 천사들은 제휴할 수 없습니다. 이들이 바로 금색의 작은 별들로 장식된 청색의 천계(a golden blue)를 사랑하는 그들의 천사들입니다 (535항 참조). 그들은, 내가 지금 알고 있는 것과 같이, "영적"(spiritual)이라는 낱말을 수용하는 것을 원하지 않습니다. 왜냐하면 그들은 나의 생각들을 인도하였기 때문이고, 따라서 나의 손을 인도하였기 때문입니다. 그 이유는 그들이, 그들은 영적인 것을 알기를 원하지 않고, 오히려 천적인 것을 알기를 원한다고 말하였기 때문입니다. 그들의 대부분은 정령(精靈·善靈·genii)들이었는데, 그것은 그들이 거의 말을 하지 않고 오히려 그들이 생각을 많이 하는 것에서 기인된 것이고, 그리고 그들의 생각들은 이와 같이 그들의

정동들에서 비롯되었습니다.

625. 그들은, 그들이 생각하고, 말한 것을 자신들의 마음에 새기기 위하여, 부드럽게 접근하고, 신중한 생활을 하고, 또 조심스럽게 대화를 합니다. 그들은 지극히 작은 것도 매우 주의 깊게 생각하고, 적절하게 만듭니다. 그러나 만약에 그들이 어느 영들에게서 그들의 질서에 어긋나는 지극히 작은 것이라도 발견되면, 그들은 그들에게 체벌(體罰)을 하려는 마음을 가지고, 따라서 그들을 강압적으로 선에 복종시키려고 합니다. 이런 일은 그들이 그들의 지구에서 온 신참자(新參者·new_comer)들인 영들에게 하는 것이고, 그리고 강압에 의하여 그들을 복종하게 합니다. 나는, 내가 그들에게 말한 것과 같이, 이런 것을 알 수 있었는데, 그것은, 어떤 일이 그들의 질서에 어긋나는 일에 끼어들게 되면, 나는 징계(懲戒)들이나 체벌들에 관한 그들의 생각들을 즉시 지각하였기 때문입니다. 1748년 2월 2일

626. 나는, 그들 자신이 내 입에 속한 영역의 팽창(膨脹)에 의하여, 또는 입술이나 뺨에 속한 영역의 팽창에 의하여, 그것을 알지 못하였을 때, 그들의 현존(現存·나타남)을 알 수 있었습니다. 왜냐하면 그들은 그런 성품이었기 때문입니다. 나 역시 그들과 같이 생각하였는데, 나는 그들의 상상에서부터 나는 이런 모습을 가지고 있다고 생각하였기 때문에, 그들은 나의 얼굴의 영역이 그렇게 변해 버렸다고 생각하였습니다. 그러므로 명확한 사실은, 내면적인 천계에 속한 천사들은, 앞에서 언급한 것과 같이, 그들의 본래적인 기질에 따라서 엄연히 다르다는 것과, 그러나 보다 더 내면적인 천계에 속한 천사들은, 그리고 극내적 천계(the inmost heavens)에 속한 천사들은 철두철미 온 인류(the universal)와 같이 있다는 것 등입니다. 왜냐하면 참된 영적인 사람들과 천적인 사람들 사이에는 불일치나 어긋남은 있을 수가 없고, 다만 자연적인 사람들 사이에서만 그것이 있을 수 있기 때문입니다. 1748년 2월 2일

627. 그들의 내면적인 천사들은 역시, 주님께서는 어느 누구도 결

코 벌하시지 않는다는 것을 배울 뿐만 아니라, 더욱이 어느 누구에게도 악을 행하시지 않는다는 것을 배웁니다. 처음에는 그들은 이 가르침을 받아들이지 않으려고 합니다. 왜냐하면 그들은, 주님께서 징벌을 주고, 형벌(刑罰)을 주신다고 생각하였기 때문입니다. 그러나 그들의 천사들이 징벌도 주지 않고, 형벌도 주지 않으며, 그들의 지구에 있는 사람에게 엄하게 말하지도 않지만, 그러나 그들은 다만, 형벌이나 위협들의 종류나 형량(刑量)에 관해서 그들이 가볍게 하고, 정죄하기 위하여 형벌을 주고, 고발(告發)하는 영들이 이런 일들을 행하고, 말하는 것을 허락하는 것에 지나지 않는다는 것을 생생한 음성으로 그들에게 입증하였을 때, 그들은, 그 결과로서, 그들의 천사들은 어떤 사람에게도 형벌을 주지 않고, 또 고약한 것들을 말하지 않기 때문에, 더욱이 주님께서는 가장 선하신 분이시고, 모든 선의 원천(源泉)이시고, 천사들을 다스리시는 분이시기 때문에, 그런 일들을 하시지 않는다라고 결론을 지을 수 있겠습니다. 그러므로 그들 자신의 행동 양태에서 그들은, 주님께서는 어느 누구에게도 결코 형벌을 주시지 않고, 또 누구에게도 고약한 말을 하시지 않으며, 더욱이 악을 행하시지 않는다는 것을 시인할 뿐만 아니라, 명확한 음성으로 주장할 수밖에 없었습니다. 1748년 2월 2일

목성(木星)의 주민들의 영들에 관한 속편에 관하여

628. 사람들을 위협하는 그들의 방법에서 얻을 수 있는 결론은, 그들의 천사들은 사람들에 대한 일종의 심판을 행하고 있다는 것, 또는 그들은 사람들이나 영들을 심판한다는 것 등입니다. 왜냐하면 앞에서 언급한 것과 같이(622항 참조), 그들은 현존해 있고, 또 징벌을 집행하는 자들을 다스리고, 형벌을 가볍게도 하고, 허용하기도 하기 때문입니다. 그러므로 형벌의 종류가 서술되었습니다. 그럼에도 불구하고, 그들에게 명확하게 말할 수 있는 것은, 그들은 그들 스스로 심판한다고 생각하고 있지만, 그러나 주님만이 홀로 심판주

(the Judge)이시고, 그리고 그들이 스스로 그렇게 한 것 이상으로 그들이 다른 것을 알 수 있게 하기 위하여 주님께서는 그들의 삶들을 조절하신다는 것 등입니다.

629. 더욱이 그들의 냉혹한 영들이 매우 큰 힘을 가지고 나에게 가까이 왔는데, 그러나 그들이 어디에서 왔는지, 그리고 나와 같이 있었던 사람들에게서, 또는 전혀 다른 사람들에게서 왔는지 나는 확실히 알 수가 없었습니다. 나에게 알려진 것은, 그들은 나와 같이 있었던 자들로, 본래 그들은 냉혹한 자들이었다는 것입니다. 그것은 마치 냉기(冷氣)의 접근(接近)과 같았습니다. 1748년 2월 2일

천사들은 끊임없이 완전해 지고 있지만, 결코 그들은 완전할 수도, 거룩할 수도 없다는 것에 관하여

630. 수많은 영들이 보다 내면적인 천계나, 극내적인 천계에 들어가는 것이 허락된다고 해도, 그들은 여전히 완전하지 않고, 오히려 그들에게는 반드시 고쳐야만 될 어떤 자연적인 것들이 항상 밀착되어 있습니다. 이와 같은 일은, 그들이 영들 가운데 다시 돌아 왔을 때 이루어집니다. 그 때 그것은 그들이 여전히 가지고 있는 자연적인 근원에서 비롯된 남아 있는 것이 무엇인지 즉시 드러나게 되고, 그리고 그 때 이것은 수정(修正)됩니다. 그리고 그와 같이 그것은 수차에 걸쳐 다시 돌아오는 반복이 계속 이어지는데, 그러므로 그것은, 천사가 완전하고 거룩하다고 말할 수 있을 만큼, 영원히 완전할 수 없다는 하나의 법칙이라고 하겠습니다. 완전하고, 거룩한 존재는 오직 완전 자체이시고, 거룩함 자체이신 주님뿐이십니다. 1748년 2월 2일

목성(木星)의 주민에 관한 속편

631. 그들의 회개(悔改)에 도움이 되는 형벌들 중 그들에게 부과되는 것에는 이런 것도 있는데, 그것은 빵 이외에는 아무것도 먹어서

는 안 된다는 것과, 그리고 동시에 그 때 그들에게 다른 것을 먹기 위한 식욕(食欲)을 돋우는 욕구가 그들에게 스며든다는 것이 있습니다. 그들이 먹거리를 위해서 과즙·야채·갈아서 만든 씨앗들 이외의 다른 것들을 즐겼는지 여부를 아는 것이 나에게 허락되지는 않았습니다.

632. 야생마(野生馬)인 그들의 말들에 관해서 살펴보면, 그것들은, 매우 큰데, 우리에게 있는 아주 큰 놈에 비하여 더 컸습니다. 그래서 그것들은 낙타들의 높이에 이르렀습니다. 이런 이유 때문에 이런 말들은, 그들이 나에게 말해준 것과 같이, 그들을 매우 겁나게 하였습니다. 한 마리 말이 아주 큰 키로 그들에게 보였을 때, 그들은 나에게 아주 작은 것으로 보여 주었는데, 그들은, 말들에 관해서 이야기할 때, 이 사실을 확증하였습니다.

633. 더욱이 그들은 긴 식사시간에서 기쁨을 만끽(滿喫)하였는데, 그것은 사치스러운 음식 때문이 아니고, 오히려 그들이 함께 앉아서 먹을 때, 우정에 속한 매우 큰 유쾌함 때문입니다. 그들은 의자나 벤치에 앉지 않고, 또 높은 풀 언덕이나 풀밭에 앉지 않습니다. 그들은 그런 것들에 대해서, 마치 그런 것들 아래에 불결한 것들이 있는 것처럼 싫어하고, 오히려 그들은, 자신 아래에 나뭇잎을 깔고 앉습니다. 내가 그들이 앉고 있는 그 나뭇잎들이 무슨 나뭇잎인지 알고자 했을 때, 그들은 아담과 이브가 양의 가죽으로 만든 겉옷이 준비되기 전에 그들이 옷을 만들었던 무화과나무 잎들이냐고 하였을 때, 그들은 그것을 확인해 주었습니다. 1748년 2월 2일

용(龍)의 사기(詐欺)에 관하여

634. 용들은 여러 면에서 이중의 머리(double_headed)를 지녔다고 해서 좋겠습니다. 왜냐하면 그는 입으로는 회개의 꾸밈이나 겉치레를 잘하고, 그리고 마치 회개한 것처럼 말하지만, 그럼에도 불구하고 마음에서는 온갖 사기나 속임수를 품고 있고, 더욱이 그와 같은

일을 한 번에, 그리고 동시에 해치우기 때문입니다. 그들은 자신들의 마음에는 적의(敵意)를 품고 있지만, 자신들의 얼굴이나 행동으로는 가장(假裝)할 수 있는 사기꾼들과 거의 같습니다. 이와 같은 일은 영들에게서는 흔한 일이 아니지만, 그러나 용들에게서는 자주 경험하는 일입니다. 그는 악을 획책(畵策)하면서 동시에 감미롭게 말을 할 수 있습니다. 지금도 그는 선량한 사람을 공격하고, 그리고 그들의 믿음을 파괴하려는 비밀스러운 목적으로 악령들을 불러 모으고 있습니다. 더욱이 그는 자기에게 가장 가까이 있는 영들이 행하고, 생각하는 개별적인 것들과 자기 자신을 뒤섞고, 그러므로 그는, 온갖 악들을 예의 살피면서, 다른 악령에 비하여 보다 조심성 있는 귀를 가지고 있습니다. 그는 선을 위한 능력은 거의 가지고 있지 않습니다. 1748년 2월 2일

사람은 영들이나 천사들에 의하여 다스려진다는 사실에 관하여 ; 그리고 믿음에 관하여 ; 또한 사람의 능동적인 것과 수동적인 것에 관하여

635. 주님께서 하늘과 땅을 다스리신다는 것과 주님 외에는 어느 것도 살아 있는 것은 없다는 것이 진리이기 때문에, 그러므로 그것은 믿어야 합니다. 주님에 의하여 이 믿음이 주어지게 되면, 이 믿음으로 말미암아 사람은 죄를 범할 수 없다는 것이 뒤이어집니다. 왜냐하면 자신들 스스로 살아가고, 또 자신들을 스스로 다스린다고 믿는 영들이, 그 때 그 사람이 수동적으로 살아가고, 다스림 받기를 스스로 원하기 때문에, 비록 그들이 그 사람 안에 있고, 그 사람에 의하여 자극을 받지 않는다고 해도, 그 사람 안에서 그와 같은 일들을 자극한다는 것을 그는 잘 알고 있기 때문입니다. 사람이 이런 상태에 놓이게 되면, 그 사람은 주님에 의하여 평온(平穩)을 받습니다. 왜냐하면 그 때 그 사람은, 다른 것들에 관해서는 관심이 없고, 오직 주님만을 신뢰(信賴)하기 때문입니다. 따라서 평온상태에서 살려

는 사람은, 주님에게서 비롯되는 반작용(反作用・re_action)이나 작용의 동의에 의한 것을 제외하면, 능동적인 상태에 있지 않고, 반드시 수동적인 상태에 있어야만 합니다. 그러므로 이 상태는, 저항하거나 순종하는, 여전히 수동적입니다. 이런 상태가 바로 평온상태에서 사는 천사들의 상태입니다. 그러나 자신들이 자신들을 다스린다고 믿고 있는 다른 자들은 계속해서 불안할 뿐입니다. 왜냐하면 그들은 자신들을 온갖 탐욕들 속으로 끌고 가고, 따라서 온갖 불안들 속으로 몰아가고 있기 때문입니다. 비록 그들이 다른 자들에 의하여 자극을 받는다고 해도, 사실 많은 자들에 의하여 자극을 받지만, 그러나 각자 모두는, 그것이 자신의 것이고, 또 자기 자신에게서 비롯된 것이라고 생각합니다. 그러므로 이것은 그 사람과 같이 남아 있고, 또 그 사람의 것으로, 또는 그의 고유속성(固有屬性・proprium)으로서 뿌리를 박습니다. 그것으로 인하여 그에게 이것은 전가(轉嫁)됩니다. 주님께서 천지(天地)를 다스린다는 교리는, 그것이 진리이기 때문에, 믿음직스러운 자들이나 천사들에게 주어졌지만, 그러나 비록 그들이 그것을 알고 있기 때문에, 그들이 그렇게 생각하는 것을 원한다고 할지라도, 구원하는 믿음(saving faith) 안에 있지 않는 자들에게 그 교리는 결코 주어질 수 없습니다. 그러나 만약 그들이 구원하는 믿음 안에 있지 않고, 그래서 주님에 의하여 다스려지지 않는다면, 이와 같은 일은 불가능합니다. 이것이 사실이다는 것은 오랜 동안, 그리고 매일 매일의 경험에서 나는 입증할 수 있겠습니다. 나는 이 주제에 관해서 영들과 자주 토의하였고, 그러므로 나에게는 더 이상 친밀한 것은 없습니다. 1748년 2월 3일

638. 자기 자신들을 다스리기를 원하는 영혼들, 또는 영들은, 그들이 지금 나에게 선언한 것과 같이, 이와 같은 일은, 모든 쾌락의 파멸을 뜻하고, 그리고 쾌락이 존재하는 모든 뜻의 파멸을, 따라서 자유의 파멸을, 결과적으로는 모든 삶과 그것의 기쁨의 파멸을 뜻한다고 믿고 있습니다. 그러나 그들은 참된 삶이 무엇인지, 그리고 참된

즐거움이나 자유가 무엇인지 모르기 때문에, 따라서 알 수 있는 사실은, 이러한 것들은 오직 주님 홀로 다스릴 때, 그리고 사람은 수동적일 때, 그 때 그 사람은 처음으로 참된 삶을 가지는 것이고, 삶의 지복(至福)에 속한 것들을 소유한다는 것입니다. 그 때 비로소 그에게는 마치 자기 자신으로 말미암아 행동한다는 것이나, 천계적인 기쁨을 받게 됩니다. 그러나 그들에게 그와 같이 생각되지 않는 이유는 그들은 불안 이외에는 아무것도 존재하지 않는 자신들의 역량(力量·activity)으로 판단하기 때문이고, 그리고 방종(放縱)이나 온갖 탐욕들에 속한 법칙이나, 그들을 선동(煽動)하는 악령들의 지배를 가리키는 자신들의 공상적인 자유의 활용을 행사한 뒤에 오는 불행만 존재하는 자신들의 정욕의 지배 하에 있게 되면, 그들은 그 때 자신들에 의하여 지배된다고 생각하지만, 그럼에도 불구하고 그것은 정반대입니다. 1748년 2월 3일

  사실 사람은 외적인 얼굴의 측면에서 다른 사람과 분별될 수는 없습니다. 그러나 그 사람이 그 사람이다는 것은 그의 내적인 것에 의하여 분별됩니다. 그리고 그것 안에 그의 지복(至福)은 내재해 있습니다. 사실, 내가 이런 식으로 말하였을 때, 나를 미친 사람으로 여기는 자들이 여럿 있었습니다. 그럼에도 불구하고 그 때 헤아릴 수 없이 많은 경험이 나에게 이와 같이 확증하였고, 매일 매일 그것을 내 안에서 확인하였습니다.

영들이 무엇이고, 그들의 성품이 무엇인지 여러 방면에서 알 수 있다는 것에 관해서

  636. 영들이나 천사들이 원근(遠近)을 불문하고 활동하게 되면, 그들이 어디에 있는지, 또는 내 얼굴이 어디를 향하든지, 내 얼굴과 관계되는 방위(方位)가 어디에 있는지 알 수가 있습니다. 왜냐하면 모든 방향들은 얼굴에서 정해지기 때문입니다. 우측 전방을 향해 경사진 쪽에 있는 자들은 선하지만, 왼쪽을 향해 경사진 쪽에 있는 자

들은 악합니다. 그러므로 왼쪽을 향해 멀리 떨어진 아래에는 게헨나(地獄·Gehenna)가 있습니다. 정면을 향해 조금 오른쪽에 호수가 있습니다. 발 밑에는 낮은 것들이 속해 있는 땅이 있습니다. 왼쪽을 향해서는 지옥이 있습니다. 머리 위에 있는 자들은 교만한 자들이고, 환상에 의하여 스스로 높은 자리에 오른 자들입니다. 높은 데 있으면 있을수록 그들은 오만(傲慢)한 자들입니다. 그들은 역시 방위들에 따라서 거기에 배열되어 있습니다.

637. 사람에게 들어온 자들은 비슷하게 배열됩니다. 배후(背後)에 있는 자들은 명령하는 것을 좋아하는 자들입니다. 그들은 등 뒤에 바짝 밀착되어 있습니다. 왼쪽 아래에 있는 자들은, 앞에서 언급한 것과 같이(541항 참조), 징벌하는 자들입니다. 머리 위에 있는 자들은 징벌하는 자를 온화하게 하는 자들입니다. 오른쪽에 있는 자들은, 사람 안에서 내적으로 비슷하게 배열된 천사들입니다. 특히 사람 전체를 그들이 가득 채웠을 때, 그와 같이 배열됩니다. 그 때 그들은, 그와 같이 배열되어 있어야만 닥쳐올 위해(危害)에서부터 그 사람을 지킵니다. 더욱이 머리의 대뇌에 속한 자들이 거기에 있습니다. 그리고 소뇌에 속한 자들도 거기에 있습니다. 이런 일들은 수없이 관측되었지만, 그럼에도 불구하고, 그것들이 뜻하는 바가 무엇인지 아직까지 나는 알지 못합니다. 1748년 2월 3일

638. 635항 아래에 기술되었습니다.

천계의 매우 높은 곳에 올리워진 영들에 관하여

639. 매우 높은 곳, 용이 있는 곳보다 더 높은 곳에 있는 영들이 내게 지각되었습니다. 나는 그들이 누구일까 생각하였는데, 그리고 나는 그들이 이런 저런 종류의 영들일 것이라고 추측하였지만, 그들이 자기 자신의 환상에 의하여 오르는 장소가 높으면 높을수록 그들이 교만해지기 때문에, 보다 더 그들이 사악하다는 것을 알았습니다. 나에게 일러진 것은, 그들은 말에 의해서가 아니고, 악한 탐욕의

주입(注入)에 의하여 적의(敵意)와 속임수를 영입한 악마라는 것이었습니다. 나는 역시 이런 일을 경험하였습니다. 왜냐하면 내가 그들에게 거의 반항할 수 없을 정도의 숨은 원한(怨恨)이나 악의(惡意)에 의하여 주입되었기 때문입니다. 그리고 또한 내게 일러진 것은, 그들은 자유스럽게 풀려진 상태는 아니지만, 그럼에도 불구하고 그들은 아주 고약한 뱀의 독을 감추고 있기 때문에, 자유스럽게 그들은 활동한다는 것이었습니다. 비록 그들은 지옥 이외의 다른 곳에 있지 않았지만, 오히려 그들은 거기에 갇혀 있었습니다. 왜냐하면 그들은 게헨나(Gehenna)에 있었기 때문입니다. 그리고 그들이 거기서 높은 곳에 있다는 것은 다만 그들의 환상일 뿐입니다. 이러한 사실은 일러지기도 하였고, 그렇게 보여지기도 하였습니다. 더욱이 그들은 거기서 풀려나기를 원하자, 그들을 달래는 다른 영들이 그들에게 모여 왔고, 그래서 그들은 자신들의 독기를 내뿜을 수가 없었습니다. 그들은 이런 일에 대하여 몹시 불평을 하였습니다. 그들이 늘어놓은 불평은, 그들이 원하는 것이 아닌, 그들이 말하는 것이 억제되었다는 것입니다. 그 이유는 그들이 어떤 비밀 장소나, 비밀리에 행동하기를 원하였기 때문입니다. 1748년 2월 3일

640. 그들 중에서 가장 사악한 자들은 육신을 입고 사는 일생 동안 자신들의 힘으로 우리의 구세주의 천계를 차지하려고 온갖 노력을 다한 자들이다는 것과, 그리고 따라서 그들은 순진무구한 자들을 속이려고 하는 자들이라는 생각이 들었습니다. 그들에게 일러진 것은 그들이 주입은 가지고 있었지만, 그러나 온갖 방법으로 주입은 조절되었다는 것입니다. 그들의 속임수나 독기가 나에게 미치기 전에, 그것은 도중에 있었던 중간 영들에 의하여 제거되었고, 따라서 역시 완화되었습니다. 이런 자들은 주님나라를 갈구하는 사람에게, 다시 말하면 천지(天地)에 있는 모든 능력을 소유하려고 간구하는 사람에게 온갖 속임수나 사기들을 불어넣는 자들이라고 생각되었습니다. 그들은, 묵시록에서 볼 수 있듯이, 그 용에 속한 별들 가운데

있었는데, "바빌론의 짐승"(the Babylonish beast)이라고 부르기에 매우 적합하였습니다.

숨겨진 영들에 관하여

641. 숨어 있으면서, 자기 자신을 드러내지 않고, 또 공개적으로 활동하지 않는 영들이 있었는데, 그들은 자신들의 환상들이나 사기적인 술책을, 그리고 간계(奸計)들을, 다른 영들처럼 드러내지 않으려고 하였습니다. 그들은 숨어서 활동하는 그 용 보다 높은 곳인, 정수리(腦天)나 머리 위에 있었습니다. 이 영들은, 어느 누구도 자신들의 치명적인 간계나 술책(術策)들을 알지 못한다고, 생각하였습니다. 이런 이유 때문에, 자신들은 안전하다고 생각하였고, 또 자신들은 어느 누구에 의해서도 해를 입거나, 벌을 받는 일은 없다고 그들은 생각하였습니다. 왜냐하면 그들이 생각하고 있는 것과 같이, 그들은 그 때 자기 자신들을 보다 포착하기 어려운 성질에 들어간다고 생각하였기 때문입니다. 그러므로 그들이 말한 것과 같이, 그들은 아무것도 두려울 것이 없었습니다. 그럼에도 불구하고 그들의 속임수들이나 간계들은, 주님께서 원하셔서 허락만 하신다면, 언제든지 명료하게 드러나고, 그리고 그것들은 매우 치명적인 술책이요, 간계이며, 마법의 책략들이다는 것이 백일하에 까발려집니다. 그들은 그런 것들에 의하여 선한 영들의 성품을 모방, 흉내를 내었습니다. 그러므로 그들은, 자신들의 독성이나 독기가 들키지 않게 하기 위하여 아주 부드럽고 얌전하게 주입하였습니다. 이런 식으로 그들은, 주님께서 그들을 지켜주시지 않는다면, 선한 사람까지도 나쁜 길로 유혹, 타락시킬 수 있습니다. 그들은 아주 비밀스럽게 다른 영들의 간계나 술책 속에 자신을 슬쩍 끼워 넣기도 합니다.

642. 더욱이 그들은, 다른 자들이 겪는 것과 같은, 이런 형벌들로부터 면제될 것이라고 생각합니다. 그 이유는 그들이 상상하는 것과 같이, 그들은 보다 포착되기 어려운 곳에 들어갈 수 있고, 그래서

몰래 숨어 있을 수 있다고 생각하기 때문입니다. 그럼에도 불구하고 그들은 실패로 돌아가고 말았습니다. 그들은 저승(veil) 아래로 보내 졌을 뿐만 아니라, 동냥아치처럼 그들은 거기에 교착(交錯)되었습니다. 따라서 그들은 모든 승낙이나 특허까지도 빼앗기었습니다. 그들은 자신들이 풀려나기를, 또는 다른 사람들에게서 자유스럽기를 원하면 원할수록, 그들은 점점 더 옥죄었습니다. 그들에게 이와 같은 형벌은, 그것이 그들의 숨겨진 독이기 때문에 다른 어떤 형벌보다도 극악한 것입니다.

643. 이러한 자들은 지상에 있을 때, 천사적인 겉꾸밈 하에서 자기 자신이나 자신의 재물을 목적해서 주님을 박해(迫害)하고, 괴롭힌 자들이고, 또한 이런 간계나 술책으로 성공한 작자들입니다. 이러한 것은 그들의 추악한 증오(憎惡) 때문에 나에게 전부 까발려지지는 않았지만 그들의 가장 치명적인 술책이나, 발칙한 간계들은 거기에서 비롯되었습니다.

그들은 그렇게 할 수밖에 없다고 하는 고백에 관하여

644. 계속해서 속임수를 날조(捏造)하고, 그리고 그들이 거의 빠져 나올 수 없을 만큼 그들 안에 밀착한 이와 같은 동일한 영들이 다른 자들에 의하여 그것들을 포기할 것을 경고 받았지만, 오히려 그들은 그렇게 할 수 없으며, 만약에 그렇게 하면 죽을 것이라고 고백하였습니다. 다른 영들도 역시 이런 식으로 결코 포기하거나, 단념할 수 없다고 고백하였는데, 그 때마다 그들에게 일러진 것은, 그들이 용서될 수 없다는 것이었습니다. 왜냐하면 이와 같이 모든 악마들은 자신들이 용서될 것이라고 생각하기 때문입니다. 그러나 그들에게 일러진 것은, 그들은 떠나가든가, 아니면 추방될 것이고, 종국에는 온갖 종류의 형벌에 의하여, 그와 같은 짓을 할 때마다, 혐오감에 사로잡힐 것이고, 그리고 일상적으로 일어나는 일이지만, 악령들에 의한 온갖 형벌에 의하여, 그들은 종국에 그것들을 버리게 될

것이다는 것 등입니다. 그러므로 결론을 지을 수 있는 것은, 육신을 입은 삶에서 물든 그들의 자연적인 본능(本能·instinct)은 이런 것들 이다는 것, 다시 말하면 그들은 이런 온갖 악행들 안에서 매우 큰 쾌락을 만끽(滿喫)할 뿐만 아니라, 역시 마치 들짐승들이 갈기갈기 찢는 일을 포기할 수 없는 것과 같이, 그들이 단념하거나, 포기할 수 없는 그 짓에서 솟아나는 그와 같은 탐욕이 그들에게 주어졌다는 것이었습니다.

미각(味覺)을 전도(顚倒)시키는 영들에 관하여

645. 가끔 일어나는 일인데, 사실은 아주 빈번하게 자주 일어나는 일입니다. 나에게는 매우 좋은 맛이었던 것이 아주 고약한 맛을 내는 것으로, 또는 아주 다른 맛을 내는 것으로 바뀌는 일이 있었습니다. 두 번의 경험이 있었는데, 만약에 내가 잘못된 판단이 아니라면, 설탕이 거의 소금과 같은 맛이었고, 따라서 마치 나는 설탕에서 혀를 통해 소금 맛을 느끼었고, 심지어 내가 마신 음료에서 짠맛을 감지하였습니다. 이와 같은 것은 육체에 속한 체액(體液)에서부터 여러 영들에 의하여 짜낸 것입니다. 이와 같은 일은, 목성(木星)의 영들이 설탕은 소금이다고 생각할 때, 사실은 소금은, 설탕과 같이, 작은 알갱이로 나누어지는 그런 것이다고, 그러므로 작은 알갱이가 된 소금을 생각할 때, 일어났습니다. 그 이유는 그들이 그것을 소금이라고 상상하였기 때문입니다. 그 밖의 경우도 여럿이 있습니다. 따라서 사람의 미각(味覺)은 영들의 환상에 맞추어서 변하였는데, 그와 같은 일은 종종 속임수에서 일어나고는 하였습니다. 왜냐하면 이런 유의 일들은 사기적인 환상들을 통하여 그들에 의해서 야기될 수 있기 때문입니다.

646. 더욱이, 외면적이든 내면적이든, 여러 감관들에 영향을 주는 것은 아무것도 없으며, 영들이 그것에 비슷한 모양을 유발하려고 노력하지 않은 것도 없습니다. 그러므로 그들은, 자신들이 보고, 느낀

것을 모방해서, 마치 그것이 본질적인 것 자체인 양 위조합니다. 그럼에도 불구하고 그 때마다 그것은 오직 외적인 것뿐이고, 진짜가 아닌 위조(僞造)된 것이요, 가공의 것 일뿐입니다. 그러므로 그것은 진짜와 가짜 사이에서 그것들을 분별하는 매우 특출한 사려 깊은 분별력(分別力·prudence)에 속한 사안(事案)입니다. 만약에 유사한 것들 가운데서 식별(識別)하는 능력을 주시는 주님을 믿는 믿음을 통하지 않고, 따라서 주님으로 말미암지 않고서, 그것들이 식별된다는 것은 불가능합니다. 이런 악마들이 사람을 타락시키기 위하여 나타나 시도할 때, 그것은 육신을 입은 삶에서도 꼭 같습니다. 1748년 2월 5일

아니무스(=마음·*animus*)가 갈망하고, 또는 사랑에 의하여 감동될 때 언어나 설득 따위는 무용지물(無用之物)이다는 것에 관하여

647. 영들과의 주목할 만한 경험에서 내가 배운 것은, 온갖 설득(說得·persuasion)들은 정동(情動·affection)들에 거스르는 것은 아무 쓸모가 없다는 것이었습니다. 왜냐하면 영들이나, 천사들이, 이런 일이나, 이런 방법으로 행하여야 하지, 그렇게 해서는 안 된다는 것을 말하고 설득할 때에도, 내 "아니무스"(*animus*)는 그것이 정동에 거스르는 한, 감동되지 않았기 때문입니다. 그러나 내가 정동 안에 머물러 있는 한, 온갖 설득들은 무용지물이었습니다. 그와 같은 사실은 내가 자주 그들에게 응답으로 말하였습니다. 만약에 정동이 그쪽으로 휘기만 한다면, 그 때 마음(mind)은 즉시 바뀌고, 설득을 추종할 것입니다. 그러므로 수많은 생생한 경험이나, 또는 수많은 것들에서부터 그러하였듯이, 온갖 모든 설득들이 여러 사랑이나 정동에 반대가 된다면 아무런 쓸모가 없다는 것을 나는 알 수 있었습니다. 그러므로 악마들이고, 또 온갖 탐욕들을 통하여 활동하는 이런 영들은 가장 위험한 존재입니다. 더욱이 이것이 천사들이 정동들을 통해서

마음을 선 쪽으로 휘게 하는 방법이고, 주님께서는 이런 방법으로 다스리십니다. 1748년 2월 5일

648. 이런 사실에서 얻는 결론은, 사람이 자신의 탐욕들에 의하여 정신을 잃고 살아가는 동안, 지식(understanding)이나 설교에서 어떤 믿음이 쓸모가 있는지 알 수 있다는 것입니다. 총명적인 믿음(intellectual faith) 홀로 어떻게 구원할 수 있다는 것입니까? 왜냐하면 삶은 사랑 안에 존재하고, 기억을 제외하면, 이런 것들에 관한 지식 안에는 아무것도 존재하지 않기 때문입니다. 이런 사실이 죽은 뒤의 영혼들, 또는 영들에게 일러졌는데, 그리고 그것이 확증되었기 때문에, 그들은, 자신들의 삶을 사는 동안, 전적으로 과오를 범하였다는 것과, 자신들의 과오를 슬픔 가운데 시인한다는 것 등을 고백하였습니다.

사람은 한낱 도구에 지나지 않지만, 단순한 것들 안에서 활동하는 힘이 바로 사람이다는 미망(迷妄)에서 상상하는 사람에 관하여

649. 인간적인 철학이 수많은 진리들을 찾아냈다는 사실은, 사람들이 보조적인 힘과 실제적인 힘을 합쳐서 하나의 원인을 만들었다는 것을 알았다는 사실에서, 입증될 수 있겠습니다. 그러나 그 미망(迷妄·fallacy)은 이런 사실에서 생겨난 것인데, 그것은, 보조적인 힘 또는 도구에 불과한 사람이, 효과적인 원인은 이 양자에서 비롯되기 때문에, 자신이 실제적인 힘이라고 상상하는 것에서 비롯되었습니다. 그러므로 그것은 감관에 속한 미망이요, 거짓에서 생겨났습니다. 다시 말하면 자신은 보조적인 존재에 지나지 않으면서도 그는 오직 홀로 역사하는 분이신 주님의 것들을 자기 자신의 탓으로 돌리는 감관에 속한 미망에서 생겨났습니다. 이러한 내용이 천계에 있는 자들에게 일러졌을 때 그들은 그것을 시인하였습니다. 따라서 사람은 많은 진리들을 알고는 있지만, 그가 그것들의 응용에는 아는 바가

전혀 없다는 것을 말해 줍니다. 그럼에도 불구하고 보조적인 존재는 여전히 자신이 힘 자체이다고 상상합니다. 이것으로 인하여 삶에 속한 뒤바뀐 질서가 존재하며, 그리고 거기에서부터 그들의 영혼들을 매우 괴롭히는 온갖 망상들이나 환상 따위가 생성됩니다. 1748년 2월 5일

650. 그러므로 감관적인 경험과 마찬가지로, 철학적인 참된 것을 제외하면 전혀 믿지 않고, 그리고 감관들에 의해서만 사물을 이해하기를 원하는 사람에게 교화(敎化)하는 일에 도움을 줄 수 있다면, 그것이 도움이 될 때, 철학은 현존할 수 있겠습니다.

영들의 시각(視覺)에 관하여

651. 네 종류의 시각이 있다는 것이 나에게 입증되었습니다. 첫째 시각은 수면(睡眠) 때의 시각으로 이것은 한낮의 시각처럼 생기발랄합니다. 따라서 수면(睡眠) 자체에서 내가 말할 수 있는 것은, 만약 사람이 잠들었을 때의 일이라면, 깨어 있는 수면상태라고 하겠습니다. 두 번째 시각은 눈이 닫혔을 때의 환상(幻想·vision)인데, 그것은, 눈을 뜨고 있을 때와 꼭 같이, 생기발랄하고, 그것의 대상물들 역시 그 때 이상으로 아름답고 멋지게 보입니다. 눈을 뜨고 있을 때와 꼭 같은 환상이 있을 수 있는데, 나에게는 두세 번 그런 일이 일어났습니다. 세 번째 시각은, 눈을 뜨고 있을 때의 상태 안에 존재하는데, 세 번째 시각은 천계에 있는 것들, 즉 영적인 것들이나, 그 밖의 다른 것들을 표징합니다. 이 표징적인 시각(a representative vision)은 나에게는 매우 친근하지만, 그것은 다소 불영명합니다. 그것은 사람들의 일상적인 상상과는 전혀 다릅니다. 네 번째 종류는, 사람이 육체에서 분리되고, 영적인 존재에 있을 때 존재하는 것입니다. 그 때 사람은, 그가 깨어 있다는 것 외에는 전혀 다른 사실을 알지 못합니다. 그 때 그 사람은, 촉각·청각·시각의 모든 감관을 역시 향유(享有)합니다. 그리고 나는 다른 감관들이 꼭 같이 있다는

것을 전혀 의심하지 않습니다. 그것은, 보다 더 정교하기 때문에, 깨어 있을 때의 시각에 비하여 더 완전한 시각입니다. 그 상태에서는 누구나, 그가 육신에 속한 깨어 있는 상태로 되돌아간 사실에서가 아니라면, 그가 깨어 있는 것 이외의 다른 상태를 이해하지 못합니다.

652. 이런 모든 것들은 다 영들의 상태를 가리킵니다. 어떤 이들에게는 전자이고, 어떤 이들에게는 후자입니다. 그것이 후자일 때, 생명은 육신에 속한 생명에 비하여 월등히 예민합니다. 어떤 영이 나에게 말을 했는데, 그가 이런 상태에 있을 때, 그는 자신의 방에서 다른 사람들과 대화를 하고 있다는 것 이외의 다른 것을 알 수 없었다는 것이었습니다. 따라서 정원들이나 삶을 통한 기쁨의 수많은 다종다양함 역시 그와 같이 표징되었습니다. 이러한 삶에 천사적인 영들은 존재합니다.

653. 환상의 네 번째 것에 관해서 살펴보면, 매우 즐거움과 더불어 네다섯 번 나에게 하락되었습니다. 더욱이 눈을 뜨고 있을 때와 꼭 같은 식으로, 영들에 의하여 두세 번 인도되었습니다.

거룩한 것들을 위조(僞造)하기를 원하는 자들의 형벌에 관하여

654. 거룩한 것들을 위조하기를 원하는, 따라서 성스러운 환상들에 의하여, 또는 이와 비슷한 것들에 의하여 사람들을 속이기를 원하는 자들의 형벌은, 거룩한 것을 그들에게서 분리시키는 것 바로 그것과 같습니다. 이런 일의 결과는 모독(冒瀆)에 일치하는 그들의 몸의 궤양(潰瘍), 옴(=개선·疥癬), 문둥병이나 그 밖의 비슷한 것들이라고 하겠습니다. 이와 같은 실제적인 일에 종사하는 영들로부터 이해하는 것이 내게 주어졌습니다. 1748년 2월 6일

기적(奇蹟)에 관하여

655. 기적은 주님에 의하여 행하여지는데, 그 때 그것은 주님 자신, 주님을 믿는 믿음, 주님의 천계, 또는 보편적인 뜻의 교회에 관

한 어떤 사실들(something)이고, 따라서 기적은 주님의 천계를 통하여 일어나고, 그리고 영들도 그들 자신들의 협동적인 힘이 없이는 그것을 수행할 수 없습니다. 이런 내용을 기적이라고 하는데, 그것은 "하나님의 손가락"(the finger of God)이라고 호칭되었습니다(출애굽기 8 : 19 ; 31 : 18 ; 신명기 9 : 10 ; 시편 8 : 3 ; 누가 11 : 20).

656. 그러나 이에 반하여, 거짓 기적들(false miracles)은 간계적인 온갖 수단들에 의하여 악령들이나, 악마들에 의하여 준비된 것들입니다. 이런 것은 결코 아무런 목적이 없이, 오직 가장 부패된 탐욕에서 생성된 것들입니다. 이런 기적들도 허락되는데, 겉모양으로는 본래의 기적들과 비슷하게 보이지만, 그러나 내적인 뜻은 전혀 가지고 있지 않습니다. 전자는, 주님을 믿는 믿음 안에 있는 자들을 제외하면, 후자와 전혀 분별되지 않습니다.

657. 그들의 구속들이 느슨해지면, 악령들은 온갖 선들을 악으로 바꾸는 일 이외는 아무것에도 노력하지 않고, 그리고 천계에 속한 것들을 진짜처럼 보이게 하는 짓 외에는 아무 짓도 하지 않습니다. 그러므로 모방들이나 위조들, 그리고 온갖 간계들을 수단으로 하여 그들은 사람들을 속입니다. 이런 것들이 그들의 주된 노력들이고, 갈망입니다. 그 이유는 그들 모두는 제각기 주인이 되기를 갈망하기 때문입니다. 1748년 2월 6일

절도(窃盜)의 탐욕에 관하여

658. 육신을 입은 삶을 살 때 다른 사람의 물건들을 탐냈던 사람들은, 또는 거래에 의하든, 다른 방법들에 의하든, 하락된 바와 같이 내 앞에서 설명한 여러 가지 간계들에 의하여 그 물건들을 취했던 사람들은, 저 세상에서도 다른 사람들의 물건들을 취하기 위하여 여기저기를 돌아다니면서 계속 찾고 있습니다. 그들이 같은 부류의 영들이나, 또는 다른 부류의 영들의 곁에 오게 되면, 그들의 성품은 즉시 알려지고, 그리고 그들은 여러 가지 형벌이나 매들과 함께 쫓

겨납니다. 그래서 그들은 여기저기를 찾아 헤매지만, 어디에서나 그들은 매를 맞는 형벌이나, 기타 다른 형벌을 받았습니다. 가끔 이런 부류의 영들이 나를 찾아 와서 불평을 늘어놓기도 하였습니다. 그리고 나는 그들이 유명한 무역업자들이었다는 것을 알았습니다. 나는 그 이유를 알 수 없었습니다.

659. 더욱이 내가 어느 상점에서 어떤 물건들이나, 돈 또는 그와 비슷한 것을 보는 순간, 이들과 같거나, 이들과 비슷한 영들의 탐욕이 나에게 알려졌습니다. 왜냐하면 자신들이 나라고 생각하고서, 그들은 즉시, 말하자면, 모든 관습에 어긋나게 내가 내 손을 뻗기를 열망하였기 때문입니다. 더욱이 그들은 나의 "마음"(*animus*)에 그들 자신들의 탐욕을 불어넣었습니다. 이런 일에 관해서 나는 가끔 이런 영들과 대화를 가졌는데, 내가 말할 수 있는 것은, 그런 유의 영들이 거기에 있었다는 것과, 그리고 그들의 성질이나, 그들에게 일어난 것의 관계에서 그들은 그것을 주장할 수밖에 없었고, 또 그것을 확증할 수밖에 없었다는 것을 내가 알았다는 것입니다. 1748년 2월 6일

자기 스스로 현명하다는 사람들의 삶에 관하여

660. 그의 생애에서 나를 알았고, 그리고 삼사 년 전에 죽었다고 생각되는 어떤 영이 나에게 와서, 나와 이야기를 하였습니다. 나는, 육신을 입었을 때의 그의 삶에 관해서는 그가 온갖 학문에 열중하였고, 동시에 철학에 열중하였다는 것 외에는 아무것도 알지 못하였습니다. 여기서부터 내가 얻는 결론은, 철학자로서 그는 믿음에 속한 신비(神秘)들 안에 있기를 원하였다는 것과, 그래서 그가 철학적으로 이해될 때, 그가 그 때 처음으로 믿으려고 하는 그런 것들을 파악하기를 원하였다는 것 등입니다. 그는 나와 같이 15분 정도 있었는데, 따라서 그의 믿음에 속한 내용이 주입되었습니다. 왜냐하면 보편적인 것 안에 주님의 통치를 허용하는 사이에, 단일적인 것들

안에 있는 주님의 통치(統治·the Lord's government)에 관해서, 내가 의심하기 시작하였고, 또한 한기(寒氣)를 느끼기 시작하였다는 사실에 의하여 명확하게 지각할 수 있었기 때문입니다. 그러므로 그 때 개별적인 것이나, 단일적인 것이 입류되었는데, 나는, 주님께서 보편적인 섭리에 의해서는 천지(天地)를 다스리시지만, 단일적인 섭리에 의해서는 다스리시지 않기 때문에, 이른바 거부하기를 원하였습니다. 이것이 바로 내가 지금 그에게 말하고 있는 것과 같이, 총명적인 믿음에 속한 차가움(寒氣)이요, 또한 진리들에 속한 믿음의 차가움인데, 따라서 그것은 정동에 속한 것은 아닙니다. 그는 역시 이런 말의 뜻을 보였고, 그리고 이 뜻으로 향하였습니다. 1748년 2월 6일

악령들은 모든 사람을 죽이고, 고통 주기를 갈망한다는 것에 관하여 ; 그러나 그들과 같이 있는 사람에 관해서 살펴보면, 그들은 이중적인 방법으로 억제되고 있다는 것에 관하여

661. 악령들이나, 또는 악마의 패거리들은, 육체든 영혼이든, 사람을 파멸시키는 것 이외에는 아무것도 갈망하지 않는다는 것, 그리고 수천의 방법으로 사람에게 온갖 고통을 주는 것 이외에는 아무것도 열망하지 않는다는 것 등은 여러 번의 경험에서 확실합니다. 이러한 일은, 떼거지로 나와 같이 있었던 자들이나 수많은 극악한 방법으로 그와 같은 짓을 하려고 애쓰는 자들에게서 뿐만 아니라, 야만적인 방법으로 서로에게 계속적으로 고통을 주는 짓에서 최대의 쾌락을 만끽하는 온갖 지옥들에 있는 영혼들에게서 확실합니다. 만약에 이런 일들이 주님에 의하여 차단(遮斷)되지 않는다면, 고통을 당하는 사람은 말로 할 수 없는 고통과 괴로움을 받을 것입니다. 자유롭게 날아다니는 악령들은 이런 기질을 가지고 있는데, 그럼에도 불구하고 그들은, 앞에서 언급한 것과 같이, 그들이 사람들의 삶을 꼬드기고, 흥분시키기 위하여 사람들에게 접선(接線)합니다. 그 때 그들은, 그들과 같이 있는 사람이 자신들과 꼭 같은 사람이다는 것 이외에

는 아무것도 모르기 때문에, 따라서 그들은 그 사람에게 어떤 위해(危害)를 가하는 것을 원하지 않습니다. 왜냐하면 그와 같은 일은, 말하자면 자기 자신에게 위해를 가하는 것이기 때문입니다. 이것이, 그들이 그들과 같이 있는 사람에게 이런 일들을 하려고 생각하지 않는 첫 번째 이유입니다. 그럼에도 불구하고, 그들이 법에 속한 속박에 의하여 억제되고, 통제되지 않는다면 그들 무리들 가운데 있으면서, 하나님들(gods)로 숭배하지 않고, 그들에게 그들의 모든 재물을 바치지 않는다면, 그들은, 지옥에서 서로 다루는 것과 꼭 같은 온갖 방법으로 다루기를 갈망할 것입니다. 이와 같은 사실은 사후 이런 유의 영혼들에게서 명확한데, 그 때 그들의 기질은 법에 속한 어떤 속박에 의해서도 통제되지 않기 때문입니다. 그리고 또한 이런 사실은 왕들이나 군인들, 그리고 다른 자들에게서도 명확합니다.

그들이 사람에게 고통을 주지 못하고, 또 사람을 파멸시키지 못하는 또 다른 이유는 선한 천사들이 동시에 현존해 있기 때문입니다. 그리고 여러 곳에서 설명한 것과 같이(193·617항 참조), 주님께서는 허용(許容·permission)과 양보(讓步·concession)에 맞추어서 그들을 다스리시기 때문입니다. 1748년 2월 6일

사람은, 그가 육신을 입고 있을 때 가지고 있던 기능(機能)들이나 감관(感官)들을, 어떤 자연적인 기능을 제외하면, 모두 보유하고 있다는 것에 관하여

662. 사람이 죽으면 육신을 입고 살 때 가지고 있던 기능들을 잃어버리는 것은 아무것도 없고, 그것들을 모두 보유합니다. 그리고 더 많은 것이 그에게 주어집니다. 나는 그것에 관해서 여기저기에서 기술하였습니다. 그러나 그는 다른 기능을 부여받습니다. 한 영이 악 이외에는 아무것도 할 수 없다고 고백하였을 때, 그는 그런 일에서 떠날 수 있게 하기 위하여 박탈(剝奪)의 방법에 의하여 적절하게 조절되고, 종국에는 혐오적인 것으로 그것들을 생각하게 됩니다. 그

뒤에는 어떤 선을 실천하는 기능을 그는 부여받습니다. 따라서 그것은 그에게 주어진 하나의 능력이지만, 그럼에도 불구하고 그의 종전의 기능들은 여전히 보유하고 있습니다. 부가되고, 주어진 선을 행하는 기능들은 모두가 주님의 선물입니다. 그리고 이것이 박탈되면, 그 즉시 그는 자기 본래의 성품으로 되돌아갑니다. 이런 일이 천사들에게 생기는데, 그들이 본래의 상태로 되돌아가게 되면, 그들은 종전과 마찬가지로 악령들이고, 수 세기 동안, 수 천 년 동안 천계에 있었던 자들조차도 그와 같이 됩니다. 여기에서 얻는 결론은 한 영혼이 자기 자신으로 말미암아 행한 것은 무엇이든지 악한 것이다는 것과, 그리고 오직 주님으로 말미암아 선을 행하지 않는다면 그가 선한 것을 아무것도 행할 수 없다는 것, 따라서 주님께서는 모든 선의 샘(源泉)이시다는 것 등입니다. 그러므로 이 선물이 소멸하면 그 즉시 영혼은 그의 타고난, 또는 뿌리박은 사악함으로 되돌아갑니다. 여기서 뒤이어지는 결론은 선을 행하려는 능력은 오로지 주님으로부터 주어진다는 것과, 그 사람 안에는 선에 속한 것은 아무것도 없었고, 또 현재도 아무것도 없다는 것 등입니다. 1748년 2월 6일

663. 사실 한 사람이나 한 영혼은 이런 존재이어서, 그의 자아(自我)로 말미암아서는 온갖 악들 이외에는 아무것도 존재하지 않습니다. 그러므로 자아에서 비롯된 생각이나 행위 안에는, 지극히 작고, 미세한 것이라고 해도, 악이 아닌 것은 아무것도 생각할 수가 없습니다. 사실인즉슨 그가 자신으로부터 생각하고, 선을 행하기를 원하고, 또는 자기 자신이 개심(改心)하려고 한다고 해도 그것은 악일뿐입니다. 나는 가끔 불안하였는데, 그것은 내가 생각하여야 하는 것이 무엇인지, 내가 행하여야 하는 것이 무엇인지 알지 못하였기 때문이고, 그리고 또한 악하지 않은 것이 무엇이며, 나 자신에게서 온 것이 무엇인지 알지 못하였기 때문입니다. 그와 같은 일은 영들의 경우도 마찬가지이어서, 그와 같은 일은 명확하게 입증되었고, 또 시인되었습니다. 어느 누구가 순진무구(純眞無垢 · innocence)에서 이

것을 행하였다면 사정은 아주 다릅니다. 그 때에도 주님께서 주관하십니다. 왜냐하면 사람 안에 있는 주님에게서 비롯된 것은 무엇이나 선한 것이기 때문입니다. 1748년 2월 6일

영들의 꿈들에 관하여

664. 나는 한참 동안 꿈을 꾸고 있다가 그 꿈에서 깨어났습니다. 여전히 계속해서 꿈을 꾸고 있었던 한 영이 나에게 나타났습니다. 거기에서 내가 알 수 있었던 것은, 꿈들 안에 있었던 영들의 상태가 사람의 그 상태와 크게 다르지 않다는 것입니다. 왜냐하면 그 영 안에 아직 남아 있는 외면적인 것들이나, 관능적인 것들은 수면 중에 있는 사람의 관능적인 것들과 꼭 같이 움직이지 않고, 쉬고 있기 때문인데, 나는 이와 같은 사실을 아주 명확하게 지각하였습니다. 왜냐하면 이 영은, 그 때 자신의 "아니무스"(=마음·*animus*)에 되돌아온 것을 제외하면 그 어떤 것에도 관심도 없고, 주의하지도 않기 때문입니다. 그는, 마치 그가 말하고 있는 것을 알지 못하고 있듯이, 말하고 있었습니다. 그의 외적인 것들은 모두 잠이 들었고, 그의 내적인 것들은 역시 꿈 속에 있었기 때문입니다. 1748년 2월 7일

천사들이 있는 몸 안에 지정된 영역에 관한 속편

665. 이른바 우주에는 두 개의 왕국이 있는데, 하나는 천적 왕국(天的 王國·the celestial kingdom)이고, 다른 하나는 영적 왕국(靈的 王國·the spiritual kingdom)입니다. 앞에서 이미 설명하였듯이(499항 참조), 천적 왕국은 심장의 지배 하에 있는 몸의 모든 영역들을 포함하고, 영적 왕국은 폐장의 통치 하에, 또는 호흡의 통치 하에 있는 몸의 모든 영역들을 포함합니다.

666. 그 영역들을 구성하는 개별적인 내장, 지체, 기관들이나 중추 감각기관들이 있는데, 이러한 것들은 영혼들이 천계에, 또는 주님의 몸(the Lord's Body)에 있게 하기 위하여 그 영역들의 하나 안에 반

드시 있어야 하는 것들이고, 또한 하나의 기관에 할당되어야만 하는 것들입니다.

667. 그러므로 뒤이어지는 결론은, 거기에는, 몸 안에 끝없이 다양한 것들이 있는 것과 같이, 다종다양한 것이 있다는 것이고, 거기에는 지극히 작은 것이라고 해도 서로 같은 것은 하나도 없다는 것이고, 또한 그렇지가 않다면 일치하지 않는다는 것 등입니다.

668. 그럼에도 불구하고 영혼들이나, 천사들의 상태는 변화되고, 완전하게 됩니다. 따라서 그들은 동일한 구성원들이나, 또는 동일한 영역 안에 있는 보다 좋은 처지들 가운데로 옮겨지고, 그리고 아주 멋진 다른 영역들까지 옮겨집니다. 왜냐하면 거기에는 계속적인 정화(淨化·a continual purification)가 있기 때문입니다. 내가 자신 있게 말 할 수 있는 것은 거기에는 새로운 창조(new creation)가 있다는 것입니다. 왜냐하면 어떠한 천사도 영원히 완전 자체에 이를 수 없기 때문입니다. 주님 홀로 완전하시고, 또한 완전 자체십니다.

669. 뒤에 다른 곳으로 옮기워지는 입(口)에 대응하는 자들이 있습니다. 다시 말하면, 계속해서 말하기를 원하는, 따라서 그렇게 하는 것에서 기쁨을 얻는 자들이 있었습니다. 그 기쁨이 정화되었을 때, 따라서 그들은 그들의 동료들에게나, 그 사회·천국·주님에게 진정한 도움이 되는 것을 제외하면 아무것도 말하는 것을 원하지 않았습니다. 또는 자기 자신들의 말에서 자기 자신들을 살펴려는 바람이나, 또는 현명하다고 생각되기를 추구하는 것이 소멸하는 것에 비례하여, 그들은 보다 높은 곳으로 올리워졌습니다. 주님의 손을 표징하는 손이 취하여, 입의 영역에 있는 분노하는 자에게 주는 금화(金貨)에 의하여, 나는 오늘 이러한 사실을 알게 되었습니다. 이 일은 그가 옮기워질 수 있다는 것, 그리고 그가 만약에 값진 존재라는 것이 인정된다면, 마음 속에 있는 보다 멋진 곳으로 옮기워질 수 있는 것이 입증하고 있는 것입니다. 1748년 2월 7일

눈의 영역에 관하여

670. 눈은 보다 더 내면적인 천사들에게 속합니다. 그 이유는 눈은 안면(顏面) 가운데 있고, 대뇌에서 발출(發出)하고 있기 때문입니다. 사실 입은 얼굴 가운데 있지만, 그러나 입은 몸 속으로 인도합니다. 다시 말하면 위나 폐장 속으로 인도하고, 또한 그런 것들에서 이끌어 냅니다. 그러므로 입의 영역에 있는 자들은 얼굴의 다른 영역에 있는 자들에 비하여 덜 존중됩니다. 눈은 얼굴에 속한 가장 멋진 영역이고, 그리고 다른 감관에 비하여 월등히 뛰어납니다. 그것은 그것이 통괄하는 영적인 부류에 속하는데, 그 이유는 그 시각이 영적인 시각에 대응하기 때문입니다.

영적인 사랑(spiritual love)에 관하여

671. 더욱이 영적인 사랑이 존재하는데, 그러나 그것이 어떻게 해서 천적인 사랑과 분별되는지 아직까지 나에게 명확하지가 않습니다. 1748년 2월 7일

천계(天界 · heavens)에 관하여

672. 나에게 일러진 사실은, 주님께서 이 세상에 강림하시기 전, 내면적인 천계 이외에 다른 천계는 없었습니다. 왜냐하면 아직까지 이 지구에 있는 자 어느 누구도 보다 내면적인 것을 이해할 수 없었고, 더욱이 극내적인 것들(極內的 · inmost things)을 어느 누구도 이해할 수 없었기 때문입니다. 그리고 그 이유는 모든 인식(認識)은 선행(先行)되어야만 하고, 따라서 그 때 다른 천계는 결코 존재할 수 없었기 때문입니다. 내면적인 천계는 이와 같습니다. 즉, 자연적인 것은 영적인 것에 붙어 있고, 따라서 종전에 사람들과 예언자들을 통하여 말했던 천사들의 경우, 성언(聖言 · the Word)은 자연적인 것들에 직접적으로 들어올 수 없는 그런 것이었습니다. 여기에서 예언적인 문체(文體 · the prophetic style)가 비롯되었고, 주님께서는 부분

적으로 그것을 사용하시기를 원하셨습니다. 왜냐하면 그 이외의 방법으로는 사람들이 보다 더 영적인 것들을 이해할 수 없었기 때문이고, 더욱이 더 내면적인 것들을 이해할 수 없었기 때문입니다. 이와 꼭 같은 이유 때문에 주님께서는 비유들에 의하여 역시 말씀하셨습니다. 나는 이런 것들에 관해서 천계에 있는 자들과 이야기하였는데, 그들은 이 사실을 확증하는 것으로 나에게는 생각되었습니다. 다시 말하면, 이 지구의 주민들을 위한 그런 부류의 천계(a heaven)가 있다는 것이고, 또한 보다 더 내면적인 천계나 극내적인 천계가 우주에 있는 다른 지구들로 말미암아 존재한다는 것입니다.

천 년(千年)에 관하여

674. 묵시록(20 : 2-7)에 언급된 일천 년에 관해서 천계에 있는 자들과 대화를 가졌습니다. 그들은, 거기서 일천 년은 확실한 햇수의 숫자나, 고정된 년 수의 숫자, 따라서 일천 년이라는 것을 뜻하지 않고, 긴 시간(a long time)을 뜻한다는 것을 말하였고, 그리고 "첫째 부활"(the first resurrection)은, 바로 위에서 언급한, 내면적인 천계에 있는 자들을 뜻한다는 것을 말하였습니다. 그들이 거기에 머무를 것이다는 것과, 그들의 대부분은 보다 더 내면적인 천계에 허입(許入)될 것이다고 확신하였습니다. 그러므로 "첫째 부활"은 자연적인 것이 영적인 것에 결합된 자들을 위한 것이다는 것입니다. 그들은 천계적인 기쁨 가운데 살았고, 현재에도 산다는 것입니다.

675. 그러나 보다 더 내면적인 천계에 허입될 자들은 반드시 자연적인 것들을 벗어야만 하고, 그래서 보다 더 내면적인 즐거움에 들어갑니다. 이 외면적인 것의 벗음이 없으면 어느 누구도 보다 더 내면적인 천계에의 허입은 있을 수 없습니다. 따라서 육체의 죽음을 가리키는, 사람은 필히 이 세상에서 죽어야만 하고, 그리고 그 뒤, 결합되었던 자연적인 것은 소멸되어야만 합니다. 그렇지 않으면 그는 보다 더 내면적인 천계에 허입될 수 없습니다. 자연적인 것은,

극내적인 천계(the inmost heaven)에 허입되기 위하여, 따라서 천계적인 광영에 허입되기 위하여, 반드시 다시 소멸되어야만 합니다.

철학의 사안들에 관하여 유명한 철학자와 가진 대화(對話)에 관하여

676. 나는 몇 년 전에 타계한 유명한 철학자와 대화를 가진 적이 있습니다. 나는 그에게 철학적인 주제들 안에 있는 어떤 사안들에 관해서 이해하고 있는 나의 소견을 밝혔습니다. 예컨대 형태들(形態·forms)에 관해서, 그리고 그것들의 내용에 관해서, 그리고 후자 안에 있는 전자에 관한 것이었습니다. 그리고 전자는, 분해(分解·dissolution)가 없다면, 이른바 외면적인 것의 사망이 없으면, 보다 내면적인 것에 들어갈 수 없다는 것에 관해서 소견을 피력하였습니다. 따라서 거기에는 하나의 계도에서 다른 계도에의 상승(上昇)이 있습니다. 그리고 또한 그 본성은 어디에서나 그런 계도들을 갖는데, 그러므로 거기에는 육체의 삶에 속한 계도들이나 생명에 속한 계도들이나, 그 밖의 많은 것들을 가지고 있다는 것입니다. 더욱이 거기에는 기관들의 다양함으로 이루어지지 않은 것은 어떤 것도 존재하지 않는다는 것과, 또 보다 더 내면적인 형태들은 외면적인 것들에 비하여 보다 더 끝없이 변할 수 있다는 것과, 그리고 상태의 다양한 변화 안에 수많은 변화들이 있다는 것 등등입니다. 또한 내가 명확하게 밝힌 것은, 보다 순수한 계도들 안에 있는 온갖 힘들의 형체들이나, 본질(本質·substance)의 형체들은 여러 개념들이나, 그 밖의 다른 유사한 것들을 뜻한다는 것입니다. 그 철학자가 저 세상에 있었고, 거기에서 그들은 이런 사실들을 보다 더 쉽게 이해할 수 있기 때문에, 그는 각각의 개별적인 것들을 확증하였고, 그리고 그 세상은 낱말들에 관해서 용어들이나 논쟁들에 고착시킨 것에 비하여 이런 것들을 시인하려고 한다는 것을 단언하였습니다. 왜냐하면 이런 것들은, 한 사람이 낱말의 뜻에서가 아니고 낱말들 안에 고착된 것

들을 말할 때, 마음은 완전히 이런 것들의 이해에서 물러나 있기 때문입니다. 그것에 의하여 사람들은 먼지들 속으로 쫓겨났고, 따라서 그들은 그것에서 빠져 나올 수 없었습니다. 그 밖에도 우리가 서로 토의한 것들은 매우 많이 있었습니다. 1748년 2월 7일

보다 더 내면적인 것들(the more interior things)에 관하여

677. 내면적인 것이 무엇인지는 아직까지 어느 사람도, 어느 영도, 내면적인 천계에 속한 어느 천사도 거의 알지 못합니다. 왜냐하면 보다 더 내면적인 것들은 내면적인 자들에 의하여 이해될 수 없기 때문입니다. 관능적인 것들 안에 살고 있고, 모든 것을 그것들 안에 두는 사람과 같이, 그 사람이 모든 것을 내면적인 것들 안에 두기 때문에, 따라서 그는 아무것도 해소할 수 없고, 그리고 아무것도 될 수가 없다고 생각합니다. 그러나 차이는, 몹시 나쁜 것과 소중한 것이 차이가 매우 크듯이, 또는 오두막집과 큰 도회지가 차이가 크듯이, 매우 큽니다. 그들이 무엇인가를 지각한다는 것은 불가능하고, 그들은 아무것도 될 수 없다고 생각합니다. 그럼에도 불구하고, 보다 내면적인 것은 형언할 수도 없고, 또한 볼 수 있는 눈도, 들을 수 있는 귀도 존재하지 않습니다. 모든 조화로운 것들이나, 표징적인 것들이나, 내면적인 천계에 속한 유사한 것들 안에 있는 모든 내면적인 것들이나, 보다 더 내면적인 기쁨은 그것에서 비롯됩니다. 내면적인 천계는 외적인 것에 속한 것이나, 형체들 안에 있는 것들만을 봅니다.

678. 이러한 사실은 오늘 확실한 방법으로 말하는 것인 영적인 천사적인 합창에 의하여 보여졌습니다. 언급된 것은 그것은 지금 아무것도 아니다는 것입니다. 왜냐하면 그것은 그것의 즐거운 사색들이나 고찰들을 낱말들에 들어가 있는 개념들로 분류하고, 그리고 갈라놓기 때문입니다. 그럼에도 불구하고 그 때 보다 더 내면적인 것은, 말하자면, 내면적인 것이 한 시간 동안에 할 수 있는 것은 한

순간에 보다 많은 것을 표현할 수 있는 그런 것입니다. 이런 사실은 아주 명백합니다.

679. 더욱이 보다 내면적인 천계에 속한 상상이나 극내적 천계에 속한 상상이 있습니다. 그러나 그 상상이 시각의 민감함과 같지 않고, 오히려 이해에 속한 민감함과 같기 때문에, 따라서 낱말의 상상(想像·imagination)은 내면적인 것들을 위해서 봉사하고, 사색(思索·speculation)은 보다 내면적인 것들을 위해서 사용되고, 사상(思想·thought)은 극내적인 것들을 위하여 사용됩니다. 1748년 2월 7일

보다 더 내면적인 것들(the more interior things)에 관하여

680. 내면적인 것들에 대하여 보다 더 내면적인 것들의 경우가 어떠한지는, 앞에서 언급한 내용들(677-679항 참조)에서 잘 나타나 있습니다. 개념들이나, 결과적으로 낱말들이 어떻게 어느 영의 언어(言語·speech)에 입류하는지 내 시각에 보여졌는데, 새하얀 구름이 그것의 분자들로 분할되는 것에 의하여 보여졌습니다. 또 다른 때에는, 내가 생각하기에는, 정동들이 이런 식으로 입류하는 것도, 영들이나 천사들에게 보여졌습니다. 이런 것들에서 볼 때 확실한 것은, 동일한 것들이, 보다 더 내면적인 천계를 통하여, 보다 더 내면적인 천계로부터 가까이 있는 천계에 입류한다는 것입니다. 따라서 여기서 얻을 수 있는 결론은, 겉보기에 단순한 하나의 개념 안에는 수천의 것들이 존재한다는 것이고, 그리고 한 마디의 말의 단어에도 대응하는 것은 수천의 것들이 있다는 것입니다. 따라서 보다 내면적인 천사들의 하나의 사색 안에도 수천의 것들이 내재해 있다는 것입니다. 그와 같은 일은 내면적인 천계의 천사들에게는 단순한 것들로 나타나 보인다고 결론지을 수 있겠습니다.

681. 이러한 사실은 사람의 시각의 대상물들로부터 사람에게는 아주 명확한데, 그 대상물에 대하여 그의 상상(想像), 또는 물질적인 개념은 거의 같은 계도 안에서 답하고 있습니다. 눈에 보여지는 것

과 같이, 단순하다고 생각되는 하나의 대상물이 현미경을 통하여 보여질 때, 그것을 구성하는 수천 수만의 것들이 그 안에 나타납니다. 따라서 백 마리의 지극히 작은 곤충들도 시각의 하나의 광선 안에 내포되고, 그리고 단 하나의 희미한 점으로 보이기도 하지만, 이에 반하여 인위적인 시각이나 광학적인 시각에 대해서는 몇 백 개의 살아 있는 눈에 보이지 않는 것들뿐만 아니라, 그 각각의 내장들까지도 아주 선명하게 보여집니다.

682. 예를 든다면, 가장 일반적인 것을 제외하면 그것 안에 아무것도 존재하지 않는 무지개의 경우, 무지개는 다시 말하면 계속적인 색깔들의 국면들(局面·planes)로 나타나지만, 그럼에도 불구하고 그 때 그 각각의 색깔은 명확하게 거기에 유입하는 무한이 많은 광선들로 이루어졌고, 그리고 이와 같은 가장 일반적인 국면을 생성합니다. 오직 눈(目)은 헤아릴 수 없이 많은 광선들을 합쳐서 지각하지만, 사실은 희미하게 지각합니다. 그 희미함(不英明·obscurity)은 몇몇 색깔에 의하여 단지 나타나 보이는데, 그것은 이런 방법으로 다양한 색깔로 채색(彩色)된 불영명한 것을 가리킵니다. 이와 같이 시각은 수천 수만의 광선들을 하나의 광선으로 지각하기 때문에, 눈에 속한 시각에 비하여 보다 더 내면적인 시각을 가리키는 자연적인 마음은 어떻게 달리 지각할 수 있을까요? 결과적으로 자연적인 마음은, 보다 내면적인 것들에 속한 수천 수만의 것들과 꼭 같은 상상의 개념들이 어디에서 비롯되었는지, 그 근원을 이해하지 못합니다. 그리고 그것들이 가장 내적인 생명(an inmost life)으로부터 명확하게 입류하지 않는다면, 또는 더욱이 이것이 주님으로부터 입류하지 않는다면, 명확한 하나의 개념으로 지각될 수 있는 것은 아무것도 없습니다. 뿐만 아니라, 상상적인 개념이 본질적으로 총명적인 개념이 아니고 오히려 총명적인 것들로 말미암아 이런 것들이 존재하기 때문에, 거기에서부터 총명적인 개념들에 속한 수단에 의하여 그것은 이해될 수 있습니다. 따라서 명확한 것은, 매우 조잡하고, 아니 사실

은 매우 조잡할 뿐만 아니라, 매우 희미한 것을 사람은 매우 명확하고, 예민하고, 현명하고, 정교하고, 뿐만 아니라 그것이 총명하고, 현명하다고 생각한다는 것입니다.

683. 내가 영적인 표징에 의하여 내 주위에 있는 영들에게 이런 것들을 제시, 설명하고 있을 때, 즉 눈으로 보이지 않는 수천 수만의 것들이 이루어지고, 또는 구성된 힘들의 형체들로서 형성하는 개념들에 의하여 설명하고 있을 때, 그리고 또한 보다 더 내면적인 것들인 수천 수만의 것들로 이루어진 것들에 속한 모든 개별적인 것에 의하여 설명하고 있을 때, 그 때에 일어난 일은, 영혼들이나 영들이 이와 같은 설명이나 표징에 대하여 매우 민감하기 때문에, 그들은 즉시 마치 미치광이와 같이 되었습니다. 나와 같이 있던 그들 중의 하나는, 그들이 광기(狂氣)에 의하여 멸망할 것이다는 것 이외의 다른 것은 알지 못한다고 고백하였습니다. 왜냐하면 생명에 속한 것은 아무것도 남아 있는 것이 전무(全無)하기 때문이고, 그리고 비록 이와 같은 힘들이 그들 안에 있다고 해도 여전히 그들은 영적인 생명의 입류가 전무하기 때문입니다. 살아 있는 영적인 입류가 그것에서부터 제거되었을 때, 따라서 이와 같은 생명은 식물(植物)들에 속한 생명과 꼭 같습니다. 사실 그 식물들 안에는 식물적인 생명이라고 일컫는 그런 생명만 존재합니다. 그러므로 식물계 안에 있는 모든 것들은 주님의 나라(the Lord's kingdom)를 표징하고, 그 각각의 것은, 그것 자신의 방법으로 그것들은 사실 그의 폐장으로서, 또는 그 밖의 것들로 사람을 표징합니다. 이러한 사실은 이미 잘 알려져 있습니다. 그러므로 신령존재는 식물계에 존재하지만, 그러나 동물적인 생명 밖에 존재합니다. 1748년 2월 8일

사람이 육신을 입고 살 때, 다른 자들의 능력들 보다 월등하다는 영혼 또는 영의 능력에 속한 우월감(優越感)에 관하여

684. 육체에서 벗어난 뒤 한 영혼이 터득한 뛰어난 능력들 이외에

관해서 앞에서 여기저기서 기술하였는데(400・433・662항 참조), 그것은 영혼들이 개념들에 속한 뜻들이나, 또는 한 사물의 뜻을 보다 충분하게 지각한다는 사실이고, 그리고 이와 같은 일은 상상적인 표징(imaginative representations)에 의하여 충분하게 지각한다는 사실입니다. 그것에 속한 내용이나 성질은 정확하게 기술할 수 없겠습니다. 이른바 개념들은 아주 명확한 서로 다른 방법들에 의하여 형성되고, 따라서 그들은 즉시 뜻을 이해하고, 다시 말하면 마치 모양을 형성, 그들의 시각에 나타나 보입니다. 그러므로 그들은, 육체를 입은 삶에서는 전혀 불가능했던 사물들에 속한 보다 충분한 뜻을 이끌어 냅니다.

685. 왜냐하면 육체를 입은 삶에는 감관들을 움직이고, 사람을 자극하는, 따라서 사람을 혼란시키는 각양각색의 대상물이 있기 때문입니다. 더욱이 거기에는 풀(glue)이나 검(gum)과 같이 내재해 있는 내적인 대상물들을 가리키는 온갖 탐욕들이 역시 존재하기 때문입니다. 사람이 이런 온갖 욕망들로 물들었을 때, 그 때 다른 사람이 말하는 것은 무엇이나, 일반적으로 지배애(支配愛・主導愛・the ruling love)를 가리키는 그가 갈망하는 것들에 모두 밀착(密着)합니다. 그러므로 사람이 육신을 입고 사는 동안, 이와 같은 것들에 속한 지각들은 사람 안에 주어질 수 없습니다. 그러나 그가 저 세상에 와서 다른 자들의 동료들 안에 있게 되면 즉시 한 영혼 안에 그것은 주어집니다. 이런 내용은 내가 내 주위에 있는 영들에게 말한 것들이고, 그리고 그들은 그것이 사실이라고 긍정하였습니다. 1748년 2월 8일

목성(木星)의 주민들에 관하여

686. 앞에서 언급한 것과 같이(547항 참조), 목성의 영들은 그들의 얼굴을 육체라고 생각하지 않습니다. 그러므로 그들은 저 세상에서 자신들의 얼굴들은 더 크고, 또는 더 완전하게 될 것이고, 둥근 모습의 것이 될 것이다는 인상을 가지고 있습니다. 그리고 그런 둥근

모습이 나에게 보여졌고, 또 그것은 천계의 모양으로, 그리고 푸른 하늘색의 작은 별들 모습으로 나에게 보였습니다. 이 인상은 계속해서 남아 있습니다.

687. 더욱이 그들은, 그들이 자신들의 얼굴을 따뜻하게 해 줄 하나의 불(火)을 볼 것이라고 생각하였는데, 그 불이 나에게 보여졌습니다. 앞서 여러 번의 경우에서와 같이, 그것은 따뜻함을 주었습니다. 왜냐하면 여러 종류의 불들이나, 또는 불꽃들을 오랜 기간 동안 보아왔고, 그리고 그것들을 본다는 것이 나로서는 친숙하기 때문입니다. 그러나 지금 처음으로 나는 나의 얼굴을 따뜻하게 해 주는 불을 보았는데, 그와 같은 불은 영들이 자신들을 위해서 갈망하는 것이었습니다. 나에게 일러진 것은 그들의 불꽃은 하늘의 푸른색으로 장식한 색깔이었는데, 그 색깔은 그들이 매우 귀하게 여긴다는 것입니다. 이런 불꽃은 매우매우 기쁜 것으로 한 번 나에게 보여졌었습니다. 1748년 2월 9일

내가 본 말(馬)들에 관하여

688. 여러 종류의 색깔과 그리고 크기가 다른 여러 필(匹)의 말들과, 여러 마리가 끄는 병거(兵車)들이 수도 없이 여러 번 나에게 보여졌는데(302·560·632항 참조), 내가 오늘 배웠고, 그리고 전에 한번 배웠던 것과 같이, 그것은 좋은 뜻으로는 총명을 뜻하고, 배우는 사람의 학문을 뜻하고, 왜곡된 뜻으로는 참된 총명을 거꾸로 뒤집는 것을 배우는 사람의 학문을 뜻합니다. 더욱이 말들의 위치에서 누구나 그것이 뜻하는 바가 무엇인지 알 수 있는데, 다시 말하면 말의 뒷부분이 얼굴 쪽으로 향하게 되면, 그 때 그것은, 왜곡된 질서나 왜곡된 믿음이 학문에 의하여 야기(惹起)되었다는 것을 뜻합니다. 말하자면 사람들은 그것에 의하여 미치광이가 되었다는 것, 또는 영적인 것들에 대해서 전적으로 바보 멍청이가 되었다는 것과, 그러므로 그들이 동물들처럼 죽을 것이라는 것과 사후에는 생명이 전혀 남아

있지 않을 것이다는 이 세상적이고, 세속적인 것들을 제외하면 그들이 아무것도 믿지 않는다는 것을 뜻합니다. 따라서 그들의 학문들은 영적인 삶에 관한 모든 이해나 믿음을 질식(窒息)시킵니다. 말의 뒷부분이 이런 쪽으로 향하여지면, 사실은, 비록 그들이 끼어들기를 원하지 않는다고 해도, 그들은 말(馬)에 던져졌는데, 이와 같은 일은 그들의 심한 고통과 부끄러움을 초래합니다. 1748년 2월 9일

말들에 관한 계속

689. 말의 위치에서 뜻하는 것이 무엇인지 아는 것이 나에게 주어졌습니다. 말이 뒷부분을 향하였을 때, 그것은, 영적인 삶에 속한 왜곡된 질서가 온갖 학문들에 의하여 야기되었다는 것, 그러므로 믿음이 말살(抹殺)되었다는 것을 뜻한다는 것입니다. 그러나 그것의 옆이나, 머리가 얼굴 쪽을 향하였을 때는 전혀 그렇지가 않습니다. 그때 그것이 뜻하는 것은, 하나님 메시아에 속한 성언(聖言·the Word of God Messiah)에서 비롯된 것들이 학문들에 의하여 확증되었다는 것입니다. 1748년 2월 9일

사망 직후 내가 대화한 두 사람에 관하여

690. 육신을 입은 삶 동안에 내가 아는 두 사람이 있었는데, 그 중에 한 사람은 6 개월 전에 죽었고, 다른 한 사람은 2 개월 전에 죽었습니다. 그들은 마치 꿈 속에 있는 것 같았습니다. 그들은 자신들의 환상들 가운데 있었기 때문에, 그들은 여전히 육신을 입고서 살고 있다고 생각하여 자신들이 저 세상에 있다는 것을 전적으로 알지 못하였습니다. 내가 그들에게 확실한 것들을 일러준 뒤, 나는 그들에게 그들이 저 세상에 있다는 것을 보여 주었지만, 그럼에도 불구하고 그것이 생긴 그대로 나타나기까지, 그들은 그것을 믿을 수 없었습니다. 그들은 그들이 육신을 입은 삶에서 하는 것과 같이 행동하였습니다. 그들은 그와 꼭 같은 환상 속에 사로잡혀 있었습니다.

690A. 그들 중 한 사람은 세상적인 것들에 조예(造詣)가 깊고, 또 존경을 받았습니다. 그의 믿음이 나에게 전해졌습니다. 나는 영적인 방법으로 그것을 알 수 있었는데, 전혀 아무것도 아니었습니다. 왜냐하면 그것은 세속적인 여러 학문들에 의하여 완전히 말살되었고, 그러므로 그는 사후의 삶이나, 영들의 존재를 믿지 않았고, 더욱이 주님의 나라를 믿지 않았기 때문입니다. 따라서 그의 믿음은 그런 학문들 가운데서 소실(燒失)되었습니다.

691. 나는 그들과 이 세상에서의 학문들의 필요성에 관해서 토의하였습니다. 즉, 오직 필요한 것은 참된 믿음(a true faith)에 속한 것들이 있어야 한다는 것과, 나머지 것들은 비록 그것들이 돕는다고 해도, 모든 것들은 반드시 그것들에 의존하지 않으면 안 된다는 단순하고 사소한 것들이다는 것 등입니다.

692. 더욱이 나는 그들에게 어떤 종류의 상태가 그들을 기다리고 있는지, 다시 말하면, 그들은 처음에는 최근에 당도한 영혼들을 기꺼이 받아주는 선한 영들의 무리에 영접되지만, 그러나 그들의 믿음에 속한 도치(倒置)된 질서 때문에 그들이 그들과 일치할 수 없는 상태이므로, 그들은 그 때 자기들 스스로 그들에게서 분리된다는 것을 그들에게 일러주는 것이 허락되었습니다. 그들은 또다시 다른 영들의 무리에 영접되었고, 그들이 서로 조화롭지 못하여, 그 영들은 그들을 배척하였습니다. 그런 일이 있은 뒤, 그들은 선하지 않은 영들과 제휴(提携)하였는데, 그 때도 역시 그들은 그들에 의하여 배척되었습니다. 그것은 형벌(刑罰)들이고, 영벌(永罰)이었습니다. 그렇게 되자 그 때 그들은 홀로 남았습니다. 그래서 그들은 그들이 영접될 수 있는 곳을 찾아서 이집 저집을 배회(徘徊)하였는데, 종국에는 그들은 먹거리와 머무를 따뜻한 곳을 구걸하게 되었습니다. 그들이 우여곡절 끝에 받아들여졌을 때, 그들은, 육신을 입고 살 때와 같이, 다른 사람들보다 특별한 대접을 받고, 또 존경받기를 원하였는데, 만약 그들이 자신들의 이와 같은 골수에 박힌 생각들을 갈망한다면,

그들은 그런 것들을 빼앗기는 것 이외의 별수가 없을 것입니다. 이런 부류의 형벌이 육신을 입은 사람에서 받은 것들이기 때문에, 그들은 지금도 역시 더욱 심한 형벌을 받는 것이고, 따라서 그들은 추방(追放)될 수밖에 없었습니다. 그 뒤 그들은 다 찢어진 남루한 옷을 걸치고, 이집 저집 찾아다니며 구걸을 하였는데, 이와 같은 구걸의 행각은 그들의 자만(自慢)이나 또는 다른 사람보다 잘났다는 우월감이 소멸될 때까지, 또는 다른 사람의 재산을 취하려는 욕망이 전부 없어질 때까지 계속됩니다. 이런 식으로 그들이 종국에 모두 박탈(剝奪)된 뒤에, 그들은 자신들과 조화되는 부류의 영들의 무리에 허입(許入)될 수 있습니다. 이와 같은 일은 아주 오랜 세월이 소요되기도 하는데, 그들은 수 백 년이 걸리기도 하였고, 심지어는 수 천 년이 걸리기도 한다고 하였습니다. 왜냐하면, 몇몇 사람들의 박탈은 아주 오랜 기간 계속되기 때문입니다. 1748년 2월 9일

개별적인 것이든 전체적인 것이든 저 세상의 모든 것들은 사랑에 의하여 결합(結合)으로 향한다

693. 저 세상에서는 형벌(刑罰)이나 박탈(剝奪) 등, 그 밖의 수많은 다른 많은 것들이 일어나는데, 이런 것들은, 개별적이든 전체적이든, 한 사람과 더불어 일치하는 수많은 사회들을 형성하기 위한 목적에 이바지 합니다. 이와 같은 일은 오직 주님에 속한 사랑에 의하여 수행되고, 따라서 각자의 동료들에 속한 사랑에 의하여 수행됩니다. 이와 같은 사랑은 어느 누구가 다른 사람에 비하여 보다 위대하려는 욕망에 사로잡혔을 때에는, 결코 얻어질 수 없습니다. 여기에서부터 분리(分離·disunion)와 배척(排斥)이 생겨납니다. 탁월하기를 갈망한다면, 그와 같은 사랑은 이루어지지 않지만, 그러나 오직 말자(末者) 즉 가장 낮은 자가 되기를 원한다면, 그리고 다른 사람을 섬기기를 원한다면 그와 같은 일은 이루어집니다. 따라서 모두가 서로서로 각자를 섬기기를 원할 때, 그들은 서로 결합하고, 각자는 개인

적인 것에서, 또는 전체적인 것에서부터 자신의 지복(至福)을 취하게 됩니다. 이러한 내용은 많은 영들이나 영혼들의 현존(現存)에서 일러졌습니다. 1748년 2월 9일

믿음에 관하여

694. 나는 오늘 많은 영들과, 그리고 영혼들과 믿음에 관하여 서로 대화를 하였습니다. 다시 말하면 오늘날의 기독교인들의 믿음은 기억에 속한 믿음(the faith of memory)이다는 것, 따라서 입술에 속한 믿음이요, 그리고 사람 안에 있지 않고, 밖에 있을 뿐, 사람 안에 믿음은 전혀 존재하지 않는다는 것이었습니다. 왜냐하면 그들의 해위(行爲·works)는 자신들의 믿음의 성품(性稟)을 잘 드러내기 때문입니다. 다시 말하면 그것은 믿음에 정반대이다는 것을 잘 드러내고 있기 때문입니다. 이것이 저 세상에서의 그들의 성품인데, 거기에서 그들이 믿음이 어디에 있는지를 알고자 원하면, 그들에게 일러진 것은, 믿음은 사람 안에 있지 않고, 밖에 있으며, 따라서 달(月)이 지구에서 멀리 떨어져 있는 것과 같이, 그 사람에게서 아주 멀리 떨어져 있다는 것 등입니다.

695. 그러나 이것이 구원하는 믿음을 수용하는 기능에 대하여 도움이 되는지, 따라서 그것이 수액(樹液), 즉 생명이 나무 속에 들어가는 통로인 나무껍질과 같은지, 또는 그것이 나무의 가지에, 따라서 그 나무의 열매에 들어가는 통로와 같은지는 다른 사안(事案)입니다. 1748년 2월 9일

영혼들과 영들의 생명에 관하여 ; 그리고 그것의 차이점에 관하여

696. 각각의 영은 자신의 생명에 속한 본능을 가지고 있는데, 그것은, 그가 이른바 자신에게 내맡겨지든지, 아니면 유사한 영들의 사회 안에 있든지 할 때에 지각되지만, 그러나 그가 보다 낮은 영들

의 사회에 있는 경우, 그것은 나타나지 않습니다. 나는 어떤 상태의 변화를 지각하였는데, 그것은 어떤 영이 자신의 본연의 본능에 갑자기 돌아갔기 때문에, 그는 다른 사람의 재물을 빼앗기를 갈망하였지만, 그와 같은 일은 그가 지금까지 속해 있었던 사회에서는 전혀 나타나지 않았습니다. 더욱이 한 영의 생명은 그의 동료들의 유형에 따라서 변화할 뿐만 아니라, 고양(高揚) 되기도 합니다. 이런 일도 역시 유사한 방법으로 보여졌습니다. 다시 말하면 그의 동료들의 수가 몇몇으로 줄어드는 것에 의하여, 그와 꼭 같이, 그의 생명도 현명(賢明)함에서 보다 우둔(愚鈍)함으로 바뀌었습니다. 따라서 사후의 영혼들의 생명들은 다종다양한 사회들과 결합하며, 그리고 이런 방법으로 그들의 됨됨이(性稟)가 무엇인지 알게 되고, 그리고 그들이 누구와 일치하는지도 알게 됩니다. 모든 사회 안에서 영혼들은, 그들은 자기 스스로 살고 있는 오직 그런 존재들이라고 생각합니다. 이와 같은 방법으로 그들은 같은 영들로 이루어진 사회의 다양한 상태에 의하여 검증됩니다. 따라서 그들의 성품이 어떠한지는 영들이나 영혼들에 의하여 밝혀집니다. 왜냐하면 누구나 다른 상태에 있으면서, 하나의 상태에 있는 꼭 같은 존재는 아니기 때문입니다. 그러나 천사들의 사회들은 그들의 상태의 변화 안에서 반드시 같아야 하는데, 그 이유는 그들은 모두가 주님에 의하여 인도되기를 선호하기 때문입니다. 1748년 2월 9일

이러한 내용은 한 사회를 구성하고 있는 그들의 안전에서 기록되었습니다.

내면적인 천계에의 허입(許入)에 관하여

697. 성경말씀에는 문은 닫혀졌고, 더 이상 아무도 들어가는 것이 허락되지 않았다는 것과, 역시 사람들은 늦게 도착하여서, 문을 두드렸지만, 들어가는 것이 허락되지 않았다는 것 등이 언급되었습니다(마태 25장 참조). 이런 내용에 관한 실정이 어떠한지 나에게 생생

하게 보여졌습니다.

698. 내가 꿈 속에서 영적인 방법에 의하여 알게 된 사실은, 악한 자에 의하여 선한 영들의 생명과 재물이 빼앗겨졌다는 것과, 그리고 따라서 악한 자들과 선한 자들 사이에 재물에 대한 다툼(紛爭)이 있었다는 것과, 종국에는 그들의 재물이 되돌려졌다는 것 등이었습니다. 이러한 내용들은 영적인 방법으로 드러난 것들입니다.

699. 내가 잠에서 깨었을 때, 많은 영들의 사회들이 차례차례로 아름답고 높은 음성으로 말을 하기 시작하였습니다. 그 내용은, 늑대가 그들을 잡아먹으려고 하였지만, 주님께서 그 늑대로부터 그들을 구출하셨으며, 따라서 그들은 주님에게 되돌아갈 수 있었다는 것 등이었습니다. 이런 이유 때문에 그들은 심중 깊은 데서부터 기뻐하였습니다. 그 이유는, 천계에는 차고 넘치는 영들이나 천사들이 있어서, 거기에는 더 이상 많은 사람들을 수용할 여지가 없기 때문에, 주님께서는 그들을 배척할 것이고, 따라서 늑대들이 그들을 차지할 것이라는 큰 두려움과, 그리고 주님께서는 더 이상 그들을 원하지 않을 것이다는 두려움 때문에, 아주 큰 절망과 자포자기(自暴自棄)에 빠져 있었습니다. 이것이 내가 명확하게 지각한 그들이 처해 있는 그들의 일반적인 생각이었습니다.

700. 또 다른 사회가 마치 조화된 높은 음성으로 말을 하였는데, 그 내용은 늑대가 그들을 잡아먹으려고 하지만, 그러나 주님께서 그들을 구출, 주님에게로 다시 되돌아갈 수 있었다는 것입니다. 이런 내용의 말들은 한 사회에서 다른 사회로 계속 이어졌고, 또한 한 합창단에서 다른 합창단에로 계속 이어졌습니다. 더욱이 나에게서부터 아주 멀리 떨어진 곳으로 퍼져나갔습니다. 몇몇은 그것이 믿어지지 않는다고 말하였는데, 따라서 그 말은 점차적으로 약해졌지만, 그럼에도 불구하고 그 말은 다시 충분하게 회복되었습니다. 그들의 말은 열두 번째 사회에 이르러서 끝이 났습니다. 즉 그들은 거기에 그와 같은 사회들이 열둘이 있다고 말을 하였습니다. 사실 열한 사

회는 허용되었지만, 그럼에도 불구하고 열두 번째 사회는 다른 사회들에 비하여 매우 어려움을 가지고 허용되었습니다. 그런 뒤에 같은 식으로 말을 하는 대략 여덟 사회들이 더 왔는데, 나는 성(性)이 다른, 또는 종류가 다른 사회들이라고 생각되었습니다.

701. 이런 일들이 있은 뒤, 그들은 내면적인 천계에 안내되었습니다. 분명한 목소리로 내게 일러진 것은, 그들도 이런 식으로 한참 동안 영들의 천계에 있은 뒤, 허입된다는 것이었습니다. 따라서 그들이 들어가기를 갈망하고, 소리를 지른다고 해도, 어느 누구도 쉽게 들어갈 수 없었습니다. 이러한 사실은, 그들이 자신들의 등에 기름이 떨어졌기 때문에, 뒤늦게 온 자들을 뜻합니다. 그들은 더 이상 허입될 수 없다는 응답이 있었는데, 따라서 그들은 그 때 그와 같이 거절당하였습니다.

702. 그러나 일러진 사실은, 이와 같은 일들은 온 천계 곳곳에서 계속적으로 일어난다는 것이었습니다. 따라서 그와 같은 일은, 마치 순서에 의한 것과 같이, 한 곳에서 다른 곳으로 계속 이어졌습니다. 그러므로 유사한 허입도 그들의 준비의 완성 뒤에 여기서도 재발한다는 것입니다. 천계는 결코 만원(滿員)으로 채워질 수 없는데도, 모든 곳이 지금 채워질 것이다는 그런 망상(妄想)은, 이와 같은 절망이 그들을 지배하고 있고, 또 그들이 더 이상 허입될 수 없다는 이유 때문입니다. 그 이유는 거기에 더 여유가 전혀 없기 때문이다는 것입니다. 이와 같은 부질없는 절망은 그 늑대, 즉 악령들에 의하여 유발되었습니다. 1748년 2월 10일

내면적인 천계의 허입(許入)에 관한 속편

703. 내가 듣고, 지각한 것은, 열두(12) 사회들 이상 더 많은 사회들이 동시에 함께 들어갈 수 없고, 그 뒤에 성(性)이 다른 대략 여덟 사회들이 허입되는 이유는 이런 식으로 거기에서 형성되는 천계적인 사회들(the heavenly societies)에 배치되기 때문이다는 것이었습니

다. 그들은 동시에 거기에 안내될 수 없고, 다만 여러 가지 이유들 때문에 이런 일은 계속해서 일어났습니다. 왜냐하면 그들이 허입되면 즉시 그들은 주님에 의하여 숨겨진 그들의 성품에 따라서 순서에 맞게 천사적인 사회들(angelic societies)에, 따라서 마치 그들이 그들 자신의 유산(遺産)에 들어가는 것과 같이, 영접되기 때문입니다. 이것은 그들의 운명(運命·lot)이라고 말할 수 있는데, 그 이유는 이런 일이 비밀리에 주님에 의하여 행해지기 때문입니다. 다시 말하면 주님에 의하여 준비되기 때문입니다. 이런 식으로 그들은, 각각, 자기 자신의 사회에 허입되고, 그리고 그들이 온 마음으로 그리고 기쁨으로 영접되었다는 것과, 그리고 모든 사랑과 우정이 그들에게 보여집니다. 그러나 그들이 자유롭게 이런 사회들에 더 이상 머물기를 원하지 않는다면, 그들은 다른 사회들에 의하여 영접되는데, 이와 같은 일은, 그들이 조화와 화합이 있는 어떤 사회에 들어갈 때까지, 계속해서 이어집니다. 그들은, 그들이 보다 더 완전하게 될 때까지 그 사회에 머무르고, 그리고 그렇게 계속해서 그들은 보다 큰 광영에 올려질 때까지 고양(高揚)됩니다.

704. 그러나 내게 알려진 것은 한 사회에서 다른 사회로 옮겨지는 이전(移轉)이 그가 있는 어떤 사회에서의 배척에 의하여 일어나는 것이 아니고, 오히려 흔쾌한 소망에서 이루어지는 것입니다. 그러므로 그가 어디에 있고 싶다는 그의 소망에 따라서 옮겨지는 것입니다. 따라서 자유에서 비롯된 것이 아닌, 그리고 가장 자유스러운 뜻에서 비롯된 것이 아닌 것은 아무것도 없습니다.

705. 더욱이 일러진 사실은, 천계는, 심지어 영원히 닫쳐지지 않고, 오히려 여기서 기술된 이유들 때문에 닫혀 있을 뿐입니다. 특히 거기에 머물러 있는 영들이 제대로 준비가 되지 않았다는 이유 때문에 닫혀 있을 뿐입니다. 어느 누구도 천계를 위한 준비가 갖추어지기 전에는, 천계에 허입될 수는 없습니다. 만약에 특별한 이유 때문에 어느 누구가 허입된다면, 혹시 어떤 종류의 효소(酵素)작용의 활

동을 위해서 허입된다면, 그 뒤 그는 지독한 치욕(恥辱)이나 불명예를 입고 거기에서 쫓겨날 것입니다.

706. 자신들의 허입을 열망하는 몇몇 영들에게 주어진 대답은, 지금은 아직 그 때가 아니다는 것이고, 만약에 그들이 준비가 되면 그 때에 허입될 것이다는 것이었습니다. 내게 알려진 것은 거기에는 이런 일들을 관찰하는 영들이 있다는 것입니다. 1748년 2월 10일

목성(木星)의 영들에 관하여

707. 목성의 영들 중에서 나와 잠시 동안 같이 있었던 영들이 그 때 역시 내면적인 천계에 허입되었습니다. 왜냐하면 그들은 그것을 갈망하였기 때문입니다. 그리고 다른 영들도 그들을 뒤따라갔는데, 그들 역시 허입되었습니다. 그 밖의 다른 영들도 이들에 이어서 여전히 나와 함께 머물러 있었는데, 내가 추측하기에는 이들도 허입되기를 기대하는 것 같았습니다.

708. 더욱이 나는 목성 주민의 영들의 온화함과 점잖음에 놀라지 않을 수 없었는데, 그와 같은 사실은, 일 주일이라면 혹시 모르겠으나, 여러 날 동안 그들이 나와 함께 있었다는 그 일과, 그리고 내 머리에 각인(刻印)된 합당한 이유(a place)에 의해서 나에게 알려졌습니다. 그들은 생각하는 것 이외에는 아무것도 하지 않을 만큼, 그들은 온화하였습니다. 그들의 생각들은, 내면적인 천계에 속한 좋은 희망이나, 거기의 천사들의 좋은 뜻에서 자신들이 굴복하기를 선호할 만큼, 따라서 오직 한 분 주님의 뜻에 의하여 인도되기를 선호할 만큼, 매우 고분고분하고, 융통성이 있었습니다. 그들은 매우 인내심이 강하여서, 이러저러한 일이 그들에게 인정되지 않을 것을 알더라도, 그들은 거의 성내는 일이 없었습니다. 그리고 즉시 그들은 그것들을 묵인, 수용하였습니다. 다른 사람들에 관한 온갖 의심들도 그들에게는 아무런 관심사가 아니었습니다. 오히려 그들은, 그것들이 전혀 값어치가 없는 것처럼 간과(看過)해 버렸습니다. 그들이 이러한

성품이다는 것은, 그들이 나와 같이 있었다는 것이나 내가 안다는 것까지도, 별개의 표시에서 알았기 때문입니다. 나는 그것을 그들의 "아니무스"(=마음·*animus*)의 그 어떤 변화에서 알 수는 없었습니다. "그들은 자신들에게 부과(附課)된 모든 것들로 만족스럽다"는 말이 그들의 고백이었습니다. 1748년 2월 10일

아래에서 다루어지는 영접(迎接)된 자들의 천계적인 기쁨에 관하여

709. 나는 허입된 사람들에게서 수많은 내용들을 들었습니다. 그들이 영접하게 된, 또는 그들의 사회들에 들어가게 된 원인인 우정이나 형제애(兄弟愛) 이외의 다른 것을 부연하면, 그들은 자기 자신의 즐거움이나 기쁨의 형상에 따라서 그 각각의 것을 자신이 취하는데, 그것이 어떤 것이든 그의 "마음"(*animus*)이 갈망하는 것에 천 배나 더 많은 것을 취할 수 있습니다.

710. 예를 들면, 어떤 자들은, 젊은이나 아이들이 특히 기뻐하는, 매우 아름답고 빛나는 흰색의 예복을 입었습니다. 그들의 기쁨이 나에게 미쳤는데, 그러므로 나는 그들의 기쁨과 즐거움을 느낄 수 있었습니다. 왜냐하면, 이와 같이 매우 아름다운 빛나는 흰색의 옷을 입었다는 것 이외에, 그들이 천사들이다는 것을 그들이 알고 있기 때문입니다.

710A. 어떤 자들은, 모든 사람의 개념을 훨씬 초월한, 마치 낙원(樂園)에 속한 몇 배의 기쁨과 즐거움에 의하여, 마음 속 깊은 데서부터 기뻐하였습니다. 왜냐하면 거기에는 봄철에 있는 것이 아닌 것은 아무것도 없고, 그리고 봄철의 꽃이나 또는 그것의 열매에 있지 않은 것들은 아무것도 없기 때문입니다. 그 결과로 인하여 거기의 모든 것들은 모두 미소를 머금고 있는데, 그것이 여기에서 비롯된 것이다는 것은, 그것의 각각의 잎새에는 가장 극내적인 것에서 비롯된 보다 내면적인 천계적 기쁨이나 즐거움이 내재해 있기 때문입니

다. 왜냐하면 내가 단언할 수 있는 것은, 이런 모든 것들이 보다 더 내면적인 천계에서부터 생성되었다는 것이고, 따라서 그들의 표징(表徵)은 마치 살아 있는 것과 같았기 때문입니다. 그러므로 거기의 각각의 것들 안에는 기쁨과 즐거움이 가득하였습니다.

711. 뒤이어서 하나의 장식물(裝飾物)이 단순하게 나에게 보여졌습니다. 그것은 단순한 문(門)의 장식물이었지만, 그것은 끝없는 변화를 통하여 사람의 상상을 초월한 그런 장식물이었습니다. 따라서 하나는 다른 것에 뒤이어졌으며, 눈으로 볼 수 있는 아주 먼 곳에까지 전 지역에 두루 펼쳐 있었습니다. 그들에게 이것이 보여졌는데, 그것은 마치 살아 있는 것처럼, 계속적인 변화와 움직임으로 이어져 나갔습니다. 한마디로 말하면, 무엇이라고 기술할 수도 없고, 상상되지도 않았습니다. 이것은 지극히 작은 외관(外觀)이고, 또한 처음의 외관일 뿐입니다. 이런 것들에 대한 내면적인 것들은 필설(筆舌)로 표현할 수 없는 그런 것들이고, 그리고 보다 더 내면적이고, 극내적인 것들은 더더욱 표현할 수 없는 것들입니다.

712. 더욱이 천계에 있는 것들이 지니고 있는 빛은, 지상의 태양의 빛과는 비교될 수 없을 만큼, 매우매우 월등합니다. 이 빛이 나에게 나타났습니다. 흰색으로 빛나는 허입된 천사들이 거기에 앉아 있었고, 그리고 그 빛나는 빛이 나타났습니다. 일러진 것은, 이보다 더 밝은 빛이나, 더 생동감이 있는 것은 결코 주어질 수 없다는 것이었습니다. 왜냐하면 주님께서 그들의 빛이시기 때문입니다.

713. 그런 일이 있은 뒤, 잠간의 간격을 두고 허입된 자들은 아주 밝은 흰 구름으로 감싸여서 왔고, 그리고 이런 식으로 영접되었습니다. 역시 그 밝은 구름이 내게 나타났습니다.

714. 낙원적인 즐거움이나 기쁨 이외에도, 거기에는 천계적인 거처들이라고 불리우는 장소들이 있었는데, 다시 말하면 장엄한 궁전들이 있었는데, 그 안에 있는 장식품들은 가장 비범한 것들이었고, 무한한 변화와 더불어 서로가 서로에 잇대어 계속되었습니다. 그것

들은 마치 살아 있는 것 같았고, 사실 그것들은 육체의 눈으로 본 그 어떤 것보다도 아주아주 생동감이 넘쳤습니다.

술책(術策)과 사기(詐欺)로 천계에 침투(浸透)하려는 악령들의 배척에 관하여

715. 악령들이나, 늑대들이라고 부르는 자들, 다시 말하면 앞에서 설명한 이유 때문에(699항 참조), 그들을 두려워하는 영들을 끌고 갔던 자들은, 그러나 이와 같은 일은 처음에, 그리고 그들이 사회들에 들어가기 전에 일어난 일지만, 가끔 흰빛이 나는 옷을 입는 것이 허락되었습니다. 그러나 그들은 즉시 천사들에 의하여 발각되는데, 그 이유는 그들의 외적인 것은 이른바 색칠을 한 것이지, 살아 있는 것은 아니기 때문입니다. 왜냐하면 천계에의 영접은 천계적인 사회들의 영접이기 때문입니다. 그 때 이것은 지옥과 천계 사이에 있는 구멍(=심연·gulf·abyss)을 가리킵니다(누가 16 : 26). 그 이유는 한 곳에서 다른 곳으로의 이동은 불가능하기 때문이고, 비록 그것이 허락된다고 해도, 그들은, 마치 어떤 것이 서로 반대가 되는 것과 같이, 또는 거품이나 찌꺼기 같이, 즉시 배척될 것이기 때문입니다.

716. 더욱이 빛나는 흰색의 천사적인 모양으로 천계의 허입을 얻으려고 획책하는 자들도 있습니다. 내가 직접 목격한 바로는 이들은 각각의 "마음"(animus)에 따라서 온갖 짐승들의 형체로 즉시 바뀐다는 것입니다. 왜냐하면 "마음"(animus)이나 "마음들"(animi), 또는 온갖 탐욕들은, 비록 그들이 온갖 탐욕들 이외에 아무것도 아니고, 그들의 모습은 그런 모양이지만, 영들의 천계(the heaven of spirits)에서는 온갖 짐승들에 의하여 표징되기 때문입니다. 따라서 어떤 새들이나, 또는 어떤 짐승들은 나에게는 희미하게 보였지만, 그러나 그것들이 모두 하얀 색이라는 것을 나는 알 수가 없었습니다. 이러한 일이 일어난 것은 그들이 빛나는 흰색의 천사들이다는 것을 가장(假裝)하기를 갈망한다는 것을 보여주기 위한 것입니다. 1748년 2월 10일

717. 앞에서 언급하였듯이(703항 참조), 더욱이 천계에 가는 길이 있다는 것입니다. 그 아래에는 지옥이 있고, 그리고 낮은 땅(the lower earth)이 있는데, 그러한 것들은 마찬가지로 다른 이름들에 의하여 뜻하여지고 있습니다. 그런데, 영들의 천계(the heaven of spirits)가 있고, 다음에는 내면적인 천계(the interior heaven)가 있고, 그 다음에는 보다 더 내면적인 천계(the more interior heaven)가 있고, 따라서 극내적인 천계(the inmost heaven)가 있습니다. 이와 비슷한 배열(排列)이 어디에나 있는데, 그러나 이런 관점에서는 아주 많은 차이점들이 있습니다. 즉 낮은 땅이나, 영들의 천계에 있는 그들은 자신들에게 즐거움이나 기쁨을 주려는 것은 무엇이나 취하려고 한다는 것입니다. 다시 말하면 그들은 한 사회에서 다른 사회로 옮겨졌습니다. 그러나 악한 영들은 정반대의 방법으로 옮겨졌는데, 다시 말하면 형벌들에 의하여 옮겨졌기 때문에, 전혀 마음에서 원하지 않는 방법으로 옮겨졌습니다. 1748년 2월 10일

천계에서 지존자(至尊者)가 되기를 갈망하는 자들에 관하여

718. 알려진 사실은, 천계에서 으뜸이 되기를 갈망하는 자들은, 육신을 입고 살 때, 이와 비슷한 욕망, 다시 말하면 자신들이 다른 사람보다 세상적인 광영이나, 그 밖의 다른 것들에서 뛰어나기를 원했던 욕망이나 그와 같은 야망적인 것들이 그들 자신들에게 결합된다는 것입니다. 그들은 저 세상에서도 그와 꼭 같은데, 그러나 그런 욕망이나 야망은 이웃사랑에 정반대가 됩니다. 이러한 부류의 사람들은 저 세상에서는 합리성(合理性)에 속한 모든 것들이 박탈당하여서, 그들은 이미 더 이상 사람들이라고 할 수 없는 자들이 됩니다. 왜냐하면 그들은 그들이 행하는 것이 무엇인지 알지 못하기 때문입니다. 그들은, 앞에서 언급한 것과 같이, 마치 잠에 빠져 있는 것처럼, 모든 것을 본능(本能)으로 말미암아 행할 뿐입니다. 그리고 그들은 이런 욕망이나, 야망 안에는 선한 것들이 있다고 생각하기 때문

에, 그들이 가장 열심히 자신의 본능에 따라서 행한다는 것입니다. 그러므로 그들은 모든 것들을 모방(模倣)하기를 원하고, 따라서 선량한 것처럼 보이기를 원합니다. 그들이 허입되면, 그들은 자신들이 날개들을 만들 수 있으며, 그래서 높은 곳에 날아오를 수 있다고 생각할 것입니다. 그래서 그 때 그들은 오직 망상으로 말미암아 아주 높은 곳에 날아올랐고, 그리고 그들은, 자신들보다 더 높아진다는 것은 다른 사람에게서는 불가능한 것이라고 생각합니다. 이러한 사실이 나에게는 샅샅이 드러나 보여졌습니다. 그들의 야망이나 욕망은 그들을 이런 높은 곳에 올려놓습니다. 1748년 2월 10일

영들의 차이점

719. 한 영에서 합리성이 제거되면, 그는 오직 본능(本能)으로 말미암아 행동하는데, 그 때 그가 행한 것은 무엇이든 용서를 받습니다. 왜냐하면 그는 마치 꿈 속에서 행한 것과 같기 때문입니다. 그리고 또한 어느 누구도 이러한 영들의 상태를 불쌍히 여기지 않을 수 없기 때문입니다. 그 이유는 그들은, 그들도 이런 식으로 행동한다는 것을 지각하기 때문입니다. 그럼에도 불구하고, 이런 영들이 모여서 합리적인 상태가 되면, 그 때 그들의 합리성은, 그들의 본능을 숨기려고 무척 노력하는 그들을 열심히 도와줍니다. 따라서 그들의 관습적인 위장(僞裝)은 대부분 두려움이나 그 밖의 다른 원인들에서 생깁니다. 왜냐하면 육신을 입고 살 때, 그들의 합리성은 그들의 자연적인 본능이나, 고약하게 된 온갖 정욕들(情欲·loves)을 숨기려는 수단이나 방법 이외의 아무것도 아니기 때문입니다. 나는 오늘 이런 사실을 생생한 경험에서 수집할 수 있었습니다. 1748년 2월 10일

영들은 이런 사실들을, 마치 그것들의 감관들에게 생생하게 지각되듯이, 잘 이해할 수 있지만, 그러나 육신을 입고 사는 사람들이 그것들을 이해할 수 있는지는 나로서는 의심스럽습니다.

심사숙고(深思熟考)가 없으면, 그들과 같이 하는 인간 육체를 통하여 이 세상의 대상물을 보지 못한다는 것에 관하여

720. 내가 가끔 많은 군중들이 있는 도시의 큰 길을 걸었을 때, 나는 내 주위에 있는 많은 영들에 관해서 깊이 생각을 하지 않았고, 그리고 그들이 내게 있는 것들에 대해서 주시하고 있다는 것에 관해서도 깊이 생각하지 않았습니다. 그와 같은 깊은 생각(深思熟考)은 오직 내면적인 지각에 의하여 이루어지고, 또 조용한 관찰(a tacit observation)에 의하여 이루어지기 때문입니다. 이런 일이 자주 일어났는데, 거의 그 때마다 그들이 내게 한 말은, 그러는 그 때에 그들은 아무것도 보지도 못하였고, 듣지도 못하였지만, 그러나 그 때에는 마음에 속한 생각에만 열중하였다는 것입니다. 그리고 또한 내가 어떤 영에 대하여 깊이 생각하면, 그 영은, 말하자면, 지금 같은 것을 받았는데, 이런 일은 아주 빈번하게 일어났습니다. 따라서 내가 결론을 지을 수 있는 것은, 사람 안에 있는 내면적인 것들이 믿음에 의하여 주님을 향해 열려 있지 않는 영들은 그 사람과 더불어 말도 할 수 없고, 또 그의 눈을 통하여 볼 수도 없다는 것입니다. 그들은 단지 그 사람의 기억을, 따라서 그의 추론(推論)만을 즐길 뿐입니다. 나와 같이 있었던 영들도 그와 꼭 같았는데, 그들이 자주 고백한 것은, 그들이 알 수 있는 자들은 내가 내 삶을 살 때 내가 안 자들 이외에는 아무도 알지 못한다고 하였습니다. 이와 같은 일은 수많은 사람과의 교제(交際)에서 일어나는데, 그 교제는, 각자는 자기 자신의 삶을 살며, 그리고 다른 사람들도 이런 식으로 생각한다는 것을 알지 못한다는 생각입니다.

721. 나는, 심사숙고들을 자기 자신에 관한 심사숙고 이상으로 비교할 수는 없겠습니다. 사람은 자신의 손이나 얼굴이 차갑다는 것을 알지 못하고, 또 그의 발이, 그가 걸을 때 땅을 짓누른다는 것을 알지 못하며, 또한 그가 말할 때 낱말들을 입 밖에 낸다는 것을 알지

못하며, 그리고 만약에 그가 육신에 대하여 깊이 생각하지 않고, 그리고 자신의 생각을 그것에 집중하지 않는다면, 어떤 것이 육체의 어디에 존재하는지도 알지 못합니다. 이와 같은 것을 확인할 수 있는 것들이 아주 많이 있습니다. 즉 만약에 사람이 초인종 소리에 대하여 깊이 생각하지 않는다면, 또는 그 사람 주위에 있는 대상물들에 대해서 깊이 생각하지 않는다면, 그 사람은 자기가 듣고 본 것들에 대해서 전적으로 무지(無知)합니다. 1748년 2월 10일

사람은 두 삶을 살 수 있다는 것에 관하여

722. 사람들은, 겉사람은 이 세상에, 속사람은 천계에, 동시에 이 세상에도, 천계에도 존재할 수 있도록, 결과적으로 사람은 영들이나 천사들과 말하고, 그들은 사람들과 말할 수 있도록 주님에 의하여 인류는 창조되었습니다. 그러므로 천계는 이 세상과 결합할 것이고, 이 세상은 천계와 결합할 것입니다. 이러한 사실은 주님의 자비로 말미암아 나에게는 아주 명확하게 되었습니다. 사실 그와 같은 일은 내가 사람들과 말할 때 내가 그 전에 어떤 존재였다는 것과 전혀 차이가 없다는, 또는 내가 연약한 인간으로부터 구별될 수 없는, 그런 방법으로 이루어졌습니다. 그럼에도 불구하고 내가 영들과 같이 있을 때, 그 때 나는 말하자면 육신으로부터는 분리되어 있었지만, 그러나 뿐만 아니라 동시에 결합되어 있었습니다. 그 이유는 나의 영적인 것들이 그 때 영들과 같이 있었고, 사실 내가 그 때 "저 세상에서"라고 기술하기를 원할 만큼, 나는 그것이 저 세상이다는 것을, 또는 사후의 삶이라는 것을 전혀 알 수 없을 정도였기 때문입니다. 왜냐하면 영들이, 내가 그들과 같이 있었기 때문에, 내가 "이 삶에서"라고 쓰기를 원하였기 때문입니다.

강도짓이나, 학살(虐殺)하는 짓 이외에는 아무것도 하지 않는 그런 영들에 관하여 ; 여러 도시들로 도망해서, 자신들은 큰

도시에 산다고 생각하는 동일한 영들에 속한 자들에 관하여

723. 약탈들(掠奪)이나 절도(竊盜)들 외에는 아무것도 행하지 않는 떠돌이 영들(wandering spirits)이 내게 나타났습니다. 처음에 내게 나타난 영은, 터키 사람들이 입는 것과 같은, 짙은 청색(dark blue)의 옷을 입고, 머리에는 같은 색깔의 실로 짜서 만든 모자(a twisted cap)를 쓰고 있었습니다. 그는 내게 다가와서, 그의 오른손으로 악수를 하였습니다. 그 때 다른 영들이 내게 말하기를, 그는 반드시 도망한다는 것과, 그리고 그는 사람을 찾는 일 외에는 아무것도 하지 않는 자들을 몹시 두려워한다는 것이었습니다. 그리고 그들이 만약에 사람들을 찾게 되면, 고문하고, 칼로 죽이고, 고통을 주고, 불에 태우고, 물에 끓이고, 그들이 만나는 자들을 아주 잔인하게 다룬다는 것을 말하였습니다. 그러나 그가 악수한 사람에 대해서는, 그들에게 날강도 패거리들을 조심할 것을 경고하는 것이 일상적입니다. 왜냐하면 그 때 그들이 가까이에 있었기 때문입니다.

724. 필히 알아야만 할 것은, 이 영이 나에게 나타나기 전에, 나는 전에 나와 같이 있었던 영들의 무리에서 멀리 옮겨졌고, 따라서 그들은 아주 멀리 떨어져서 나와 이야기를 했다는 것입니다. 그들은, 내가 다른 별의 주민들에게 끌려간다고 생각하고서, 내가 그들에게 강탈(强奪)되어, 멀리 끌려간다고, 소리를 질렀습니다.

725. 나에게 말을 한 영이 말한 것과 같이, 강도 패거리들은 머리에서부터 발뒤꿈치까지 완전히 검었습니다. 방금 매우 검은 작자가 나에게 나타났습니다. 그는 그 강도 패거리들의 하나였습니다.

726. 내 가까이에 이와 비슷한 영이 나타났는데, 그는 그의 오른손을 가능한 데까지 뻗어서, 만약에 어느 누구가 가까이에 있기만 하면 이런 식으로 그를 고문하겠다고 위협하였습니다.

727. 즉시 다른 세 사람이 순서에 따라서 나타났습니다. 그들 중에는 여인도 한 사람 있었습니다. 그들은, 그들이 훔칠 수 있는 것이 무엇인지를 아주 교활하게 살피고 있었습니다. 그들 중의 하나는

왼쪽에 숨어서 내 지갑을 찾고 있었는데, 몰래 자기 손을 그 지갑에 넣으려고 하였습니다. 나와 얼굴을 마주하는 다른 자는, 자기는 아무것도 가져가기를 원하지 않는다고, 거짓으로 말하였지만, 그러나 그의 말에서부터 그의 간계(奸計)가 드러났습니다. 그의 얼굴은 곱지 않았는데, 마치 여인 같지가 않았습니다. 그 여인이 간계를 목적해서 파견되었는지 나는 확실히 알지 못하였습니다. 자기가 약탈한 약탈품인 금고들을 운반하려고 또 다른 한 사람이 나타났습니다. 1748년 2월 11일

강도들과 대도시에 관한 속편

728. 나는 한 여인이 어디에서 왔는지를 알려고 했을 때, 그녀는 나에게 사람을 죽이고, 학살하고, 불사르고, 물에 끓이는 강도들의 무리에서 도망하였다는 것과, 그리고 그들이 하도 무서워서 그녀는 안전하게 있을 곳을 찾고 있다는 것을 말하였습니다. 나는 그녀가 어느 지방에서 왔는지를 물었습니다. 그녀는, 자기가 나온 지방은 모르지만, 어느 도시에서 왔는지는 안다고 말하였습니다. 그녀는 낱말 "땅"(land)이라는 말도 듣기를 원치 않았습니다. 왜냐하면, 그 뒤, 그녀는 "땅"(land)은 주님의 것이지만, "도시"는 그들에게 속한 것이라고 말하였기 때문입니다. 그들은, 그들이 강도들의 무리에서 안전할 수 있는, 그 도시에 있었습니다.

729. 그 뒤 나는 한 강도와 말을 하였는데, 나는 그에게 그가 누구인지를 물어 보았습니다. 그는 거인(巨人)처럼 굵고 낮은 음성(deep voice)으로 말을 하였는데, 그는, 훔친 물건(掠奪品)을 가져가려고 그것을 찾는 중이라고 말하였습니다. 나는 그에게, 그가 그의 약탈품을 저장하였는지, 그리고 이런 것들이 그에게서 제거될 것이다는 것을 알고 있는지 물었습니다. 왜냐하면 그런 것들은 모두가 망상(妄想)들 이외의 아무것도 아니기 때문입니다. 나는 그가 어디에 있는지를 재차 물었습니다. 그는, 사막이나, 사막과 같은 곳에서 왔

으며, 약탈품을 찾고 있다는 것과, 그가 만난 자들을 이와 같이 고문을 하였기 때문에 그들은 그 강도들의 무리가 되게 하였다는 것 등을 말하였습니다. 종국에 그는, 자기가 하나의 영이라는 것을 시인하였습니다. 그러나 그가 나와 같이 있었기 때문에, 그는 그것을 아직까지는 알지 못하였습니다. 왜냐하면 그는 여전히 이 땅 위에 사는 것으로 상상하고 있기 때문입니다.

730. 나는 그들이, 비록 꼭 같지는 않더라도, 광야에서 유리방황 (遊離彷徨)하던 유대민족과 같은 그런 성품이다는 것을 지각하였습니다. 만약에 그들이 어느 누구를 만나게 되면, 그들은 그가 가지고 있는 것은 무엇이든지 박탈하려는 욕심을 가지고 있을 뿐만 아니라, 더욱이 어느 누구도 그것을 알지 못한다면, 그를 죽이고, 학살하고, 불사르고, 물에 끓이는 짓을 하는 고약한 근성(根性)을 가지고 있었습니다. 비록 그들이 이런 짓을 저지르지 않는다고 할지라도 이것이 그들의 근성이다는 것은, 그들의 민족이나 자신들의 동료들에게, 또는 자신들에게 적군을 다스리는 힘이 주어진다면, 그들을 잔인하게 다룰 수밖에 없을 뿐만 아니라, 그들을 더욱 더 잔학하게 다루려는 그들의 탐욕인 "아니무스"(*animus*) 또는 기질(氣質)에서 아주 쉽게 결론을 내릴 수 있었습니다.

731. 그러므로 그들이 부르는 것과 같이, 이 종자들(generations)은 매우 큰 도시에 살고 있는 것으로 스스로 생각하고 있습니다. 거기에서 그들은 안전하고, 따라서 그들은 거기에서 나오려고 하지 않습니다. 왜냐하면 그들이 그들의 도시에서 나오게 되면, 만약에 그들이 그와 같이 밖에 있지 않다면, 그들의 라비(Rabbi)와 같은 진한 푸른색 옷을 입은 유사한 영에 의하여 감시를 받고, 또 강도들이 거기에 있다는 경고를 받기 때문입니다. 왜냐하면 강도들이 멀지 않은 곳에 있기 때문입니다. 1748년 2월 11일

732. 특히 나를 놀라게 한 것은, 내가 주님의 기도문(the Lord's prayer)을 읽고 있을 때 한 강도가 나타나서, 나와 같이 그 기도문을

읽고 있었다는 것인데, 이와 같은 일은 아주 빈번하게 일어났습니다. 그리고 내가 알 수 있었던 것은, 그가 너무나도 경건하게 그것을 읽고 있어서 그가 참된 믿음을 가지고 있는지, 가지고 있지 않은지 내가 말할 수 없었다는 것입니다. 왜냐하면 다른 경우에서와 같이, 그의 "아니무스"(animus)가 그 본연의 뜻에 모순(矛盾)되는지, 아닌지를 내가 분별할 수 없기 때문입니다. 따라서 그 때 그가 정말로 마음에서부터 주님을 숭배하였다면, 그는 보호를 받았을 것입니다. 그러므로 내가 여기서 얻을 수 있는 결론은, 이 작자들의 성품이 어떠한 것인지, 다시 말하면, 그들이 위험이나 두려움에 빠지게 되면, 그들의 탐욕은 밖으로 드러나지 않고, 숨어버리든가, 아니면 어디론가 사라져버린다는 것이고, 그래서 그들은 죽음의 위험(the danger of death) 때문에 소위 경건한 상태에 있다는 것입니다. 이러한 사실은 그들의 경력이나 과거사(過去事)의 많은 사건들에서 아주 명백합니다. 뿐만 아니라 그들이 이럴 수밖에 없는 것은, 그들의 마음 속에 이러한 것들을 숨기고, 또 그런 것들을 가지고 있기 때문이고, 그리고 또한 내가 깨달을 수 있었던 것과 같이, 그들은 양쪽의 용들(龍·dragon)에게서 비롯된 유전(遺傳)에 의하여 이것을 가지고 있기 때문입니다. 왜냐하면 그들이 위험에서부터 벗어나게 되면, 그들은 예전과 같이, 말하자면 마음 속에서부터 속이는, 그런 상태로 되돌아가기 때문입니다. 1748년 2월 11일

심사숙고(深思熟考)에 관하여

733. 나는 지금 심사숙고(深思熟考·reflection)에 관하여 영들과 천사들과 같이 대화를 하고 있는데, 나는 그것에 관해서, 사람들이 예의 주시를 하고 있는지, 잘 알지 못합니다. 만약에 사람들이 이 주제에 대하여 예의 주시한다면, 그들은 다른 어떤 교리에 비하여 심사숙고에 속한 교리에 있는 보다 많은 비의(秘義)를 발견할 것입니다. 심사숙고가 성취하는 것은 그 누구에게나 아주 명백한데, 거기

에서 사람은, 그가 인체의 부위에 관해서 깊이 생각하지 않는다면, 그는 신체의 감관이나, 인체의 부위의 감관들에 관해서 아무것도 깨닫지 못할 것이고, 사람이 이와 같은 감관들을 가지고 있다는 것까지도 알지 못할 것입니다. 그가 처음으로 감수했던 그가 느낀 더위·냉기·압박 등등은 깨닫습니다. 만약에 그가 그의 호흡에 관해서 깊이 생각한다면, 그 때 그는 그가 호흡한다는 것을 느낄 것이고, 또 인지(認知)할 것입니다. 또한 임의(任意·voluntary)적인 것도 알게 될 것이고, 뿐만 아니라 다른 수많은 것들도 추가로 알게 될 것입니다.

734. 만약에 사람이 마음 또는 "아니무스" 안에 있는 것들에 관해서, 예컨대 그가 어떻게 생각하고, 무엇을 생각하고, 무엇을 행하며, 어디에서부터 그런 일을 행하는지에 관해서 깊이 생각하지 않는다면, 아무것도 알지 못할 것입니다. 따라서 그는 자신의 성품(性稟)에 관해서도 무지(無知)합니다. 그러나 만약에 다른 사람들로 말미암아 자기 자신에 대하여 예의 살핀다면, 또는 만약에 그가 다른 사람에게 자기 자신을 검토하는 것을 선호하거나, 자기 자신의 성품이 어떠한지를 평가하게 한다면, 그 때 그 사람은 우선 그가 어떤 사람인지를 인지할 것입니다. 그렇지 않다면 그는 그것을 결코 알지 못할 것이지만, 그러나 그는 자기 자신의 미망(迷妄)들이나 환상들에 머물 것이고, 그리고 그런 것들로부터 다른 사람들을 판단할 것입니다. 따라서 그 사람은, 자기 자신의 미망들이나 망상들로부터 판단하기 때문에 온갖 거짓들을 진리로 알 것이고, 그리고 이와 같은 자기 자신의 미망들이나 망상들을 우리가 판단하는 원칙으로 여길 것이고, 또한 이와 같은 모든 것들은 모두가 거기에서 기인(起因)될 것입니다.

735. 특히 이러한 영들은 사후(死後) 그 어떤 자기반성 밖에 있는 한 상태에 머무르며, 그리고 따라서 그들은 자신들이 사람들이라는 것과, 종전과 같이 그들이 이 세상에 존재한다는 것 외에는 아무것

도 알지 못합니다. 이런 이유 때문에 역시 그들은 자기 자신들의 미망들이나 망상들에 빠져 있고, 따라서 그들이 죽어서도 그와 같은 기질 가운데 살고 있습니다. 그러나 주님에 의하여 그들에게 자기반성의 기회가 주어지면 즉시 그들은, 그들이 저 세상에 지금은 존재한다는 것을 압니다. 그리고 그들이 자기 자신에 관해서 심사숙고하기 위하여 그들에게 어떤 것들이, 또는 수많은 것들이 주어지기 전까지는 그들은 이런 신념에 아주 어렵게 인도될 것입니다. 그러나 자신들의 기질이나 성품에 뿌리를 박고 있는 온갖 미망들이나 망상들은 여전히 그대로 남아 있습니다.

736. 결과적으로 자신들의 생애 동안 다른 사람들보다 잘났다는 우월감을 가지고 산 영들은, 그들이 다른 사람들에 비하여 선량하다는 것 이외에는 전혀 아무것도 알지 못합니다. 그리고 또한 그들은 다른 사람들이 그들에 관해서 예의 살피고 있다는 것을 안다는 것도 무척 힘든 일일 것입니다. 그러나 그들이 자기반성의 상태에 들어가게 되면 그들은 보다 나은 삶의 상태에 들어가게 됩니다. 왜냐하면 그들은 그 때 처음으로 자신들을 인지할 수 있고, 또한 자신들의 됨됨이(性稟)를 진정으로 알 수 있기 때문입니다.

737. 더 부연한다면 믿음에 속한 교리는, 주님께서 그들에게 자기를 검토하는 것을 주시지 않는다면, 사람들에게서 아무런 작용을 할 수 없다는 것입니다. 이런 이유 때문에, 그들이 자신들에 관해서 예의 심사숙고하고, 그들이 어떤 성품인지를 알게 하기 위하여 사람들은 주님의 성언(聖言)으로부터 참된 것이 무엇이고, 선한 것이 무엇인지 배우는 것입니다. 그리고 이와 같은 자기반성이나 자신에 대한 심사숙고는 확실한 때에 그들에게 주어지고, 특히 어려움을 겪을 때에 주어집니다. 그러므로 진리를 안다는 것은 가장 큰 중요한 것입니다. 왜냐하면 앎이 없으면 그 어떤 자기반성이나 검토는 있을 수 없고, 따라서 바로잡음도 결코 있을 수 없기 때문입니다.

738. 그럼에도 불구하고 자신들의 온갖 탐욕들이나 망상들 가운데

있는 자들은, 그와 같은 냉기들이나, 그림자들이 소멸되기 전에는, 진리들로 말미암아 심사숙고할 수는 없습니다. 1748년 2월 11일

심사숙고(深思熟考·自己反省·reflection)에 관하여

739. 자기반성에 속한 교리는 하나의 완전한 교리입니다. 그리고 이 교리가 없으면, 내면적인 삶이 무엇인지 어느 누구도 알 수 없으며, 또한 육체에 속한 생명이 무엇인지도 알 수 없습니다. 사실, 진리들에 속한 앎(知識)에서 비롯된 자기반성이 없으면 어느 누구도 개혁(改革)될 수 없습니다. 그러므로 이 지구상에 있는 사람들은 고약한 상태에서 살기 때문에, 문자로 기술된 진리들이 주님에 의하여 이 지구상의 사람들에게 전달되었습니다. 그러므로 샘에서 물을 깃듯이, 그것에서부터 사람들은, 자신들이 자신들에 대해서 예의 반성하는 수단들인 진리에 속한 앎을 계속해서 길어 올려야만 합니다. 아니, 더욱이 참된 것은 사람의 기억에 각인(刻印)된 앎(知識)들에서부터 길어 올려야만 합니다. 주님께서는 그 사람으로 하여금 자신의 온갖 거짓들이나, 이와 비슷한 것들을 예의 주시, 반성하게 하십니다. 그러므로 이와 같은 앎이 없다면 개혁(改革·바로잡음·reformation)은 불가능할 뿐입니다.

740. 목성(木星)의 경우는 다릅니다. 그곳의 영들은 그들을 훈계하고, 또 그들이 악하게 생각하고, 행한 것들을 상기(想起)시켜서, 그들 앞에 그것을 보여줍니다. 따라서 이 별에서의 심사숙고나 자기반성은 계시(啓示)들에 의하여 야기됩니다(이것에 관해서는 523·539·541항 참조). 이와 같은 일은 우리의 지구에서는 일어날 수 없는데, 그 이유는 천계를 향한 문(門)이 닫혀 있고, 그리고 사람들의 생각들은 가끔씩만 주님에 의하여 천계에 이끌려가기 때문입니다. 다른 수많은 경우 그들이 예의 주시하는 관능적이고, 세상적이고 육생(陸生)적인 것들 외에는 전혀 관심이 없기 때문입니다. 만약에 그 때 천계를 향한 문이 그들에게 열려 있다면, 마치 가인에게서와 같이 열려 있

다면, 그와 같이 영들도 말할 수 있었듯이, 그 때에 온갖 거짓들을 진리들과 뒤섞어 놓을 것이고, 그와 같이 뒤섞인 진리들을 그들은 결코 분리시킬 수 없을 것입니다. 따라서 그들은 영원히 지옥에 떨어지는 영벌을 받을 것입니다. 그러므로 이러한 일은 일어나지 않게 보호되어야만 합니다. 1748년 2월 11일

알고자 하는 영들의 욕망에 관하여

741. 육신을 입은 삶에서 육신의 양육을 위해 먹고 마시는 사람의 욕망 대신에 영들은 알고자 하는 욕망과 앎에 속한 기쁨을 가지고 있습니다. 천사적인 욕망은 참된 것과 선한 것을 알고자 하는 것이지만, 그러나 영들의 욕망은 무엇인가 새로운 것에 관해서 알고자 하는 것인데, 그 탐욕은 거의 불변(不變)이고, 그것은 이 세상적인 먹거리에 의하여 육체의 양육(養育)에 속한 욕망에 계승되고 있습니다. 따라서 모든 천계에는 참된 것이나 선한 것을 이해하려는 가장 큰 정동이 있고, 또한 믿음에 속한 것을 알려고 하는 이해에 속한 정동이 존재합니다. 그러므로 그들은, 그들이 보다 더 완전하게 되는 수단들인 심사숙고, 즉 자기반성을 가지고 있습니다. 1748년 2월 11일

이와 같은 개별적인 것들은 수많은 영들이나 천사들 앞에서 기술되었지만, 그들은 그와 같이 기술된 것들에 대해서 깊이 생각하였고, 또 그것들을 긍정하였습니다.

목성(木星)의 주민들에 관하여

742. 나는 목성의 주민들의 영들의 현존(現存)을 그들의 정동의 입류(入流)뿐만 아니라, 그들이 내 얼굴을, 말하자면 계속해서 즐겁고, 그리고 웃게 만들었다는 사실에서 알 수 있었습니다. 왜냐하면 이런 방법으로 그들은 자신들의 주민들의 얼굴을 그렇게 만들었고, 따라서 그들은 마치 마음 속의 기쁨으로 인하여 크게 웃었고, 또 즐거움

을 드러냈기 때문입니다. 이것이 바로 마음 속의 즐거움이요, 기쁨이었다는 것을 나는 이런 사실들에서 능히 알 수 있었습니다. 즉, 그들의 온화함(tranquillity)은 나에게 전달되었는데, 그것은 내가 나의 가슴이나 마음으로 능히 느낄 만큼 매우 즐거운 일이었습니다. 더욱이 그들은 다른 사람들의 탐욕과 같은 것들에 의해서는 동요(動搖)되기를 전혀 원하지 않았고, 오히려 그들은 자신들의 기쁘고 즐거운 평온함에 머무를 뿐이었습니다. 따라서 그들은 근심이나 염려 따위는 전혀 없었고, "아니무스"(animus)에 속한 모든 흔들림(動搖)에 의하여 심하게 흔들리며, 그리고 그런 것에 의해 계속해서 불안에 빠져 있는 우리 지구의 영들과는 전혀 달랐습니다. 그러므로 내가 자신 있게 확신을 가지고 말할 수 있는 결론은, 목성의 주민들의 삶은 우리 지구의 주민의 삶에 비하여 아주 헤아릴 수 없을 정도로 즐겁고, 유쾌하다는 것입니다. 왜냐하면 사람을 불안하게 하는 것은 바로 온갖 탐욕들이기 때문입니다.

743. 더욱이 그들은 자신들의 배우자나 자녀들을 잃는 것을 제외하면 죽음까지도 두려워하지 않았습니다. 이런 이유가 아니라면, 그들은 그들의 삶이 육신의 죽음을 통하여 계속되고, 따라서 그들은 보다 더 행복하게 되며, 그리고 천적인 천사들이 된다는 것을 확실하게 알고 있었기 때문에, 그들은 늘 평온한 상태에서 살고 있습니다.

744. 더욱이 나와 같이 있었던 사람들에게 전혀 알지 못하는 보다 내면적인 기쁨의 상태가 주어졌습니다. 그러므로 그들은 보다 내면적인 행복을 향유(享有)할 수 있었는데, 그것은 왜곡된 질서에 있는, 또는 온갖 탐욕들이나 망상들 가운데 있는 쾌락이나 정욕 따위를 애지중지(愛之重之)하는 사람들에게는 결코 존재할 수 없습니다. 내면적인 것들은 그들에게는 짜증스럽고, 매우 불안한 것이지만, 그러나 목성의 영들에게는 전혀 그렇지가 않습니다. 1748년 2월 11일

광야에 있는 강도들과 도회지에 관해서

749.* 광야에 있는 강도들에 관해서 기술하는 것이 허락되지 않았고, 또한 나에게도 허락되지 않은 그들의 잔학함에 관해서는 위의 내용을 참조하십시오(728-732항 참조). 그러나 여기서 언급할 수 있는 것은 그들은 사람이 평온하게 살 수 있는 지역에 있지 않고, 오히려 광야(=황야·사막) 가운데 있는데, 그 이유는 그들은 혼자서 유리방황(流離彷徨)하고, 또 누구도 허용하지 않기 때문입니다. 왜냐하면 그들은, 그들이 만나는 사람들은 누구에게나 고통을 주고, 죽이고, 불사르고, 물에 끓이는 짓에서 쾌락을 삼는 그런 성품이기 때문입니다.

750. 그들이 통과하면 안 되는 경계점에 표지가 있습니다. 그것에서부터 양쪽의 두 도시에 한 선이 뻗어 있는데, 따라서 한 도시에서 다른 도시 양쪽에 뻗은 그 선들과 경계점에 의하여 삼각형이 형성되었습니다. 악한 자에 속한 한 도시는 왼쪽으로 게헨나(Gehenna)에서 멀지 않은 곳에 있습니다. 한 마리 용은, 선한 자, 즉 주님에 대하여 사악한 무리를 형성하기 위하여, 또는 주님에 반항하는 역적(逆賊)들을 형성하기 위하여, 그의 악령들을 불러 모으기를 원할 때, 거기에 나타나고는 합니다. 주변에는 악한 자에 속한 도시가 있습니다. 미망들이나 환상으로 인하여 자신들이 그 도시에 살고 있다고 여기는 자들은 진흙이 말목에까지 빠지는 그 도시의 거리들을 뛰어다니면서, 비참하게 부르짖으면서 불만을 털어놓았습니다.

751. 또 다른 도시는 게헨나의 호수 사이의 거의 중간에 있었습니다. 그들 중에서 선한 자들은 자신들이 거기에 산다고 생각하였습니다. 가끔 이 도시는 그들에게 궁전들이나, 아주 멋진 집들이 있는 매우 훌륭한 도시로 나타났습니다. 그러나 어떤 때는 그 도시가 그들에게 갑자기 마을이나 작은 도시들로 변하는 모습으로 나타나고,

---

* 745-754항은 기술된 순서에 따라서 아래에 기재되었다. (역자 주)

때로는 그들이 침몰하는 호수로, 때로는 마치 그들이 침몰하는 오물로 바뀌는 모습으로 나타납니다. 이와 같이 도시는 그들에게 다양하게 변하지만, 모두에게 동시에 그와 같이 다양하게 변하는 것은 아니고, 다만 거기에 있는 개개인들에게만 그렇게 변하는 것뿐입니다. 왜냐하면 그들은 미망이나 환상에 의하여 지배받기 때문입니다. 그러므로 그들이 이런 부류의 표징들을 경험하는 것은, 그들의 온갖 탐욕들이나 영벌(永罰)들의 변화에 일치하고, 그리고 온갖 오락들의 변화들을 통한 그들의 쾌락들의 변화에 일치합니다. 그들에게 이런 것들은 마치 살아 있는 것과 같고, 그래서 그들은 그것들이 그러하다는 것 이외에는 결코 다른 사실을 알지 못합니다. 일반적으로 그들은, 그 도시는 자신들에게 속한 것이지만, 사람들이 평온하게 살 수 있는 지역은 주님에게 속한 것이라고 말합니다.

751A. 나는 그 도시의 통치자가 누구인지 알아보았습니다. 그들은 그를 알지 못하였고, 그리고 내게 일러진 것은 통치자가 없다는 것이고, 그럼에도 불구하고 그들은 광야에서 떠돌아다니는 강도들의 두려움 때문에 함께 모여 있다는 것입니다. 이와 같이 그들은 두려움으로 인하여 함께 모여 있었습니다. 명확한 사실은, 광야에서 일어나는 일로 서로에게 화(禍)가 되지 않게 하기 위하여 주님께서는 그들의 온갖 두려움들을 방편으로 하여 이런 식으로 그들의 미망이나 환상을 다스린다는 것입니다. 그와 같은 서로를 괴롭히고 해치는 일은, 주님의 보호 아래 있지 않다면, 발생할 것입니다.

752. 강도들이 있는 삼각형의 공간은, 그 경계에서 시작한 각각의 도시, 즉 한 도시에서 다른 도시로 뻗은 선들에 의하여 형성됩니다.

753. 그 경계에서 눈 같이 흰 하나의 영이 나에게 나타났고, 또 찬란한 천사가, 그리고 또 다른 영이 거기에서 내게 왔습니다. 그 때 거기에 서 있던 영이 그의 팔을 뻗어서, 가까이 다가오는 영을 영접하였는데, 그 영은 땅을 향해 몸을 꾸부리고, 그의 발 밑을 통과하였습니다. 그리고 그 때 그는, 몸을 납작 엎드리고, 얼굴은 위로

향해 들고서 곧바로 뒤로 서서 그의 발 밑을 통과, 즉시 높이 내던져졌고, 그래서 멀리 도망하였습니다. 그들은 이것을 그 도시의 허입이라고 부릅니다. 이와 같이 해서 그들은 해를 입지 않는데, 그 이유는 그들은 그들이 허입되어야 한다고 말하기 때문입니다.

754. 그러나 발 밑 여기저기를 기어 다니는 다른 영이 있었습니다. 즉, 발 밑과 등 아래를 빈번하게 다시 기는 영이 있었습니다. 이런 부류는 그 강도들을 숭배하려는 자들입니다. 1748년 2월 12일

광야에 있는 강도들과 그 도시에 관한 속편

745. 그러나 거기에는 어떤 사람이 있었는데, 그는 기어 다니다가 그물에 걸려서, 거기에서 빠져 나올 수가 없었습니다. 그러나 그는 고통을 받으면서 아주 먼 거리를 걱정스럽게 기었습니다. 이들은, 그들을 받아들이기 전에, 그들이 고통을 통하여 완화되기를 원하는 자들이었습니다. 그러나 게다가 그 영이 손에 쥐고 있는 창(槍)에 의하여 완화되기를 원하였습니다. 그런데 그 창은 그 모퉁이를 형성하였고(750·752항 참조), 그 주위를 빙빙 돌면서 그물을 보호하였고, 그 아래서 고통 받았던 영은 풀려났습니다. 나중에 그는 갑자기 창 끝으로 다가갔지만, 그러나 그물과 같이 가지는 않았습니다. 그리고 그 도시를 향한 경계에서가 아니고, 오히려 높은 데 있는 나를 향하였습니다. 따라서 이것은 그런 부류의 영이 그 장소나, 또는 그 도시에 들어가지 못한다는 하나의 표지입니다.

746. 그러나 그물 안에는 갇힌 사람이 또 있었는데, 따라서 그들 중에 둘이 갇혀 있었습니다. 나는 그 이유를 알지 못하였습니다. 아마도 그것은 그가 나에게 이런 것들을 보여주기 위한 것 같았습니다. 왜냐하면 그 용(龍)은 그들이 밖으로 드러나는 것을 원하지 않기 때문입니다. 가끔 그 용은, 그가 지금 하고 있는 것과 같이, 내가 알지 못하게, 자신의 미망이나 환상에 의하여 내 눈을 속이고, 감추기를 좋아하였습니다. 그물 아래에 보내진다는 것은 매우 심한 형벌

입니다. 왜냐하면 이런 식으로 그들은 아주 비참하게 고문을 당하기 때문입니다. 도망하는 자는, 마치 꼬리처럼, 그물을 끌고 갔는데, 그 이유는, 도망하는 두려움에 결합된 환상 때문입니다.

747. 게헨나와 호수 중간 오른쪽에 있는 도시에 있는 사악하게 산 자들은 아주 심한 형벌을 받았습니다.

748. 이런 일들에서 잘 알 수 있는 것은, 이 세상에서 사는 동안 여전히 예루살렘과 거룩한 땅(the holy land)을 소유할 것이다고 생각했던 유대 민족의 미망이나 환상을 저 세상에 가지고 왔다는 것입니다. 사후의 삶이나, 천계가 있다는 것을 믿는다고 해도 아주 극소수입니다. 주님 시대에 그들이 그것을 믿지 않았던 것과 같이, 온갖 탐욕에만 젖어 있는 사람은 사후의 삶이나, 부활이 있다는 것을 결코 믿을 수 없습니다. 다시 말하면, 이와 같은 미망이나 환상은 그대로 남아 있고, 따라서 그들은 그 도시에 오게 됩니다. 그들이 죽으면 즉시 아주 사악한 자들은 왼쪽에 있는 도시에 오게 되고, 좋은 사람들은 오른쪽을 향해 있는 도시에 옵니다. 그들이 생각해서 찾아온 그들의 거룩한 땅(聖地·their Holy Land)은 종교와 관계없는 세속적인 곳이며, 강도들로 들끓는, 다시 말하면 온갖 약탈(掠奪)과 악의(惡意)가 창궐(猖獗)하는 곳입니다. 그들은 이런 곳을 가리켜 주님의 땅, 성지(聖地)라고 부릅니다. 왜냐하면 그들은, 그들이 생각하고 있는 것은 그들의 생활에 필요한 필수품들을 얻기 위하여 이와 같이 강도들을 숭배하는 것을 고맙게 생각하기 때문입니다. 1748년 2월 12일

이러한 일들은 모두가 그들의 믿음이나 삶에서 비롯되었습니다.

쾌락과 참된 행복의 기쁨 사이의 차이에 관하여

755. 내가 기쁨들, 또는 쾌락들을 깊이 느끼었을 때, 나는 그것들이 어디에서 기인(起因)한 것인지를 알지 못하였습니다. 왜냐하면 영혼, 또는 영이 날조(捏造)한, 또는 위조(僞造)된 쾌락들과 그리고 참

된, 또는 천계적인 기쁨들 사이에서 옥석(玉石)을 분별한다는 것은 무척 힘든 일이기 때문입니다. 그 이유는 그들에게 있어서 감관은 아직까지는 조악(粗惡)하기 때문에 그 차이를 알지 못하기 때문입니다. 그러므로 나는 내 주위에 있는 영들과 그것이 기인한 원천의 측면에서 이런 기쁨이나 쾌락에 관해서 이야기를 하였습니다. 그러므로 얻어진 결론은, 가끔 거짓 기쁨이나 또는 쾌락을 천계적인 참된 기쁨이나 즐거움과 분별한다는 것이 불가능할 만큼 위장(僞裝)되어 있다는 것입니다. 사실 주님께서 분별의 지식을 주시지 않는다면 영은 그것에 관해서 전혀 알지 못합니다. 사악한 영들, 정말은 가장 나쁜 악령들은 저 세상에 있는 자들을 아주 유사한 날조된 기쁨들에 의하여 얼마나 빈번하게 속이고, 홀리는지 모릅니다. 왜냐하면 그들은 그것들이 천계적인 기쁨이요, 즐거움이라고 여기기 때문입니다. 그럼에도 불구하고 그 때 그것은 전적으로 지옥적인 쾌락일 뿐입니다. 그 이유는 그것은 지옥적인 것으로 바뀌고, 고통으로 변하기 때문입니다. 따라서 그들은 그들의 극내적인 것에 지각할 수 있도록 쾌락을 주입할 뿐만 아니라, 그들은 멋지게 날조한 여러 대상물의 모양들, 예를 들면, 동산이나 정원을 마치 그것들이 낙원에 속한 것처럼 드러내 보여 주기 때문입니다. 왜냐하면 악령들, 특히 머리 위의 높은 곳에 있는 자들은 계속해서 그들은 이와 같은 것을 어떻게 날조하는지를 연구하고, 따라서 자신들에게 유혹해서, 끌어 들이고, 그러므로 그들을 자신들과 한 패거리가 되게 합니다.

756. 그 차이는, 마치 인조(人造) 과일들, 조화(造花)들이나, 나뭇잎들 속에는 진흙이 들어 있는 밀랍(wax · 蜜蠟)으로 만든 인조인간(人造人間)들과 그리고 순수한 본래의 과일들 · 꽃들, 그리고 생명이 있는 사람의 얼굴들과의 차이와 같습니다. 전자의 경우에는 무지(無知)한 사람이나 소박한 사람을 쉽게 속이는 그런 고약한 술책(術策)으로 위장하고, 오도(誤導)하는 진정한 외적인 것만 내재해 있을 뿐입니다. 이에 반하여 후자의 경우에는 생명이 내재해 있습니다. 그리

고 그것에 관해서 깊이 살펴보면, 보다 내면적이고, 극내적인 것들이, 그리고 보다 영적이고, 천적인 생명이 존재하는 것을 볼 수 있습니다. 이런 것들이 내재해 있고, 완전하게 되면, 그리고 보다 더 아름답고, 행복하게 되면 그것들은 더욱 더 내면적인 것이 됩니다. 그러나 전자의 것들은 내면적인 것들을 향해 진전하기 때문에, 그것들의 외적인 아름다움이나, 멋짐은 점점 감소하여, 쇠퇴하고, 그리고 그 때 더럽고 지옥적인 것 이외에는 아무것도 생겨나지 않습니다. 1748년 2월 12일

이런 내용이 육체 안에 있는 쾌락의 진수(眞髓)입니다.

이해에서 의지를 통하여 행위에 이르는 순환작용(循環作用)에 관하여

757. 감관들에서, 특히 내적인 감관을 일으키는 대상물을 감지하는 청각과 시각에서 명확한 순환작용(循環作用·circle)이 있다는 것을 알 수 있습니다. 따라서 그것은 이해에로 진전하고, 그리고 이해에서 의지에로 진전하고, 그리고 의지에서 행위에, 다시 말하면 입이나 말, 또는 얼굴이나 또는 인체의 지체들의 움직임으로 진전합니다. 이것이 자연적인 순환작용입니다. 그러나 이와 같은 자연의 질서가 파괴되었기 때문에, 그러므로 대상물(對象物)들은 다만 감관들로부터 이해에는 통과하지만, 의지에까지는 진전할 수가 없습니다. 왜냐하면 의지는 다른 근원(根源)에서 다스려지기 때문입니다. 그러므로 참된 질서, 다시 말하면, 참된 순환작용이 회복되는 수단인 중생(=거듭남·重生·regeneration)은 필수적으로 있어야 합니다. 종국에 의지는, 이해로부터 모든 것들을 장악하고, 이 양자는 인애에 속한 열매들을 생산하기 위하여 서로 협력합니다. 따라서 그 악령들에 의하여 침투된 모든 악은 이해 안에서 선으로 바뀝니다. 왜냐하면 주님께서는 의지에 의하여, 다시 말하면, 오직 주님의 것인 사랑과 자비(慈悲)에 의하여, 주님께서는 사람을 중생시키시고, 이러한 능력들

을 부여받은 사람을 다스리시기 때문입니다. 1748년 2월 12일

육신을 입고 살 때 오직 외적인 것들에서는 무척 영리하지만 저 세상에서는 바보들인 사람들에 관하여

758. 내가 육신을 입고 살 때 잘 알고 있었던 어떤 영이 대화하기 위하여 나에게 보내졌습니다. 그러나 그는 나와는 아무 말도 하지 않았습니다. 그는 우둔하고 바보스러울 정도로 다른 사람들이 하는 말을 거의 알아듣지 못하였습니다. 그의 우둔함이 나에게 전달되었기 때문에, 나는 그것으로 인하여 그것을 알 수 있었습니다. 나의 생각이 흐려졌기 때문에 나는 내가 무엇을 기술하고 있는지 거의 알지를 못하였습니다. 육신을 입고 살 때 그는, 단순히 외적인 것들이기는 하지만, 다른 사람들에 비하여 매우 영리하였습니다. 그러므로 외적인 것 안에 있는 그의 영리함 때문에, 그는 명성이 자자하였습니다. 따라서 외적이고, 세상적이고, 관능적인 것들 안에 있는 영리함은 우둔함으로 바뀌었습니다. 그럼에도 불구하고 나는 지금까지 무슨 이유 때문에 그가 그런 영들의 무리에 남아 있는지 알 수가 없었습니다. 왜냐하면 그와 같은 경우 모든 영은 우둔하고 멍청하였기 때문입니다. 특히 몇 달 전에 죽은 이 영과 같은 멍청한 자가 있었기 때문입니다. 1748년 2월 12일

759. 더욱이 거기에는, 육신을 입고 살 때 영리함에서는 다른 자들보다 월등했던 또다른 영들이 있었습니다. 그런데 그는 선한 영들 가운데 있었고, 그리고 천계에 속한 내면적인 것들을 지각(知覺)하기에 충분하였습니다.

육신을 입고 살 때의 증오(憎惡)에 관해서 ; 그리고 저 세상에서 그것이 초래하는 것에 관하여

760. 육신을 입고 살 때 어떤 영이 여러 가지 불행들이나 다른 원인들로 인하여 그가 자신을 박해한다고 여기는 자들에 대하여 증오

를 품었고, 그리고 오랜 시간 때문에 그 증오는 그 사람 안에 깊이 뿌리를 박았습니다. 나는 이러한 사실을 그의 삶에 속한 행위들에서 알 수 있었고, 그리고 또한 그 사람과의 대화에서도 알 수 있었습니다. 육신을 입고 살 때 그가 미워했던 어떤 사람을 지각하였을 때, 그는 마치 그가 다른 사람과 하던 대화에서 갑자기 사라져 버리는 것과 같았는데, 위에서 벼락이 떨어지는 것과 같이, 그는 자기가 미워했던 사람에게 내던져서, 그를 깡그리 파괴하기를 원하였습니다. 그러나 이 일은 용납되지 않았습니다. 비록 나에게는 그가 그의 머리에서 무엇인가를 취하는 것 같이 보였습니다. 그러나 그의 손에서 그것은 즉시 사라졌습니다. 그래서 그는 나에게 이끌려 왔는데, 그는 한참 동안, 마치 그가 잠자는 것처럼, 자기 자신을 잊고 있었지만, 그는 계속해서 그가 미워했던 그 사람에 관해서 생각하였습니다. 그런 뒤에 그는 나와 이야기를 하였는데, 나는 그에게 그가 그를 미워하는 아무런 이유를 가질 수 없다는 것을 일러주었습니다. 왜냐하면 나는, 그 사람이 말하는 그 사람이, 좋은 사람인지 나쁜 사람인지 들은 바도 없고, 그리고 또한 후자가 그를 미워했다는 것도 들은 적이 없기 때문입니다. 그리고 다만 그가 행한 짓거리는 할 수 없어서 동의한 것뿐이다는 것입니다. 종국에 나는 그의 증오가 사라지는 것을 알았고, 따라서 그의 증오 또한 누그러져서 온화하게 될 수 있는 그런 사람이다는 것을 알았습니다. 그러므로 내가 얻을 수 있는 결론은, 육신을 입은 삶에서 그는 불행이나 불안 따위를 겪었지만, 그의 주님께서는 언제나 자비롭다는 것입니다. 1748년 2월 13일

이러한 내용은 그의 안전에서 기술되었습니다.

강도들에 관한 속편

761. 전적으로 검은 구름과 같은 강도들 중의 하나가 또다시 나에게 왔습니다. 그 강도는 나의 오른쪽에 기대고, 나에게는 아니지만 나와 같이 있는 사람들 속에 두려움을 불어넣으려고 하였습니다. 왜

냐하면 이런 강도들의 패거리 등장은, 그들을 본 사람들 안에는 두려움, 공포, 전율(戰慄) 따위가 휘몰아치는 그런 것이 생기기 때문입니다. 그는 온갖 수단과 방법으로 술책들과 고통을 가지고 나를 괴롭히려고 하였습니다. 그는 역시 그가 상상적인 힘을 과시하려고 자신의 오른팔을 뻗었지만, 그러나 그는 아무것도 할 수 없었습니다. 더욱이, 이 시커먼 강도가 나타날 때에는 그 앞에 수많은 별들, 또는 하늘의 무수한 별들이 나타났습니다.

761A. 지금 언급할만한 가치가 있는 일이 일어났습니다. 그는 예쁜 얼굴을 가진 여인들을 가장하였는데, 그는 그가 그것에 의하여 쉽게 도적질하려는 의도를 그들에게 주입하려고 했고, 그리고 그는 자신의 기만적인 술책에 맞추어서 그 짓을 하려고 애를 썼습니다.

762. 더욱이 이런 부류의 강도는, 자기가 만나는 자들을 위협하고, 그리고 집어삼키기 위하여, 사나운 개들을 거느린 자로 자신에게는 보입니다. 나는 역시 이 개들을 보았습니다.

763. 그가 위협하는 사람들에게 나타난 것과 꼭 같은 그의 얼굴을 나는 보았습니다. 사실, 그것은 사람의 얼굴이라고 할 수 없고, 오히려 어떤 새까만 물체라고 하는 것이 좋겠습니다. 오직 그의 입은, 너무나도 무섭고, 사납기 때문에, 마치 이빨들이 써레살처럼 줄지어 서 있는 뻥 뚫린 목구멍과 같이, 크게 벌린 바로 그런 것이었습니다. 한마디로, 그는, 한껏 입을 벌린, 미친개와 꼭 같았습니다. 그의 얼굴은 얼굴이 아니고, 입만 크게 벌린 그런 모양이었습니다. 1748년 2월 13일

진리와 선에 관하여

764. 나는 여러 영들과 누구에게 영예가 주어지는지에 관해서 대화를 가졌습니다. 내게 일러진 것은, 영예는, 공포와 같이, 진리에 관해서 서술한다는 것이었습니다. 왜냐하면 진리가 경외(敬畏)로운 것과 같이, 영예 역시 삼가 조심하여야 하기 때문입니다. 그러나 반

면, 사랑은 선에 관해서 서술합니다. 왜냐하면 선은, 선이 본질적으로 이것이기 때문에, 사랑받아야 하는 것이기 때문입니다. 그러나 천사들이나, 천계에서와 같이 중생한 사람에게서 선과 진리는 모두 사랑받아야 하는데, 그 이유는 선은 온갖 진리들의 샘(源泉)이기 때문입니다. 1748년 2월 13일

1657년에 관하여

765. 환상 가운데 숫자 57 또는 1657이 내게 보여졌습니다. 이 숫자들이 내 앞에서 기술되었는데, 그러나 나는, 그것들이 뜻하는 내용이 무엇인지, 명확하게 알지 못하였습니다. 1748년 2월 13일

이 세상에서 권력자나 부자도 낮은 자나 빈자와 꼭 같이 구원 받는다는 것에 관하여

766. 나는 권력을 가졌던 자들과, 그리고 왕들이나 왕들이었던 자들과, 사후에도 대접을 받는 자들과 대화를 하였습니다. 이들은 보다 행복한 자들 가운데 있다고 여겨지는 자들이었습니다. 뿐만 아니라 나는, 특히 걸인들이나 그와 같은 비참한 상태에 있었던 천하고, 가난했던 수많은 사람들을 만났습니다. 따라서 이 세상적인 권력이나 재물 따위는 사람이 영원한 생명을 얻는 일에 결코 방해가 되지는 못하였고, 또한 비참한 상태나 가난 역시 그 일을 촉진시키지도 못하였습니다. 그러나 그 일을 촉진하고, 조장(助長)하는 것은, 바로 내면적인 사람 자신이고, 믿음이나 인애에 속한 결과들이고, 결과적으로는 그것을 이루는 그의 재산이나 권력, 또는 재물에 대한 그 사람의 목적이고, 그것들의 선용을 이루는데 있습니다. 결론적으로 말하면 믿음에 속한 것 이외의 서로 다른 계층들의 사람들 사이에는 아무런 차이가 전혀 없습니다. 1748년 2월 14일

다양한 학문(學問)들과 그리고 그것들이 어떻게 사람의 마음

을 사로잡고(hold), 또 사람의 마음을 제한하는지(qualify)에 관하여

767. 나는, 철학이나 기타의 학문들과 같이, 다양한 학문들이 어떻게 사람의 마음을 형성하는지에 관해서 여러 영들과 이야기를 하였습니다. 철학(哲學)에 관해서 살펴보면, 이 학문의 모든 국면이나 단계는 지금까지 사람의 마음을 어두웁게 만든 것 이외에는 아무것도 행한 것이 없고, 따라서 내면적인 것들이나, 보편적인 것들에 속한 지각(知覺・直視・intuition)에 이르는 길을 차단(遮斷)하였습니다. 왜냐하면 그것은 오직 낱말들(用語・terms)을 형성하였고, 그리고 그것들에 관한 논쟁을 형성하였기 때문입니다. 그러한 것들은 합리적인 철학(合理的 哲學・a rational philosophy)에 반대되고, 따라서 그것은 여러 가지 관념들을 구속하기 때문에, 사람의 마음을 오직 어떤 특별한 것들(particulars) 안에 붙들어 매어 놓았고, 따라서 아무 쓸모없는 것(dust) 안에 사로잡았습니다. 그뿐만 아니라 그것은 내면적인 것들에 이르는 길을 가로막을 뿐만 아니라, 사람의 마음을 장님으로 만들었고, 그리고 믿음을 깡그리 앗아갔습니다. 그러므로 저 세상에서 이런 것들에 너무 집착하고, 그리고 이런 것들을 탐닉(耽溺)했던 철학자는 다른 어느 누구보다도 더 우둔한 바보이고, 무식한 자들입니다.

768. 역학(力學・機械學・mechanics)에 관해서 살펴보면, 어느 누구나 역학적인 사안들(事案・matters)에 빠지게 되면, 그 때 그는 역학적인 것 외에는 아무것도 존재하지 않고, 자연에 속한 전부 뿐만 아니라, 영적인 것들이나 천적인 것들까지도 믿을 수 없는 자신의 마음을 구축합니다. 만약에 그가 이러한 것들을 역학적인 원칙들이나, 그것들의 능력들에 맞게 변형할 수 없다면, 그는 그것들이 무의미(無意味)한 것으로 믿습니다. 따라서 그 사람은 관능적이고 세속적인 존재가 됩니다.

769. 기하학(幾何學・geometry)이나 이와 비슷한 학문에 관해서 살

펴보면, 이것 역시 소위 사람의 마음을 한 점에 집중시키고, 그리고 보편적인 것들을 섭렵(涉獵)하려는 것을 방해하고, 차단합니다. 뿐만 아니라, 기학적인 것이나, 역학적인 것을 제외하면 아무것도 주어지는 것은 없다고 생각하지만, 그럼에도 불구하고 기하학의 연장이나 확대는 이 세상적이고 관능적인 형태를 넘어가지 못합니다.

770. 역사적인 것들에 관해서 살펴보면, 이런 것들은, 만약에 그것들이 단지 기억에 속한 것들이 아니라면, 별로 해(害)가 되지 않는 학문들이라고 하겠습니다.

771. 오직 기억에만, 다시 말하면, 기억에 속한 학문들에만, 또는 다른 것들도 기억을 위해서만 오직 몰두하는 사람은 저 세상에서 영적인 진리가 무엇인지 거의 이해하지 못합니다. 더욱이 천적인 것에 관해서는 말할 필요도 없겠습니다. 그는 자기 자신의 특수한 관념들 가운데 굳어진 고정관념(固定觀念)에 남아 있는데, 그것은 하나의 경결(硬結)된 가골(假骨)을 형성하고, 소위 그것에 의하여 그의 두뇌는 두뇌가 아니고, 골통, 즉 해골바가지에 지나지 않는, 뼈다귀 같은 것으로 에워싸여 있습니다. 이와 같은 경결된 가골은, 진리가 침투할 수 있기 전에, 또는 영적인 인식(認識)이나 천적인 인식이 어떤 자리를 차지할 수 있기 전에, 반드시 떨어버려져야만 합니다. 이와 같은 가골은 무척 어렵게, 사실은 고통을 수반해야만 소멸됩니다. 만약에 다른 방법으로 소멸될 수 있다면, 그것은 엄청난 시간이 경과한 뒤에 비로소 부드러운 것이 될 것입니다. 이러한 사실을 나는 수많은 경험에 의하여 알게 되었는데, 그럴 때마다 나는 이와 같은 경결된 가골의 드러남(表現・representation)에 놀랐습니다.

772. 원예(園藝)나 이와 비슷한 것들인 자연적인 경험은 영적인 인식(認識・spiritual congnition)들을 방해하지 못합니다. 그 이유는, 그러한 일에 종사하는 사람들은, 유식하지 않은 사람들과 마찬가지로, 완전할 수 있기 때문입니다. 나는 이 사실을 어떤 사람의 경우에서 잘 알 수 있었습니다.

773. 만약에 모든 것을 그와 같은 인식들에 두지 않고, 다른 의도의 목적에 둔다면, 온갖 인식들은 결코 해가 되지도 않고, 유해한 것도 아닙니다. 인식들은 모든 것들에 관한 이해가 구축(構築)될 수 있는 영적인 재산이요, 부(富)입니다. 그것은 재산·부유 또는 능력과 꼭 같습니다. 만약에 사람이 재산이나 능력 때문에 그것들의 인식들을 중하게 여긴다면, 그 때 그는 저 세상에서 가장 사악한 자입니다. 그러나 만약에 그런 것들이 보다 큰 목적들 때문에 중하게 여겨진다면, 다시 말하면, 그것들이 단순한 방법들이나 수단들로 여겨진다면, 따라서 그것들이 목적을 위해 돕고, 봉사하는 것이 아니라면 무가치한 것으로 여긴다면, 그 때 그것들은 어느 누구에게도 해를 입히지는 않을 것입니다. 1748년 2월 14일

지옥의 떼거지들에 관하여

774. 왼쪽에는 악령들(惡靈·demons)이 있는 지옥이 있는데, 그들은 합리성이 박탈당하여서, 단순히 본능(本能)으로 행동하기 때문에 그렇게 호칭되지만, 그들은 아주 악하지는 않습니다. 그들은, 그들이 악을 행하면서도, 선을 행한다고 생각하는 그런 자들입니다. 따라서 거기에 있는 자들은 온갖 악들 안에 선을 두고 있습니다. 자신들의 합리성이 박탈되었기 때문에, 그들은 거기에서 자신들의 생애를 보내며, 그리고 그들은 그들이 우주를 다스린다고 생각합니다. 그러나 그 때 그들은 다만 꿈 속에 있는 것뿐입니다. 그들이 이같은 말을 하는 것은, 합리성이 회복, 즉 제정신이 들었을 때에 하는 말입니다.

775. 거기에서 멀지 않은 동일한 왼쪽 지역의 약간 우측에, 내가 아직까지 보지 못한 어두운 곳(a dark place)이 있었는데, 거기에는 악마들(惡魔·devils)이 있었고, 그들은 거기에다 자신들의 비밀스러운 독(毒)을 저장하고 있었습니다. 나는 오늘 그들 중의 하나가 거기에서부터 나오는 것을 보았는데, 그는 자신의 자질(資質)과 이성(理性)에 따라서 매우 명확하게 말을 하였습니다. 그러나 즉시 거기

에서부터 지옥의 독(毒)이 발산되었습니다. 즉 생명·천계 그리고 영혼들의 상태에 관한 일종의 독기가 서린 종지(宗旨·poisonous persuasion)가 발산되었는데, 처음 한동안 그것은 나를 공격하였습니다. 나에게 침투한 동일한 영은, 누구도 듣는 일이 없이 나와 이야기하기를 원하였습니다. 그러나 그의 온갖 독들이 이미 알려져 있기 때문에, 그가 밖으로 말하는 것이 허락되지 않았고, 다만 생각만 하는 것이 허락되었을 뿐입니다. 그러므로 지각된 것은 그가 무엇인가 말하는 것이 억압받고 있다는 것입니다. 꼭 같은 영이 지금 또 나타났습니다.

776. 이것이 진정한 지옥(a real hell)입니다. 나에게 암시된 생각은, 이런 부류의 영들이 이 세상에 있는 최고도의, 특히 내적으로 유혹하는 자들이나, 악당들인 그런 자들에게 파송된다는 것입니다. 1748년 2월 14일

이 세상에 있는 부자나 사치스러운 사람들에 관하여

777. 육신을 입고 살 때 사치스럽게 살았고, 온갖 증여(贈與)로 부자가 되었던 여자 영이 있었는데, 그러므로 그 여인은 부자들 가운데서 하나로 여겨졌으며, 그녀는 아주 비싼 식탁을 장만하였습니다. 사실 그녀는 부자로 태어나지는 않았지만, 그러나 그렇게 부자가 되었습니다. 육신의 삶을 마친 뒤, 이런 부류의 작자들은 거지들처럼 먹을거리를 찾으러 떠돌아다니고, 그리고 누더기 옷을 걸치고 다닙니다. 그리고 또한 그들은, 자신들이 육신을 입고 살았을 때 이외에는 다른 것을 생각하지 않습니다. 따라서 그들의 상태는 정반대의 상태로 바뀌었고, 고통이 없이는 아무것도 행할 수 없습니다. 1748년 2월 15일

영들의 수면(睡眠)에 관하여

778. 나는 전에(696항 참조) 설명하였다고 생각하는데, 즉 그것은,

영들에게도 다양한 상태를 가지고 있으며, 그리고 사람들이 가지고 있는 것보다 더 많은 것을 가지고 있으며, 따라서 그들이 겪는 상태들의 변화들은 끊임이 없다는 등의 내용이었습니다. 그러므로 영들은 잠자고, 깨는 상태를 가지고 있고, 따라서 그 중간의 상태들도 모두 가지고 있습니다.

779. 한 영이 잠자고 있을 때, 나는 깨어 있었습니다. 그리고 나는 그의 수면(睡眠)에 거의 주의를 하지 않았습니다. 그 때 잠자는 또다른 영이 있었는데, 그 영은 다른 영이 느끼고 있는 것이 무엇인지를 드러내 보여 주었습니다. 그리고 또한 항상 자지 않고 주의하는 천사들도 있어서, 그들은 이와 같은 꿈에 침투하였습니다. 그러므로 이런 부류의 꿈들은 천계로부터 오고, 그리고 주님으로부터 그런 꿈들을 가져오는 천사들도 있습니다. 그 때 자신들은 이런 식으로 행동한다고 생각하는 다른 영들도 역시 있습니다. 나는 역시 이 영이 어떻게 행동하고, 무엇을 말하는지 들은 바 있습니다. 1748년 2월 15일

지상에서, 그리고 지상의 사람들 가운데서 명예를 구하는 것은 천계적인 것은 아니다

780. 나는 그렇게 오래지 않아서 죽은 몇몇 영들과 이야기를 하였습니다. 그들은 여전히 선한 영들과 같이 있었습니다. 그러나 아직은 천계에 허입(許入)되지는 않았습니다. 그들은 변함없이 이 세상에 있는 명예나, 지상에서 없어질 명성(名聲) 따위를 내면적으로 갈망하였습니다. 나는 그와 같은 탐욕을 그들에게서 지각하는 것이 허락되었습니다. 그러므로 나는 그들과 같이 이야기하면서, 나는 이런 탐욕은 그들에게 여전히 남아 있는 이 세상적인 것이고, 천계적인 것은 이런 종류의 것들을 전혀 갈망하지 않고, 오히려 그것을 전혀 무가치한 것으로 여긴다는 내용을 말하였습니다.

781. 더욱이 천계에는 처음 창조 이후부터 모든 것들이 모여 있으며, 그러므로 그것은 모든 사회들에 속한 가장 큰 것으로 거기에는

잘 알려진 자들이 있을 수 있고, 그리고 사실 그들은 그들과 더불어 즐거움과 기쁨으로 서로 교제를 가질 수 있고, 어떤 이유에서 다른 사람에 비하여 자신이 위대한가를 갈망하는 자는 아무도 없고, 오히려 자기 자신은 다른 사람에 비하여 부족하다고 여기는 자들이 있다고 말합니다. 따라서 천계에서의 명성(名聲)과 지상에서의 명성 사이에는 그 어떤 비교 따위는 결코 없으며, 특히 선이나, 천계적인 것들에 관해서는 아무것도 알지 못하는 사람들 사이의 비교 따위는 아무것도 없습니다. 이와 같은 것은 이 세상의 광영과 천계의 광영 사이에 비교가 전혀 없는 것과 같습니다. 그들은 내 말을 듣고서, 그들이 주님으로부터 그것이 사실이라는 것을 지각하였기 때문에, 그들은 이 사실을 긍정하였습니다. 1748년 2월 15일

사후(死後) 생명의 상태에 관하여

782. 사후 영혼은 제일 먼저 이 세상적인 것이나, 관능에 속한 환상, 다시 말하면 자아애나 세간애에 속한 환상, 결과적으로 거기에서 생성되고, 그리고 그가 가지고 있는 환상은 반드시 박탈(剝奪)되어야만 합니다.

783. 그런 뒤에 그의 자연적인 것이 그의 영적인 것과 일치하기 위하여 준비되는데, 이런 방법을 통하여 그는 내면적인 천계에 허입됩니다.

784. 거기에서 그는 자연적인 것이 박탈되고, 따라서 보다 내면적인 천계를 위하여 준비합니다. 그러나 거기에서 여전히 영적인 것은 보다 더 유력합니다.

785. 종국에 이런 유력한 것도 벗게 되고, 따라서 그는 천적인 것이 다스리는 가장 극내적인 천계에 허입됩니다.

786. 이와 같은 박탈은 벗어버리는 옷들에 의하여 드러나는데, 이와 같은 과정은 거의 동시에 일어납니다.

787. 그럼에도 불구하고, 그들은 순서에 따라서 자신들의 옷을 다

시 입을 수 있고, 그리고 가장 극내적인 것에서 보다 더 내면적인 것에, 그리고 보다 더 내면적인 것에서 내면적인 것에, 따라서 영들의 천계에 되돌려 보내집니다.

788. 왜냐하면 그들은, 그들이 이 세상에서부터 취한 모든 것들을 그대로 보존하기 때문입니다. 그러한 것들은 오직 주님께서 부여하신 온갖 능력들일 뿐입니다. 따라서 그들이 옷을 입는 것에 의하여 이런 것들은 드러납니다. 그러므로 그들은 천사들에게서 영들에게로 되돌려질 수 있습니다.

789. 그러나 그들이 완전해지기 위하여 이와 같은 질서에 따라서 되돌려지고, 또한 옷 입혀집니다. 왜냐하면 여전히 밀착되어 있는 것들은, 예컨대 다른 것에 하나로 결합된 자연적인 것들이나, 세상적이고, 관능적인 것들은, 그것들이 점차적으로 해체될 때, 효소(酵素)와 같기 때문입니다. 생명이 이와 같이 이른바 발효(醱酵)하기 위해서 이런 것들은 분리(分離)되고, 또 해로운 것이 되지 않기 위해서, 영들은 자신들의 이전 상태로 거의 옮겨지고, 따라서 그들은 그때 보다 더 완전하게 됩니다.

790. 누구나 준비되어 있지 않다면 보다 내면적인 것들에 도달 할 수 없습니다. 따라서 한 영혼은 오를 수 없고, 오히려 내려올 수밖에 없습니다. 1748년 2월 15일

추문(醜聞)의 냄새

791. 나는, 영들의 일반적인 여론(the general sentiment)은 주님을 우주의 주님이나, 모두의 구세주로 시인하지 않는 온갖 불명예나, 추문(醜聞 · scandals)으로 이루어졌다는 것을 지각하였습니다. 이러한 내용은 내가 지각한 일반적인 여론이었습니다. 그러므로 나는 그것을 일종의 향기나 냄새에 비교하겠습니다. 왜냐하면 이와 비슷한 것은 향기에 비교될 수 있고, 그리고 그것은 역시 향기에 의하여 표징되기 때문입니다. 언제든지 그것이 주님에게 즐거운 것이라면 역시

그것은 하나의 향기로서, 사람이나 영들 모두에게 감지(感知)된다는 것입니다. 그 때 그 향기가 지각되었습니다. 그 향기는 악취를 내뿜는 물 냄새나, 또는 쓰레기로 더럽혀진 물의 냄새와 같았습니다. 나는 이것을 느꼈고, 그리고 내게 일러진 것은 이런 냄새가 바로 이런 추문에 속한 냄새이다는 것입니다. 1748년 2월 15일

사후의 삶을 믿지 않는 영들은, 그들에게 그 사실이 드러났을 때, 매우 놀라워한다

792. 내가 잘 알고 있는 어떤 영은 육신을 입고 사는 동안 사후의 삶을 믿지 않았는데, 다만 내가 생각하기에는 그 사람은 그의 생애의 마지막 순간에 사제(司祭)에 의하여 납득되었을 뿐입니다. 여러 가지 방법에 의하여 그 사람이 저 세상에 있다는 것이 그에게 알려졌을 때, 그는 그 사실을 거의 알지 못할 만큼 매우 놀랐고, 또 놀라워서 넘어질 지경이었는데, 그는, 자기는 아무런 생각이 없이 일생을 살았고, 그럼에도 불구하고, 비슷한 영들의 무리 가운데 아주 오랜 시간 동안 같이 있다고 말하였습니다. 그러나 그는 지옥의 무리들 가운데 있었을 뿐입니다. 1748년 2월 15일

바로 지금, 사후의 삶은 결코 없다고 자기 스스로 다짐한 비슷한 영이 거기에 나타났습니다. 그 영은 사후의 삶에 관해서 다른 영들과 이야기하였고, 그리고 자기는 저 세상에 있다는 것에 대해서 전혀 생각하지 않고, 자신의 신념(信念)을 주장하였습니다. 그는 어두운 방에 속한 지옥의 무리들 가운데 있습니다. 1748년 9월 8일*

미적지근한 영에 관하여

793. 특히 증오로 말미암아 참된 것이나 선한 것을 괴롭히고 학대하는 악마들 중 하나가 나에게 다가왔습니다. 그는 어떤 일도 전혀

---

* 이 단원은 저자가 색인을 만들 때 여기에 삽입하였다. (역자 주)

하기를 원하지 않고, 다만 그는, 마치 그가 회개한 것과 같이, 스스로 행동하였습니다. 어떤 기회가 주어진다면 그는 내적으로 사기를 할 것이라고 나는 생각했지만, 나는 그에게서 사기적인 것을 느끼지는 못하였습니다. 그러나 한편 그는 선량하고, 또 개과천선(改過遷善)한 것처럼 보였습니다. 그에게서 멀리 도망친 어떤 영은, 그는 그의 곁에 가까이 갈 수 없다고 말하였는데, 왜냐하면 그는 구토(嘔吐)같은 것을 느끼고, 그러므로 자꾸 메스껍기 때문입니다. 그 이유는 그 영은 묵시록 3장 16절에서 뱉어버리겠다고 언급된 그런 부류의 성품이었기 때문입니다. 1748년 2월 15일

794. 이런 부류의 영들은 다른 영들에 비하여 매우 위험한데, 그 이유는 그들은, 어떤 장소나 기회가 주어지면 다른 자들에 비하여 매우 잔인(殘忍)하기 때문입니다.

795. 이 영은 그 뒤에 말로는 표현할 수 없는 매우 사악한 것들을 말하기도 하고, 행하기도 하였습니다. 왜냐하면 거기에는 그가 고약하게 공격하는 일 이외에는 아무것도 없었기 때문입니다. 놀라운 일은, 그들의 성품이 이러하기 때문에, 이런 부류의 영들은 결코 이런 일들을 단념할 수 없다는 것입니다. 어떤 방법에 의하여 그들을 설득하려고 한다든지, 또는 비록 그들이 어떤 일이 그들을 그렇게 할 수 없는 일이다는 것을 안다고 해도, 여전히 본능(本能)은 그들을 이러한 짓거리에 억지로 강요하고, 그리고 이런 욕망이 그들 안에 밀착되어 있기 때문에, 그들은 쾌락으로 그것들을 자행(恣行)한다는 것입니다. 1748년 2월 15일

영들에 의한 사람의 기억 안에 있는 것들에 속한 자극(刺戟)에 관하여

796. 나에게 자주 일어난 놀라운 일은, 영들이 자신들과 일치하는 이러저러한 것들을 사람의 기억으로부터, 일순간에 자극할 수 있다는 것입니다. 이와 같은 놀라운 일이 가끔씩 일어나고는 하였습니

다. 이런 일이 생기는 것은, 그것이 그들의 탐욕에 대응하기 때문입니다. 따라서 그와 같은 탐욕이 최근에 기억에 들어와 작용한 것입니다.

797. 더욱이 그들은, 말하자면 사람의 기억 안에 있는 것들을 그 기억에서 읽을 수 있고, 그리고 그가 생각했던 것이나, 그가 행했던 것들을 잘 알 수 있다는 것입니다. 이와 같은 일은 가끔 그들이 보았던 것들에 관해서 내가 전혀 알지 못하는 때에 일어나기도 하였습니다. 그러므로 그들은, 마치 그것들이 책에 기록된 것처럼, 그런 것들을 읽을 수 있었습니다. 1748년 2월 15일

모든 사람은 육신을 입은 삶의 목적들에 일치하여 그의 생명이 결정된다는 사후의 삶에 관한 보편적인 규칙에 관하여

798. 주님께서 천계(天界・주님나라・heaven)이시기 때문에, 주님이신 모든 목적의 목적에 이르게 하는 수단들의 총체(總體)로서 우주는 오직 창조되었다는 것은 주지의 사실입니다. 중간 목적들(中間目的・mediate ends)은 낮은 것들에서 높은 것에, 따라서 최고의 것(the supreme)에 이르는 질서의 연속이나, 질서의 계도(階度)를 통해서 비롯되었습니다. 온갖 수단들이나, 연속적인 것의 성질(性質・disposition)이 바로 질서(秩序・order)입니다.

799. 그러므로 중간매체, 또는 중간목적인 이런 것들은 그 사람의 목적들 안에 있는 그 사람 자신입니다. 이것이 바로 그 사람 자신에게 생성된 성품이요 성질입니다. 그리고 이것은 그의 육신의 삶이 끝난 뒤, 제일 먼저 그의 삶이 되는 것이고, 또한 이것이 바로 최대인간(最大人間・the Grand Man・the Grand Body) 즉 천계 안에서 그에게 할당된 처지(處地・situation)요, 따라서 사람 그분(Man Himself), 다시 말하면, 주님 안에 할당된 처지요, 상황입니다. 보다 내면적인 것에, 그리고 더 내면적인 것이나 극내적인 것에 관계되는 것들, 결과적으로 장차 그의 유산(遺産)이 되는 것이 어디에 존재할 것인지

는 사람이 이해될 수도, 파악될 수도 없는 것이고, 오직 주님만이 그것을 아십니다. 왜냐하면 이런 것들은 사람의 눈에 열리기에는 너무나 내면적이기 때문이고, 그리고 그것은 사람의 눈에는 매우 불영명한 것이기 때문입니다.

800. 사람이 육신을 입은 삶에서 일반적으로 자기 자신이나, 사회, 천계, 주님과 관계를 가졌던 모든 것에 대하여 그가 마음먹었던 온갖 목적들로부터 사후의 그의 생명은 그 최대인간의 몸의 한 기관이 되도록 그는 처리됩니다.

801. 그러므로 여기서 명확한 사실은, 온갖 목적들이 사람들을 결말짓는다는 것이고, 그리고 사람의 생명은 자신의 목적들 안에 존재하며, 대부분 그것이 그의 사랑들(loves)이고, 그리고 그가 취한 그의 목적들은 이른바 그의 영혼이고, 그의 영혼은 이런 것들로 이루어진다는 것 등입니다. 왜냐하면 사람의 영혼은 오직 목적들만을 중요시 하고, 그리고 사람의 영혼은 목적들의 하나의 복합체(複合體)이기 때문입니다. 따라서 육신을 입은 삶 동안 사람은 자기 자신을 위한 그의 영혼을 형성하는데, 그것이 바로 그의 됨됨이(性稟)요, 본성(本性)입니다.

802. 사람이 마음먹었던 것이 목적들이다는 것은 이런 사실에서 명확하게 알 수 있는데, 만약에 어느 누구가 어떤 개별적인 목적을 중요시한다면, 예컨대 자기 자신이나, 또는 이와 비슷한 것들을 중요시 한다면, 그 때 비록 그가, 그것으로부터 공통의 선(the common good)이 이루어지는 일반적인 사회의 목적을 위해서 올바르게 행동한다고 해도, 그럼에도 불구하고 그는 그것 때문에 보상을 받지 못합니다. 왜냐하면 그는 공통의 선이 아니고, 그의 개별적인 선을 자신의 목적으로서 가진 것이기 때문입니다. 이와 같이 악마들이 악을 도모하고, 그리고 사람이나, 사회, 그리고 인류의 전적인 파멸을 획책하려고 할 때, 주님께서는 그것을 인류의 선이나 복지(福祉)로 바꾸어 놓으시며, 그 때 악이나, 가장 사악한 목적을 가졌던 악마는

여전히 하나의 악마로 남아 있고, 그리고 더욱 더 악하게 됩니다.

803. 모든 목적들 중에서 가장 나쁜 목적은 자기 자신을 자신의 목적으로 가지고 있는 그 사람입니다. 왜냐하면 일반적인 것들이나 보편적인 것들은 바로 그 목적에 집중(集中)되기 때문입니다. 그 다음으로 사악한 존재는 이 세상에 속한 것들을 자신의 목적으로 소유한 자들입니다.

육신을 입은 삶에서의 사람의 목적들은 그가 자신과 같이 저 세상으로 가지고 가는 됨됨이(性稟)나 본성(本性)을 낳는다는 것에 관하여

804. 육신을 입은 삶 동안 사람의 목적들이 어떻게 그의 됨됨이(性稟)를 낳고, 또 그의 본성(本性)을 형성하는지 몇 가지 예들이 오늘 내게 보여졌습니다.

805. 어떤 표현이나, 말로는 할 수 없는 매우 정교(精巧)한 것을 제외하면 아무것도 생각하지도 않았고, 말도 하지 않았던 한 영이 있었습니다. 어떤 것이 화제에 오르게 되면, 정교한 것이 모든 표현에서 빛을 발하기 위하여, 그는 그것에 온 마음을 쏟았습니다. 나는 그가 어떤 사람인지 의심하였습니다. 그 이유는 그는, 이런 것들에 대한 그의 언어나 생각들의 결정들에 의한 것을 제외하면 다른 영들에 비하여 분별될 수 없기 때문입니다. 그러나 내가 가르침을 받은 것은, 이런 부류의 사람은 육신을 입은 삶에서 고전(古典)적인 작품이나, 성경에 관한 비판적인 사안(事案)들이나, 다양한 도서들을 특별하게 취급한 연구들을 자신들의 목적들로 가지고 있고, 또 애지중지했던 그런 자들이고, 그리고 또한 사전(辭典)적인 편찬(編纂)만을 애지중지했던 자들이다는 것과, 일상의 생활에서는 표현의 우아함이나, 애매모호한 언어, 그리고 낱말의 희롱(戱弄) 따위를 제외하면, 그들은 아무것도 애지중지하지 않았다는 것 등이었습니다. 나는, 그 사람이나 그 사람과 같은 자들이 살았던 삶이 어떤 종류의 것인지

밝히 알게 되었습니다. 그들의 삶은, 내가 그것들에서 이른바 살아 있는 것은 아무것도 지각할 수 없었고, 다만 그것은 거기에는 마치 말들만 있을 뿐, 말들을 제외하면 거의 아무것도 없는 그런 것이다는 것이었습니다. 그럼에도 불구하고 그들은 늘 준비된 마음을 가지고 있었고, 그리고 말을 잘 할 수 있었습니다. 그러나 여전히 그가 말한 개별적인 것들 안에는 그런 생각이 내재해 있었고, 그리고 그의 말은 이런 것들로 구성되었습니다. 그것은 생명이 결여된 그런 것과 같았고, 아니면 그 속에 지극히 보잘것없는 작은 생명만 있는 그런 것과 같았습니다. 그럼에도 불구하고 이 영은 악한 존재는 아니었는데, 그 이유는 그는 생각에 의한 확장(擴張)은 가질 수 없고, 다만 일반적인 제약(制約), 특히 낱말들 속에 있는 것이나, 언어에 속한 개별적인 작은 특수한 것들에 금지된 것을 가지고 있기 때문입니다. 그러므로 그는 실물(實物·life_like)처럼 나타나지 않았고, 마치 인공적인 조각물처럼 말하였습니다.

806. 이런 것들을 오직 애지중지하고, 또 그것들을 근본적인 것으로 여겼던 자들이 있었습니다. 그럼에도 불구하고 그 때 그것들은 지극히 낮은 수단들에 불과하였습니다. 이런 부류의 인물들은, 자기 자신에게 언제나 이런 것들이 최고의 것이라고 굳게 믿는데, 이러한 생각은 보통 사람들이 가지는 지극히 일반적인 성향입니다. 그 이유는 그것들이 내면적인 것에 인도하는 중간원인(中間原因·mediate cause)들이고, 또한 그보다 더 내면적인 것들에 인도하는 중간 원인들이기 때문입니다. 이런 부류의 인물은, 그런 것들에 속한 자기 자신의 사랑이나, 거기에서 비롯된 망상들 때문에 이런 것들 보다 뛰어난 생각들에 의해서는 높게 상승하지 못하고, 더욱이 그들은 보편적인 것들에도 상승하지 못합니다. 결과적으로 그의 목적은, 그가 그것들에 속한 보다 좋은 선용을 이루려는 그런 것은 아니었습니다.

807. 기억에 속한 것들이나, 거기에서 자리 잡고 있는 지혜만을 사랑하는 사람은, 그리고 그의 기억이 담고 있는 것들에 비례하여

사람은 현명하다는 하나의 규칙을 고수(固守)하는 사람은, 앞에서 언급한 것과 같이(771항 참조), 일종의 굳은 살(硬結·callosity) 같은 것으로 덮여진 자신의 고집(固執·his thought)을 쥐고 있는데, 말하자면, 그것이 제거되면 그는 그의 전 생명을 잃는 것으로, 그리고 그 때 거기에 남는 것은 전무(全無)하다고 여기고, 심하게 한탄합니다. 그러나 나에게 밝혀진 사실은, 그 때 그 사람은 그가 완벽해 질 수 있는 첫 번째 상태에 있다는 것입니다. 그 이유는, 내가 생각하기에는 그는 역시 안에 선이 들어 있는 어떤 것을 가졌고, 따라서 선에 속한 어떤 것들이 그것을 통해서 배어나오기 때문입니다. 1748년 2월 16일

육신을 입은 삶 안에 있는 목적에 일치하는 사후 생명에 관한 계속

808. 자기 자신을 위해서는 전혀 생각하지 않고, 단지 남을 따라가는 추종자(追從者)들이 있었습니다. 따라서 그들이 추종하는 자들이 어떤 존재인지 일러졌습니다. 그들 속에는 별로 생명을 가지고 있는 것 같이 나에게는 보이지 않았습니다. 왜냐하면 그들은 아무 것도 스스로 행하지 않고, 다만 다른 사람들을 추종하였는데, 그 때 그들 자신들은 아무것도 아닌 것 같았기 때문입니다. 왜냐하면 그들이 스스로 아무것도 행하지 않았기 때문에, 내가 지각한 것은 마치 그들은 그들이 추종하는 그 자들과 하나인 것 같이 보였기 때문입니다. 내게 일러진 것은, 이들은 육신의 삶에서 본능에서 비롯된 것을 제외하면 아무것도 행하지 않고, 그리고 관찰이나, 이해나 대답하는 일에서도 작은 불꽃들(little flames)과 같은 자들이 되었고, 따라서 그들이 말하고 대답해야 할 것은 무엇이나 즉시 그들에게 떠올라서 그들은 깊은 생각이나, 미리 생각하는 것(premeditation) 없이 자유스럽게 자신들을 내보이는 자들이 되었다는 것 등입니다. 육신을 입은 삶에서 이러한 자들은 유연하고, 유순합니다. 그들은 동시

에 악마들입니다. 왜냐하면 그들은 쉽게 불이 붙기도 하지만, 또한 즉시 그 불이 사라지기도 하기 때문입니다. 이 불꽃은 바로 그들의 언어의 가시(可視)적인 외현(外現)과 같습니다. 그뿐만 아니라 그 밖의 다른 것들도 이와 비슷하였습니다.

809. 저 세상에서 이런 부류의 사람들은 수많은 자들과 쉽게 교제할 수 있는 것과 같이 보였습니다. 왜냐하면 그들은, 내가 영들의 조화된 움직임(harmonious movement of spirits)이라고 부르는 약속들을 증진하는 것 이외에는, 거의 다른 일을 하지 않기 때문입니다. 그들은 이른바, 윤활체들(潤滑体·lubricants)이라고 부릅니다. 왜냐하면 그들은, 특히 어떤 탐욕이 깊이 뿌리를 박지 않았을 때에는, 이와 같은 움직임을 조장하기 때문입니다. 그들 중에는 악마들이나 영들도 있고, 역시 매개적인 그런 존재들도 있습니다. 따라서 그들은 혼합기들(混合機·mixers) 같았습니다. 그들은 나에게 연결시키는 존재로 왔지만, 그러나 그들은 영적인 조화된 움직임을 조장하는 윤활체들과 같았습니다.

810. 저 세상에는 이른바 찰거머리(sticky) 같은 자들이 있는데, 그들은 자신들에게 반대되는 것은 무엇이나 마음에 간직하고 있으며, 그리고 그들은 앙갚음을 하기 전이나, 또는 다른 방법으로 끝을 보기 전에는, 그것을 그냥 넘겨버리지 않습니다. 이런 성품의 존재들은 육신을 입은 삶을 살 때, 오랜 동안 복수나 앙갚음 따위를 무척 좋아했던 자들입니다. 그들은 마치 찰거머리 같았는데, 가끔 앞에서와 같이 목격되었습니다.

811. 아주 멋진 선용을 수행하는 자들도 있습니다. 비록 그들이 참되고, 선하다고 이해되는 것을 제외하면, 어떤 것에 의해서도 설득되지 않는 선한 자들이지만, 그들은 그것에 관해서 생각했던 것이든, 또는 어떤 결론을 내린 것이 아니든, 어떤 것에 집착하고 있지만, 그러나 그것을 믿고, 그리고 시인합니다. 이 세상에서 살 때 그들은 끈기를 가지고 다른 사람들을 믿은 자들입니다. 따라서 그들은

역시 자신들은 자신들의 것들을 자신의 것으로 깊이 생각하는 일이 없이, 다만 쥐고 있을 뿐입니다. 그들은 선용을 중요하게 여기고, 그리고 천사적 천계 가까이에 있습니다. 그들은, 자신들이 잘못된 길로 인도되었다고 생각되면, 몹시 분노하고, 슬퍼합니다. 그들 중에는 보다 내면적인 진리의 무지(無知)에서 비롯된 영적으로 무식한 순진 무구한 자들도 있습니다. 1748년 2월 16일

812. 불손하기 짝이 없고, 고집스럽고, 찰거머리 같은 전자의 영들은 얼굴 앞, 조금 왼쪽으로, 높은 것은 아니지만 약간 위부분의 영역에 배정됩니다.

813. 그러나 후자들은 오른쪽 영역에 배정되고, 그들은 나에게, 일종의 작은 원형을 이룬 것처럼 나타났습니다.

최대인간의 몸 안에 있는 영역에 배정된 자들에 관하여

814. 나는, 어떤 자들은 최대인간의 몸 안에 있는 영역에 배정되었고, 이에 반하여 어떤 자들은 그 밖에 배정되었다는 것을 보고, 매우 놀라웠습니다. 그러나 내게 일러진 것은, 그들의 삶 동안 선한 것을 애지중지하고, 그리고 그들은 누구도 미워하지 않았고, 오히려 모든 것에 대해서 좋게 해석하고, 그리고 지극히 작은 일에서도 섬기고 돕는 것을 실천하기를 갈망한 자들은 최대인간의 몸의 영역에 배정된다는 것이었습니다. 또한 동시에 그들은 복종이나, 순종 가운데 살았고, 따라서 그들은 자신들을 다스리는 사람들에게 마음으로부터 존경하였습니다. 1748년 2월 16일

저 세상에 들어가는 영혼들의 처음 입구(入口)에 관하여

815. 영들이 저 세상에 오면 즉시 그들은, 그들이 반대적인 삶을 살지 않았다면, 그리고 대체적으로 악하게 살지 않았다면, 대부분 선한 영들(good spirits)에 속한 여러 사회들 가운데 영접됩니다. 선하고, 정직하고, 그리고 이와 비슷한 성품의 사람들은 온갖 임무를

수행한 선한 영들에 속한 사회들에 의하여 영접됩니다. 뿐만 아니라, 그들은 그들의 천계에 인도되고, 천사들의 무리에 인도되는 데까지 이르게 되는데, 그것은 천계나, 천계의 행복이나, 광영을 그들에게 보여 주기 위한 것이 목적입니다. 그러나 그런 뒤 그들은 그들의 종전의 상태에 보내지고, 그래서 그들의 성품은, 공개적이지는 않지만, 영들에 의하여 분명하게 조사받게 됩니다. 이런 식으로 그들은, 그 때 입증한 것과 같이, 자신들의 기질(氣質)이나 성품(性稟)에 따라서 쫓겨나기도 하고, 결합되기도 합니다.

816. 그러므로 한 영혼이 천계나 그에게 적합한 장소에 들어가게 되면, 보통 믿고 있는 것과 같이, 그들이 천사가 될 것이고, 그리고 다른 자들에 비하여 보다 더 만족스러울 것이다는 결론을 지을 수는 없습니다. 그러나 모든 일은 허용이나 허가에 의하여 일어나기 때문에, 그러므로 그들은 겉보기에는 다시 영들에게 보내졌지만, 따라서 이런 영들은 자신들의 성품이 어떠한지, 공개적이지는 않지만, 분명하게 까발려지고, 그리고 그런 것들에 관한 그들 자신들의 방법으로 이른바 판별하기 위해서 입니다. 그럼에도 불구하고 이런 일들은 모두 주님에 의하여 행하여집니다. 1748년 2월 16일

식욕(食欲·the appetite of eating)은 영들에 의하여 생성될 수 없다는 것에 관하여

817. 영들이 탐욕을 가지고 있다는 것, 그리고 그들의 탐욕을 사람에게 유발시킨다는 것 등은 명료하게, 또 아주 자주 관측되었습니다. 따라서 그들은 그들에게 전혀 필요하지 않은 것들도 갈망하였는데, 그런 것들로는 사람의 입는 것에 관계되는 것들이었습니다. 비록 그들은 그러한 것들이 자신들을 위해서가 아니고, 우리들과 같은 사람을 위해서 필요한 것이다는 것을 알면서도, 전혀 누그러지게 할 수 없는 정열을 가지고 탐하였습니다. 나는 이 문제에 관해서 한 영과 대화를 하였는데, 그는 그것을 잘 알고 있었고, 또 시인하였습니

다. 그러나 그는, 내가 어떤 종류의 옷을 구매할 때까지 쉬지 않고 분주하였습니다.

818. 더욱이 식욕(食欲·the appetite of eating)은, 비록 그들이 그들은 먹을 수 없다는 것을 알고 있고, 또 말하면서, 그리고 확증까지 하면서도, 영들에 의하여 자극을 받습니다. 어떤 음식에 대한 식욕이 자극을 받았는데, 나는 이 사실을 오늘 체험하였습니다. 내가 오늘 어떤 것들을 먹을 약속을 하였을 때 어떤 영은 잠잠하였습니다. 그러므로 관능적인 욕망이 존재한다는 것은 명확한데, 왜냐하면 사람에게 있는 대상물에 의하여 영들 안에 있는 욕망이 자극을 받을 수 있기 때문입니다. 그리고 또한 사람 안에 있는 한 영에 의하여 욕망은 그와 같이 자극을 받았기 때문입니다. 1748년 2월 18일

영들이 자신들은 사람들이다고 생각한다는 것이 다양한 경험에서 아주 명확하다

819. 아주 오랜 동안 계속된 경험을 통하여 나에게 명확한 사실은, 영들은 그들도 나 자신과 꼭 같은 사람이다는 것 이외의 것을 알지 못한다는 것입니다. 그들은, 나와 떨어져 있을 때나, 또는 나와 같이 있을 때에, 여러 가지 방법으로 수차에 걸쳐 틀림없는 확신을 가지고 그와 같이 고백하였고, 그리고 그들은 그와 같이 말하였습니다. 내가 심사숙고하고, 그리고 경험들을 통하여 안 사실은, 영들은 합리적인 영역, 즉 생각이나, 또한 그의 몸이나, 자신의 몸의 활동의 측면에서, 심지어 자연적인 측면에서까지, 그들이 사람이라고 생각한다는 것입니다. 따라서 그들은 생각하고, 행동한다고 생각하며, 사실 그들은 자신들이 온전한 사람이다고 생각합니다.

820. 그러나 그들의 성품이 어떤 존재인지는 사람과 같이 있는 그들의 처지(處地·situation)로부터 알 수 있었습니다. 그 경험은 매우 엄청난 것이고, 그리고 분명하고, 확실한 것이었기 때문에, 만약에 내가 그와 같은 수많은 경험의 모든 실례들을 명확하게 밝힌다면,

그것은 너무나 지루한 일일 것이다고 나는 말할 수 있습니다.

영들은 사람의 방법들에 의하여 교육을 받는다는 것

821. 영들이 사람의 매체를 통하여 주님에 의하여 가르침을 받는다는 것, 그리고 이런 방법으로 그들이 지식들을 얻는다는 것 등이 나에게 명확하게 밝혀졌습니다. 그것은 거의 2년 9개월(=2 3/4년) 동안 계속된 경험으로 입증됩니다.

822. 비록 그들은 그것을 알지 못하지만, 그들이 이런 식으로 다른 사람에 의하여 가르침을 받았다는 것은 내가 영들과 대화를 가지기 전에 나에게 있었던 수많은 사건들이나 일들로부터 나에게는 아주 명확한 것입니다. 그리고 내가 그 때 일어난 많은 일에 대해서 깊이 생각했다면, 나는 그 일에 대하여 충분하게 확증되었을 것이고, 그리고 오직 경험에 의하여 어느 누구에게도 확증할 수 있을 것입니다. 비록 이와 같은 일은, 마찬가지로 영들의 방법에 의하여, 그리고 우리에게 알려지지 않은 수많은 방법에 의하여 행해졌지만, 그런 이유 때문에 그것을 의심할 이유는 없고, 오히려 그것은 주님의 전능(全能)에 의하여 행해진 것입니다.

823. 그와 같은 일이 그들의 영의 측면에서 보면 사람들을 통하여 일어났다는 것은, 영들이 온전한 사람을 입고 있기 때문이고, 그리고 그의 기억에 속한 모든 것들을 지니고 있기 때문이고, 따라서 유아기부터 배워야만 했던 사람과는 달리 일순간에 배우는 기회를 지니고 있기 때문입니다.

허입(許入·permission)들에 관하여

824. 허용의 가르침(敎理·the doctrine of permission)은 아래와 같습니다. 악한 영들은 악한 자들을, 결과적로는 사람에 속한 온갖 악들을 지배하기를 자처한다는 것입니다. 그들은 이것을 마치 권리(權利)에 의한 것처럼 스스로 요구한다는 것입니다. 심지어 그들 중에 어

떤 자는, 자신들에 의하여 악들이 주입되기 때문에, 온갖 악들은 모두가 자신들의 것이고, 따라서 온갖 악들은 자신들에게 속한 것이다 라고 주장합니다. 그러므로 그들은 거짓을 말하는 모든 사람을 다스리기를 자처하고, 그리고 탐욕들에 의하여 잘못을 저지르는 사람을, 따라서 온갖 악들에 의하여 범죄를 범하는 사람을 다스리기를 자처합니다. 그러나 모든 사람이 근본적으로 악하기 때문에, 현실에 의하여 부가(附加)된 사람 안에 있는 그와 같은 악들을 지배하는 것을 제외하면, 그것을 다스리는 주권을 그들에게 부여하는 허용(許容·permission)은 주어지지 않습니다. 그러나 이 허용은, 그와 같은 악들에서 야기되는 고통이나, 박탈에 속한 수단에 의하여 보다 더 선하게 하기 위한 필요 이상의 목적에까지 주어지는 것은 아닙니다. 이 것이 허용의 법칙의 하나입니다. 1748년 2월 18일

사람 안에 있는 신장(腎臟)이나, 방광(膀胱)을 표징하는 영들에 관하여

825. 사람 안에 있는 신장·요관(尿管)·방광을 표징하는 영들은 얼굴의 왼쪽, 약간 이마 쪽에 치우쳐 관자놀이와 이마 사이의 영역에 있습니다. 그들은 내면적인 것들에는 전혀 관심이 없고, 더욱이 보다 더 내면적인 것들에는 무관심합니다. 그리고 그들은 그런 것들을 전혀 이해하지도 못합니다. 그러므로 내가 이런 것들에 관해서 언급하고, 그들이 그런 것들에 관하여 질문을 받았을 때, 그들은, 비록 다른 영들은 그것들을 잘 알고 있다고 해도, 그것들에 관해서 이해하지 못한다고 말하였습니다. 같은 영들은, 시샘이나 질투(嫉妬)에서 비롯된 것과 같이, 아주 쉽게 분노하였습니다. 따라서 그들은 내 곁에, 또는 나와 같이 선한 영들이 있다는 그것 때문에 분노하였습니다. 그리고 그들은, 여러 가지 방법으로 그들을 쫓아내려고, 그들을 약을 올리고, 선동하려고 하였습니다. 따라서 그들은 분노나 마음의 평정(平靜)을 잃은 상태에서 수많은 일들을 자행하였습니다. 그

리고 또한 그들은 자신들의 처지에 대해서 만족하지 않았습니다. 그러므로 그것에서부터 오줌에 속한 특성이 추론될 수 있었습니다. 그들은 나와 같이 있었고, 나는 그들과 이야기를 하였습니다. 그들은 몹시 분노하였습니다. 그리고 그들은 어디론가 떠났다가, 다시 되돌아왔습니다. 그들은 많았는데, 거기에는 그들의 한 떼거지가 있었습니다. 다행이 그들은 속이지는 않았습니다. 왜냐하면 그들은 성급한 시샘이나 질투에서 행동한 것이지, 사기(詐欺)에서 그런 짓을 한 것은 아니기 때문입니다. 그들은 육신을 입고 살 때 단순히 성미가 급한 자(choleric)라고 부르는 그런 자들과 같았습니다.

826. 더욱이 왼쪽에는 서로 묶여 있는 큰 돼지 떼가 나타났습니다. 이것들은, 혈청(血淸)에서 분리된 것들을 가리키는, 오줌 안에 있는 이 세상적인 사안들(事案)을 표징합니다. 이와 같이 오줌 안에 있는 이 세상적인 사안들의 표징은 멀지 않은 곳에, 수평면 보다 약간 높은 왼쪽에 있는 서로 묶인 커다란 돼지 떼에 의하여 나타났습니다.

829.* 동일한 영들은 가끔 앞에서 언급한 마음에 간직하고 있는 것들을 깊이 생각하였습니다. 그리고 그들은 그것에 의하여 분노하였고, 그리고 그들이 왜 그렇게 말하였는지 그 이유를 찾으려고 하였습니다. 이와 같이 그들 안에는 일종의 끈끈함(接着性)이 있었습니다.

827. 말하자면, 신장·요관·방광을 표징하는 동일한 영들은 사람이 생각한 것들을 명확하게 이해하지 못하고, 그리고 그 속에 파고들지도 못하고, 다만 외면적인 것들만을 이해하는 그런 자들이었습니다. 그들은 가끔, 다른 것에 관해서 언급될 때에, 자신들에 관해서 언급한 것인지 묻기도 하였고, 전혀 다른 것이 언급될 때에도 그것이 그러한지 아닌지를 묻기도 하였습니다. 1748년 2월 18일

---

* 이 단원은 저자의 지시에 따라서 여기에 삽입되었다. (역자 주)

표피(表皮·cuticle)에 관계되는 자들에 관하여

828. 사람의 외면적인 껍데기(表皮)에 관계되는 자들이 있는데, 그러나 나는 그들과 말을 하지는 않았고, 가시적인 표피의 털구멍(pore)들을 통한 증발(蒸發·exhalation)들에서 야기하는 따뜻함을 그들이 생성한다는 사실을 그들에게서 나는 단순히 지각하였습니다. 사실 그들은, 자신들이 모든 것들을 감싸고 덮는 그런 존재라고 말하였습니다. 그럼에도 불구하고 다른 측면에서 그들의 성품은 나에게 그리 명료하지 않았습니다. 1748년 2월 18일

대뇌의 대뇌실(大腦室)에 관계되는 영들에 관하여

830. 잘 알려진 것은, 대뇌의 대뇌실은 섬유질들 사이에 있는 틈새로부터, 또는 다른 곳에서부터 장액(漿液)들이 흘러드는 곳이다는 것입니다. 그러므로 그 곳들은, 혈청(血淸)이나 임파액이 혈기(血氣·animal spirit)와 뒤섞이는, 이른바, 두뇌의 방광(膀胱)이고, 그리고 거기에서부터 그들의 질서에 맞게 혈기나 좋은 부분(better parts)들이 다시 분리된다는 것도 잘 알려져 있습니다.

831. 이런 영들은 머리 바로 위는 아니지만, 조금 높게, 그러나 매우 작기는 하지만, 정면을 향해 있습니다. 그들은 선한 영들(good spirits)입니다. 그들은 역시 아주 즐겁게 나와 이야기를 하였습니다. 왜냐하면 그들은 매우 즐거운 입류(入流)에 의하여 행동하고, 말하기 때문입니다. 그들은, 자신들이 보다 더 완벽하기 위하여 그들이 천계에 있다가 거기에서 옮겨졌다는 것을 알지 못하고, 그들은 천계에 들어가기를 변함없이 갈망한다고 말하였습니다. 따라서 이질(異質)적인 것들이 그들에게서 떨어져 나가면, 그들은 천계에 들어오는데, 그와 같은 일은, 뇌실 안에 있는 장액(腸液)의 경우와 아주 꼭 같습니다. 그것 중에서 떨어져나간 부분은 장막의 망(網·choroid plexus)에 의하여 흡수되고, 일부는 다른 곳에서 소멸되고, 일부는 송과선(松果腺) 아래에 있는 제 삼의 뇌실에 들어가서, 그리고 누두(漏斗)를

통과해서 뇌하수체선(腦下垂體腺)으로 향합니다. 거기에서 그것은 삼중의 방법으로 분리되는데, 그 뒤 그 부분들은 경정맥(頸靜脈)을 향해 각종의 통로, 관(管)이나 공동(空洞·sinus)들을 통해서 운반됩니다. 그러므로 그것들은 흉부의 관(thoracic duct)을 통해 들어오는 유미(乳糜)를 만나기 위해 준비하고 있습니다. 거기에서 이 둘은 결합되어, 심장으로 옮겨지고, 거기에서부터 폐장으로 옮겨지고, 그리고 그와 같이 폐장의 좌심실(左心室)로 옮겨지는데, 이와 같은 일은 계속 이어집니다. 그리고 일부는 경동맥(頸動脈)을 통해 머리에 옮겨집니다. 그리고 일부는 인체의 모든 내장에 옮겨집니다. 이 모든 것은, 순수한 피나 혈기를 형성하기 위한, 따라서 붉은 혈액을 형성하기 위한 것입니다. 다시 말하면 물질적인 것이 영적인 것들과 결합하여 그들의 살아 있는 일치된 삶을 수행하기 위해서 입니다. 1748년 2월 18일

순진무구(純眞無垢·innocence)의 상태에 관하여

832. 나와 같이 있던 어떤 영들이 순진무구의 상태에 인도되었고, 이 상태에서 영들을 통하여 나와 이야기를 하였습니다. 그들은, 그 상태가 귀·눈·마음·사람의 이해가 결코 지각할 수 없는 즐거움과 기쁨의 상태이었다고, 공언(公言)하였습니다. 왜냐하면 그것은 그들의 극내적인 것들이 감동받은 것이기 때문입니다.

833. 그들이 있는 곳은 이마 위, 조금 높이, 약간 정면을 향한 곳입니다.

834. 그들은 그들의 부모들·조부모들·증조부모들과 같이 있었습니다. 따라서 이들 전 가족은 두 세기 동안 거슬러 올라갑니다. 그리고 그들은 모두 함께 천계에 인도되었습니다. 그들의 기쁨은 형언할 수 없는 그런 것이었다고 그들 중의 하나가 영들을 통하여 말하였습니다.

835. 그러나 그들은 다만 내면적인 천계에 속한 극내적인 천계에

있었는데, 그 이유는 각각의 계도에는 세 천계들(three heavens), 즉 영적인 천계(the spiritual heaven), 평화의 천계(the heaven of peace), 이노센스의 천계(the heaven of innocence)가 있기 때문입니다. 보다 높은 계도에 속한 극내적인 천계(the inmost heaven)는, 그가 먼저 보다 내면적인 천계(the more interior heaven)에 있을 때까지 해결되지 않고서는, 어느 누구도 들어갈 수 없습니다. 1748년 2월 18일

이 세상에 있을 때 거룩함(sanctity) 외에는 아무것도 섬기지 않았고, 그리고 참된 믿음은 그것의 개별적인 것 안에 있는 측면에서 전혀 알지 못하는 사람들에 관하여

836. 참된 믿음에 관한 지식이나 인식이 없이, 일반적으로 일종의 거룩함만을 사람들이 경배하여야 한다는 식으로 가르치기를 좋아하는 사람들이 있었습니다. 그들은 예의 주의도 하지 않고 미사에 참여, 귀로 들을 뿐인데, 그 이유는 그들은 이해하지도 못하고, 이해하려고 하지도 않기 때문입니다. 그들은 단지 거룩함을 경배하기 위하여 성전에 들어갑니다. 이런 부류의 작자들은 어디에나 많이 있습니다.

837. 그러나 거룩함에는 두 종류가 있습니다. 다시 말하면 하나는, 사람들을 속이기 위하여 겉모양적인 거룩함을 꾸미는 자들의 거룩함이고, 다른 하나는 그것으로 인하여 자신들도 거룩하다고 생각하고, 그것을 믿는 자들의 거룩함인데, 그 이유는 그들은 그런 식으로 이미 설득되었고, 그리고 그들은 그 밖의 것에 관해서는 전혀 아무것도 알지 못하기 때문입니다. 그 밖에도 헤아릴 수 없이 많은 중간적인 것들도 있습니다. 왜냐하면 앞서의 두 종류는 서로 상반되는 거룩함이기 때문입니다.

838. 자기 스스로 거룩하다고 생각하는 어떤 사람이 나에게 나타났는데, 그는 머리 위쪽에 있는 자들에게 자신이 거룩하다고 불러주기를 설득하였습니다. 그러나 그는 아래로 쫓겨났습니다. 그리고 그

들은 즉시 아름다운 곡조로, "거룩하다, 거룩하다"고 노래를 부르기 시작하였고, 그리고 반 시간 가량 "거룩하다"는 것 외에는 노래하지 않았는데, 그 노래는 그것들을 듣는 것이 지루할 때까지 계속되었습니다.

839. 이런 부류의 사람들은 일반적인 거룩함만을 사랑하는 자들입니다. 저 세상에서 그들은, 거룩함에 속한 모든 개념이 종국에 소멸될 때까지, "거룩하다"는 것을 노래합니다. 그러므로 나중에는 경건함이 남아 있다고 하는 단순한 낱말(the mere word)을 제외하면 생명에 속한 것은 아무것도 없습니다. 따라서 그들은 죽은 것을 예배합니다. 여러 기도들이나, 기원(祈願)들에 경건함을 두고 있다고 하지만, 마음은 아주 멀리 떨어져 있는 자들에게서도 이와 꼭 같습니다. 이런 부류의 자들도 넓게 보면 그들과 같습니다.

840. 그들 가까이에, 주위를 빙빙 도는 한 영이 있었는데, 그러자 그의 벌거벗음(his nakedness)이 볼썽사납게 나타났습니다. 그는, 그들이 그 거룩함 가운데 경배하는 "거룩한 존재"를 가리킵니다. 그 영은, 그의 수치(羞恥)가 들어나 보여지기 위하여 빙빙 돌려졌습니다. 이런 것이, 오직 "거룩함"만을 경배하는 자들이 가지고 있는 경배의 실상입니다.

841. 더욱이 거기에 불꽃 색깔의 벌거벗은 어떤 영이 또 나타났습니다. 다시 말하면 그는 불이 타는 것 같았으며, 그리고 그는 무릎을 꿇고, 그의 손바닥은 주님을 향하고 있었습니다. 그가 어떤 사람인지 나는 아는 것이 없었습니다. 나는, 그들은 온갖 기도문들에 의하여 구원을 받을 수 있다고 생각하는 자들과 같은 부류의 사람들이라고 판단하였습니다. 그 불꽃 색깔은, 성전 안에서의 바리새파 사람들과 같이, 그가 자기 자신의 업적이나 공로에 의하여 자신이 의롭게 되기를 원한다는 것을 뜻합니다. 1748년 2월 18일

사람은, 그가 영들에 의하여, 또는 영들의 수단들에 의하여 인

도된다는 것에 대하여 전적으로 무지(無知)하다는 것에 관하여

842. 사람이 여러 영들에 의하여, 또는 영들의 수단들에 의하여 인도되고, 끌려간다는 것을 알지 못하고 있다는 사실은 모두에게 아주 명확하고, 그리고 잘 알 수 있습니다. 그럼에도 불구하고, 사람이 그와 같이 끌려간다는 것은, 사실 그것은 아주 명확하다는 것은 수많은 경험들을 통해서 확증할 수 있습니다. 왜냐하면 내가 보고, 깨닫고, 또 들은 것은, 한 영은 다른 영들에 의하여 인도되고, 그리고 계속해서 여럿이 합쳐진 다른 영들에 의하여 인도된다는 것이나, 뿐만 아니라, 사람이 하는 것과 같이, 그는 자기 자신이 스스로 자기를 인도하고 있다는 것 이외에는 아무것도 알지 못한다는 것 등이 있기 때문입니다. 어떤 성품의 영들이나, 어떤 종류의 영들에 의하여 다른 영이 인도되는지는 잘 알 수 있지만, 그러나 다른 영들은 그것을 알지 못합니다. 이와 같이 역시 한 영은, 영이면서도 사람인 그에 의하여 비슷하게 인도될 수도 있습니다. 이런 능력이 가끔 나에 의하여 실천되었기 때문에, 나 자신은 그것을 잘 알고 있습니다. 그리고 나와 같이 있는 영들도 말하자면 그 사실을 알고 있고, 깨닫고, 그리고 이해하고 있지만 그러나 인도된 그 영은 그런 사실에 관해서 전혀 알지 못할 뿐만 아니라 그는 자기 스스로 말한다고 생각하고 있습니다. 이와 같은 일은 가끔 나에 의하여 행해졌는데, 그 영은 그 일을 전혀 깨닫지 못하지만 나에게서 그것은 너무나 명확하기 때문에 나는 놀랄 수밖에 없었습니다. 1748년 2월 18일

게헨나의 정면에 있는 도시에 관하여

843. 높은 건물들이 즐비한 아주 큰 도시가 여러 사람에게 나타났는데, 그 도시는 게헨나의 정면에 있었는데, 거기에는 수많은 사람들이 사는 것처럼 그들에게는 생각되었습니다. 거기에 있는 몇몇이 다른 영에게, 그 도시에 있는 만사(萬事)는 모두가 평화스럽고, 거기

에 있는 사람들은 서로 서로 섬기는 일 외에는 아무 일도 행하지 않으며, 거기에서의 모든 일은 올바르게 행해지고, 따라서 다른 사람을 해치는 일은 전혀 하지 않고, 오직 올바른 것만을 갈망(渴望)한다고 말하였습니다. 그들은 그 도시에 그런 성품의 영들이 머물기를 선호(選好)하였고, 다른 성품의 영들은 아무도 거기에 머무는 것이 허락되지 않았습니다.

844. 나도 역시 이 도시를 보았습니다. 건물들은 매우 웅장하였는데, 그 높은 건물들 때문에 가끔 거리가 어둠으로 덮이기도 하였습니다. 그럼에도 불구하고 이런 식으로 그 거리들이 계속해서 이어져 있었습니다. 바로 그 때 이와 같은 계속된 거리가 여러 갈래의 거리로 갈라졌습니다. 그 때에도 그 도시는 종전과 같이 보였습니다. 도시는 수많은 창문들이 있는 아주 높은 건물에 에워싸여져서, 나에게 나타났습니다. 이런 식으로 그 건물들은 두 영역으로 이루어진 정방형(正方形)의 구역을 형성하였습니다. 나는 그 건물의 지붕들을 볼 수 없었는데, 아마도 그 지붕이 구름 속에 있었기 때문이었습니다. 그 건물들의 바깥면의 색깔은 거의 벽돌 색깔, 즉 어두운 갈색이었습니다.

845. 이 도시와 이들 건물들은, 말하자면 집들로 나누어지지 않고, 끊어짐이 없이 계속 이어졌습니다. 따라서 하나의 도시였고, 또한 하나의 건물이었습니다. 내게 일러진 것은 건물들의 방들 역시 계속 이어져 있어서, 내부에서 한 방에서 다른 방으로 옮겨갈 수 있고, 따라서 넓은 면적의 한 건물에서와 같이, 전 도시를 통과할 수 있다는 것입니다.

846. 나는 그 건물들의 방들을 보았습니다. 방들의 내부는 거의 회색의 판(板)들을 서로 조립해서 만들어졌습니다. 판들은 서로 조립된 하나의 판들이었지만, 그 판들의 이음새는 거의 보이지 않았습니다. 그 건물 밖에는 굴뚝을 나타내는 검은 것이 있었습니다. 이런 것들이 전 도시의 도처에 있는 방들의 모습입니다. 이 외에도, 내가

보지 못한 또 다른 다양한 것들이 있었습니다. 왜냐하면 다양함은 그들이 대응하는 영혼들의 망상에 따라서 존재하고, 그리고 이런 다양함은, 이 세상에 있는 것들과 꼭 같은 것을 나타내는, 그런 것들을 드러내기 때문입니다. 나는 그것들이 망상들이다는 것을 전부터 알고 있는 자들과 이야기하였습니다. 그들은, 즉시 그들이 그것이 그러하다고 보고, 느끼기 때문에, 그것이 그러하다는 것을 시인하였습니다. 1748년 2월 18일

게헨나 정면 영역에 있는 도시에 관한 계속

847. 앞에서 언급한 것과 같이(845·846항 참조), 방들은 계속 이어져 있었습니다. 그 방들의 내부는 거의 회색에 가까웠습니다. 그들이 안쪽 벽에서, 연한 검정 띠(belt) 같은 검은 무리(bands)인, 약간 검은 구름들을 보자마자, 그들은 즉시 그 방에서 떠나 다른 방으로 갔는데, 이와 같은 이동은 계속 이어졌습니다. 이런 식으로 다양함은 계속해서 이어지는 그들의 기쁨 가운데 계속 생겨났습니다.

848. 그 도시의 광경이나 그 밖의 것들은 반복해서 나타나지 않았습니다. 이런 일이 있기 전에는, 보통 그 방에는 커다란 용마루나, 또는 사람의 등뼈와 같은 덩치가 큰 것이 뻗쳐 나오곤 하였는데, 이 뻗침은 지붕에까지 이르렀습니다. 그 때 이 세상의 여러 도시들에 있는 지붕들과 같이, 삼각형 모양의 연속된 서까래들로 만들어진 방이 보였습니다. 용마루, 즉 들보는 뻗쳐 나와 먼데까지 뻗어나갔는데, 그 때 한쪽 면이 열렸습니다. 그것은 마치 푸른 하늘의 틈새와 같았습니다. 이런 식으로 지붕의 서까래들이 나타나 보여졌습니다. 이와 같이 도시의 망상은 모두 사라졌습니다.

849. 거기에 살고 있는 사람들, 또는 스스로 거기에 살고 있다고 생각하는 사람들은, 자신들은 다른 사람들에게 해야 할 사회적 임무를 수행하는 것 외에는 다른 사람을 전혀 해치는 일이 없이 공정하고, 바르게 살고 있다고 말하였습니다. 그들 중의 어떤 자들은 자신

들의 모자 위에 있는 뚜렷한 작은 불꽃에 의하여 역시 분별되었습니다. 이러한 것은, 자신들이 옳다는 것을 나타내려고 하는 것을, 또는 자신들의 정당함을 나타내려고 하는 것을 뜻합니다.

850. 더욱이 그 도시의 많은 건물들에 대한 수많은 다종다양(多種多樣)은 그들에게는 많은 것을 알고 있다는 것을 표징합니다. 다시 말하면 아래에는 주랑(柱廊)들이 있고, 또 긴 현관 홀들이 있고, 또 주랑들로 이루어진 안마당(court)들이 있었습니다. 이 안마당은 매우 장엄하였는데, 그 이유는 다른 쪽의 안마당에 대하여 막힘이 없이 계속해서 이어져 있기 때문입니다. 따라서 그 다종다양은 각자의 망상에 따라서 무엇이라고 헤아릴 수 없었습니다.

851. 비록 어떤 때는 그것들이 자신들에게는 함께 있는 것 같이 보이지만, 그 도시는 각자 각자에게는 꼭 같은 모습으로 나타나 보이지 않고, 오히려 각자의 망상에 따라서 동일하게 보입니다. 다시 말하면 자기 자신의 옳음(義·righteousness)이나 그것에서 비롯된 공로(功勞)의 망상에 따라서 보입니다. 누구나 다른 사람이 가지고 있는 그 도시의 환상이나, 표징을 볼 수 없기 때문에 그 차이는 분별할 수 없습니다. 그러나 그 도시에 관해서 언급한 일반적인 내용들은 이렇습니다. 그 도시의 다종다양은 개별적인 것과 꼭 같이 일반적인 것들에서도 서로 관계를 가지고 있기 때문에, 그것들은 쉽게 표현할 수 없습니다. 개략적인 것들은 겉으로나 속으로 계속되고 있다는 연속(連續)이고, 또한 건물들의 높이라고 밖에 기술할 수 없겠습니다.

852. 이 도시는 정말 "게헨나의 심판"(the Judgment of Gehenna)인 것 같았습니다. 왜냐하면 거기에 있는 자들은 모두가 자신들의 의(義)로부터 살기를 갈망하기 때문입니다. 따라서 자신들에게는 자신들의 망상(妄想)에 따라서 자신들의 생애를 보내지 않았고, 또 바르게 행동하지 않은 자들은 모두 자신들이 게헨나에 보내는 영벌을 단죄(斷罪)할 수 있다고 여기기 때문입니다. 이상에서 그들의 속마음

의 성품을 잘 알 수 있겠습니다. 다시 말하면 그들 자신의 망상에서 부터 잘 알 수 있는데, 그것은 참된 믿음(a true faith)에서가 아니고 자신들은 가장 올바르다고 스스로 생각하기 때문입니다. 따라서 이 도시를 "게헨나의 심판"(the Judgment of Gehenna)라고 부릅니다. 1748년 2월 18일

게헨나 앞에 있는 도시에 관하여, 그리고 거기에서 비롯된 게헨나의 실상(實相)에 관하여

853. 그 도시는 약간 높은 곳에 있지만 게헨나와 거의 같은 국면에 있습니다. 그러므로 그 도시에서 게헨나를 향해 뻗어 있는 다리 하나가 내게 보여졌습니다. 이 다리는 그들의 방들의 색깔과 꼭 같았습니다. 다시 말하면 회색이었습니다. 그 다리의 양쪽에는 고대(高臺)가 있어서, 안전하게 그 다리를 건널 수 있었습니다. 그 다리는 아주 아름다웠습니다. 그 도시의 한쪽에서 나는 검은 색의 영을 보았는데, 일러진 것은, 그는 어느 누구가 그 다리를 건너는 것을 막기 위해 거기에 있다는 것이었습니다. 왜냐하면 그들은 검은 색의 것을 싫어하였고, 그리고 그것에서 도망하여 피하기 때문입니다. 그러나 일반적인 색깔인 회색, 다시 말하면 흰색과 검정색을 섞어서 만드는 회색은, 통상 그들이 자신들의 방의 천정에 칠을 하는 색깔인데, 이 색깔은 자아에서 비롯된 의(義·稱義·justification from self)를 뜻하고, 흰색은 정의의 색이기 때문입니다. 비록 회색이 그들의 흰색에 있기는 하지만 그들이 피하는 것은 검은색입니다. 왜냐하면 그들은 의롭다고, 아니, 경건하다고 생각하기 때문입니다. 그러므로 그들의 망상으로부터 그들은 다른 자들을 정죄합니다. 그리고 이런 식으로 그들은 다른 사람들의 삶이나, 믿음을 평가하고, 검사합니다. 사실 이런 부류의 자들은, 그들 자신이 하는 짓과 꼭 같이, 믿지 않는 것은 물론, 생각하지도 않고, 실천하지도 않는 자 모두를 게헨나에 가도록 정죄하는 이단사설(異端邪說)을 주장하는 무리입니다.

854. 이런 성품의 사람들이 거기에 살고 있습니다. 그들을 다른 방으로 보내는(847항 참조), 검은 큰 떼들(black clouds)은 그들이 계속해서 잃어버리는 망상들을 가리키는데, 이 잃어버림이 그 어떤 것의 박탈(剝奪)입니다. 이 박탈은 장기간 지속됩니다. 만약에 공포심을 불러일으키는 그 어떤 흔들림이 아주 무섭게 밀려오지 않는다면, 따라서 그들이 유사한 망상에 되돌려지는 일이 없다면, 또는 그들이 매우 심하게 겁을 먹거나, 또는 이런 식으로 박탈당하는 일이 없다면, 이와 같은 박탈의 상태는 오랜 동안 계속될 것입니다. 이런 일이 거기에 있는 평온의 상태라고 생각하고 그리고 그와 같은 관행(慣行)들을 좋아하는 자들은 매우 느리게 그 흔들림의 과정을 겪습니다.

855. 위에서 언급한(853항 참조) 다리의 다른 한쪽에서 불꽃이 보였는데, 그것은 대형화재에서 비롯된 것과 같은 하늘을 덮는 그런 불꽃이었습니다. 그 다리의 다른 쪽에서는 아주 멀리 떨어진 거리는 아니었습니다. 거기에 게헨나가 있다고 일러졌습니다.

정동들의 측면에서 사람 안에 있는 상태(場·plane)에 관하여

856. 사람 안에는 어떤 상태(場·plane)가 있습니다. 말하자면 그것은 관능적인 것이나 세상적인 것들에 의하여 생겨나는 외면적인 경결(硬結·callosity) 아래에 있는 부드러운 살갗을 가리킵니다. 이 덧붙여진 외면적인 것이 제거되면, 밑에 있는 국면, 즉 살갗은 눈에 보이게 드러납니다. 무슨 방법으로 이 외면적인 것이 제거되는지는 나는 충분하게 설명할 수는 없지만, 그러나 그것이 없어지게 되면, 이른바 둥근 부드러운 살갗(soft round body) 즉 두뇌가 나타나게 됩니다. 그 뒤 사람이 그것으로 말미암아 활동하게 되면, 그는 그의 내면적인 성질에 따라서 행동하고, 이것으로부터 그는 그의 외면적인 것들을 다스립니다. 그러나 외면적인 것들은 개별적인 것들의 집합체이기 때문에, 자기 자신의 행동들이나 삶에 관해서 계속적인 반

성(反省)이 없다면, 외면적인 것들은 내면적인 부드러운 몸(the interior soft body)에 의하여 다스려질 수 없고, 그리고 빛을 발할 수도 없습니다. 여기서 알 수 있는 것은 영특한 사람들(prudent men)은 사람의 성품을 판단할 수 있다는 것입니다. 그러나 내가 의심할 수 밖에 없는 것은 이 밑에는 보다 더 부드러운 유사한 몸이 있다는 것입니다. 그 이유는 거기에는 오직 주님만이 아시는 주님에 의하여 저장된 남은것들(=남은그루터기·the remains)이 있기 때문입니다. 1748년 2월 18일

우주의 창조자이신 한 분 하나님을 고백하는 영들에 관하여

857. 어떤 영이 대담하게 확신을 가지고 나타났습니다. 그리고 우리가 주님에 관해서 다른 사람들과 대화를 가지고 있을 때, 그는, 우리들이 대화하고 있는 주님이 어떤 분이신지를 물었습니다. 그는 너무나도 확신을 가지고 물었기 때문에 처음에는 나는 그가 주님을 믿는다는 것 이외에 다른 것을 의심할 수 없었습니다. 나는, 그분이 예수 그리스도이시다고 대답하였습니다. 그는, 그분이 어떤 분이신지 알지 못한다는 것과, 그리고 그분에 관해서 아무것도 듣지 못하였다는 것을 말하였습니다. 그러나 그는 우주의 창조자 한 분 하나님을 믿는다는 것도 말하였습니다. 그 때 내가 그에게 원한 것은 그가 어디에서 왔는지, 그리고 그가 이 지구의 어느 주민, 즉 인도, 일본, 아프리카나 그 밖의 다른 곳에서 왔는지 알려달라는 것이었습니다. 그러나 나는 이런 내용을 찾아낼 수가 없었습니다. 이런 이유 때문에 나는 이런 질문들에 대하여 아무런 대답을 줄 수가 없었습니다. 왜냐하면 영들은, 자신들의 생애 동안 자신들의 믿음의 측면에서 여러 여건들에 따라서 반드시 알려지기 때문입니다. 그러므로 그는 자기 스스로 더 멀리 떨어졌고, 그리고 그는, 우주의 창조자 이외에 누구가 주님인지를 다른 자들에 의하여 알려지는 것을 원한다고 대답하였습니다. 나는 그와 여전히 말할 수 있기 때문에, 나는

참된 믿음(true faith)이 없으면 누구도 구원받을 수 없다는 것을 말하였습니다. 그 때 그는, 믿음이 무엇인지에 관해서, 결과적으로 사람이 믿음에 의해서 어떻게 구원받을 수 있는지, 확신을 가지고 물었습니다. 종국에 그에게 일러진 것은, 아들(聖子·the Son)을 믿지 않는 사람은 우주의 창조자 한 분 하나님을 믿을 수 없다는 것입니다. 그 이유는 천지(天地)를 다스리는 모든 권한이 그 아들에게 주어졌기 때문이다(마태 28 : 18)는 것도 일러졌습니다. 결국 그는 하나님의 아들(the Son of God)이 뜻하는 것이 무엇인지, 또는 이런 존재가 있다는 사실에 관해서도 알려고 하지 않았습니다. 그 이유는 그는 그것을 이해할 수 없었고, 그리고 어느 누구도 하나님의 아들이다는 것을 결코 이해할 수가 없었기 때문입니다. 그러므로 그 때 내가 대답한 내용은, 믿음에 속한 그러한 일들은 비록 우리들이 그것들을 이해하지 못하는 것이라고 해도 믿어야만 하는 그들에게는 알 수 없는 비의(秘義·arcana)라는 것과, 만약에 우리가 그 아들(the Son)을 믿지 않으면, 지옥에 떨어지는 영벌(마가 16 : 16)을 결코 면할 수 없다는 것 등이었습니다. 그러나 그는, 자신은 그것을 이해하지 못하며, 따라서 믿지 않는다는 것을 주장하였습니다. 그러는 사이에, 내가 안 것은 거기에 악령들의 패거리가 있다는 것과, 그는 그 패거리를 영매(靈媒·subject)로서 섬긴다는 것이었고, 그리고 그가 파견된 것은 그가 이런 일들을 거짓으로 꾸미기 위한 것이라는 것도 알게 되었습니다. 그럼에도 불구하고 그 때 그는 모든 사실을 잘 알았습니다. 동시에 잘 안 것은, 이런 부류의 영들, 즉 이 무리들은 일반적으로 이와 동일한 믿음을 통상적으로 불어넣는다는 것이었습니다. 그것은 마치 꼭같은 견해, 즉 거짓으로 가득 채워진 전 영기(靈氣·the whole sphere)와 같았습니다.

858. 그러므로 어느 누구가 이해하지 못하는 것을 믿는다는 것을 믿을 수 없다고 확신을 가지고 말하였기 때문에, 나는, 비록 우선 그가 이해하든 이해하지 못하든, 그가 믿을 것이라고 여기는 지극히

세상적이고, 관능적인 그런 것들을 그에게 제시(提示)하기로 생각하였습니다.

859. 그는, 지구의 정반대 쪽에 있는 사람들이, 우리의 처지에서 보면, 그 때 그들의 머리는 아래로 향해 있을 것인데, 어떻게 걸을 수 있다고 이해하는지 그에게 제시하기로 생각하였습니다. 왜냐하면 이와 같은 상황은, 영적으로 사람이 지구의 반대 영역에 놓일 수 있는지를 나타내기 때문입니다. 이것은 그가 영매(靈媒)로 섬기는 영들에게 이른바 반감(反感)을 자아내는 것이고, 그리고 그들은 그것을 알지 못하기 때문에, 그들은 갑자기 사라졌는데, 이와 같은 일은 종종 일어납니다. 그 때 그는 그것이 그러하다는 것을 부인하였지만, 그러나 나는 그 이상 참된 것은 아무것도 없다는 것을 그가 깨닫게 하였습니다. 왜냐하면 모든 경험은 그것을 입증하고, 그리고 명료하게 보여주고 있기 때문입니다. 그리고 또한 비록 그것이 참된 것이지만, 그가 그것을 깨닫지 못한다는 것과, 따라서 여러 방법들을 통하여 그가 그것을 믿어야만 한다는 것을 고백하여야 한다는 것에 관해서 사실이다는 것을 입증하고 보여 주기 때문입니다.

860. 그 뒤, 나는 그대가 옷 입혀졌던 하나의 사람이고, 또 지구에 있는 사람과 같은 사람이다는 것을 왜 생각하지 않는지를 그에게 말하였습니다. 그는 그가 가지고 있다고 생각하는 옷처럼 보이는 것을 만지었습니다. 그는, 그가 지니고 있다고 생각하는 손들을 만지었습니다. 그래서 나는 그에게 그가 있는 곳이 어디냐고 물었습니다. 그리고 그가 발들을 가지고 있는지도 물었습니다. 그는 그가 그런 것들을 가지고 있다고 말하였습니다. 나는 또한 그가 서 있는 땅이 어떤 땅인지를 물었습니다. 즉 그 땅이 이 지구 위에 있는 어떤 영역에 있는 것이 아니냐고 물었습니다. 그는 그것이 사실이다고 시인하였습니다. 그러므로 나는 그의 지각에, 이런 모든 것들이 그가 하나의 영이기 때문에, 감관에 속한 오류들이거나, 그리고 하나의 망상에 속한 오류들이 아닌지를 생각나게 하였습니다. 그가 이와 같

이 납득되었을 때 그는 도망치려고 하였습니다. 그리고 그는, 다른 자들에 의하여 그와 같이 행동하도록 설득되었다고 말하였습니다. 따라서 그가 깨달은 것은, 그들이나, 그리고 그와 같은 수천의 것들은 모두 거짓이고, 그리고 단순한 감관에 속한 미망들에 지나지 않는다는 것이었습니다. 그러므로 우리가 만약에 우리가 이해하는 것만을 오직 믿는다면, 그 때 우리는 거짓된 것들만을 믿는다는 것도 깨달았습니다. 이것은 단순한 세상적인 것들이나, 관능적인 것들에 관한 경우이기 때문에, 그 때, 영적인 것들이나 천적인 것들은 멀리 떨어져 있고, 그리고 온갖 감관들에서 아주 멀리 떨어져 있기 때문에, 그 사람이 그것들에 관해서 이해하지 못한다는 것을 믿을 수 없다고 그가 어떻게 말할 수 있습니까? 그리고 만약에 어느 누구가 참된 이런 것들을 믿지 않는다면, 그리고 진리에 속한 길에 있으려고 하지 않는다면, 그 사람은 결코 천계에 들어갈 수 없습니다. 1748년 2월 18일

861. 그러므로 사람의 이해는 육체적인 감관들에서 야기된 온갖 미망들이나 오류들로 가득 찼기 때문에, 따라서 그 이해는 단순한 오류들에 의하여 형성되었고, 따라서 온갖 미망들이나 오류 속에 빠져 있기 때문에, 결과적으로 거기에는 흑암 외에는 아무것도 존재하지 않기 때문에, 아주 놀라운 사실은, 건전한 마음(sound mind)을 지닌 어느 누구가 올바른 생각을 하려고 할 때, 그가 그것을 깨닫지 못하였다면, 믿음에 속한 것들이나, 빛에 속한 것들, 또는 천계에 속한 것들, 심지어 신령한 것들에 관해서 그가 전혀 믿을 수 없다는 것을 견지(堅持)하고, 주장한다는 것입니다.

가피(假皮 · callus)나 그것을 형성하는 관능적이고, 세상적인 것들에 관하여

862. 놀라운 것은, 관능적인 것이나 세상적인 것들로 구성된 하나의 뭉치(mass)가 굳은 겉껍질(a hard callus)이나, 외적인 껍질(外皮 ·

crust)을 나타낸다는 것입니다. 굳은 겉껍질(外皮・假皮・callus)은 어떤 경우에는, 아주 조잡하고, 딱딱하게 보이지만, 어떤 경우에는 눈에 보이지는 않지만, 그럼에도 불구하고 그것은 존재한다는 것입니다. 이와 같은 겉껍질(外皮・假皮・callus)은 온갖 감관들에 속한 오류나 미망의 덩어리(mass)입니다. 결과적으로 거짓들의 뭉치입니다. 그것들은 자아애나 세간애에 의하여 서로 단단히 결속(結束)되어 있습니다. 사실 그것은 반드시 부드러워야만 하지만, 그러나 부서져서는 안 됩니다. 왜냐하면 그것은 내면적인 것들로부터 자신의 뿌리들을 가지고 있기 때문입니다. 그리고 그것의 내면적인 것들은 보다 더 내면적인 것들에서 경결(硬結・callosity・겉껍데기)을 취하기 때문입니다. 이 겉껍질(callus)이 제거되어야 할 것을 드러낼 때, 그것은 마치 하나의 영적인 표징에 의하여 영들의 영기 안에 있는 것 같이 나타나는데, 그것은 그 때 눈에 보이는 것 아래에 있는 수질부(髓質部)의 몸체(a medullary body)입니다. 사람 안에 있는 대부분의 굳은 겉껍질(外皮)은 딱딱한 두개골이 뜻하고, 그리고 내면적인 것들은 두뇌의 골수(骨髓)가 뜻합니다.

863. 이 겉껍질 안에 두루 산재(散在)해 있는 것은 하나의 뿌리로서 수질부(髓質部)에서 나온 진리들이나 선들이고, 그리고 그것들이 활착되어 있습니다. 나에게 알려진 것은, 겉껍질을 통해서 산재된 이와 같은 진리들이나 선들은 멀리 옮기워지지만, 그러나 그것들은 내면적인 것들을 향하여 스스로 파고든다는 것이었습니다. 게다가 이런 식으로 선들이나 진리들에서 멀리 옮기워진 영들은 울부짖으면서, 그들은 지금은 아무것도 믿지 않는다는 것, 다시 말하면, 천계나 하나님이 있다는 것이나, 또는 영적인 것들이나 천적인 것들을 믿지 않는다고 말하였고, 그리고 또한 그들에게 그것들은 무가치한 것이고, 또한 무의미한 것처럼 보인다고 말하였습니다. 그럼에도 불구하고 믿음 안에 있었던 사람들, 또는 이런 선들이나 진리들이 제거되기 전에, 믿음 안에 있던 사람들 몇몇은 그와 같이 되었습니다.

864. 따라서 밝히 알 수 있는 것은, 주님께서 이 세상에 있는 사람들에게서 산재해 있는 선들이나 진리들을 제거하는 것을 허락하신다는 것입니다. 다시 말하면, 주님께서는 내면적인 것들을 향해 스스로 파고드는 것을 허락하신다는 것입니다. 그리고 수많은 이유들 때문에 이런 사실은 그분의 말씀(His Word)에 언급되었습니다. 그러나 이와 같은 선들이나 진리들이 회복되자, 즉시 그들은 믿음에 속한 자신들의 종전의 상태로 되돌아갔습니다. 1748년 2월 18일

865. 사람들이 음흉한 술책으로 자신들의 이웃을 속이려고 할 때와 같이, 속임수(詐欺)의 것들이 뒤섞여 있는 겉껍질들은 쉽게 부드럽게 될 수도 없고, 말랑말랑해 질 수도 없습니다. 그러므로 앞에서 그것에 관하여 언급하였듯이(404·515항 참조), 이와 같은 일은 정반대되는 것들에 의한 찢어지는 형벌(punishment of being apart)의 수단들을 통하여 이루어집니다. 따라서 그 영은 대립되는 두 작용이나, 힘 사이에 놓이게 되고, 그리고 그는 여기에서 빠져나갈 수 없습니다. 따라서 그는, 극심한 고통 때문에 갈기갈기 찢어집니다. 이와 유사한 일이 이런 사람들, 특히 장사꾼들에게서 일어납니다. 다시 말하면 법률이나, 소득, 또는 이와 비슷한 수많은 것들에 의하여 제지(制止)되지 않는다면, 그들이 할 수만 있다면, 양심도 없이 사기에 의하여 자신들의 이웃의 재물을 탈취(奪取)하기를 갈망하는 자들에게 일어납니다. 그들은 또한, 그들이 그런 짓거리에 의하여 양심에 속한 일들을 해친다고 전혀 생각하지 않습니다. 그리고 또한, 그들이 실제로 그런 짓을 했는지 안 했는지, 또는 그렇게 하기를 원했든지, 원하지 않았든지 관계없이 단지 장소와 경우가 그것을 행동에 옮기는 것을 억제하는 유사한 "마음"도 있습니다. 1748년 2월 18일

철학적인 문제가 사람의 마음을 제약(制約)하기 때문에, 결국 아무것도 인식할 수 없다는 것에 관하여

866. 지금부터 수 천 년 전, 그들의 초창기에서부터, 철학적인 문

제들(philosophical matters)은 오직 용어들(用語·terms)이나 삼단논법(三段論法·syllogisms)에 존재하였습니다. 그리고 철학자들은 오직 용어들만을 동경(憧憬)하였습니다. 예컨대 "형태"(形態·form)가 무엇인가, "우유성"(偶有性·accident)은 무엇인가, 그리고 "양태"(樣態·mode)들은 무엇인가 등등만을 동경하였기 때문에, 얻어진 결론은, 빛이 없기 때문에, 그 어떤 생명도 없는 그저 단순한 관념들(ideas) 안에 마음이 종결하는 것뿐이었습니다. 이런 식으로 그들은 마음에 속한 보편적인 것들을 자극하였고, 그리고 그들은 속에 전혀 생명이 없는 것들에 집중하였습니다. 그러므로 그들은 오직 물질적인 것들 속에 빠져 있었습니다. 결과적으로 그들은, 빛이 그것을 전혀 관통할 수 없는, 아주 굳은 겉껍데기(外皮·callus)를 형성하였습니다. 왜냐하면 그들은 합리적인 것들에 그것들을 적용하지 않고, 그들이 적용한 것들은 매우 단순한 용어들이었기 때문입니다. 만약에 그들이 이런 것들로 인하여 서로 의견이 맞지 않아서 다투게 되면, 그들은 언어의 낱말들에 의한 어떤 뜻을 표현하는 것이 목적이 아니고, 오직 말을 위한 말을 하는 것이 목적이기 때문에, 언어에 속한 낱말들을 배우는 사람에 불과하였습니다. 이와 같은 것은 삼단논법적인 철학과 꼭 같아서 그것은, 빛을 위해서 어떤 틈새(opening)도 존재하지 않을 정도로, 마음의 생각들을 제한하였습니다. 그러므로 이런 점에서 현명한 사람들도, 군중 가운데서 가장 현명하지 못한 사람이나, 시골뜨기들에 비하여 영적인 것들이나, 천적인 것들에 관해서 더 맹목적이고, 보다 더 우둔하였습니다. 1748년 2월 18일

높은 자리에 있기를 갈망하는 영들의 고통에 관하여
867. 이리 저리를 떠돌아다니고, 가끔 같은 장소들에 오기도 하는 영들, 또는 영들의 무리들이 있었습니다. 영혼들이나 영들은 그들을 대단히 무서워하였습니다. 왜냐하면 그들은 그들에게 모종(某種)의 고문으로 고통을 주기 때문입니다. 그런 뒤 내가 알게 된 것은, 이

영들은 일반적으로 방광(膀胱)의 밑부분이나 윗부분, 다시 말하면 방광에 들어오는 부위를 가리키는 부분을 표의하는 영들이다는 것입니다. 예를 들면 배꼽에서부터 뻗어서 괄약근(括約筋) 쪽으로 집중하는 배꼽의 인대들(靭帶), 근육들이나 신경들(神經)을 표의합니다. 그러므로 그들은 오늘 나와 같이 있는 영들과 꼭 같은 영들인데, 그들은 방광의 경부(脛部)의 괄약근이나 또는 요도(尿道)의 입구 부위와 관련되어 있습니다. 왜냐하면 그들이 주는 고통은 괄약근을 뒤트는 것과 같은 것이고, 그리고 이와 같은 뒤틀림은 요도(尿道)의 시작에서부터 끝까지 계속해서 일어나고 있기 때문입니다.

868. 영들의 무리가 가끔 되돌아옵니다. 그 이유는 그들이, 수시로 정해진 때에 맞추어서 괄약근이 작동하여야만 하는 것을 표의하기 때문입니다. 그리고 배설되고, 버려져야 할 것들이 모두 모아질 때까지 그러는 사이에 그 통증은 잠잠해지기 때문입니다. 거짓들에 관계되는 이런 것들에 관련되어 있는 영들, 또는 영혼들의 영기는 비슷합니다.

869. 이런 영들의 무리들이 오게 되면, 그들은 등의 낮은 부위인 꼬리(the *cauda equina*) 영역에 자신들을 밀착시킵니다. 그들의 존재는 그들의 활동에서 알려집니다. 그들은 달리는 나타나지 않습니다.

870. 그들의 뒤틀림이나 활동하는 모양은 매우 날렵하였는데, 어느 누구도 확인할 수 없을 정도로 여기저기를 매우 신속하게 움직였습니다. 이와 같은 움직임은 소리를 수반하였습니다. 그들은 자신들의 조이고, 그리고 푸는 운동을 이마 위에까지 영향을 끼치었습니다. 그들의 활동작용은 위쪽이 뽀족한 원추(圓錐)와 같이 보였습니다. 어느 누구나 이 원추 안에 들어오게 되면, 특히 원추의 꼭지점에 있게 되면, 그는 비참하게 압박을 받습니다. 그는 그의 모든 관절부위에서 뒤틀려지는데, 따라서 그와 같은 고통을 받는 영들 가운데에는 모든 것의 상호적인 일그러진 상태 이외에는 아무것도 없습니다. 이와 같은 고통이, 특히 머리 밑의 팔의 관절에 생기는 뒤틀

림의 고통이 내게 지각되었습니다. 상호적인 뒤틀림은 잔인하게 보였는데, 그리고 그 영들이 내게 한 말은, 그 잔인함은 어느 누구가 상상할 수 있는 것보다 무척 잔인하다는 것이었습니다. 어떤 영이 이런 식으로 뒤틀림을 당하였을 때, 배설하여야만 하는 오줌에 속한 것들을 가지고 있는 거기에 있는 수많은 그 밖의 다른 영들도 꼭 같은 고통 가운데 있었습니다. 그것은 온갖 물질세계에서 그것에 대응하는 온갖 거짓들의 망상입니다. 그러나 그들은 머리의 영역은 뒤틀지 않았는데, 그 이유는 거기에는 온갖 탐욕들의 경결(硬結)들이 있기 때문입니다. 이에 반하여 팔들·가슴 또는 흉부(胸部)의 관절들은 추론(推論)들에서 비롯된 망상들을 표징하는데, 그 미망들은 영적인 것들에 관계를 가지고 있고, 또 영적인 부류에 속해 있습니다. 이와 같은 관계는 협력하고 있는 모든 자들에게서도 꼭 같습니다. 왜냐하면, 내가 몹시 화가 난 일이기도 한데, 그 위에서부터 협력하는 자들이 거기에 있었기 때문입니다. 그러므로 신장(腎臟)들이나 요관들(尿管)의 영역을 구성하는 무리들은, 그들이 방광에 삽입(揷入)되어 협력하기 때문에, 거기에 보내집니다. 역시 그들은, 양쪽에 삽입되는 요도들이 하는 것과 같이, 위부분에 서 있었습니다. 그 이유는 괄약근을 작동하고, 또 표의하는 이들은 아래에 있었기 때문입니다. 그들은, 정신적인 고통과 같이 받는 그 고통은 매우 심하다고 말하였습니다.

871. 온갖 망상들이나, 추론의 망상으로 인하여, 높은 곳에 있기를 열망하고, 따라서 자신들이 다른 사람에 비하여 뛰어나다고 생각하는 자들은 원추의 꼭지점에 삽입됩니다. 이와 같은 사실은, 고통이나 고문 따위가 주어지는 곳에서는 확실하게 입증됩니다. 1748년 2월 19일

거의 왼쪽 발 밑에 있는 자들도 그와 동일한 고통을 받기를 스스로 원합니다. 그들은, 그 어떤 고통스러운 것을 느껴 본 적도 없고, 거기에 그런 것들이 있을 수 있다는 것도 결코 믿지 않는다는 것을

말하였습니다. 1748년 9월 11일*

천계에 오르기를 매우 강렬하게 갈망하는 영들에 관하여

872. 어떤 목성(木星)의 영이 내게 다가와서, 그가 천계에 들어갈 수 있도록, 자신을 위하여 내가 중재(仲裁)하여 주기를 나에게 급하게 요청하였습니다. 그는 자신의 상태를 설명하였는데, 그는 말하기를, 그는 자신이 악한 행동을 하였다는 것을 기억하지 못한다는 것과, 그리고 어느 지역의 주민들을, 후에 가르치기 위하여 위협하였다는 것이었습니다. 그는 왼쪽 발 밑에 있는 자들 중의 하나였고, 그리고 마치 혀가 갈라진 것처럼 말하는 자들 중의 하나였습니다. 이들에 관해서는 위에서 읽을 수 있습니다(570항 참조).

873. 그는 역시 동정(同情·pity)을 일으킬 수 있었습니다. 그래서 나는 내가 그 어떤 일을 할 수 없다는 것 이외의 다른 답을 할 수가 없었습니다. 그리고 만약에 그가 자격이 있다면, 자격을 갖춘 사람들과 꼭 같이, 천계에 오른다는 것을 희망할 수 있다는 것을 대답하였습니다. 그러나 그는, 그 지구의 선한 영들의 무리에 되돌려 보내졌습니다. 뒤에 그들은, 그가 자신들의 무리에 있을 수 있는 그런 성품이 아니었다고, 말하였습니다.

874. 그는 자신의 매우 극렬한 열망을 가지고 다시 나를 찾아왔습니다. 그리고 그는, 그가 천계에 오르기를 매우 갈망한다는 것과 그 일이 거부되는 것을 정말로 원하지 않는다는 것을 역설하였습니다. 내가 그의 이런 말을 듣고 있을 때, 그는 이 지구의 선한 영들의 무리에 영접되었지만, 그러나 그들은, 그가 자신들의 무리에 결코 있을 수 없다는 사실을 천명(闡明)하였습니다. 그는 자기 자신의 지구의 영들에 의하여, 그가 육신을 입고 살 때에 굴뚝을 청소하는 일을

---

* 날짜에서 알 수 있듯이 몇 개월 뒤 저자는 색인을 만들 때, 이 단원을 앞서의 항수에 삽입한다는 '하단 각주'를 부가하였다. (역자 주)

하였다는 뜻으로, "굴뚝 청소부"(chimney sweep)라고 불리웠습니다. 따라서 비록 그가 자신을 갈색이라고 말하였지만, 그는 검정색이었습니다.

875. 이상에서 내가 얻을 수 있는 결론은, 이런 부류의 자들이 정액의 소포(精液 小胞・the vesiculae seminales)의 영역을 형성하는 자들인데, 그 소포에는 좋은 정자(精子・the good seed)가 혈청과 같이 수집되고, 방사(房事・射精・emission)에 적합하도록 혈청과 더불어 뒤섞입니다. 그리고 그 뒤 자궁의 통로(neck of the womb)에서 용해(溶解)됩니다. 왜냐하면 생식기들(seminal vessels), 즉 소포들은 이와 같은 물질을 저장하기 때문입니다. 천계에 대한 그의 열망이 나타난 것은, 그가 중생(重生)을, 또는 새로 태어나기 위하여 자궁에 들어가는 것을 열망하였다는 것입니다. 비록 그가 외적인 형태 안에 있는 이와 같은 성품이라고 해도, 그럼에도 불구하고 속에서 비롯된 사실은, 그는 천계, 또는 새로 태어남(重生) 이외에는 아무것도 갈망하지 않는다는 것, 따라서 겉으로는 그것을 그리워한다는 것이었고, 그리고 그것으로 인하여 능히 동정심을 일으킬 수 있다는 것 등이었습니다. 역시 생식기 안에 있는 그런 작은 입자(粒子・particles)에는 이런 부류의 바람이나 갈망 따위가 내재해 있습니다.

876. 그의 기능(機能・function)도 동일한 것을 뜻합니다. 다시 말하면 그는 어느 정도까지는 위협하는 일을 나타냅니다. 왜냐하면 이런 일이 바로 이런 부류의 영들의 임무이기 때문입니다. 그러나 다른 영들은 그렇게 심하지는 않습니다. 그 뒤 한번은 삶을 어떻게 교정하는지를 가르친 적이 있습니다. 따라서 사람이 진리들 안에 있고, 그리고 그 진리에 속한 지식들과 조화를 이루기 위하여 어떻게 겉으로 준비해야 하는지를 가르친 적이 있습니다. 만약에 그가 천계에 관하여 가르치는 것이 허락된다면, 그리고 그는 그와 같은 일을 하는 것을 갈망할 것이지만, 그러나 그가 아직까지 이런 부류의 영들 가운데 있고, 그리고 그의 외적인 모양 역시 그러하기 때문에, 그에

게 그와 같은 일은 허락되지 않습니다.

877. 앞에서 기술한(862-865항 참조) 가피(假皮·硬結·callus)와 같은 것이 벗겨진 뒤, 오직 주님께서만 준비하시는 새로운 사람, 즉 내면적인 사람은 나타납니다. 이와 같은 일은 이 세상에서 림프(lymphs)로 변형하는 작은 벌레들에 의하여 표현됩니다. 그리고 그 벌레는 날개들을 얻으면 즉시 자신들의 하늘이나 기쁨 속을 훨훨 날아다닙니다. 다시 말하면 공중으로 비상(飛翔)합니다. 그것들은 자신들에게 적합한 천계적인 것들을 취하고, 또 그것들은 자신들에 가장 즐거운 것들을 즐깁니다. 그것들은 자신의 알들을 낳고, 자신이 좋아하는 꽃에서 달콤한 먹거리를 취합니다. 그 밖에 우리에게 알려지지 않는 그들의 다른 상태들은 언급하지 않겠습니다. 1748년 2월 19일

여성(女性)에 속한 선한 영들의 방들에 관하여

878. 여성의 영들의 방이 내게 보여졌습니다. 그 방들은 그들을 위해서 만들어졌는데, 그들은, 지상에서 사람들이 자신들을 보는 것과 같이, 명확하게 그것들을 봅니다. 거기에는 그 방들에 들어가는 긴 입구들이 있습니다. 그들은, 다른 사람들이 볼 수 없게 하기 위하여, 입구의 양쪽에 앉아 있습니다. 그 벽들은 여러 종류의 것들로 엮어진 매우 다양한 것으로, 그리고 유사한 아름다운 것들로 꾸며졌습니다. 그것은 벽을 따라서 길게 뻗어나갔습니다. 그러나 나는 그것의 다양함을 기술할 수 없습니다. 왜냐하면 그것들은 헤아릴 수 없이 많고, 그리고 어떤 것은 보다 밝게, 어떤 것은 덜 밝게 서로 번갈아 이어졌으며, 그것들에서 비롯된 다양한 색깔들이나 멋진 즐거움으로 만들어졌기 때문입니다.

879. 그 방은 때로는 우리의 한낮의 빛을 받은 방들 보다 더 밝았습니다. 그러나 때로는 더 어둡기도 하였는데, 그와 같은 변화는 서로 계속되었습니다. 이와 같은 상상적인 그림들이 사라지면, 그 때 벽면에 나타나는 것은 창문을 나타내는 점점 더 크게 확대되는 그

런 것이었는데, 그러나 그 때 어두컴컴하여서, 빛은 결코 들어오지 않았습니다. 그 색깔들은 대부분 어두웠습니다. 얼마 지나지 않아서 천계에 속한 어떤 것이 일종의 구름과 같이 그들에게 나타났고, 그리고 조금 떨어져서는 작은 별들이 나타났습니다. 이런 식으로 그들의 방들은 더욱 즐거운 그런 것들로 바뀌었습니다.

880. 여기에 한동안 있었던 처녀 영들은 자신들의 방들에 되돌아가기를 열망하였는데, 그들은, 거기에 최대의 환희(歡喜)가 있다고 말하였습니다. 그 이유는 이와 같은 변화 이외의 다른 것으로 안다는 것은 그들에게는 불가능하기 때문입니다. 그들은 지금 확신을 가지고 그것이 사실이라고 말하였는데, 나 역시 긍정합니다. 그러나 그것들이 표현한 상상적인 것은 매우 생동감이 있다는 뜻에서 긍정하는 것입니다. 왜냐하면 내 눈이 감겨 있을 때 유사한 일들이 수도 없이 여러 번 그것들의 빛 가운데서, 그것도 한낮에서와 같이, 내게 보여졌기 때문입니다. 그러므로 내게 친숙하지 않은 것은 아무것도 없었습니다. 이것은 정말로 진실 된 것입니다. 다시 말하면 내면적인 영기(靈氣) 안에 존재하는 것은 무엇이든 모두가, 그것들이 지극히 작은 점에서까지 다르지 않다면, 매우 크게 생동감을 나타낼 수 있다는 것입니다. 사실 많은 저술들이 내 눈 바로 앞에 있기 때문에, 나는, 마치 열려 있는 책에서 기록된 것들을 읽듯이, 읽을 수 있었습니다. 그리고 이와 같은 일은 내가 깨어 있는 상태에서 영들과 생생하게 대화를 한 것입니다. 1748년 2월 19일

나에게 보여진 맨 팔(a naked arm)에 관하여

881. 다시 팔 하나가 내게 보여졌는데, 그것은 맨 팔이었고, 앞으로 굽어 있었습니다. 그 때 나는 팔들(arms)이 힘(能力·strength)을 표의한다는 것을 알았습니다. 왜냐하면 이런 부류의 팔들은, 종전의 경우에서와 같이 내가 공포(恐怖)에 사로잡힌 때와 같이, 힘에 대한 두려움(the fear of power)이 그것들과 같이 전해지기 때문입니다. 만

약에 그것이 허락된다면, 그 팔의 힘은 살아 있는 사람의 뼈들을 부술 수 있을 것인데, 이와 같은 것이 사실이다는 것은 경험을 제외하면 어느 누구도 믿을 수 없을 것입니다. 이러한 사실에 관해서는 수많은 곳에서 읽을 수 있습니다.

882. 이 팔은 역시 열(熱·heat)을 발산하는 특성을 가지고 있었습니다. 말하자면 나는 그것을 느꼈고, 또 그것에 관해서 설명도 하였습니다. 1748년 2월 19일

천사들은 무한(無限)히, 또는 영원(永遠)히 보다 좋게 될 수 있지만, 그들은 결코 완전(完全)할 수 없다는 것에 관하여

883. 나는 내 주위에 있는 영들에게, 어느 누구도 불가능하지만, 오직 주님만이 완전하실 수 있다는 것을 말하였습니다. 천사들도 완전할 수 없습니다. 왜냐하면 천계도 주님의 안전(眼前)에서는 거룩하지 않기 때문입니다(욥기 15 : 15). 그럼에도 불구하고 천사들은 영원까지 계속해서 보다 더 선하고, 완전할 수 있지만, 그러나 그들은 그들 자신 안에서 계속적으로는 그들의 고유속성(固有屬性·自我·proprium)의 측면에서 결코 거룩할 수 없습니다. 이와 같은 일은 영적인 방법으로 그림 그려졌을 때 영들에게는 매우 낯설고, 이상하게 보이기 때문에, 따라서 그것은 자연 안에 있는 유사한 것들에 의하여 밝히 입증되고 있습니다. 다시 말하면, 그것들이 그와 같이 불려지고 있듯이, 무한(無限·infinity)에의 비슷함(近似·approximation)들에 의하여 입증되고 있습니다. 그럼에도 불구하고 그것은, 예컨대 쌍곡선(雙曲線·hyperbola)*의 점근성(漸近性·asymptote) 사이에서의 경우에서와 같이, 무한(無限)에 이르지 못합니다. 그러나 이러한 것들은, 그것들이 수많은 사람들에 의하여 납득되지 않기 때문에, 더 이상

---

* 저자가 기술한 낱말 parabola는 hyperbola로 보는 것이 옳겠다(섭리론 335항 참조). (역자 주)

설명하지 않고, 이 정도에서 간과(看過)할 수밖에 없겠습니다. 그리고 또한 보편적인 것들은 아주 쉽게 이해될 수 있습니다. 더욱이 주지하여야 할 것은, 천사적인 마음(=상태·minds)들은 믿음에 속한 것들, 따라서 반드시 먼저 형성되어야만 하는 것들의 수용(受容)에 대한 온갖 능력들이다는 것입니다. 결과적으로 천사적인 마음은 가장 일반적인 것들을 파악할 수 있는 온갖 능력들이다는 것입니다. 가장 지극히 작은 모든 대상물 안에 있는 무한한 개별적인 것들은 사실 사람의 마음들 안에, 가장 일반적인 것들의 측면에서, 각인(刻印)될 수 있지만, 완전(完全·perfection)의 측면에서는 결코 각인될 수 없습니다. 그 이유는 그들의 온갖 능력들은 유한(有限·finite)하기 때문입니다. 따라서 이른바 그들의 일반적인 것들에 관해서, 각인된 것들은, 주님에 의하여 그와 같이 이루어졌을 때, 천사들은 더욱 더 완전하게 되는 그런 것들입니다. 그리고 그것들이 각인될 수 있기 때문에, 따라서 천사는 그가 결코 완전한 상태에는 당도할 수 없지만, 결과적으로 그는 거룩함에는 이를 수 없지만, 영원까지 형성되고, 완성되어 집니다. 그러므로 천계는 주님 안전에서 결코 거룩할 수 없습니다. 1748년 2월 19일

천계를 갈망하는 영(靈)에 관하여

884. 앞에서 언급한(872항 참조), 천계를 매우 열심히 갈망하는 동일한 영(靈)이 다시 나에게 왔는데, 내가 생각했던 것과 같이, 그 영은 닳아서 헤어진 매우 남루한 옷을 입었습니다. 그는, 사실 자기는 천계에 들어가기를 갈망하였지만, 여전히 이른바, 징벌을 받고 있고, 그리고 징벌하기를 갈망하는 목성(木星)에 속한 영들의 무리 가운데 있다고 말하였습니다. 그는 지금, 그가 전에는 알지 못했던 새로운 행동, 다시 말하면 일종의 부드러운 맥박운동(脈搏運動)을 나에게 보여주었습니다. 그 운동은, 그와 비슷한 운동이 일어나고 있는 등 쪽 부위 주변인 궁둥이 쪽에서 일어났습니다. 그는, 마치 유연한 무릎

관절로 하듯이 움직였습니다. 그는, 자신은 이런 성품의 사람이라고 말하였습니다. 나는 그에게, 이와 같은 일은, 그가 곧 천계에 들어갈 것이다는 것을 가리키는 징후(徵候)이다고 말해 주었습니다. 왜냐하면 나는, 그가, 외피(外皮)들이나, 피막들(皮膜)이나, 덮개들로 옷 입혀진 생식의 알맹이들(生殖粒子)이 들어 있는 이 생식기관에 대응하는 성품이다는 것을 잘 알고 있기 때문입니다. 그 기관에서 그 입자들은 안전하게 머물러 있고, 그 뒤에는 안전하게 자궁에 옮겨지고, 내재된 영적인 알맹이들(粒子)이 난자(卵子) 속으로 침투하기까지 거기에서 서서히 분해 됩니다. 그의 새로운 의상(衣裳)은 그가 자신의 떠남(出發)을 위해 그 때 준비되었다는 것을 가리킵니다. 그의 행동은 그 순간이 임박했다는 것을 나타냅니다. 왜냐하면 생식의 알맹이들은, 때가 임박하면, 정액(精液)의 소포 안에서 활동하기 때문입니다. 그의 의상은 지금은 조잡(粗雜)합니다. 그가 자신의 의상을 벗고 그리고 천계에 들어가도 좋다는 것이 그에게 일러졌을 때, 그는, 그의 간절한 열망으로 인하여, 더 이상은 결코 빨리할 수 없을 만큼 아주 신속하게 자기 의상을 벗어버렸습니다. 그러나 이와 같은 일은, 저 세상에서 생식기관들에 관계되는 자들의 열망의 특성을 나에게 가르쳐 주고, 또 그것을 증명하기 위한 목적 때문입니다. 그러나 앞에서 언급하였듯이(873·874항 참조), 그 영은 그것을 받아들일 수 없었고, 따라서 그 영은 자신의 종전의 상태로 되돌아갔습니다. 그는 지금 종전보다 더 나쁘게(570항 참조) 여러 갈래로 갈라진 혀(a forked tongue)로 말하였습니다. 그리고 외적인 측면에서 더 악한 상태에 있기 때문에, 그는 종전에 있던 곳보다 더 아래의 영역에 있었습니다. 관능적인 것들에서부터 내면적인 것에, 그리고 계속해서 천계적인 것에 옮겨지기 위하여 거기에 온 자들은 그 뒤에 이런 식으로 등 쪽으로 옮겨지고, 그런 뒤에는 무릎 사이에로 옮겨지며, 그리고 이런 식으로 제거되었습니다. 1748년 2월 20일

목적들을 결정하기 위한 영들의 종결(終結)에 관하여 ; 그리고 저 세상에서 그들의 형성에 관하여 ; 그리고 내면적인 기억에 관하여

885. 사람들은 육신을 입은 그들의 삶을 보내는 동안 그의 성품이 형성되기 때문에, 그리고 사실은 거기에서부터 죽음의 순간까지 성품이 형성되기 때문에, 그 성품은 그대로 남습니다. 그들은 제일 먼저 죽음의 순간, 또는 병으로 앓고 있는 동안, 또는 생애의 마지막에 일어나는 온갖 것들을 만나게 됩니다. 다음에 그들은 다양한 무리에게 인도되고, 그리고 사실은 선한 영들(good spirits)의 무리에 인도되는데, 그 영들의 임무는 그들의 자연적인 성향에서의 그들의 성품이 어떤 것인지에 관해서 상세하게 검토, 조사하는 일입니다. 그들은 그 임무를, 거의 다른 것을 모를 정도로, 마치 그것이 자기 자신의 성품인 것 같이 수행합니다. 따라서 그들이 검사하기 때문에, 그들은 보다 좋은 무리에 영접되거나, 아니면 보다 사악한 무리에 보내지는데, 그 모든 경우는, 그 영들의 자연적인 성향과 일치해서 행해집니다. 따라서 서로 동의한 일치된 방법에 의하여, 다시 말하면 사랑이나, 또는 혐오의 방법에 의하여 행해집니다. 그리고 그것에 관한 개별적인 것이든, 전체적인 것이든, 모든 일은 주님에 의하여 처리됩니다. 나는 이런 사실들을 여러 종류의 경험을 통하여 가르침을 받았습니다. 그리고 그것들을 나는 보았고, 들었고, 그리고 깨달았습니다. 영들은 나에게, 그들의 성품은 이런 상태나, 또는 저런 상태에 있는 것과 같다는 것을 말하였습니다. 그리고 또한 처음에는 그들에게 적용한 온갖 견해들이나 종지(宗旨·persuasion)에 의하여 크게 좌우되었지만, 그러나 경험은 그들에게 그들의 본성이 어떤 것인지를 잘 가르쳐 줍니다. 그러는 동안 그들은 자기 자신의 임무 안에 있습니다. 다시 말하면 자기 자신의 생명 안에 있습니다. 그리고 이와 같이 그들은 자기 자신의 방법에 의하여, 그리고 수많은 다양한 방법들을 통하여, 그들에게 입류하는 영들의 됨됨이를 판

명합니다. 그들이 이렇게 하는 이유들은 아주 많습니다. 영들 가운데 만연된 갈망에 부연하면, 다시 말하면, 다른 사람의 성품이나 그것이 어떤 것인지를 알려고 하는 호기심에 부연한다면, 그것은 일반적인 것 안에 있는 앎들(知識·cognitions)은 영적인 먹거리이다는 이유입니다. 따라서 이런 바람들이나 탐욕들은 먹고 마시는 육체적인 식욕에 대응합니다. 이런 이유 때문에 앎(知識·cognition)들은 영적인 먹거리들(spiritual foods)이라고 부르고, 여기서부터 빵·낟알·밀·우유·물이나 그 밖의 다른 많은 것들의 내면적인 표의(表意· signification)가 비롯됩니다.

886. 더욱이 내가 깨달은 것은, 영혼들이 보편적인 상태에 있는 동안, 그들은 거의 아무것도 생각하지 않고, 그리고 사람들이 스스로 아무것도 생각하지 않는다고 여길 때, 사람들이 하는 대개의 것은 명확한 개념이 없이 일반적인 것들을 유념(留念)한다는 것이었습니다. 그럼에도 불구하고 이 일반적인 추측은, 말하자면, 자기 자신의 종결들을, 따라서 많은 다종다양함을 갖는데, 그런 것들은 사람에 의해서는 알지 못하고, 다만 천계에서만 인식될 뿐입니다. 그러나 내가 깨달은 것은, 그리고 그것은 영들에 의하여 확증된 것인데, 이 상태에서 영혼은 그가 자기 자신에게 친숙한 관념들에 대하여 결정된 상태에 되돌아오기 전에, 또는 자신의 생애 동안 자신을 지배했던 관념들에 대하여 결정된 상태에 되돌아오기 전에, 그의 외적인 측면에서 그는 개혁될 수 없습니다. 왜냐하면 처음으로 그의 지복(至福)에 도움이 되는 그런 것들이 침투되고 고정되기 때문입니다.

887. 앞에서 언급한 것과 같이 영들의 기억이나, 또는 영혼들의 기억은 내면적입니다. 그러나 그것은, 인간의 기억과 같이, 개별적인 것에 속한 기억은 아닙니다. 왜냐하면 그것은 육신을 입은 그의 삶이나, 세상이 요구하는 것들에 적합하기 때문입니다. 그러나 영들의 기억은 내면적이고, 그리고 영혼들에게는 잘 알려지지 않았습니다. 그러므로 내가 그것에 관해서 영혼들과 자주 말할 때마다, 그와 같

은 대화는 매우 자주 있었는데, 그들은, 그것은 아무것도 아니다고 생각하였습니다. 왜냐하면 그들의 생애 동안 그들은 그것에 관해서 아무것도 알지 못하기 때문입니다. 그들의 미망들이나, 그들이 애지중지하는 유사한 것들은 그 기억에 속한 것입니다. 온갖 탐욕들은 온갖 미망들에 속한 조화된 공상(空想)에서 비롯된 것들입니다. 그들은, 조화되지 않고, 오히려 자체에서 음정에 어긋나는, 불쾌한 소리를 내는 악기를 좋아하는 어떤 자들과 다르지 않고, 다만 바르게, 진정으로 조화되는 악기들을 즐기는 자와 같습니다.

888. 내면적인 기억에 속한 것은 무엇이고, 온갖 지식이 어떻게 영들 안에 주입되는지는 육신을 입은 삶 안에서 일어난 것들에 의하지 아니 하면 알 수가 없습니다. 예를 들어 보겠습니다. 유아기부터 사람은 말하는 것이나, 생각하는 것을 배웁니다. 그와 같은 일은 성장하면서 점점 더 많이 생기지만, 그럼에도 불구하고 사람은 이런 것들이 어떻게 주입되는지 전혀 알지 못합니다. 하물며 이해하고, 생각하고, 판단하고, 어떤 결론을 내리는 기능들(機能·faculties)이 어떻게 주입되는지를 어떻게 알겠습니까! 마찬가지로 말을 배울 때에도 성인도 알지 못합니다. 역시 나의 경우도 마찬가지였습니다. 나는 나의 임무에 속한 여러 가지 역할들(役割·function)을 배울 때도 개별적인 것들의 기억이 없이 오직 경험에서 터득하였습니다. 나는 이런 것들이 내 마음에 고정되기 위해서 이런 식으로 배웠습니다. 이런 것들이 언급된 것은, 그것에 의하여 기억이 어떤 것인지를 이해하기 위한 것이지, 나 자신에 관한 것들을 삽입(挿入)시키기 위한 것은 아닙니다. 1748년 2월 20일

내면적인 기억에 관한 속편

889. 예컨대 성향·기질·이해나 그 밖의 사람 안에 있는 많은 것들과 같이, 내면적인 기억이 형성된다는 것은 위의 설명에서 읽을 수 있겠습니다(888항 참조). 왜냐하면 개별적인 것에 속한 기억에는

기능을 주는 것은 무엇이나 내면적인 기억에게 가장 가까운 원인을 빚지고 있지만, 그러나 본질적으로 살펴보면 기능 자체는 생명에 속한 것이기 때문입니다.

내면적인 기억이 존재한다는 것이나, 그리고 그것의 성질이 어떤 것인지는 꿈들 안에 있는 사실에서 잘 깨달을 수 있겠습니다. 꿈 속에서 개별적인 것들에 속한 기억은, 눈을 뜨고 있을 때와 같이, 자극받지 않지만, 사람에게서 일상적인 것은, 그의 모든 용모나, 그의 몸, 그의 언어, 그의 걸음걸이, 그 밖의 유사한 개별적인 것에 속한 모든 조건과 더불어 자기가 어떤 부류의 사람인지 드러내 보여 주는 것입니다. 사람은 그의 개별적인 것들에 속한 그의 기억에서부터 이런 것들을 결코 알 수 없고, 또는 그는 이런 기능에 관해서 아무 것도 기술할 수 없습니다. 이와 비슷하게 우리들은 음성의 억양에서, 그리고 기술할 수 없는 수많은 것들에서와 같이, 그들의 얼굴에서, 눈들에서, 그리고 그 주변에서부터 다른 사람의 상태에 속한 "마음"(*animus*)이나 변화들을 압니다. 사람은, 선용을 제외하거나 지식이 없으면, 그가 배운 것이 어디에서 온 것인지를 알지 못합니다.

890. 이러한 것들이 나에게 생생하게 그려보여 주기 위하여 한 영이 나에게 왔는데, 그 영은 모든 종류의 종지((宗旨 · persuasions)들이 그에게 각인(刻印)될 수 있는 그런 영이었습니다. 거기에는 이런 유의 영들이 많이 있었는데, 그들은, 자신들은 그들이 드러내 보여 주는 그런 인물이고, 그러므로 자신들에 의하여 다른 사람들은 거의 실물 그대로 드러낼 수 있다는 것 외에는 생각하지 않는 그런 영들입니다. 따라서 그 영들과 말을 한 자들이 누구나 현혹되지 않기 위하여 반드시 주지하여야 할 것은 이런 일들은 영들의 영역에서는 가장 일상적인 것이고, 널리 알려진 일이다는 것입니다. 이 영은 영들이 그가 육신을 입은 삶에서 내가 알고 있는 지면이 있는 사람인지 알기 위하여, 여러 가지 방법으로 조사를 받았습니다. 종국에 그들은, 그가 대략 반 년 전에는 살아 있었던 자이다고 생각하였지만,

그의 인격이 이미 그와 같은 성질을 꾸밀 수 있기 때문에, 그가 지금 죽었는지, 아닌지, 나는 알 수가 없었습니다. 따라서 그 영은 나로 말미암아 그의 성품이 어떤 것인지 알 수 있는 영들의 무리에 왔으며, 그리고 앞에서 언급한 것과 같이, 그들은 내면적인 것에 속한 지식을 가지고 있었습니다. 그러므로 그와 꼭 같은 인물은 마치 자기 자신이 거기에 있는 것처럼 생생하게 자신을 드러내며, 더욱이 이와 같은 일은 매우 많은 관점에서 드러내기 때문에, 그들은 그가 바로 그 인물이다고 여길 수밖에 없었습니다. 이와 같은 일은, 앞에서 언급한 것과 같이, 만약 이와 같은 표현이 내게서 생겨졌다면, 그들에게 그렇게 밖에 나타나지 않았을 것입니다. 나는, 그가 그 인물이 될 수 있다는 것을 계속 주장하였지만, 그러나 나는, 동일한 연기(演技)가 있을 수 있기 때문에, 설득하는 것을 원하지 않았습니다. 1748년 2월 20일

891. 더욱이 심지어 선한 영들마저도 그가 동일한 사람이다는 것 이외의 다른 것을 알 수 없었습니다. 왜냐하면 개별적인 것이든 전체적인 것이든 모든 것들은 그들이 확증할 수 있을 정도로 그럴듯하게 만들 수 있기 때문입니다. 이와는 달리 내면적인 천사들은, 내게 일러지고 내가 본 것과 같이, 이 사실을 잘 알고 있었습니다.

주님에 의하여 인도되는 자는, 그가 행하는 지극히 작은 일들에서도, 그것이 용인된 것인지, 허락된 것인지, 또 즐거운 것인지, 다른 말로 하면, 그와 같이 행하여야 할 것인지를 깨닫는다는 것에 관하여

891A. 주님에 의하여 인도되는 자들에게는 행하여야 할 일들에 관하여, 특히 그런 것들의 실천에 있어서 확실한 내면적인 지각이나 관찰력을 가지고 있습니다. 이와 같은 사실은 주님에 의하여 인도되는 사람들에게는 너무나도 명확하기 때문에, 그들이 행하는 모든 일들 안에는 주님의 기뻐하심이나 허락이나 용인에서 비롯된 것 이외

에는 아무것도 없습니다. 이것들은 그것들 자체에서 분별되고, 그리고 또한 명확하게 지각될 수밖에 없습니다. 그러나 이러한 것도, 그가 이러한 성품의 사람이 아니면, 결코 어느 누구에 의해서도 이해될 수 없습니다. 그러나 다른 사람들은, 이러한 일들이 그들의 사정들에 맞추어서 설명된다고 해도 그들은 그것들을 이해하지 못하기 때문에, 여전히 그 사실들을 믿지 않습니다. 심지어 지적으로 충분한 영들이라고 해도 그것이 사실이다는 것을 믿지 않습니다. 알고 있거나, 자신으로 말미암아 생각하는 것을 원하지 않는 자나, 또는 따라서 진리의 길에 있는 자들은 이와 같은 깨달음(知覺)을 터득합니다. 다른 자들이 받을 수 없는 주된 이유는, 그들이 스스로 그와 같이 무슨 일을 하는 것은 자신들이 좋아해서 하는 자신들의 실천의 자유나, 또는 생각의 자유가 박탈되는 것이라고 생각하기 때문이고, 그리고 마치 죽은 송장과 같은 존재라고 생각하기 때문입니다. 나는 그들에게 그 때에 그들은 살아 있는 존재라고 말하였는데, 그 이유는 자기 자아(own's self)로 말미암아 산다는 것은 죽은 것과 진배가 없기 때문이고, 또한 자신의 고유속성(固有屬性·proprium)으로부터는 선에 속한 것은 전혀 있을 수 없기 때문이다는 것도 일러주었습니다. 그러므로 만약에 이런 사람이 자기가 필히 행하여야 하는 것을 깨닫는다고 말해도, 어느 누구도 이상하게 생각해서는 안 됩니다. 왜냐하면 그것이 바로 진리이고, 또한 믿음이기 때문입니다. 1748년 2월 20일

췌장관·간장관·쓸개 주머니에 관계되는 자들에 관하여

893. 엄연히 서로 분별되는 세 기관(器官)에 관계되는 영들이 있었습니다. 그러나 그들은 그들이 활동하는 영들의 상태에 따라서 달리 배정되었습니다. 그들은, 말하자면, 그런 것들을 행하기를 좋아하는, 특히 징계들이나 형벌들에 종사하고 있었습니다. 그들 중에 가장 사악한 자는, 그들을 벌벌 떨게 하는 온갖 형벌들이나, 그런 것들에

의한 강압적인 일이 없다면, 결코 단념하지 않는 아주 완고하고 다루기 힘든 그런 성품입니다. 왜냐하면 그들은 온갖 형벌들을 두려워하기 때문입니다. 그 때 그들은, 그들이 다시는 그런 일들을 하지 않을 것이다고 굳게 약속을 하지만, 그러나 그 뒤 얼마 가지 않아서 그들은 꼭 같은 성품으로 되돌아갑니다. 그들은 자기 자신의 소견들이나 미망(迷妄)들에 매우 심하게 집착하고 쉽게 단념하지 않는 그런 성품이지만, 그럼에도 불구하고 그들은 증오(憎惡)로 말미암아 행동하지 않고, 오히려 본래의 타락한 성품에서 행동합니다. 이런 영들은, 탐욕들 안에서 노련한 자가 되기 위하여, 그것들 안에서 성장한 그런 성품의 노파(老婆)들로 나타납니다. 그들은 자신들의 자연적인 상태 안에 있을 때에는 아무것도 생각하지 않지만, 그러나 그들은 이런 것들 안에 내재해 있습니다. 그들이 이러한 행동들 안에 있는 것이나, 남에게 벌을 주고, 때리고 물어뜯는 짓이나, 추한 방법으로 행동하는 짓을 행하는 것 이외의 그 어떤 짓들로, 다시 말하면 담즙(膽汁)이 행하는 것과 같은, 특히 쓸개에 속한 짓거리들로, 기뻐하거나 즐거워하는지 나는 그 이유를 모릅니다. 1748년 2월 20일

내면적인 천계의 천사들의 언어에 관하여

894. 오늘 천사들은 얼마 동안 그들끼리 대화를 하고 있었는데, 나는 그들의 언어를 전혀 알지 못하였습니다. 나는 다만 그것이 머리 위, 그리고 위와 뒤에서의 잔잔한 진동(振動)과 같다는 것만 알았을 뿐입니다. 내 주위의 영들도 역시 이와 비슷한 것을 지각할 수 있었지만, 그러나 다른 것은 아무것도 이해할 수 없었습니다. 더욱이 그들은 하나의 종합체로서 동시에 수많은 것들을 말하지만, 분명하게 말하였습니다. 나는, 수많은 내용들이 광범위한 주제에 관해서 언급되었다는 사실에서, 이런 사실을 깨달을 수 있었습니다. 이러한 일은, 전에 수차에 걸쳐 일어났던 것과 같이, 순간에 행해졌습니다.

895. 몇몇은 이런 사실에 대하여 놀라지 않을 수 없었습니다. 저

서들이 읽혀지고 있을 때, 독자는 전혀 조심하는 마음이 없었고, 또한 거기에는 저술된 것들에 관한 지각도 전혀 없었지만, 그 때 이런 것들의 뜻이나 깨달음(知覺)들은, 자연적인 사람이 동시에 그런 것들 안에 있는 것들 보다 더 명확하게, 천사들에게 고양(高揚)된다는 것이었습니다. 이런 것들의 뜻이 보다 더 명료하게 지각되었을 때, 육체의 상태는 내면적인 마음에서 반드시 물러나야 하는데, 거기에서부터 개념은 항상 보다 명료해집니다. 그 이유는 방해하는 대상물이 중간에 없기 때문입니다. 그것은 마음이 언어의 몸(the body of speech)들인 낱말들이나 표현들 안에 존재하지 않는 때와 꼭 같습니다. 비록 사람이 이해하지 못하는데도 불구하고, 천사들이 저작물의 뜻을 이해한다는 사실은 놀라운 일로 여겨지고, 따라서 모순 같이 보이지만, 그럼에도 불구하고 그것은 가장 진실된 것입니다. 왜냐하면 오늘의 경험은 그것에 대하여 잘 입증하고 있기 때문입니다. 그러므로 여기서 얻을 수 있는 결론은, 어린 아이들이 성경을 읽을 때, 천사들은 성인들이 성경을 읽을 때에 비하여 보다 더 명료하게 성언의 뜻을 이해하고, 지각한다는 것입니다. 이러한 사실은 전에 나에게 일러진 내용입니다. 1748년 2월 20일

영혼들은, 동일한 것들이 영적으로 그들에게 현현(顯現)되었을 때, 개별적인 것들에 속한 기억을 갖는다는 것에 관하여

896. 내가 그가 육신을 입고 살 때 알았던, 어떤 영혼이 그가 저 세상에 왔다는 것을 알지 못하고, 그리고 여전히 육신을 입고 있고, 또 이 세상에 있다고 생각하면서, 나에게 왔을 때, 나는 그에게 그가 육신을 입고 살았을 때 그가 있었고, 또 보았던 사람들·장소들·도시들·집들·방들을 마치 그 때 그대로 영적인 개념에 의하여 보여 주었는데, 그 때 그는, 그것들이 마치 사실인 것과 같이, 그것들을 모두 인정하였습니다. 따라서 영혼들의 경우, 다른 자들에 의하여 개별적인 것들이 생각나게 할 수 있다는 것입니다. 그러나 그

들은 자기 자신에 속한 이것은 할 수 없지만, 그러나 그들이 같이 하는 사람으로부터는 할 수 있다는 것입니다. 이런 방법으로 그가 배울 수 있는 것은, 수많은 질문들에서와 같이, 예컨대, 그가 자신이 어디에 있다고 생각하는지, 그리고 그 장소가 어디냐는 질문들에 의하여, 그가 저 세상에 있다는 사실을 안다는 것입니다. 1748년 2월 20일

내면적인 지각이나 확신(確信·persuasion)에 관하여

897. 영혼들이나 영들은, 주님으로부터 사람이 생각하고, 말하고, 행동하여야 할 것을 지각할 수 있고, 확신할 수 있다는 것을 결코 지각할 수 없습니다. 왜냐하면 그들은, 그 어떤 지각들도 자기 자신에게서 비롯된 것이나, 자신의 것에서 비롯된 것 이외에는 결코 주어질 수 없다고 생각하기 때문입니다. 따라서 그들은 이와 비슷한 지각이 가능하다는 것을 결코 시인하려고 하지 않고, 심지어는 육신을 입은 삶에서나, 그 뒤 저 세상에서도 아주 예리하고, 영특한 사람들까지도, 개별적인 것이든 전체적인 것이든, 꿰뚫어 보고 이해할 수 있다고 스스로 생각하는 사람들도 시인하려고 하지 않습니다. 이 지각이나 확신에 관한 대화가 있을 때마다 그들은, 만약에 자신들의 고유속성이 존재하지 않는다면, 그들은 더 이상 존재하지 않을 것이지만, 그러나 생각하고, 말하고, 행동하는 자는 다른 것이고, 따라서 사람은 나무로 만들어진 기계나, 아니면, 이와 비슷한 것과 같이, 속에 생명이 전혀 없는 하나의 조직체(組織體·an organ)일 것이다고 생각하였습니다. 왜냐하면 그들은, 고유속성 이외의 또 다른 생명이 있을 수 있다는 것을, 전혀 생각할 수 없었고, 그리고 그들은 만약에 이것이 제거되면 그들은 완전히 생명이 없을 것이든지, 또는 어느 누구가 말한 것과 같이, 완전히 바보가 되어서 결코 영혼이나 영이 될 수 없다고 생각하기 때문입니다.

898. 그러나 다른 사안(事案)들에 대한 통찰력이 뛰어나고, 이해의

수용이 빠르다고 하더라도 여전히 이들 영혼들이나 영들은, 의심 한 번 하지 않고, 오히려 부인할 정도로 이런 관념들에 집착하는데, 그 이유는 앞에서 언급한 것과 같이, 그들은 고유속성(固有屬性·proprium)이나 자아(自我·self)가 제거되면, 그들이 배척한 것을 제외하면 남는 것은 전무(全無)하다고 여기기 때문입니다. 그 때 내가 그들에게 말한 것은, 그와 같이 지각하지 못하는 사람들과 그와 같이 확신하는 사람들 사이의 차이는, 불영명하기 때문에 존재하지 않는 아주 어두운 것과 천계와의 차이와 같다는 것을 말하였고, 그리고 어둠과 빛의 차이를 말하였습니다. 뿐만 아니라, 사람의 가장 낮은 영역에서, 다시 말하면, 직장(直腸)에서 나오는 것과 온 천계에서 내려오는 것과의 차이와 같다고 일러주었습니다. 사실 지옥의 큰 술통(infernal tun)과 거의 같은 하나의 술통이 나에게 보여졌는데, 그러므로 지옥의 무리는 그 술통이 자신들에게는 예속된 우주라고 여기기 때문에 그들은 전 천계를 소유한다고 생각하는 그 술통과 천계의 불꽃이나 빛의 측면에서 전 천계와의 차이와 같다고 하겠습니다.

899. 왜냐하면 인간의 이해에는 두 길이 있기 때문입니다. 다시 말하면, 하나는 여러 감관들을 통해서 들어오는 길인데, 그것은 낮은 길로서, 그 길을 통해서 인간적인 이해는 생성됩니다. 그리고 다른 길은 주님으로부터 천계를 통해서 들어오는 길인데, 그것은 높은 길입니다. 전자, 즉 낮은 길을 통해서 생겨지는 것은 관능적이고 물질적인 것이지만, 그러나 후자, 즉 높은 길을 통해서 생겨지는 것은 영적이고, 천적인 것입니다. 높은 문(the higher gate)이 주님에 의하여 열려 있지 않다면, 누구나 지각하고 확신하기 위해서는 이와 같은 교류(交流·communication)가 있다는 것을 결코 믿지 못할 것입니다. 그러나 많은 사람에게는 이 길에서 비롯된 양심(良心·conscience)이 있습니다. 그러나 거의 대부분 양심은 오직 행위들에만 뻗쳐 있고, 그리고 안에 예배나 의무가 놓여 있는 것들에 속한 지식(=앎)으로 이루어졌습니다. 따라서 선한 사람들이나 영들 안에

있는 것을 제외하면 참된 양심(true conscience)이 아니고, 그것은 불영명한 양심일 뿐입니다. 그러나 천사들 안에는 명확한 양심(a manifest conscience)이 존재하는데, 그러므로 천사들은 그것이 사실이다는 것을 알고, 지각하고, 이해합니다. 그리고 그들은 이와 같은 참된 양심이나 명확한 양심이 없다면, 또는 온갖 사물들에 대한 다양하게 밝혀진 것이나 확신이 없다면, 어떠한 삶도 불가능하다는 것을 알고, 지각하고 이해합니다.

900. 많은 영들은, 나 스스로 아무것도 할 수 없다고 말했지만, 그 때 그들은, 수많은 변화들이 나로부터 이루어지고 있는 것을 보고서 매우 놀라워했습니다. 그리고 그들은, 내가 다시, 그런 것들은 나에 의해서 수행되지 않으며, 오히려 나를 통해서 이루어진다는 것과 그래서 그것은 나에게는 내가 그것들을 행하는 것처럼 보이지만, 그럼에도 불구하고 나 자신으로 인하여서는 지극히 작은 것도 행하지 못하고, 그것은 바로 주님께서 하신다는 것을 재차 말하였을 때, 더욱 더 놀라워하였습니다. 이와 같은 일은 그들에게는 모순(矛盾)이라고 생각되었지만, 그럼에도 불구하고 그것은, 어느 천사들에 의해서도 결코 부인될 수 없고, 항변(抗辯)되지도 않는, 그러면서도 그들에 의하여 확증되는 진리입니다. 이런 영들이 천계에서 비롯된 확증들을 들었을 때 그들은 그것이 사실이다고 자신들이 생각하는 것처럼 보이지만, 그러나 그들은, 그들이 지각은 하지 못하고, 이해하지도 못하였기 때문에, 그것을 믿지 않았습니다.

901. 천계에서 비롯된 확증들 이외에도 헤아릴 수 없이 많은 또 다른 확증들이 역시 경험에서 부연되었습니다. 그들이 이런 사실들에 대하여 마음의 열중을 유지하고 있을 때, 그들은 그것이 사실이다는 것을 이해할 수 있습니다. 그 이유는 그들의 안전(眼前)에 있는 명확한 경험은 영적인 방법으로 그것을 볼 수 있게 하기 때문입니다. 그러나 그 경험이나 그것의 진수(眞髓), 또는 총명적인 빛이 떠나는 순간, 그들은 자신들의 종전의 무지(無知)의 상태로 되돌아가

고, 그리고 그들은 이런 일이 가능하다는 것도 전혀 이해할 수 없고, 그것이 생명이다는 것도 파악할 수 없습니다. 왜냐하면 그들은, 비록 본질적으로는 그것이 어둠이지만, 단순한 자연적인 빛이 진정한 빛이라고 생각하기 때문입니다. 이런 영들에게 빛은 어둠 이외의 다른 것으로는 생각할 수 없지만, 그러나 그 어둠(暗黑)이 어디에 있으며, 그것의 성질이 무엇인지는 빛 안에 있는 것을 제외하면, 다시 말하면 빛 안에 있는 자들에 의하지 않고서는 결코 밝혀질 수 없습니다. 주님께서 홀로 주시는 조요(照耀)에 의하여 그것은 명확히 밝혀집니다. 1748년 2월 21일

902. 이와 같은 지각이나 확신은 주님을 믿는 믿음이 없으면 결코 터득될 수 없습니다. 왜냐하면 그런 것들은 모두가 그분의 것(His)이고, 결과적으로 그분의 은혜요, 선물(His gift)이기 때문이고, 그것들은 사람이나 영혼, 영 또는 천사들에게 온 것이기 때문입니다.

영적인 조화(調和·harmony)와 지복(至福·felicity)에 관하여

903. 사람들이나, 천계들에서 명확히 분별되는 천적인 것들이나, 영적인 것들이 있습니다. 영적인 사람들은 그들 자신의 영역에 배정되고, 천적인 사람들은 자신들의 영역에 배정됩니다. 사람의 육체 안에 있는 폐장에 속한 것들은 영적인 것과 관계를 가지고 있고, 심장에 속한 것들은 천적인 것과 관계를 갖습니다. 다른 모든 경우도 이와 같습니다.

904. 영적인 사람들은 자신 본연의 지복들을 갖는데, 이것들은 영적인 사람들이 가지고 있는 기쁨과 천적인 사람들이 가지고 있는 즐거움에 속한 방법들에 의하여, 천적인 사람들 본연의 지복들과 엄연히 분별됩니다. 기쁨의 상태들, 또는 영적인 지복의 상태들을 이해하기 위하여, 그것들에 속한 개념이 온갖 소리의 조화들(the harmonies of sounds)로부터, 또는 눈에 보이는 것들의 조화들로부터 터득될 수 있었습니다. 온갖 소리의 조화들, 또는 언어의 조화들, 그

밖의 언어에 속한 수단은 영적인 조화와 관계를 가지고 있었습니다. 거기에서 빚어진 기쁨은 영적인 기쁨이고, 따라서 옛날 교회의 음악은, 천계에서 부르는 노래와 같이, 매우 기뻤습니다. 눈에 보이는 것들의 조화도 마찬가지였습니다. 여기에서부터 마음을 감동시키는 아름다움의 다종다양(多種多樣)이 생성되었는데, 예를 들면, 일반적인 아름다움, 낙원이나, 이와 비슷한 것들의 아름다움, 또는 건축물의 아름다움이 모두 여기에서 생성되었습니다. 이런 것들은 영적인 기쁨에 관계를 갖습니다. 그 다음에는 보다 내면적인 기쁨은 총명적인 것들 안에 있는 기쁨입니다. 여기에서부터 진리 자체에, 또는 진리들에 속한 사랑이, 결과적으로는 온갖 지식들에 속한 사랑이 비롯되었습니다. 영적인 기쁨에 속한 상태들은 그것들의 본질이 되는 천적인 것들의 모양들(forms)입니다. 만약에 그것들이 그렇지 않다면, 그것들은 그러한 것이 되어야만 합니다.

905. 그러나 다른 감관, 예를 들면 촉각(觸覺)·미각(味覺)·후각(嗅覺)은 천적인 것에 속한 영역들에 관계를 갖습니다. 왜냐하면 그런 감관들의 기쁨들은 영적인 것이 아니기 때문입니다. 따라서 영적인 지복과 천적인 지복의 차이를 우리는 알 수 있겠습니다. 그리고 또한 사람이 전자나 후자의 것을 잃게 된다면 그 사람이 어떤 성품일지도 알 수 있겠습니다.

906. 어떤 천사가 다른 천사들에게 내면적인 천계에는 얼마나 많은 종류의 지복이 있는지를 영적인 방법으로 선언하였습니다. 그는 이와 같은 사실을 그것들의 열거(列擧)와 그리고 천사적인 표징(表徵)에 의하여 천사들의 명확한 지각에 행한 것입니다. 그러나 나에게 그 표징은 여러 가지의 굽이침(波動)에 의한 것이 아니면 알 수 없었습니다. 그 파동에서 나에게 알려진 것은, 일반적인 방법으로 내면적인 천계의 지복의 종류가 나열되었다는 것입니다. 처음 4분이나 6분 동안에 생생하게 열거된 것들은 숫자적으로 478개였고, 그리고 500여 개에 이르렀습니다. 따라서 나는 그것들이 500이라고 계수

하였습니다. 내면적인 천계의 지복이 수도 없이 많은 종류이기 때문에, 따라서 결론을 지을 수 있는 것은 수많은 종들(種·species)이 있고, 그리고 그 각각의 속(屬·genus)에도 헤아릴 수 없이 많은 종들이 있다는 것입니다. 여기서 알 수 있는 것은 수많은 개별적인 것들(the particulars)이 있고, 이것들 역시 각각의 종(種)들 안에도 무수하다는 것입니다. 그 밖에도 수많은 세분들(細分·subdivisions), 다시 말하면 개별적인 것들의 개별적인 것들이 수도 없이 많다는 것을 알 수 있겠습니다. 각각의 개별적인 것이 이와 같은 하나의 종(種)으로, 또는 높고 낮은 하나의 보편적인 속(屬)을 취하고 있기 때문에, 따라서 한 사회 안에는 생생하게 존재하는 이와 같은 특정한 것이나, 또는 개별적인 지복이 존재한다고 하겠습니다.

907. 따라서 여기서 얻는 결론은, 낱말들의 언어(the speech of words)에 의하여 기술하면 수많은 시간이 소요되는 내용을 단 1분 안에 천사들에 의하여 언급될 수 있고, 표징될 수 있는 것들은 너무나도 많고, 그리고 이루 헤아릴 수 없다는 것입니다. 따라서 그것들은 기술될 수도 없겠습니다. 1748년 2월 21일

탐욕자와 사후 그들의 삶에 관하여

908. 탐욕에는 수많은 유(類)와 종(種)이 있습니다. 탐욕스럽고, 또 돈을 안 들이는 방법으로, 합법적인 방법이나 불법적인 방법에 의하여 다른 사람의 돈이나 재물을 빼앗고, 축재(蓄財)를 한 자들은 사후(死後) 색다른 벌을 받습니다. 여기서 비록 불법적인 방법을 쓰지 않았다고 해도, 그들이 많은 재물을 축적하고, 그것들에 의도적으로 마음을 쏟고, 그리고 그런 것 안에 삶의 행복을 두는 탐욕의 종류에 관해서 언급하고자 합니다.

909. 그런 자들의 삶을 기술하게 하기 위하여, 내가 전혀 기억하지 못하는 하나의 어두운 방이 나에게 보여졌습니다. 이 방에서 한 작자가 나왔는데, 그는 교활하고, 온갖 간계(奸計)에 의하여 다른 사

람의 재물을 자신에게 긁어모을 수 있는 일생 동안 그런 성품의 삶을 산 사람이었습니다. 왜냐하면 어디에서든지 바라고 기대하는 것에는 그의 "마음"(*animus*)이 있기 때문입니다. 이런 목적에서 그는, 그럴싸한 구실이나 핑계 하에서 어떤 것을 제거하기 위하여, 그런 유의 수많은 것들에 간섭하고 참견할 것입니다. 이런 부류의 영들이 그 방에 거주하였는데, 대부분 거기에는 사악하고, 속임수가 가장 능숙한 지옥의 영들이 있었습니다. 그 곳은 사람의 왼쪽을 향해 있는 사람의 등 쪽인 지옥의 한쪽에 있었습니다. 왜냐하면 재물을 목적으로 가지고 있는 사기꾼들은 여러 종류들이 있기 때문입니다. 그들은 어깨에 속한 영역 주변에 있습니다.

910. 나의 왼쪽 위에서부터 나는 커다란 맷돌을 돌릴 때 나는 묵직한 소리를 들었습니다. 그러나 나는 그 소리가 무엇인지 알지 못하였습니다. 잠시 뒤, 꼭 같은 영역의 왼쪽에 어떤 자가 내 곁에 엎드려 있었는데, 그는 마치 잠을 자면서 하듯이, "나는 아무것도 아니다. 나는 어떤 인물도 아니고, 나는 아무것도 아니다"는 말 외에는 아무것도 말하지 않았습니다. 나는 이것이 일종의 박탈(剝奪)의 상태(a species of vastation)이고, 따라서 그들이 낮은 땅(the lower earth)에 옮기워지기 전의 일종의 절망이나 자포자기(自暴自棄)라고 생각하였습니다. 거기에는, 자신에게 동정을 나타내기 위한 또다른 표현 방법도 있었습니다. 그는 내가 거기에 있다는 것을 알았을 때, 나는 그와 이야기를 시작하였는데, 그 때 내가 안 것은, 그가 재물을 축재하고, 자신들의 "마음"(*animus*)을 그런 것들에 집중하는 무리 중의 하나이다는 것입니다. 그는 이런 일에서, 특히 사기(詐欺)적인 수법이나 불법적인 방법에 의하여 그들이 취한 것에 더하여 자신들의 금궤 안에 금은보화를 쌓는 일에서, 자신들의 최고의 쾌락을 취합니다. 더욱이 이런 부류의 영들은 일종의 불안에서부터 이런 식으로 말한다는 것을 나는 깨달았습니다. 이와 같이 불안을 느끼는 것은, 자기 부근에 다른 사람들에게 속해 있는 것들을 선호하고, 그리

고 영생에 대한 두려움도 전혀 가지고 있지 않으면서 온갖 모양의 변명들이나, 그리고 그런 변명을 통하여 자신을 안전하게 방어(防禦)할 수 있는 속임수나 간계(奸計)들에 의하여 그것을 소유하기를 원하는 자들이 있기 때문입니다. 자신들 부근에 있는 이런 부류의 영들이 그들을 괴롭히기 때문에, 따라서 그들은 자신들을 금궤나 재물에 내동댕이치고, 그리고 그들은 이런 영들이 거기에 있는 것이 아닌가 생각하였습니다. 왜냐하면 그들은 이런 영들에 의하여 아주 자주 고통을 받았기 때문입니다. 그러므로 그들은, 그들이 아무것도 아니다, 그들은 비참하다는 말을 듣는 것에서 어떤 약탈(掠奪)이 그것들에게서 금(禁)하게 하기 위하여 아주 큰 소리를 질렀습니다. 이러한 실상이 금은보화나 재물에서 자신들의 최고의 쾌락을 취하는 자들의 비참한 삶입니다.

맷돌이나 맷돌질을 하는 소리는, 자신들의 재물을 빼앗기지 않을까 두려워하는 이와 같은 수많은 영들의 온갖 변화로 인한 불평불만이요, 시끄러움입니다.

911. 더욱이 그들은 사기나 불법적인 수단에 의하여 돈이나 재물을 취하지 못하였기 때문에, 이와 같이 자신은 별 가치가 없다, 불쌍하게 여겨달라는 한탄(恨歎) 속에는 선한 것이 숨겨져 있어서, 잠시 뒤에는 이들은, 자신들은 별 가치가 없다, 온갖 약탈 때문에 비참하게 되었다고 부르짖었는데, 이와 같은 부르짖음은 점차적으로 선으로 변하였습니다. 그런 뒤에, 그들이 약탈들이나, 금은보화에 관하여 잊어버리게 되면, 그 때 그들은 영적인 도둑들을 두려워하고, 그리고 자신들이 별 가치가 없다는 것을 시인합니다. 그 이유는 그들은 자신들을 방어(防禦)하는 일에 아무것도 할 수 없기 때문입니다. 그 때 그들은 역시 주님께서 자신들에게 자비를 베푸시기를 부르짖습니다. 따라서 그들의 미침(狂氣·insanity)은 일종의 올바른 제정신으로 바뀝니다. 1748년 2월 21일

악령들은 자신 주변에 별(星)들을 가지고 있다
912. 가끔 목성(木星)에서 온 악령들이나, 우리의 지구에서 온 악하고, 심지어 사기적인 영들은 자기 주위에 많은 별들을 가지고 있고, 그리고 천계 역시 그들에 의하여 호의적으로 받아들여집니다. 이러한 사실은 그들의 추론들(推論·reasonings) 속에 입류한 영적인 것을 뜻하고, 그리고 그들이 믿음에 관계되는 어떤 것을 이해할 수 있다는 것을 뜻합니다. 1748년 2월 21일

두뇌의 누두(漏斗·infundibulum)를 표징하는 자들에 관하여
913. 나는 처음에 하늘색 창문 위에 있는 한 얼굴을 보았는데, 그 얼굴은 곧바로 안으로 사라졌습니다. 그 때 왼쪽 눈의 영역 주위에 작은 별들이 보였습니다. 그 뒤 곧바로 내게서 멀리 떨어진 높은 곳에 반짝반짝 빛나는 조그마한 수많은 작은 별들이 보였습니다. 이 별들은 영적인 별들이었습니다. 왜냐하면 그 별들은 매우 눈부신 흰 빛을 발하였기 때문입니다. 그 때 나는 결코 지붕이 아니라, 벽들을 보았습니다. 벽들은 오직 왼쪽에만 있었습니다. 즉시 수많은 별들이 반짝이는 별들의 하늘을 보았습니다. 그것은 사기꾼들이 있는 방위(方位)의 팔 높이의 다소 낮은 영역에 있었기 때문에, 나는, 내가 보기에는 어떤 무서운 것이 거기에 있을 것이라고 생각하였습니다. 그러나 얼마 지나지 않아서, 그 벽과 그 하늘은 사라졌고, 나에게 한 우물이 나타났습니다. 거기에서부터 거의 눈에 보이지 않는 연기와 같은 빛나는 안개, 또는 연무(煙霧)가 올라왔습니다. 그것은 마치 우물에서 펌프로 뽑아 올리는 것같이 보였습니다.

914. 내가 이런 것들이 뜻하는 것이나, 표징하는 것이 무엇인지 물었을 때, 내게 일러진 것은, 그것은 두뇌의 누두(漏斗)에 속한 표징이다는 것이었습니다. 그것의 성질은 그것의 서술에서 잘 알 수 있습니다. 다시 말하면, 그것은, 그것들이 피부의 털구멍들을 통하여 증발하지 못하도록 도중에 적당한 혈청(血淸)으로 살포된 혈액에서

분해 된 생기들(生氣·活力·spirits)을 받습니다. 그리고 그것들은 아주 수많은 통로를 통하여 커다란 심실(心室)들로 운반되고, 그리고 거기서부터 송과선(松果腺) 아래에 있는 그것들 자체의 구멍을 통하여 세 번째 분열선(cleft), 즉 심실로 운반되고, 그리고 거기에서 누두(漏斗)로, 그리고 뇌하수체(腦下垂體)로 옮겨집니다. 그것들은 거기에서 분리되고, 그리고 정해진 통로들에 의하여 그것들은 공동(空洞)들의 말단들에 옮겨지고, 그리고 또한 경정맥(頸靜脈·jugular vein)에 운반됩니다. 따라서 혈구(血球)에서 분해된 활력(活力·spirits)은 피질(皮質)의 첫 부분(始初)에 도달, 거기에서 새로운 활력적인 본질과 결합되는데, 그렇게 된 것은 그들의 섬유들을 통해서 심실로 옮겨지고, 그리고 그 때 누두를 통해서 혈액으로 운반됩니다. 그것들은 공동의 말단에 있는 못쓰게 된 피(the dry blood), 즉 생명이 없는 피를 생기발랄하게 합니다. 이런 뒤에, 그것들은 유미(乳糜)에 운반되고, 몸으로 말미암아 신선하게 되고, 심장에서 결합되어, 따라서 심장에서 혈액에게 생기를 줍니다. 이와 같은 전 과정을 자세하게 기술한다는 것은 지루한 것이지만, 모든 내용은 천사들에 의하여 다른 천사들에게 일순간에, 아니 거의 1초 사이에 설명되었습니다.

915. 천계적인 몸(the heavenly body) 안에 있는 누두(漏斗)의 영역을 구성하는 자들의 성품이 나에게 밝히 알려지기 위하여 그 사회들의 하나가, 마치 하나의 영으로서, 말하는 것을 나는 들었습니다. 비록 그와 같은 일은 내가 그와 같이 말하기 위해서 일어나지는 않았지만, 그러나 그 일이 자기 자신에 관해서 말하고 있다고 생각해서, 말한 것들을 자기 자신에게 적용하든지, 또는 그가 성을 내든지, 계속해서 나에게 달려오든지, 나에게서 멀리 떨어지든지, 심실의 입류의 모방(模倣)으로 그 일은 머리꼭대기에서 말단까지 계속해서 왕복으로 운반되었습니다. 이런 영들은 성미가 조급해서 고정할 수가 없습니다. 그들은 민첩하지만, 개별적인 것에 주의를 게을리 하지 않습니다. 그들이 명확한 원칙들에 얽매어 있는지 여부는 생각할 수

없겠습니다. 따라서 그들은 내면적인 배설물들 가운데 있고, 그리고 겁쟁이들이고, 변덕이 심하고, 의심이 많습니다.

916. 그러나 이런 영들이나, 또다른 영들도 그들 자신들이 기관들이기 때문에 사람의 육체 안에 있는 동일한 기관들과 관계를 가지고 있습니다. 그러나 내장의 분비액들은 그러한 사람 안에 있는 것들로서, 그의 추론들이나 환상들 또는 이와 비슷한 것들입니다. 그것들은 비슷한 관계에 있으면서, 그 사람을 움직이고, 그의 삶을 이룹니다. 그럼에도 불구하고 이런 분비액들 속에 내면적인 생명(interior life)은 존재합니다. 왜냐하면 활력적인 것들은 그것들 안에 저장되고, 그것들이 어떤 씀씀이(善用)를 성취하는 곳에서는 자유스럽게 조절, 분비되기 때문입니다. 1748년 2월 21일

917. 이런 부류의 영들은 이마 정면의 영역에 있습니다. 그들은, 일어나는 일이나, 자신들이 들은 것을 말하면서 앞뒤로, 때로는 아주 먼 거리까지 달려갑니다.

918. 이런 영들은 수많은 종(種)이 있고, 따라서 매우 많은 유(類)가 있습니다. 그들의 임무에 관해서 보면 엄연히 다르지만, 거의 모든 내장 안에는 유사한 분비액들이 있습니다. 각각의 모든 내장은, 배척되는 것이 아니고, 오히려 어떤 선용에 소요되는 자기 자신의 배설기관(排泄器官)을 가지고 있습니다. 1748년 2월 21일

919. 생을 마친 뒤, 이러한 영들의 처지는 불안합니다. 그들은 아무런 평안을 얻을 수 없습니다. 더욱이 그들은 다른 사람들에게 귀찮은 존재(trouble some)이고, 그러므로 적절한 근심 걱정들에 의하여, 그리고 모든 수단에 의하여 보다 나은 상태들에 들어가야만 합니다.

919A. 우리들이 다루었던 이러한 영들은 두뇌의 좋은 임파액과 배설물 사이에 있는 중간 부류에 있습니다. 배설된 분비액에 관계되는 자들은 영적인 진리들을 세속적인 것들로 끌어내리고, 거기에서 그것들을 더럽히는데, 그들은, 내가 지금 명확하게 보고 있는 것과

같이, 불결한 것들 안에서 끝나버리고 맙니다. 이들은, 코의 오른쪽 약간 높은 정면에 있습니다. 그들은 영적인 진리들이나 천적인 진리들을 취하고, 그리고 그것들을 더러운 세속적인 것들에 끌어내립니다.

생기발랄한 온갖 운동들(the vital motions)이 자신들의 지지기관들(支持器官·fulcra)에서 종결되는 뼈들에 관계되는 자들에 관하여

920. 육신을 입은 삶에서나, 또는 육신의 삶 뒤의 저 세상에서, 어떤 자들은 자기 자신 안에 있는 원인들로부터 일반적인 방법으로만 오직 생각하거나, 또는 어떤 특정한 것에 대하여 자신들의 생각을 결심하지 못합니다. 따라서 그들이 육신 안에 있지 않는 것처럼, 그들은 매우 혼란스럽습니다. 이런 부류의 영들이, 생각이 결정될 수 있는 어떤 목적이 없는, 비슷한 일반적인 개념을 나에게 야기시켰습니다. 이런 영들은 사람 안에 있는 뼈들에 관계되는 자들입니다. 그들은 또한 굼뜨고, 머리가 우둔하며, 확정된 상태에 있지 않으면, 그들의 기억에는 어떤 것도 고정되는 것이 없으며, 결과적으로 거기에서부터 생성되는 것은 아무것도 없습니다. 1748년 2월 21일

그들로서는 자신들의 직업들에 나태(懶怠)함이 있을 뿐만 아니라, 판단이나 행동에서도 우둔함이 있습니다. 뿐만 아니라 그들에게는 평온하지 않은 것은 아무것도 없습니다. 왜냐하면 조심성이나 돌봄은, 이른바 일반적인 관념 속으로 소멸하고, 죽어버리기 때문에, 침투하지 못하기 때문입니다. 그들은 악의가 있거나 심술궂지는 않습니다.

그들의 다종다양한 상태들의 측면에서 영혼들의 검토(檢討)에 관하여

921. 앞에서 언급하였듯이(867-871항 참조), 영혼들이 영들의 무리

에 오게 되면, 또는 가장 낮은 천계(the lower heaven)에서, 즉 마치 다른 세상에서와 같이, 자유스럽게 떠돌아다니는 영혼들의 무리에 오게 되면, 그들은 그들에 의하여 예의 검토되는데, 이러한 일은 그들의 자질(資質)에 따라서 행해집니다. 거기에는 한 영혼이 보다 조잡한 상태들만을 검증하는 자들이 있었습니다. 그들은 매우 잘 속였습니다. 왜냐하면 그들은 그들이 자신들에게 제안해서 그 사람 앞에 놓은 것만을 말하는 자들을 인도하기 때문입니다. 만약에 그 영혼이 자신에게 그와 같이 말하도록 인도하는 자들의 말을 따르게 된다면, 그들은 즉시 그 사람의 성품이 어떤 것인지 판단하지만, 그럼에도 불구하고 그 때 그 사람은 아닙니다. 왜냐하면 동시에 그들은 그에게 자신들과 같은 상태를 야기시키기 때문입니다. 따라서 그와 같은 상태에서, 그들 중의 한 존재로서 그들과 말합니다. 그러므로 그들은 그가 그런 부류의 인물이라고 여기고, 때로는 그 때 그들이 그에게서 터득한 편견(偏見)들이나 견해(見解)들로부터, 그들은 그에게서 악을 유발하게 하고, 그들은 그를 그런 나쁜 사람으로 정죄합니다. 이와 같은 일은, 그들의 생애에서 내가 잘 알고 있었던 몇몇 사람들의 경우에서도 일어났는데, 나는 그들에 관해서는 언제나 올바르게 생각할 수는 없었습니다. 그 이유는 그들은 나에게 잘 알려지지 않았기 때문입니다. 그러므로 그런 영들은 이런 식으로 판단하게 됩니다.

922. 이것이 한 영혼 안에 있는 보다 조잡한 것들만을 검색하고, 또 그 일을 하는 것이 허락된 자들의 판단입니다. 이와 같은 일은 사람의 조잡한 것들 때문입니다. 비록 그들이 잘못된 견해들에 의하여 제정신을 잃고, 따라서 영혼을 괴롭히고, 귀찮게 하지만, 그럼에도 불구하고 그와 같은 일은 그의 선이나, 그의 개과천선(改過遷善・emendation)에 도움이 됩니다. 왜냐하면 주님께서 허락하신 것은 전무(全無)하기 때문입니다.

923. 사실 이런 영들이 한 영혼을 검색할 때 그들은 오직 조잡스

러운 것들만을 알고, 따라서 그의 언어에 속한 내면적인 것들을 알지 못합니다. 이러한 사실은 그들의 판단이 매우 적합하지도 않고, 적절하지도 않다는 사실에서 잘 알 수 있습니다. 그럼에도 불구하고 이러한 사실을 선한 영들이나, 특히 천사들이 명확하게 알고 있습니다.

924. 이런 검색에 종사하는 자들은 사람의 분비기관(分泌器官)의 영역들, 예를 들면 신장·요관(尿管)·방광(膀胱)들을 구성하는 부류들입니다. 왜냐하면 이와 같은 기관들은, 우리가 잘 알고 있듯이, 자신들에게 옮겨진 잡다한 것들을, 사실은 그것들은 그들이 빼앗은 것이지만, 검색하는 것 이외에는 아무것도 행하지 않기 때문입니다.

925. 일반적으로 영혼들이나 영들을 검색하고, 그리고 그런 일에서 자신들의 탐욕들을 채우고, 그리고 자신들의 즐거움을 만끽하는 자들은 언제나 분비기관의 영역에 관계됩니다. 그러므로 사람 안에 있는 내장 만큼이나 수많은 종류가 있습니다. 그리고 자기 자신만의 방법으로 분비기능을 가지지 않은 내장은 아무것도 없습니다. 결과적으로 분비기관에 속한 수많은 종(種)과 유(類)가 있고, 그리고 그들의 수는 무한합니다. 왜냐하면 모든 분비샘(腺)은 두 종류이고, 이런 성질을 지니고 있기 때문입니다.

영혼들의 검증(檢證)에 관하여

926. 더욱이 거기에는 매우 정교(精巧)한 검증이 있습니다. 왜냐하면 거기에는 매우 정교한 영들이 있기 때문인데, 이들은 사람의 영혼에 대해서, 다시 말하면 그의 보다 보편적인 정동들에 관해서, 더욱이 그 사람을 지배하는 정동들이나, 또는 사람들이 여러 가지 방법으로 감추고 있는 정동들에 대해서 보다 내면적으로 지각하기 때문입니다. 이와 같은 검증들이나 조사들에서, 앞서의 영들의 검색에서와 같이, 속일 수 있는 영들은 아무도 없습니다.

927. 나는 그들의 마음이 그 때 어떻게 밝혀지는지 알 수 있게 되

었습니다. 내 생각과는 일치하지 않기 때문에, 그것에 관해서 그가 모르게 그가 가지고 있는 것에 내 생각을 즉시 집어 넣은, 이른바 솟아오르는 영기(靈氣 · a sphere exhaling)가 있었습니다. 따라서 내가 이 영혼이 등 뒤에 있다는 것을 생각하였을 때, 자기 자신에 관해서 생각도 없이, 또는 그것에 관해서 미리 생각하거나, 또는 미리 생각한 것도 없이, 즉시 그는 앞쪽으로 자신의 길을 향하였는데, 그러므로 나는, 그가 뒤쪽 아래에 있는 데도 불구하고, 그가 앞쪽 아래에 있다는 것 외에는 다른 것을 알지 못하였습니다. 이와 같은 일은, 그의 삶 동안에 자기가 어느 쪽에 서 있다는 것을 어느 누구에게도 알리기를 원하지 않았기 때문입니다. 그렇지 않았다면, 그는 그들의 사회에 있을 수 없었고, 그리고 그들이 의도하는 것이 무엇인지도 알 수 없었을 것입니다. 따라서 그는 그런 것들에 의한 이익을 얻는 기회까지도 빼앗겼을 것입니다. 아니면, 위에서 언급한 것과 같이, 명예나 부(富)를 얻는 것까지도 빼앗겼을 것입니다. 그는 모든 기회를 이런 방법으로 행하였습니다. 그는 나의 보다 보편적인 생각을 알지 못하게, 또는 사전에 생각하는 일도 없이, 교묘하게 왜곡하기 때문에, 나는 내가 이와 같이 부패한 정동 안에 있는 그런 존재라는 것도 거의 알지 못하였고, 그리고 내 자신 안에 있는 분노도 거의 느끼지 못하였습니다. 이런 일은 내가 기억하지 못하는 일에서도 거의 마찬가지입니다. 이런 식으로 지배적인 열정들(the ruling passion)이나, 보편적인 열정들은 잘 알려집니다. 그러나 천사들은 그것들을 쉽게 분별합니다.

928. 이런 내용이 사람 안에 있는 지배적인 열정들에 관한 검증입니다. 왜냐하면 사람은 사람 안에 있는 어떤 분비기능, 다시 말하면 어떤 내분비샘에 관계되는 영들에 의하여 그 열정들에 인도되기 때문입니다. 그러나 이 경우에서도 그들이, 머리나 폐장 또는 몸의 어느 부위에 속한 자들인지, 나는 알지 못합니다. 단지 두 경우에만 명확한데, 내 눈에 나타난 것은 얇은 광선들(thin streaks)이었는데,

그것들은 두 갈래로 갈라진 번갯불 같았습니다.

929. 종종 나에게는 한 영혼의 머리 위에 매달려 있는 아주 작은 선명한 점들(点·points)이 나타나고는 하였는데, 나는 그가 해를 받지나 않을까 걱정하였습니다. 왜냐하면 보통 이런 것들은, 예리한 뾰족한 것들이나, 칼끝이 어떤 사람의 머리에 떨어질 때와 같이, 일반적으로 고통이나 공포를 야기하기 때문입니다. 그들은, 앞에서 나에게 일러준 것과 같이, 이런 부류의 영들은 그들이 말하려는 것과는 다른 것을 생각하고 있다는 사실을 뜻합니다. 왜냐하면 뾰족하게 된 모든 것은 사기(詐欺)나 교활(狡猾)한 것을 뜻하기 때문입니다. 1748년 2월 21일

930. 따라서 그들은, 주님·천계·사후의 삶이나 이와 비슷한 것들이나, 또는 일반적인 사회나 개별적인 사회들에 관한 다른 것들에 관해서 그들이 가지고 있는 관념이 무엇인지에 관해서 검색을 받을 수도 있습니다. 거기에는 매우 활동적으로 솟아나고, 작용하는 영기(靈氣·sphere)가 있는데, 그러므로 이 영기는 다른 사람들의 생각을 왜곡시키고, 그리고 그들이 가지고 있는 활동적이고 능동적인 생각들이 마치 그 사람 자신의 것과 같이, 그 사람을 설득합니다. 더욱이 이 영기의 작용은, 일반적으로 많든 적든, 그 사람이 원하는 목적들에서부터 그 사람 안에 활착(活着)된 실상(實狀·actuality)에 따라서, 강하기도 하고, 약하기도 합니다. 이런 식으로 한 사람의 온갖 바람들은, 그런 사실들을 명확하게 규명할 수 있는 사람에 의하여, 온갖 목적들에서 종결됩니다. 왜냐하면 그 사람은 온갖 수단들 안에 있는 목적과 동일하기 때문입니다. 다소 나약한 영들이나, 또는 다른 자의 활동들에 대해서 감수성이 예민한 영들은, 다른 자들의 상태가 그들에게 작용하기 때문에, 다른 자들이 어떤 성품을 지니고 있다는 것을 쉽게 믿게 할 수 있습니다. 그러나 이런 상태들은 천사들을 감동시킬 수는 없습니다. 1748년 2월 22일

931. 이러한 사실은 몸에서 발산하는 영기(靈氣) 이외의 다른 것에

의해서는 표현될 수 없습니다. 이 영기는 어떤 것이 어떤 것에 충돌할 때, 자기 자신의 성질이나 본성에 따라서 반동(反動)으로 튕겨 나오거나, 또는 그것에 굴복하는 그런 성질입니다. 그러므로 이런 영들은, 자신들이 이런 성품이라는 것이나, 그리고 그들이 이와 같은 결과를 낳는다는 것도, 알지 못합니다. 이런 영들은, 말하자면, 남에게 겁을 주고, 공포 같은 것들을 느끼게 하는 그런 영기에 에워 쌓여 있습니다. 그 영기 안에는, 보다 강력하게 작용하는 영기가 아니라면, 허입(許入)되는 것은 아무것도 없고, 모순(矛盾)되거나, 반대되는 것은 아무것도 허입되지 않습니다. 그 때 그와 같은 일은 온갖 고통과 더불어 행해지는데, 그 이유는 그 영과 그의 영기는 하나를 이루기 때문입니다. 그러나 탐욕 때문에 들어오지 못하는 지식들(知識·cognition)은 들어갈 수도 있고, 또 영접될 수도 있습니다. 1748년 2월 22일

영들의 검색에 관한 속편

932. 이런 부류의 영혼들은, 그들이 선한 정동들의 상태에 들어가는 계도(階度)에 따라 매우 심한 어려움으로 영들에 의하여 검색을 받을 수밖에 없습니다. 역시 이와 같은 일은 이 세상에서 악한 사람들에게 있는 경우와 같습니다. 악한 사람들이 불행·슬픔·시험·질병 따위에 있게 되면, 그 때 그들은 전적으로 바뀐 것 같이 보이지만, 그러나 만약에 종전의 기질(氣質)이 남아 있다면, 그들은 쉽게 본래의 상태로 되돌아갑니다. 그러므로 꼭 같은 상태들이 영혼들 안에 형성될 수 있고, 그리고 이런 상태들 안에 있게 되면 그들은 다른 모습으로 보입니다. 나는 오늘 생생한 경험에 의하여 육신을 입은 삶에서 아주 교활(狡猾)했던 자의 경우를 알 수 있었습니다. 그러나 만약에 그들이 자신들의 교활(狡猾)에서 선량한 상태를 허입한다면, 그 가식(假飾)이나 위장(僞裝)은 천사들 앞에서 마치 백일하에 있는 것처럼, 곧바로 드러나지만, 그러나 외관상 그럴싸한 위장에 속

한 온갖 방법에 의하여 속일 수 있는 매우 난잡(亂雜)한 영들 앞에서는 그와 같이 드러나지 않습니다. 가식이나 위장 따위는 영혼들 가운데서도 생겨납니다. 왜냐하면 그들은 이것을 육신을 입은 삶에서 취득하고 있기 때문입니다. 그들은, 이런 식으로 자신들이 영들을 속일 수 있다는 것 외에는 다른 것을 생각하지 않습니다. 그러나 그들의 가식이나 위장 따위들은 아주 명확하게 드러나는데, 만약에 이런 가식이나 위장들이 선천(先天)적인 것이라면, 그들은, 앞에서 언급한 식으로(515항 참조), 다시 말하면, 온갖 종(種)과 유(類)로 찢어지는 방법들에 의하여 내면적인 것들이나 외면적인 것들의 절단(切斷)과 같은 형벌을 받습니다.

933. 자신들의 영기(靈氣)에 의하여 강력하게 작용하고, 그리고 다른 자들의 생각에 속한 영기(靈氣)를 좌지우지(左之右之)하고, 왜곡시키는 영혼들은, 이와 같은 짓은 활착된 그 어떤 것 때문인데, 좋은 것들을 이와 같은 그들 자신의 성질 또는 영기(靈氣)에 일치하는 것으로 바꿀 뿐만 아니라, 어떤 경우들에서는, 가끔 그들이 속일 목적으로 악한 것들을 선한 것으로 바꾸기도 합니다. 그리고 또한 그들은 모든 것들을 왜곡시키는 것을 좋아해서, 그리고 이런 식으로 자기 자신의 온갖 탐욕들을 감추기를 원해서 이런 짓을 하기도 합니다. 1748년 2월 22일. 이러한 내용들은 경험에서 비롯된 것입니다.

영혼들이 생각한 것과 다른 것을 말할 때에는 반드시 칼들이나 끝이 뾰족한 것들이 나타난다는 것에 관하여

934. 영혼들이 생각한 것과 다른 것을 말할 때에는, 예를 들면, 좋게 말하는 것이 이익이 된다는 이유 때문에 선하게 말하는 경우, 그 때 단검(短劍·sword)이 나타나고, 위에서 언급한 것과 같이(929항 참조), 말하는 자의 머리에 떨어질 것과 같이, 그 사람 머리 위에 끝이 예리한 것(point)이 보입니다. 더욱이 이와 같은 속임은 없지만, 어떤 일이 진실이다는 것을 알고 있으면서도, 그럼에도 불구하고

"마음"(animus)은 그런 식으로 느끼지 않고, 오히려 동의(同意)하지 않으면서도, 그것을 어떤 방법으로 말하지 않으면 안 된다고 자기 자신이 생각할 때, 그 단검(短劍)은 그의 등 뒤에서 보이고, 따라서 그는 매우 위험에 빠지게 됩니다. 따라서 단검들이나 끝이 예리한 것들은, 생각들이나 말 사이의 불일치(不一致)의 성질에 따라서 다종다양(多種多樣)한 방법들로 위협을 주고 있습니다. 1748년 2월 22일

복수(復讎)와 증오(憎惡)에 속한 형벌에 관한 속편

935. 독자들은 복수(復讎)에 속한 형벌(刑罰)에 관해서 기술된 내용을 볼 수 있겠습니다(935-938항 참조). 복수에는 욕지기나는 가장 더러운 것들이 내재해 있기 때문에, 이러한 더러운 것들은 이런 식으로, 다시 말하면 이와 같이 더러워진 기관(器官)들에 의하여 표현되고 있습니다. 복수나 증오에는 그것들에서 비롯된 꼭 같은 형벌들이 필연적으로 있을 수밖에 없는 그런 욕지기나는 더러움이나 불결이 내재해 있습니다. 그들을 위해서는 발 보다 더 낮은 곳에 있는 게헨나의 왼쪽의 수렁의 늪(miry lake)이 준비되어 있습니다.

936. 그런 뒤에는, 커다란 턱과 창살 모양의 이빨을 가진 용의 머리가 보였는데, 그 커다란 턱 안에는, 마치 불꽃이 타오르는 것과 같은 화염으로 온통 꽉 차 있었습니다. 이것이 뒤에 받게 되는 형벌입니다. 그것은 타고 있는 화염과 같은데, 그들은 뒤에 이와 같은 턱 속으로 버려집니다.

증오와 복수를 벌하는 자들에 관하여

937. 복수를 벌하는 영은 가장 악질적입니다. 그 영은 모든 사람들의 외모를 취할 수 있습니다. 그는 때에 따라서 모습을 꾸밀 수 있어서, 그 때 그 때 다른 모습을 꾸밉니다. 그러므로 어느 누구도 그가 어떤 인물인지 거의 알 수 없습니다. 그가 형벌을 가할 때에는 그는 수많은 사람들의 모습으로 가장(假裝)합니다. 그는 가장 악질적

인 영들 가운데 있습니다. 그의 모습은 검고, 그리고 결장(結腸·colon)의 영역에서 옵니다.

938. 그 수렁의 늪에 있는 형벌을 주는 영들은 방광의 영역에서 온 악질적인 여인들입니다.

두뇌의 유두적인 돌기들(乳頭的 突起·the mammillary processes)의 영역을 구성하는 자들에 관하여

939. 유두적인 돌기들은, 자신들의 틈새를 통해서 두뇌의 내면적인 점액(粘液)이나, 또는 골수의 원질의 점액을 흡입(吸入)하고, 그리고 그것을 점액으로 콧구멍으로 배출하고, 코의 콧물처럼 아무 쓸모 없는 그런 배설물을 버리는 그런 것들입니다. 왜냐하면 콧물은 후두(喉頭)에서 소모(消耗)되지 않기 때문입니다. 그것은 그 때 음식물에 달라붙어서(密着), 식욕을 파괴하기 때문입니다.

940. 이 영역을 구성하는 자들은, 증오(憎惡)를 고집하는 자들인데, 그들이 한번 누군가를 증오하게 되면, 복수를 끈질기게 고집하는 자들입니다. 그러나 증오에 속한 악의(惡意)나 그 악성(惡性)은 그것의 여러 원인들에 따라서 다릅니다. 증오나 복수는 자신들의 원인들, 또는 목적들을 가지고 있고, 이것들은 역시 그것들이 사람에게 침투하고, 따라서 뿌리를 박을 수 있습니다.

941. 이런 부류의 영들은 얼굴의 넓은 곳에서 멀리 떨어진 왼쪽을 향해 약간 정면에 있습니다. 그들이 시야에 나타나게 되면, 갈색의 크고 넓은 통(tun)이 보입니다. 그들은 지옥의 무리이기 때문에, 그들은 이 통 안에 있습니다. 왜냐하면 그들은, 그들이 거기에서 우주를 다스릴 수 있다고, 생각하기 때문입니다.

942. 이런 영들이 말을 할 때에는, 그들은 마치 바다의 파도처럼 높고 낮음(波紋)으로 말을 합니다. 왜냐하면 그들은 자기 자신들이 이런 식으로 느끼기를 원하고, 따라서 그들은 이런 식으로 듣기 때문입니다. 거기에는 그들의 집단이 있습니다.

943. 그러나 자신들에게 좋다고 여겨지는 어떤 원인들로부터 증오와 복수를 마음에 품고 있는 자들은 그리 멀지 않은, 가까운 유사한 곳인 정면이 굽은 벽(壁) 속에서 삽니다. 그 벽은 회반죽(plaster)으로 칠한 흰색이고, 회반죽으로 만든 아름다운 조각물들로 장식되어 있습니다. 이와 같은 채색이나 조각물로 장식한 것은 증오나 복수가 그들에게는 매우 멋지게 보이는 것들 중의 하나라고 생각하기 때문입니다. 이 벽이 내 얼굴 가까이에 나타났습니다. 그것은 아름다운 조각품들로 이루어진 것으로 눈 같이 희었습니다. 그 조각품들이 사라지자, 그 벽은 보다 더 넓게 확장되었고, 동시에 더 높아졌습니다. 그런 뒤에 나는 그것의 높이를 볼 수가 없었습니다. 그것의 색깔은 그렇게 하얗지는 않았지만, 그러나 내부는 일종의 푸른색(靑色)으로 바뀌었습니다. 따라서 이것은, 악한 원인에서가 아니고, 그들이 다른 원인들에 의하여 공동의 선(the common good)을 의도하는, 결과적으로 천계적인 선을 의도하는 이와 같은 성품을 가지고 있는 자들과 일치합니다. 이 평평한 벽은 변하였고, 위쪽으로 높아졌습니다. 나는 그 안쪽을 관찰하는 것이 허락되었고, 그리고 일러진 것은 그 밑바닥에는 뱀들이나 용들이 있다는 것이었습니다. 그러나 나는 그것을 보지는 못하였지만, 그것은 이런 식으로 사라지는 증오나 복수를 뜻한다고 나에게 일러졌습니다.

복수의 처참한 형벌에 관하여

944. 그럴싸한 원인들로부터, 말하자면, 그것이 왕과 같고, 왕의 위엄(威嚴)에 적합하다는 것이나, 또는 그들이 올바른 것이라고 여기는 그런 이유들에서 비롯된 복수심이 강한 마음을 가지고 있는 자들은, 그들이 그것의 추함이나, 더러운 성질을 깨닫게 하기 위하여, 매우 가혹한 형벌을 받습니다.

945. 첫 번째 형벌에 관해서 살펴보면, 그것은 너무나 추하고 더럽기 때문에 일일이 기술할 수도 없습니다. 두 번째 형벌도 마찬가

지입니다. 왜냐하면 거기에는 인간적인 것은 아무것도 남아 있지 않을 만큼 소름이 끼치는 아주 흉물스러운 것으로 바뀌었기 때문입니다. 사실 얼굴은 마치 조잡하고, 둥근, 넓적한 케익 같이 되었고, 따라서 인간으로서 값진 모든 것들을 잃어버렸기 때문입니다.

946. 그 때 그 영은, 마치 양 팔을 활짝 펴고, 팔이 움직이지 않는 모양을 하고, 더러운 것을 가지고 빙빙 돌면서 위로 올라갔습니다. 그러나 그것들은 팔들이 아니고, 약간 흰 누더기들이었습니다. 이런 식으로 뻗고, 계속해서 빙빙 돌기 때문에, 몸은 하늘을 향해 올라갔지만, 그것은 가장 심한 치욕을 깨닫게 하기 위한 것으로, 그가 이런 성품이라는 것이 모든 자들 앞에 공포되었습니다. 따라서 그는 반드시 간청하는 자가 되어야만 하고, 그리고 용서를 구해야만 합니다. 그의 간청에서 무엇을 구하여야만 하는지도 그에게 일러졌습니다.

947. 이런 일이 있은 뒤, 그는 게헨나에 옮겨져서, 수렁의 늪 속에 던져졌는데, 거기서 그는 질식(窒息)할 만큼 수렁 속에서 뒹굴려졌고 (rolled), 그리고 수렁 속에 처넣어졌습니다. 따라서 이런 영들은 마치 수렁과 같았습니다. 이러한 형벌들은 복수에 집착한 자들을 위한 것이고, 그들이 복수를 단절하지 않는다면, 이와 같은 형벌은 계속해서 번갈아 이어질 것이고, 심지어 영원까지 계속 이어질 것입니다.
1748년 2월 23일

948. 이와 같은 일들은, 여기서 이름을 밝히지 않겠지만, 나와 어떤 다른 사람과 관계되어 있습니다. 왜냐하면 이런 성품은 어려서부터 그러하였기 때문이고, 그리고 사실은 그는 꿈에서 나를 보고, 죽이려는 증오로 불타 있었지만, 그러나 그는 그 상대가 나라는 것을 알지 못하였습니다.

949. 원문에 결번입니다.

사람이 악할 때 선은 전가(轉嫁)되지 않고, 사람이 선할 때 온갖 악들은 소멸(消滅)된다

950. 내가 오늘 개념적으로 명확하게 깨달은 것은 주님의 것인 온갖 선들은, 사람이 악 안에 있기 때문에, 악한 사람에게 전가(轉嫁)될 수 없다는 것이고, 그리고 선들을 자기 자신의 것이라고 여겨, 선을 자신의 것이라고 주장한다는 것은 결코 있을 수 없다는 것입니다. 그러나 선들은 선한 사람에게 전가되고, 그리고 그 때 악들은 그에게서 소멸된다는 것입니다. 이러한 내용은 개념적으로 기술하는 것보다 더 명확하게 지각될 수 있겠습니다. 1748년 2월 23일

천사들은, 마치 그것이 사람에게서 분리되는 것같이, 사람의 마음(animus)을 조사할 수 있다는 것에 관하여

951. 어떤 영의 두개골(=머리·cranium)의 일부가, 마치 천계를 향하듯이 위로 올리워졌고, 그리고 거기서 검색(檢索)되었습니다. 그의 온갖 탐욕의 측면에서 그의 성품은 이미 앞에서 밝혀졌습니다. 말하자면, 그의 어린 시절에 그의 성품이 어떠하였는지, 그가 마음에 품고 있는 것이 무엇인지, 또는 그가 의도하는 것이 무엇인지, 그리고 그가 생각하고 있는 생각들이나, 그의 품은 꿈들의 성질이 어떤 것인지 등등의 것들은 이미 알고 있습니다. 나는 그의 얼굴에서 두 종류의 얼굴을 보았습니다. 그 얼굴들은 그가 어렸을 때 그에게서 비롯된 것으로, 그것은 그가 어떤 사람에 대하여 분개(憤慨)하였을 때의 것과 비슷하였습니다. 나의 얼굴과 같은 것이라고 하였지만, 그러나 나는 그것을 알 수가 없습니다. 다른 얼굴은 한 남자의 얼굴이었으나, 자세히 보니까, 다 성장한 처녀의 얼굴과 같았습니다. 한마디로, 사람이 생각하였던 것들이나, 현실(現實)에 의하여 자연히 자기의 것이 된 기질(氣質)에 관하여 검색될 때, 그 밖의 것도 마찬가지이지만, 주님에게 밝혀지는 것이 허락된 것은, 까발려지지 않고 마음에 숨겨진 것은, 아무것도 남아 있지 않습니다.

952. 그러나 여전히 그에게는 부드러운 본질(a softer substance)은 남아 있는데, 말하자면, 두뇌의 수질부(髓質部)의 원질(原質)이나, 또

는 그것보다는 더 단단한(harder) 것이 되겠습니다. 이것으로 말미암아 사람은 변함없이 말하고, 생각하지만, 그러나 서로의 차이는 있습니다. 그러므로 그는, 그의 내면적인 사람의 성품의 측면에서, 그것이 그의 외면적인 사람의 성품과 비교될 때, 어느 정도 작은 계도에 대해서만 검색됩니다. 1748년 2월 23일

천사들은, 사람이 꾸미는 온갖 가식(假飾)은 물론, 그가 극비(極秘)라고 생각하는 것들까지도, 간파(看破)한다는 것에 관하여

953. 한 영혼, 즉 한 사람이 겉꾸미기를 원할 때, 다시 말하면, 이것을 생각하면서 저것을 말하려고 할 때, 그것은, 사람의 눈 앞에 검은 큰 구름이 나타나는 것과 같이, 천사들의 눈 앞에는, 아주 명확하게 드러납니다. 자신들의 생각으로는, 마치 내가 가지고 있는 것과 같이, 그들은 소위 이중적인 생각(a double thought)을 갖는다는 것을 위장할 수 있다고 생각하는 몇몇이 있었습니다. 그들은, 어떤 영이 말한 것과 같이, 심지어 천사들까지 속일 수 있을 만큼, 가장할 수 있다는 것입니다. 그러나 내가 밝히 안 것은, 이와 같은 생각은 희미한 기체(氣體)로서 나 자신이나 영들이 아는 것이지만, 천사들은 하나의 안개로서, 또는 냄새를 풍기는 기체로 안다는 것입니다. 사람에게 극비(極秘)라고 여기는 것들은 내면적인 천계(the interior heaven)의 천사들 앞에서는 그것의 한계까지 밝혀집니다. 따라서 보다 더 내면적인 천계의 천사들 앞에, 사실 만약에 그들과 일치하지 않는 어떤 것들이 보다 깊숙이 거기에 감추어지지 않는다면, 그들의 조잡함 때문에 그것들에 관하여 감지될 수 없다는 것은 전무(全無)합니다. 1748년 2월 23일

유두적인 돌기들(乳頭的 突起·the mammillary processes)의 영역을 구성하는 자들에 관하여

954. 이것은 앞서의 내용(939-943항)에 간단하게 부연하는 것입니다. 유두적 돌기들의 영역을 구성하는 자들이 몸이 아니고, 얼굴에 전념할 때, 그들은 뜨거운 것을 내뿜는데, 그 까닭은, 복수나 앙갚음 따위는 화염(火焰) 같고, 그리고 불(火)이 그것을 표징하기 때문입니다. 그러므로 거기에서부터 그와 같은 뜨거운 것이 생성됩니다. 따라서 영혼들의 성품은 뜨거움(熱·heat)과 그것의 성질에서 역시 잘 알 수 있고, 그리고 또한 그것의 장소와 거리에서, 또 그들 주위를 에워싸고 있는 그것의 위치나, 대상물들의 모든 정황(情況)들에서 잘 알 수 있습니다. 1748년 2월 23일

천사들은 자연적인 진리들에 속한 정교(精巧)한 지식을 가지고 있고, 따라서 지극히 작은 것에서도 그 지식의 부족함이 없다는 것에 관하여

955. 이것은 우기고 주장하려는 것이 아니고, 단순히 기억을 위해 기록하려는 것입니다. 그것은, 내가 우리 몸의 어떤 내장에 관해서 기술된 것들의 내용들을, 거기에서 연역(演繹)된 여러 원인들과 함께 읽고 있을 때, 천사들은 그것이 진리인지, 아닌지를 정확하게 알 수 있다는 것입니다. 나는 천사들로부터 이 사실을 깨달았습니다. 따라서 해부학이나, 물리학 또는 철학적인 것들에 관해서 그들이 알고 있는 것은 무엇이나 참된 것이고, 또한 올바르게 관계를 가지고 있는 것입니다. 그리고 그들은 이와 같은 것을 그런 학문들(學問·sciences)을 통한 예비적인 지식(a previous cognition) 없이도 잘 알고 있다는 것입니다.

조예가 깊은 사상(思想)에 속한 보다 예리한 통찰력(洞察力)도 가끔 왜곡된 자들 안에 존재한다는 것에 관하여

956. 그의 재능에 속한 예리한 통찰력(洞察力)이나, 사물들에 대한 통찰력에서, 다른 사람의 삶을 판단할 수 있는 사람은 아무도 없습

니다. 왜냐하면, 다른 사람들에 비하여 예리한 사람들은, 선하기보다는 오히려 악할 수 있기 때문입니다. 따라서 속이는 자들이나, 심지어 가장 사기(詐欺)적이고, 또한 강도들도 다른 사람의 생각들이나, 의도들, 또는 그들의 마음 따위에 대하여 다른 영들에 비하여 더 예리하게 통찰할 수 있습니다. 만약에 그들이 그와 같이 할 수 없다면, 그들은 민첩한 강도들은 아니고, 오히려 그들은 모든 것들을 자신들의 탐욕에 따라서 거짓이나 악, 또는 사기(詐欺)로 바꾸어 놓았을 것입니다. 따라서 저 세상에 있는 악마들은 온갖 속임수나 사기 따위들을 생각하고, 그리고 그것들을 궁리해서 짜맞추는 일에 아주 능숙하고, 예리하고, 영특해서, 어느 누구도 그것을 믿지 않을 수 없습니다. 그러므로 자신의 예리한 통찰력 때문에 칭찬을 받는 사람은 그것이 그의 삶 때문에 칭찬 받는 그런 이유는 아닙니다. 그의 통찰력의 정도에서 보면 저 세상에서 상급(賞給)으로서 어떤 것을 희망할 수 있는 사람은 아무도 없습니다. 1748년 2월 23일

957. 저 세상에서 그들은, 어느 누구도 그것을 결코 믿을 수 없을 정도로 매우 교묘하게, 순간적으로 자신의 통찰력을 남용(濫用)해서, 선한 것을 악한 것으로 바꿉니다. 왜냐하면 그들은, 육신을 입은 삶에서, 뱀들과 같아서, 그들의 눈들은, 매순간 그들이 해칠 수 있는 방법에 관해서 몰두(沒頭)하고 있기 때문입니다.

굳은살(皮膚硬結 · calluses)의 딱딱함과 부드러움에 관하여

958. 육체적인 삶 이후 영혼이 지니고 있고, 그리고 외적인 것이나 관능적인 것 안에 있는 것과 같은 것에 관해서 제거되거나 검색되는 굳은살(皮膚硬結)들은 실제적으로 그의 삶의 상태에 따라서 굳기도 하고, 부드럽기도 합니다. 굳은 것들은 부드럽게 되는데, 이와 같은 일은 여러 종류의 형벌들에 의하여 행해집니다. 그것들이 부드럽게 되기 전에는 보다 좋은 것들은 내적인 것들과 결합할 수 없고, 그리고 악한 것들도 그것들의 관계들과 함께 소멸될 수 없고, 다만

영적인 방법으로 제거될 뿐입니다. 딱딱한 굳은살을 가진 자들은 매우 크고 심한 고통을 감수하여야 합니다. 그리고 그 악의 뿌리가 손상을 입기 때문에, 그 고통이나 고뇌들은 매우 고질(痼疾)적이고, 중증(重症·the more deep_seated)입니다. 그러나 부드러운 굳은살을 가진 자들은 그와 같은 고통은 받지 않는데, 나는 이와 같은 사실을, 내가 다른 자들과 꼭 같이 억압을 받고, 제거되는 경험을 통해서 알게 되었습니다. 1748년 2월 23일

신장(腎臟)·요관(尿管)·방광(膀胱)들의 영역을 구성하는 자들은 검색하기를 원한다는 것에 관하여

959. 한 영혼이 오게 되면, 언제나 그에게 가까이 와서, 그들이 그를 시험하고, 검색하기 위하여 신장들·요관들·방광들의 영역을 구성하는 자들을 만납니다. 그들은 그들이 할 수 있으면 어디서든지 온갖 이유들을 찾으려고 하고, 그리고 부지런히 그것들을 찾습니다. 그러나 그들이 검색하는 그들의 갈망은 징벌이나 형벌을 주는 것이 목적이고, 그리고 그와 같은 욕망은 그들에게 아주 큰 쾌락을 제공합니다. 그러나 그들은, 그 영혼이 육체에서 취한 그에게 있는 것들만을 다만 검색할 수 있습니다. 왜냐하면 신장·요관·방광들은 혈액에서부터, 따라서 육체적인 것들에서, 다만 못쓰게 되고(worn_out), 더러워진 것들만을 걸러내기 때문입니다. 1748년 2월 23일

신장(腎臟)들이나, 부신(副腎)들의 영역 안에 있는 자들은 자신들의 조잡한 것들을 걸러내고, 따라서 반드시 순수하게 만들어야만 하는 것들을 순수하게 한다는 것에 관하여

960. 잘 알 수 있는 사실은, 오줌통이나, 부신(副腎)은 더러운 것들을 걸러낸다는 것입니다. 즉 신장은 장액(腸液·serum)의 더러운 것을, 그리고 부신은 혈액의 알짜(spirit of blood)에 속한 보다 더 더러운 것을 걸러내는 일을 합니다. 그러므로 정자관(精子管)들은 신장의

정맥에서부터 내려오고 있습니다.

961. 보다 순수한 생각들이 한 사람에게서 제거되면, 그 때 또한 신장들의 영역에 있는 영들은 관능적인 것들, 따라서 매우 불결한 것들을 추종(追從)하는데, 이와 같은 일은 이중적인 질서나 계도 안에서 일어납니다. 그들은 그 영역을 구성하는 자들과 일치하는 것들을 받아들이기 때문에, 그들은 역시 그것들 안에 "마음"(*animus*)을 두고, 따라서 보다 순수한 것들에서는 마음을 멀리 합니다. 그러므로 보다 순수한 것들은 불결한 것들과 동반(同伴)하는 일이 없이 천계에 옮겨집니다.

962. 그러므로 같은 방법으로 부신(副腎)은 혈액의 알짜에 속한 더러운 것들을 제거하고, 신장은 장액에 속한 더러운 것들을 걸러냅니다. 이 기관들은 흡인력(吸引力)에 의하여 작용하고, 그 기관이 하는 일은 그 작용에 의하여 행해집니다. 그 영역의 영들은 비슷한 방법으로 활동합니다. 그들의 성품은 이와 같습니다. 즉, 보다 순수한 영기(靈氣·the purer sphere) 안에 대응하는 어떤 것이 자극을 받으면, 그 때 사람 또는 영혼이 자기 자신의 것으로 소유하고 있는 관능적인 것들은 분리될 수 없기 때문에, 그러므로 먼 거리에서 그들의 활동의 범위에 따라서 작용하는 협동적인 힘(a co-operation force)에 의하여 그들은 보다 불결한 것들로부터, 심지어 욕지기나고, 부패한 것들로부터 보다 좋은 것들이나 순수한 것들을 제휴(提携)하고, 자극하고, 끌어내서, 따라서 자유스럽게 해방시킵니다. 그러므로 악령들은 이런 것들을 쫓아내는 자들입니다. 그러나 그들은 그런 이유 때문에 보다 악해지는 것은 아닙니다. 왜냐하면 그들은, 그들이 보다 선량해지고, 또는 개혁되기 이전에는, 이러한 기능을 수행하여야만 하기 때문입니다.

963. 영들이 이런 식으로 자신들의 미망(迷妄)이나 망상(妄想)들을 억제하게 되면, 마치 어떤 것들은 위로 올리워지는 것처럼 보입니다. 이러한 내용은 육체적인 굳은살에 관해서 앞에서 언급한 것(958항

참조)에서 읽을 수 있습니다. 그러나 이러한 내용은, 그것에 의하여 그들이 고요해지기 위한 그런 것들에 대한 그들의 마음의 집중(集中)에 불과합니다. 그들은, 내면적인 것들이 드러나지 않기 때문에, 그런 것들과 함께 일할 수는 없습니다. 그 때 이른바 내면적인 골수의 원질(原質)이 나타나 보이며, 그리고 그들이 목적에 비하여 보다 외면적인 것들에 자신들의 눈을 집중하고 있기 때문에, 따라서 그것은 마치 자신들의 눈에까지 올리워진 것같이, 따라서 자신들의 시각에 종속된 것같이 보입니다.

964. 이와 같은 흡인력(吸引力)이 있다는 사실은 나에게 알려진 다양한 종류의 경험에서 아주 명백합니다. 그들은 아주 현저한 지각과 더불어 나의 두개골을, 어떤 때는 심한 고통과 같이, 끄집어내었습니다. 가장 명확한 심한 고통의 지각은 그 때 그들이 가장 외적인 것들에 고정된 자들의 직관(直觀 · intuition)을 계속 유지한다는 것 이외의 다른 원인은 없었습니다. 그러므로 내면적인 것들은 보다 선량한 영들에게는 열려 있을 수 있었습니다.

965. 어떤 사람의 영적인 것들이나, 천적인 것들을 검색하는 것이 천사들에게 허락되었을 때, 거의 꼭 같은 내용이 보여졌습니다. 그 때 그는 천계로 옮겨졌습니다. 그러나 그것은, 그들과 일치하는 것들에 대한 천사적인 마음의 집중(集中) 이외에 아무것도 아니었습니다. 1748년 2월 24일

966. 따라서 심하지 않은 불결한 것들에 고정된 그들의 주시(注視)를 계속 유지하는 것에 의하여 부신(副腎)들은 내면적으로 불결한 것들을 자신들에게 끌어당깁니다. 왜냐하면 그것들은 영들의 정액(精液)이나 순수한 혈액의 혈청(血淸)을 고정시키고, 그러므로 순수한 것들이 그것들에 의하여 자유스럽게 해방되고, 따라서 순결한 것을 운반하고, 그 밖의 것들을 수행하기 때문입니다. 이 방법은, 보다 더 불결한 것들이 주님에게 가까이 오지 않게 하기 위한 그룹(the cherubim)에 속한 방법입니다. 그러므로 주님께서는, 그분이 신령한

것들 안에 존재하듯이, 천적인 것들이나 영적인 것들 안에 계실 수 있습니다. 그리고 주님께서는, 마치 중심축(中心軸)에서 비롯되듯이, 그들로 인하여 우주를 다스리십니다. 1748년 2월 24일

혀가 영적인 것들이나 천적인 것들과 관계된다는 것에 관하여
967. 생생한 경험을 통하여 내가 잘 알고 있는 사실은 혀(舌)가 영적인 것들과, 그리고 또한 천적인 것들과 관계된다는 것이고, 그리고 그것에 의하여 이쪽과 저쪽이 내통하는 통로(通路)가 열려 있다는 것입니다. 다시 말하면 영적인 것에서 천적인 것에, 그리고 그 반대로 서로 통하는 통로가 열려 있습니다. 그러므로 혀는 폐장과 심장의 내장들도 모두 통괄합니다. 이와 같은 사실은 그것의 이중적인 기능에서 아주 명백합니다. 그 기능에서 보면, 그것은 언어에 의하여 영적인 것들에 관계되고, 미각(味覺)에 의해서는 천적인 것들에 관계됩니다. 따라서 혀의 영역을 구성하는 자들은, 그것을 통해서 영적인 것들에서 천적인 것들에 통하는 통로가 되는, 그런 존재입니다. 1748년 2월 24일

부신(副腎)의 피막(被膜)의 영역을 구성하는 자들에 관한 속편
968. 부신의 분비선(分泌腺)은 태아(胎兒)에게서 보편적입니다. 그 이유는 분비선들이 일정기간 동안 잠자고 있는 수많은 내장의 기능을 수행하기 때문입니다. 그런 뒤에, 그 샘(腺)들은 순수한 혈액이 순환하려고 할 때, 혈액이 생식기(生殖器)들에 의하여 흡수되는 것을 막아서, 순수한 혈액을 흡수하는 역할을 수행합니다. 그리고 짧은 순환(a shorter circle)에 의하여 그것은 정맥(靜脈)으로 주입하고, 그래서 다시 심장으로 주입합니다. 그 때 그것은 역시 이 영역으로 인하여 피를 활기차게 하는데, 그것은 마치 대뇌가 상부영역(the upper region)으로부터 그것을 활기차게 하는 것과 같습니다. 이와 같은 경우는 생식기들, 즉 생식기관들이 힘차게 활동하지 않는 동안 수행되

는 경우입니다. 그러나 이런 기관이나 조직들이 활발하게 작동하여, 혈액의 좋은 부분을 낚아채게 되면, 그 때 부신의 피막은 이 생동하는 혈액을 빼앗기고, 따라서 순수한 혈청도 그들에게서 빼앗겨 집니다.

969. 나는 이와 같은 사실을 살아 있는 경험을 통해서 배웠습니다. 거기에는 자신들을 부신의 피막의 영역에 전념하는 자들이 있는데, 그들은, 비록 자신들에게는 그들에게 간직된 것처럼 보이지만, 보다 순수한 논리적인 사고(the purer kinds of reasonings)를 자신들에게 끌어들이고, 따라서 이른바 그것을 전달하는 역할을 합니다. 그럼에도 불구하고 거기에는 천계와의 교류들이 있습니다. 그러므로 내가 그들이 즉시 천계로 올리워진다고 생각하였을 때, 그 영역에 속한 어떤 여성의 영들은, 자신들은 매우 큰 분노로 가득 차 있으며, 그것이 어디에서 온 것인지 자신들은 알지 못한다고 말하였습니다. 그 이유는, 그들이 종전과 같이, 영적인 것들이나 천적인 것들을 자신들에게 끌어들이지 않았다는 사실에서 비롯된 것입니다. 그 때 그들은 그들이 종전과 같이 하던 대로 하지 않았다는 것에 대하여 그들은 몹시 분노하였습니다.

970. 이 영역을 구성하는 자들은 순결한 처녀들인데, 그들은 불안에 빠지기 쉬운 성품입니다. 따라서 그들은, 자신들이 그들의 상태를 유지하지 못하지 않을까 하는 두려움에 싸여 있습니다. 그들은, 대체적으로 안쪽의 왼쪽 지역에서 조용히 살고 있지만, 그러나 그 옆 가까이에는 부신의 분비선들이 자리 잡고 있습니다. 그들은, 자신들이 천계에 허입되지 않을 것을 몹시 걱정하였습니다. 왜냐하면 그들은, 만약에 그들이 기능을 빼앗기면, 그들이 아무 임무도 할 수 없기 때문에, 소멸할 것이라고 생각하였기 때문입니다. 따라서 그들은, 얌전하게 활동하는 최고의 천계적 영들 가운데 있습니다. 그리고 만약에 자신들의 임무를 빼앗긴다는 생각이 조금이라도 그들에게 생기면, 그들은 곧 한숨을 쉬고, 몹시 불안해 하였는데, 나는 이

런 사실을 가끔 명확하게 지각하였고, 또 그 생각이 어디에서 오는지 나는 이상하게 생각하였습니다. 지금 나에게 알려진 그들의 불안이나 근심은 분명하였습니다. 그것은 명확한 거룩한 떨림(敬畏・holy tremor)이었는데, 그것은 더욱이 그 교류가 사라지고, 즉시 천계로 행하였을 때 명확하게 입증(立證)되었습니다. 이런 것 외에는 그들은 아무것도 말하지 않았습니다. 가끔 내가 성경 안에 있는 것을 기록하고 있을 때, 그들은 마치 그들의 임무를 빼앗기고 있다는 것을 느낀다고 말하였습니다. 그 이유는 그들이, 이 일은 천계와의 직접적인 교류를 수행하는 것이고, 따라서 자신들을 통하지 않은 것이라고 생각하였기 때문입니다. 그러므로 그들은 영적인 양식을 빼앗긴다고 생각하였기 때문입니다. 1748년 2월 24일

내가 오늘 깨달은 사실입니다. 거기에는 박탈의 상태(剝奪 狀態・vastation)에 놓인 자들 몇몇이 있었는데, 그들은 천계에 들어가는 것에 대하여 절망하고 있었습니다. 그러므로 그들은 천계에 대한 지극히 작은 생각에서, 그 원인을 알지 못하면서, 몹시 불안해 하였습니다. 나는 이것에 관해서 그들과 대화를 하였습니다. 그들은 눈물을 흘렸습니다. 1748년 9월 12일*

971. 내 생각이, 연약한 어린 것들의 육체가 어떻게 다스려지는지에 관하여, 그리고 그와 같은 일은 간장이나 부신의 작은 분비선에 의하여 이루어진다고 집중하였을 때, 그 때 여성의 영들은, 그들 중의 한 영이 공개적으로 선언한 것과 같이, 놀라울 정도의 위로와 내적인 즐거움을 느낍니다.

972. 더욱이 천계적인 것이 아닌 것이 들어 있는 생각이 있게 되면, 이들 동일한 처녀들은 불안감을 무척 받습니다. 이러한 사실은 명확하였고, 또 앞에서 언급하였습니다. 이와 같은 일은 내가 세속

---

* 저자는 1748년 9월 12일의 저술을 색인할 때, 이 내용을 여기에 삽입하였다. (역자 주)

적인 것들(earthly things)에 관해서 생각할 때 일어났습니다. 그리고 또한 그와 같은 일은 혈액에 속한 다산(多産)이나 좋은 요소가 생식기에 의하여 제거되었을 때와 같이, 신장(腎臟)의 씨주머니에서 나타나 보여졌습니다. 생식기에 의한 이와 같은 매우 큰 발작(發作·seizure)이 있은 뒤에는, 통상적으로 비애(悲哀)가 뒤따릅니다. 그 이유는 심장에 운반된 전체적인 피에서 좋은 혈액이 부족하게 되었다는 사실에서 추론할 수 있기 때문입니다. 1748년 2월 24일

초대교회(初代敎會)에서 그들은 어떻게 서로 다른 말로 말하였는가?

972A. 오늘날 이 세상 사람들은 자기가 이해하는 것을 제외하면 아무것도 믿지 않으려고 하기 때문에, 서로 다른 언어로 말하는 자들에게서 일어난 것과 같은 일(사도행전 2 : 4 ; 10 : 46)이 오늘날에는 일어나지 않기 때문에, 그들과 이야기하고, 질문도 하고, 따라서 그들에게서 배우는 일이 공교롭게도 나에게서 일어났습니다.

영들이나 천사들의 활동에 속한 영기(靈氣)들에 관하여

973. 영들 주위에, 특히 천사들 주위에는, 육체적인 것들 안에서와 같이, 원질의 변형(原質變形·modifications of substances)인 활동의 영기(the sphere of activity)나, 세력의 영기(the sphere of forces)가 있을 뿐만 아니라, 영적인 것이나 천적인 것의 모든 정동의 영기가 있습니다. 더욱이 이들 영기들은 그들의 상태의 변화들에 따라서 온전히 변하는데, 그럼에도 불구하고 모든 상태들은 자신들의 본연의 상태와 관련되어 있습니다.

974. 헤아릴 수 없이 많은 다른 상태들이나, 그리고 그들의 수많은 변화들은 이 하나의 근원에서 여러 가족들을 이루고, 이 가족들로부터 씨족·부족 그리고 국가를 형성합니다. 따라서 그들은 자신들끼리 자신들의 유사함(類似性·proximities)들이나, 친족관계(親族關

係·relationship)를 갖는데, 이런 것들은 결코 혼돈될 수 없습니다.

975. 그러므로 사람 안에, 또는 영들 안에 있는 모든 상태들은 이와 같은 방법으로 간주(看做)되지만, 그러나 그 일은 그 일에 관심을 가지고 예의(銳意) 주의하는 사람에게만 있을 수 있습니다. 그러므로 중간 목적들(中間目的·mediate ends)은 그 목적들을 지배하는 하나의 목적을 고려하지만, 그러나 이것은 정동들에 따라서 다양하게 변합니다.

976. 영기들(靈氣·spheres)은, 그것들끼리의 유사한 영기들을 형성하고, 그리고 수도 없이 많은 놀라운 결과들이나 현상들(現象·phenomena)을 생성하는 모든 작용들 이외의 다른 방법으로는, 자연의 삼계, 즉 동·식·광물계 안에 있는 본성 안에서 표현, 드러납니다. 이러한 것들은, 형성된 활동에 속한 영기에 관한 앎(知識)에 의하지 않고서는 그것들의 원인들의 측면에서 결코 알 수 없습니다. 왜냐하면 그것들은 이른바 일종의 우주를 형성하고, 그것의 성질은 그것의 형태, 즉 그 형태의 성질에 의존하기 때문입니다. 이것은 온 자연계 안에서 모두 마찬가지입니다.

977. 동물들의 몸 안에 있는 이와 같은 영기들이, 사람들을 에워싸고 있는 비가시적(非可視的)인 영기들에 의하여 드러나 보여졌는데, 그것은, 비록 그것에 관해서 설명한다고 해도 어느 누구도 그것을 이해할 수 없는 그런 성질의 것이었습니다. 이러한 사실은, 수많은 입증들(立證)이나 경험들에 의하여 확증된 지각되지 않은 발한작용(發汗作用·the insensible perspiration)에서 비롯된 성질 안에 있는 경험에서 아주 명백합니다.

978. 더욱이, 나는 영계에서 영기의 확장의 성질이 어떤 것인지를 아주 멀리 떨어져 있는 다른 영과의 "마음"(*animus*)의 교류나, 정동의 교류에 의하여 확실히 알 수 있었습니다. 이런 식으로 그 교류들은 전적으로 동일한 것으로 보였습니다. 그리고 또한 놀라운 교류들, 대응들, 불일치들, 일치들에 의하여서도 확인되었습니다.

979. 모든 영혼들은, 일치하는 지극히 작은 영기들에 의하여 완전히 일치하는 원질(原質)에서 비롯된 결합(結合·coherence)을 가지고 있습니다. 이와 같이 결합하고 있기 때문에, 다른 것에서부터 우주의 가장 외적인 것과 같이, 그들이 아주 멀리 떨어져 있다고 해도, 영기들이 서로 결코 분리될 수 없을 정도로 그들은 결합되어 있습니다. 왜냐하면 사랑 자체이시고, 따라서 결합 안에 존재하시는 주님께서는 가장 내적인 것으로부터 이런 방법으로 역사(役事)하시기 때문입니다.

980. 그러므로 저 세상에서 일치상태에 있는 자들은 자신들의 마음 속이나, 마음들의 모습에 일치하는 한 사회의 영기와 결합되어 있습니다. 그러므로 이러한 사실은, 인간사회에서 잘 알 수 있는 것과 같이, 여러 모습들에 일치하는 사회들이나 우리들과 제휴되어 있습니다. 그러나 인간사회에서는 매우 조잡(粗雜)할 뿐입니다.

981. 그러나 영혼들은 자신들과 결합하고 있는 상대가 누구인지 알지 못합니다. 유해한 것들이 분리되어 제거되거나, 또는 완화(緩和)되기 전에는 그들은 선한 영들과 결합될 수 없는데, 하물며 천사들과 결합될 수 있겠습니까!

982. 그러나 이 지식은 너무나도 광범위해서 오직 그것에 관한 일반적인 개념들도 수많은 페이지를 채울 것입니다. 1748년 2월 25일

외적인 인대(靭帶·the external ligament)들과 관계되는 영들에 관하여

983. 어떤 종류이든 인체의 모든 내장들은 자신들의 외적인 인대들(靭帶)을 가지고 있으며, 그것에 의하여 자신들의 내적인 것과 교류하고, 아주 분명한 것은, 사실 지극히 작은 것과 교류할 뿐만 아니라, 밖에 있는 것들과도 교류하며, 그리고 특히 짝해서 활동하는 것들과 교류하는 여러 교류들이 있습니다. 인체 안에 있는 내장에 속한 인대들은 일반적인 것들, 예를 들면, 복막(腹膜)·늑막(肋膜)·

횡격막(橫膈膜)·종격막(終膈膜)·심낭(心囊) 등과 관계를 가지고 있습니다. 그러나 그것들에 일치하는 결부(結付·connection)·교류·관계 등등을 기술한다는 것은 매우 광범위하고, 큰 작업이 되겠습니다.

984. 더욱이 영들 가운데에는 이른바 인체 안에 있는 인대(靭帶)와 관계되는 자들이 있습니다. 내적인 인대에 관계되는 자들이 내 곁에 서 있는 가까운 영들인데, 이들이 거기에 있는 것은 멀리 떨어져 있는 사회들이, 마치 그들이 거기에 있는 것처럼, 내가 생각하는 것들을 알게 하기 위해서 입니다. 이 일은 모든 영들 사이에서 지극히 통상적인 것이고, 그리고 그들은 그것을 본능으로 압니다. 그들은, 머리의 영역 주위에 자리 잡고 있는 자신들의 밀사(密使)들을 두고 있는데, 따라서 그들은 입류되는 것이나, 또는 생각되는 것은 무엇이나, 마치 그들이 거기에 있는 것처럼 잘 알고 있습니다. 이런 식으로 아주 먼 거리에 있는, 마치 그들이 다른 우주에 있다고 해도, 그들과 교류가 행해집니다.

985. 그러나 천사들과 사람들 사이의 인대에 관계되는 자들은, 주님에 의하여 중간매체로서 그들을 통하여 사람의 생각들, 사실은 그 생각들의 원인들이나 발단(發端)들이 제고(提高)할 수 있고, 그래서 안에 자리 잡고 있는 영들입니다. 주님 그분께서는 모든 것들 안에 존재하시고, 그리고 주님께서는 그렇게 존재하시는 것이 즐겁고 기쁘시기 때문에 사실은 아무런 중간매체(中間媒體)를 필요로 하시지는 않습니다.

986. 외적인 인대에 관계되는 영들은 겉보기에는 여기저기를 분주하게 뛰어다니는 영들인데, 그들이 무엇인가에 관해 들으면 즉시 그들의 사회에 날아가서, 아주 큰 소리로 자신들이 해야 할 말을 선포합니다. 나는 이런 사실을 여러 번 경험을 통해서 알게 되었습니다. 육신을 입은 삶에서 이런 일을 좋아했던 몇몇 자들이 있었습니다. 다시 말하면 다른 사람들이 생각하는 것들을 알고, 그리고 알 수 있고, 또 알 수 있다고 스스로 그렇게 생각하는 자들이 있었습니다.

그들은 그들이 무엇인가를 들으면 그것을 간직할 수 없고, 오히려 "마음"(*animus*)의 어떤 욕망에 의하여 그것을 전달할 수밖에 없습니다. 그래서 그들은 그들이 제휴하고 있는 다른 자들에게 그것을 말합니다. 그리고 이런 이유 때문에 그들은 그들의 사회 안에 있는 그들을 돌보아 줍니다. 하나하나의 사회 안에서와 같이 전반적으로 사회들 안에도 그와 같은 탐험자(探險者)들이 있습니다. 이들이 저 세상에서 여기저기를 뛰어다니며, 그리고 위에 언급한 이유 때문에, 그들은 그렇게 하는 것이 허용됩니다. 따라서 그들은, 자신들이 사랑을 받지만, 그러나 그들은 목적들을 위한 방편으로서만 사랑을 받는다고 생각합니다. 1748년 2월 25일

영들과 사람의 관념(觀念)의 교류에 관하여

987. 사람의 생각(思想·thought)은 언어의 방법을 통하여 영들에게 전달되고, 또한 낱말들(words)로 구분되고, 따라서 개념들로 구분되며, 거기에서부터 뜻은 생성됩니다. 어떤 영들에게서 이와 같은 일은 낱말들에 의하여 보다 충분하게 행해집니다. 다시 말하면 낱말의 개념이나 그것의 뜻은 보다 충분하게 행해집니다. 어떤 사람에게 그 생각들은, 마치 그들이 그 사람 안에 있는 것과 꼭 같이, 그의 깊은 생각이나 상상과 더불어 충분하게 전달됩니다. 이와 같은 일은, 사람이 어떤 주제(主題)에 대해서 자신의 마음을 집중하고, 그리고 마치 그들이 동시에 본 것과 같은 수많은 것들을 자신에게 표현하고, 뒤에 가서는 그것에 관해서 말을 하고, 또는 글을 쓸 때 행해집니다. 이와 같은 복합적인 개념의 전체나, 또는 상상적인 표현은 보통 그것의 전체로서 영들에게 전달되지만, 그러나 그것을 수용하는 영의 능력은 그의 능력에 따라서 다양하게 변합니다. 천사들은 그 개념 안에 있는 것들을 동시에 파악하고, 그리고 그들은 그 속에 숨겨져 있는 것을 파악합니다. 1748년 2월 26일

복막(腹膜)에 관계되는 자들에 관하여

988. 인체에 있는 복막(腹膜)에 관계되는 영들이 있는데, 그러나 그들의 성품이 무엇인지 경험을 통해서 아주 명확하게 알 수 있었습니다.

989. 내가 깨달은 것은, 어떤 영들이 내게 왔지만, 그들은 아무 말도 하지 않았고, 그리고 무엇을 말하려고 하지 않는다는 것입니다. 내가 믿을 수 있는 것은, 그들은 그들이 있는 장소에 대해서 생각하고 있고, 그리고 그것에 대해서 깊이 생각하고 있다는 것입니다.

990. 얼마 뒤에 이 영들은 나와 이야기를 하였습니다. 그러나 그들은, 나에게 보고하는 한 사람처럼 말을 하였는데, 그가 한 말은, 그는, 초대교회(初代敎會·the primitive church)에서와 같이, 여러 가지 언어를 알고 있고, 또 말할 수 있다는 것이었습니다. 그리고 그는 그 일이 어떻게 행해지는지 설명하기를 원하였습니다. 그는 이 사실을 어느 정도 확신을 가지고 말하였지만, 그러나 그것이 그런지 아닌지 나는 의심하였습니다. 그가 이런 성질이라는 것은, 이들 영들이 모든 것들을 알기를 원하였고, 그리고 그것이 사실이다는 것을 자기 스스로 다짐하면서 그들 자신들의 미망에 따라서 그것들을 설명하기를 매우 열망하였기 때문입니다. 그러므로 그들은, 모든 것들의 원인들을 잘 알고 있고, 스스로 생각하는 그런 성품의 사람들입니다. 그래서 그들은 사물의 존재에 관해서 설득되었고, 그리고 그렇게 믿었습니다.

991. 그 뒤, 신장의 영역을 구성하고 있는 영들은 그 영들을 조사하고, 탐색하기를 원하였고, 그리고 그들은 자신들의 방법으로 그가 마음 속에 그리고 있는 자들에 관하여 악한 것들이 있다고 의심을 품기 시작하였습니다. 그럼에도 불구하고, 그는, 다른 사람으로부터가 아니면 자기 자신으로는 아무것도 할 수 없다고 말할 정도로, 신중한 사람이었습니다. 따라서 그는, 어떤 방법으로든지, 그들을 괴롭히거나, 난처하게 하는 그런 작자들 같이 보이지는 않았습니다. 이

런 이유 때문에 나는 그들을 질책(叱責)하였지만, 그러나 그들은 여전히 계속하였습니다. 그 때 그 영은 몸을 부풀리기 시작하였고, 거인이나 (그리스 신화의) 아틀라스(Atlas)와 같이, 아주 큰 거인이 되어, 이른바 그의 몸이 하늘에까지 닿았습니다. 그의 손에는 창(槍)이 들려 있었으나, 그것으로 누구를 해치지는 않았습니다. 더욱이 앞에서 언급한 것과 같이(881항 참조), 팔들은 그런 짓거리를 하는 것이 예사였으나, 그는 공포를 자아내어 괴롭힐 수 있는 힘을 가지고 있었습니다. 그러므로 신장에 속한 이와 같은 영들은, 그들의 공포와 두려움을 자인하면서 몹시 두려워하며 도망쳤습니다. 그 이유는 그들이 그와 같이 큰 거인은 본 적이 없기 때문입니다. 이와 같은 원인은 자신들의 온갖 지식들에 의하여 자기 자신을 부풀리고, 그리고 다른 사람들 앞에서 자신들을 과장(誇張)하는 그런 성품의 사람들이기 때문입니다.

992. 그 영은 나무로 만든 신(=나막신)을 신고 있었는데, 그는 그것을 신장(腎臟)의 영들에게 내던졌습니다. 이 일은, 이러한 영들은 결과들이나 궁극적인 것들을 무가치(無價値)한 것으로 생각한다는 것을 뜻합니다. 그리고 그들은 그것들을 신장들의 영역을 구성하는 자들에게 던졌는데, 그 이유는 그들이 장액(腸液)에 속한 보다 불결한 것들을 배설하기 때문입니다.

993. 결장(結腸)의 영역을 구성하는 자들도 이와 비슷하였습니다. 그들은 지옥적이고, 또한 우쭐대기를 좋아하는 성품이고, 그리고 그들은 별로 겁을 먹는 일이 없습니다. 그들은 바람(風)으로 복막(腹膜)의 영(990항 참조)을 공격하려고, 그들의 담을 뛰어 넘으려고 하였습니다. 그러나 새로운 담이 언제나 그들을 가로막았습니다. 그래서 그들은 그를 공격할 수가 없었습니다. 사람의 몸에서도 결장과 복막, 그리고 방광과 복막, 요관과 복막의 관계가 모두 이와 같습니다. 이런 내장들은 복막의 주름들 안에 있고, 복종 안에서 징벌을 받고, 그리고 복종 가운데 있습니다. 그러나 복막은 불결한 것들이나, 담

이나, 가래 따위를 요관들로 보냅니다.

994. 그가 신장의 영들로부터 괴롭을 받고 있을 때, 그는, 자기 스스로는 아무것도 할 수 없지만, 다른 자로 말미암아서는 무엇인가를 할 수 있다고 말하였습니다. 이 말을 계속 반복해서 말하였습니다. 그러므로 그들은 그를 괴롭힐 원인을 전혀 가지고 있지 않았습니다. 이것은 수동적인 막(膜)인 복막과 비슷합니다.

995. 그 영의 발들 사이에, 앞에서 뒤로 돌진하는 또 다른 영이 있었습니다. 그는 이와 같은 일을 두 세 번하였습니다. 그들에게 더욱 두려움을 주기 위하여, 그리고 그들에게 자신의 두려움을 그들에게 주기 위하여 도망하는 신장의 영들의 뒤를 추적하는 또다른 영들이 있었습니다. 이와 같은 일은, 신장이 복막의 주름 안에 있기 때문에 생겨났습니다. 1748년 2월 25일

995A. 이런 유의 영이 지금 나타났는데, 그 영은 머리 위를 부풀려서 겁을 주었습니다. 그가 매우 크기 때문에, 신장의 영들이나 요관들이나 방광의 영들은 도망을 쳤습니다. 그러나 그 자신은 아주 조용하였습니다. 이와 같은 일은, 천사들이 그들을 살피고 있을 때 일어나는 경우입니다. 여기서부터 그들이 누구인지, 그리고 그들의 성품이 무엇인지 잘 알 수 있겠습니다. 1748년 9월 12일*

진리가 겁나게 한다는 것에 관하여

996. 저 세상에서 영들은 아주 심한 공포에 휩싸입니다. 심지어 그들의 일생 동안 공포의 느낌이 없이 산 자들까지도 그런 공포에 휩싸이는데, 그들은 이런 공포를 속수무책(束手無策)으로 헤치고 나가야 합니다. 사실 이와 같은 공포나 두려움은 자신 안에 선이나 자비(慈悲)가 전혀 없는 진리에서 생겨납니다. 그 때 이 공포는 골수(骨髓)에까지 파고들어서, 뼈들을 녹입니다. 왜냐하면 그런 진리는,

---

* 저자가 색인을 만들 때 이 단원을 삽입하였다. (역자 주)

끝을 모르는 무저갱(無底坑・아비소스)의 가장 낮은 지옥(the lowest hell)으로 가는 판결을 하기 때문입니다. 그러나 이런 영들(995항 참조)에게는 현존(現存)하지 않습니다. 왜냐하면 진리, 또는 진리에 속한 두려움은 자기 자신은 결코 공포 따위에 휩싸이지 않는다고 장담하는 자들에게 침투하기 때문입니다. 그러나 얼마 안 가서, 그는 자신의 용기는 모두 사라졌고, 그리고 자신은 전적으로 비참한 처지가 되었다고 고백합니다. 그러므로 공포는, 앞에서 언급한 것과 같이(881・882항 참조), 벌거숭이 팔(a naked arm)에 의하여 제거됩니다. 1748년 2월 25일

자신들은 사람들이었다, 또는 자신들은 다른 자들의 영혼들이었다는 것 외에는 전혀 알지 못하는 영들이 존재한다는 것에 관하여

997. 영들이 사람과 같이 있는 동안, 그들은 일반적으로 그들이 사람들(men)이었다는 것 외에는 아무것도 알지 못합니다. 나는 이런 사실을 많고, 잦은 경험에 의한 확증을 통하여 잘 알고 있습니다. 더욱이 그들은, 서로 토의하고, 생각하는 그들에 관해서 자신들도 그런 사람들이다는 것 이외에는 아무것도 알지 못하였습니다. 그들은, 그들이 살았든 죽었든, 소위 이와 같은 개인적인 온전한 인격을 지니고 있고, 따라서 그들이 스스로 확증하는 사실은, 후에 진정한 사람(the real man), 또는 진정한 영혼(the real soul)으로 노정(露呈)되었을 때, 그들은 부끄러움으로 충격을 받습니다. 또한 몇몇 영들이 있었는데, 그들은, 어떤 영이 거기에 현존해서 생각하고 있을 때, 자신들이 바로 그 영이라고 생각하고, 그 영의 생각을 말하였습니다. 이와 같은 영은 그 때 말하는 것이 자기 자신이라는 망상(妄想・persuasion)에 빠져 있는 것입니다. 그 영은, 마치 그것들이 묵묵히, 오직 생각만 하는 보다 정교한 영들의 생각들인 것처럼 사람의 생각을 말합니다. 따라서 다른 영들은, 그들이 그런 사람들이거나 또

는 또다른 자들이다는 그런 신념으로 물들게 될 것입니다. 왜냐하면 그들은 이것이 어디에서 비롯된 것인지를 알지 못하기 때문입니다.

작은 별들에 관하여

998. 이따끔 검은 색의 악한 영들이 엄청난 수많은 별들과 같이 다가옵니다. 사실 그들은 별무리를 나타내기 위하여 나타나는데, 나는 그것을 언제나 이해에 관한 징후라고 생각했습니다. 그 이유는 별들이 총명들을 표의하기 때문입니다. 그러나 이런 부류의 검은 영들에게서 지각한 것은, 따라서 터득한 것은, 그 별들이 다만 온갖 어리석음들(狂氣·insanities)을 뜻한다는 것입니다. 그러나 거기에는 이와 같은 차이는 있습니다. 즉, 그 별들이 어리석음을 나타낼 때에는 그것들은 반짝 반짝 빛을 내고, 그리고 자신들의 위치들에서 움직이지만, 그러나 그 별들이 총명적인 것들을 나타낼 때에는 그것들은 한 자리에 고정되어 있다는 것입니다. 그들의 빛이나 그들의 크기에서 보면, 그것들은 크게 차이가 없습니다. 1748년 2월 25일

신장(腎臟)들의 영역들에 관하여

999. 잘 알려진 사실은, 혈액의 장액들에 속한 온갖 분비작용에는 하나의 완전한 체계가 있다는 것입니다. 다시 말하면 일반적으로 신장에서부터 방광에 이르는 완전한 체계가 있다는 것입니다. 그리고 또한 그 기관(器官)들이나, 신장강(腎臟腔)들도 크기에서 증대한다는 것도 잘 알려져 있습니다. 더욱이 장액들의 분비작용들도 그 각각의 종류의 지극히 작은 것에서부터 중간 것, 그리고 최후의 작은 조각에 이르기까지 마찬가지로 하나의 체계를 갖추고 있어서, 종국에 그것들은 오줌에서 끝맺습니다. 거기에서 이른바 외피(外皮)의 원질(原質)이 있는데, 그것에서 줄무늬가 있는 원질(線 原質·a striated substance)이 생성됩니다. 이것들 안에 중간적인 혈청이 분비됩니다.

999A. 거기에는 이와 같은 체계적인 연속이 있기 때문에, 신장의

영역들에 존재하는 영들 또한 확실한 체계 안에 존재합니다. 중간적인 혈청에 관계되는 자들은 팔꿈치 아래의 측면 가까이 있으며, 그리고 그들은 일종의 쉰 목소리, 말하자면, 변성된 음성으로 말하였습니다. 그들은 내적으로 자신들이 출세하기를 원하지만, 그것은 단순한 노력일 뿐이고, 실제 행위는 뒤따르지 않았습니다. 그들은, 경험을 통해서 찾은 것들이나, 또는 그들이 다른 영혼들 또는 영들과 같이 관찰해서 얻은 것들을 단순히 생각만 하고, 그리고 자신들에게 연상(聯想)만 시킵니다. 그들은 다른 사람들이 생각한 것들에 관해서 그들이 알기 위하여 그것들의 형상을 자신들에게 연상시킵니다. 그 때 그들은 그들이 이른바 동일한 인물들이라고 스스로 생각합니다. 따라서 이런 식으로 다른 사람의 생각들을 끌어들이고, 검색하는 일을 통해서 그들은 거기에 일치하는 것이 있는지 여부(與否)를 검색합니다.

1000. 자신들의 생애에서 다른 사람들의 욕망이나 생각들을 여러 가지 방법으로 찾아내려고 했던 이런 부류의 사람들은, Vertumnus같이, 여러 모양으로 변화합니다. 다른 사람의 생각들을 알려는 의도 이외에, 그들이 동의하지 않는 것은 아무것도 없습니다. 이와 같은 경우는, 그러한 것에 의하여 재물을 얻으려는 의도나 목적이 아니고, 다만 그들이 알려고 하는 그와 같은 욕망으로 불타는 수많은 자들에게 흔히 있는 일입니다. 따라서 그들은 그 사회의 성질에 속한 것들과 일치합니다. 더욱이 내적으로 알기를 원하는 그들의 열망이나 또는 사람의 보다 더 내면적인 것들을 알기를 원하는 열망은 그들이 스스로 보다 더 내면적으로 들어가기를 원하는, 따라서 혈액의 본질들에 들어가기를 원하는 사실에서 명백합니다. 그러나 이런 일을 그들은 할 수 없습니다.

1001. 요관들이나, 조잡한 장액을 표징하는 이들에 관해서는 위의 설명을 참조하십시오(825-827 · 867-871 · 921-925 · 959-966항 참조).

1002. 그러나 방광을 표징하는 자들은 가장 나쁜 자들입니다. 왜

냐하면 그들은 자연에 속한 더러운 것들을 찾아서, 그리고 심하게, 또는 난폭하게 벌하기를 좋아하기 때문입니다. 이러한 일을 미지근한 물이나, 뜨거운 물로 해치우는데, 그것은 바로 지옥의 형벌이기 때문입니다. 이런 것이 그들 안에 똬리를 틀고 있는 욕망입니다.

1003. 인체의 위치나 사정(事情)에 관계되는 그들의 질서나 연속적인 관계는 이와 같습니다. 즉, 중간의 장액(漿液)에 관계되는 자들은 팔꿈치 관(管) 밑, 몸 가까이 왼쪽에 있고, 요관에 관계되는 자들은, 몸에서 멀리 떨어진 왼쪽을 향해 있습니다. 방광에 관계되는 자들은 그 보다 더 멀리 떨어져 있는데, 사실은 얼굴의 좌측 앞면에 있는데, 안면(顔面 · the plane of the face)에 있기 때문에, 따라서 그들은 아주 멀리 떨어져 있으며, 때로는 아주아주 멀리 떨어져 있습니다. 나는 그들의 활동들을 지각할 수 없었지만, 그러나 다만 이것이 나에게 뜻하는 것이 무엇인지는 지각할 수 있었습니다. 그러므로 그들은 서로 합쳐서, 왼쪽에서부터 정면을 향하여, 이른바, 쌍곡선(雙曲線)을 형성하였습니다. 왜냐하면 이런 식으로 그들은 왼쪽으로부터 정면으로 자신들을 드러내고(project), 그리고 이와 같은 일은 아주 긴 관(管) 안에서 이루어지기 때문입니다.

1004. 그러나 혈액에서부터 가장 내적인 본질을 분리시키는 자들은, 그들에 관한 앞서의 설명에서 볼 수 있듯이(968-972항 참조), 신장의 피막에 속해 있습니다. 그들은, 해가 없는 영들로 태아(胎兒)나 유아(乳兒)에게서 가장 중요한 일을 수행합니다. 그러므로 그들은, 이런 이유들 때문에, 어디에서나 볼 수 있는 혈액에 적용될 수 있습니다. 1748년 2월 25일

비장(脾臟) · 간장(肝臟) · 췌장(膵臟)의 영역에 관하여

1005. 비장(脾臟)의 영역에 속해 있는 자들을 살펴보면, 그들은 용(龍)이 있는 머리 바로 위에 있습니다. 그럼에도 불구하고 나는 아직까지 비장이 용의 기능을 가리키는지 아닌지를 알지 못합니다. 이

들은, 거룩한 것들을 불결한 것과 뒤섞는 자들을 가리키는데, 그 뒤섞인 것들을 추행(醜行)들 또는 혐오(嫌惡)들이라고 부릅니다. 그 영역을 구성하는 자들이 바로 이들입니다.

1006. 그들의 활동을 보면, 그들은 매우 추하고 혐오스럽습니다. 그들은 매우 악랄하고 혼란스러운 방법으로 불결한 것과 거룩한 것을 뒤섞는 짓을 합니다. 나는 그들의 그와 같은 방법에 관해서 입에 올리고 싶지도 않습니다. 왜냐하면 그들에 대한 모든 거룩한 것을 그들은 그들의 추하고 불결한 것과 이른바 하나의 소용돌이로 뒤섞기 때문입니다. 그들 중 몇몇은 그들이 그것에 의하여 마술사들이 하는 식으로 활동을 합니다. 어떤 자들은 아주 사악한 예전(禮典)을 목적해서 이런 짓을 하기도 하였습니다.

1007. 비장은, 더러운 피를 받아서 그 피를 순수한 피와 섞어서, 용매(溶媒)의 장소에 보내는 임무를 수행하는 그런 역할을 합니다. 따라서 혈청은 아니지만, 그것의 모진 방법에 의하여, 더러운 피를 산산조각을 내서, 뒤흔들고, 분열시키고, 그리고 분열된 그것을 망(網)이나 여러 곳의 정맥에 보내는 일을 합니다. 이런 식으로 비장은 간장(肝臟)의 임무를 덜어줍니다.

1008. 간장(肝臟)에 관해서는 이렇습니다. 간장의 영역을 구성하는 자들은 얌전하게 활동합니다. 사실 그들은 머리 가까이에 있으며, 따라서 그들은 대부분 비장의 영역 아래의 머리와 접촉하고 있습니다. 그들은 아주 고요한 소용돌이에 의하여 작용합니다. 그리고 이런 식으로 그들은 피의 더러운 것들을 분리합니다. 그들의 작용에 흘러드는 소용돌이들은 각양각색이지만, 그러나 모두가 원형(圓形)입니다.

1009. 췌장(膵臟)에 관해서는 이렇습니다. 췌장의 영역을 형성하는 자들은, 톱질할 때의 소리를 내면서, 톱이 전후로 움직이는 것이나, 또는 가루를 만드는 분쇄(粉碎)작용에 의하여 활동합니다. 그들의 영역은 머리에서 아주 멀리 떨어져 있는데, 간장이나 비장 사이에는

존재하지 않고, 오히려 보다 왼쪽에 치우쳐 있고, 여전히 머리 위쪽에, 다시 말하면 관자놀이 영역의 위쪽에 있습니다.

1010. 그들 모두는 혈액의 징벌자(懲罰者)들입니다. 결과적으로 그것들은 탐욕이나 이와 비슷한 것들의 징벌(懲罰)들입니다. 왜냐하면 그들은 복막(腹膜) 안에 있으며, 그리고 심장의 영역에 속해 있기 때문입니다. 그러나 신장의 영들은 거짓들의 징벌자들이고, 이런 이유 때문에, 그들은 역시 복막에 있지 않고, 오히려 복막의 양쪽의 주름 안에 있습니다. 1748년 2월 25일

1011. 비장에 속한 영들은 더러운 것과 거룩한 것을 뒤섞고, 그리고 그것들을 분리하는 자들입니다. 간장에 속한 영들은, 같은 방법으로 도덕적인 것들에 관해서, 다시 말하면, 본질적으로 영예스러운 것과 불영예스러운 것들에 대해서 작용합니다. 췌장에 속한 영들은 그것들에 관해서 동일한 것을 형성하는 것들에 대하여, 다시 말하면 영예스러운 것들에 속한 형식적인 것들에 대하여 꼭 같이 작용합니다. 1748년 2월 25일

췌장이 법정이나 시민법적인 사안에 대하여 꼭 같은 일을 하는지, 그것의 생성에서부터 생각할 때, 아직까지 나는 알지 못합니다.

담낭(膽囊 · 쓸개 · gallbladder)에 관하여

1012. 담낭의 영역을 형성하는 자들은 등 쪽에 있습니다. 이 영역에 들어온 자들은 거기에 보내지거나, 또는 알지 못하게 거기에 옵니다. 왜냐하면 그것은 혈액을 끌어들이는 특성의 인체의 내장에 속한 조직이기 때문입니다. 따라서 못 쓰게 된 혈액(the worn-out blood)은 담낭에 들어오게 됩니다.

1013. 그들은, 그들의 생애에서 경건한 것은 무엇이든, 즉 천적인 것들이나 영적인 것들, 따라서 그런 것에 속한 삶을 전적으로 경멸했던 자들입니다. 사실, 그들은 그것을 경멸했기 때문에, 그들은 그것을 자신 안에서나 공개적으로나, 그리고 각각의 것을 자기 자신만

의 방법으로, 온갖 무례함으로 대하고, 다루었습니다. 이런 자들은 등 쪽에 있는 담낭(=쓸개)에 속한 이 영역으로 보내지고, 또한 그들이 가는 곳을 그들이 아는 바가 없이 그곳으로 쫓겨난 영들입니다.

1013A. 어떤 영이 나에게 왔는데, 그 영은, 그가 머물 수 있는 곳을 내가 알고 있는지를 물었습니다. 내가 그의 말에서 알아차린 것은, 내가 생각하기에 그는 올바른 사람 같았습니다. 내가 그가 여기에 머물 수 있다고 말하였을 때, 그는 만족하였습니다. 이 영역에 속한 성가신 영들은 그에게 말을 붙이고, 비참하게 그를 괴롭혔습니다. 그래서 나는 그 짓을 못하게 억제하고, 멈추게 하려고 했지만, 그들은 멈추지 않고 계속하였습니다. 나는 그 짓을 멈추게 할 수 없었습니다. 따라서 내가 터득한 것은, 그 때 내가 담낭의 영역에 있었다는 것입니다.

1014. 성가시게 하는 짓(vexation)은 어느 누구가 생각하는 것 보다 말을 빠르게 하도록 강요하는 것과 같습니다. 왜냐하면 새로 도착한 영들은, 사람들이 하는 것과 같이, 자신들의 방법으로 말을 빨리 하지만, 그러나 그들은, 이와 같은 성가신 영들에 의하여, 보다 빨리 말하는 것을 강요받기 때문입니다. 그래서 그들은 처음에는 말을 그 생각에서부터 뒤로 뺍니다. 그러나 그는 그들의 생각은 빼지 않고 그대로 따르기를 강요받습니다. 이러한 일은 고통을 받고, 성가심으로 행해지는데, 종국에 그 영은 그것에 익숙하게 됩니다. 이런 식으로 그는 어느 정도 보다 빨리 말하는 비결을 전수받습니다. 그 때 마찬가지로 그는 소용돌이 속으로 들어갑니다. 왜냐하면 이와 같은 괴롭힘이나 성가심은 뒤에 소용돌이에 의하여 이루어지는데, 그것은 처음에는 느리지만, 뒤에 가서는 매우 빠르게 돕니다.

1014A. 그러나 앞에서 언급한 것과 같이(1013항 참조), 여기에 보내진 영들은 천적인 것들이나 영적인 것들을, 따라서 경건한 것들을 경멸한 자들입니다. 1748년 2월 26일

소용돌이들(旋回運動·gyres)에 관하여

1015. 영혼들이 들어가야만 하는 소용돌이가 있는데, 이것은 그들이 다른 사람들의 무리에 들어가기(浸透) 위하여 있는 것입니다. 그러므로 그들은 그들과 더불어 말할 뿐만 아니라, 생각도 같이 하여야 합니다. 종국에 그들은 꼭 같이 생각하고, 또는 참되고, 선한 것을 생각하고 말하여야 합니다. 사실 거기에는, 마치 인체의 혈장이나 혈액의 순환(循環)들이 수도 없이 많이 있는 것과 같이, 이와 같은 거기에의 침투(浸透) 역시 수도 없이 많이 있습니다. 거기에는 역시 수많은 종(種)과 유(類)가 있으며, 마찬가지로 거기에 속한 계도들 역시 많이 있습니다. 가장 낮은 계도는, 소용돌이 속에 있는 자들과 함께 있을 수 있는 것이고, 그리고 이 소용돌이들 속에는 악한 자도 능히 들어올 수 있는 것이고, 그러므로 그들은 유사한 소용돌이들 속에 끼기 위해서는 먼저 준비가 되어 있어야 합니다. 이와 같은 경우는 사람에게서와 같아서, 악한 영들은 선한 영들과 꼭 같이 말하고, 느낄 수 있는데, 이와 같은 일은 이중의 방법으로 행해집니다. 그 방법의 하나는 선회운동에 의하여, 그리고 하나는, 앞에서 언급한 것과 같이, 생각과 일치하기 위한 그들의 언어의 강요에 의하여 이루어집니다.

1015A. 이와 같은 순환들이나 침투들(浸透)에 속한 여러 계도들(階度)이 있으며, 이런 계도들은 인체 안에서 나타납니다. 혈액에 관해서 보면, 그 계도들은 담낭 안에 있는 혈액의 순환에 의하여 나타나고, 간장 안에 있는 혈액의 순환에 의하여 나타납니다. 거기에서 간장의 즙이 생성됩니다. 그리고 그것의 바깥순환에 의해서는 담즙을 형성하는 구멍들(biliferous pores)이 생성되고, 그 때 순수한 혈액과 같이 모인 임파액은 임파관 속으로 운반됩니다.

1016. 영들이 이와 같은 소용돌이 속에 끼어든 뒤, 이와 같은 일은 특히 그들의 생각이 그들의 언어에 일치하기 위하여 일어나는데, 그 때 그들은 그들의 생각이나 또는 관념들에 속한 것들의 측면에

서 매우 빠르게 회전합니다. 그리고 거기에 붙어 있던 악한 것은 무엇이나 그들 자신의 방법들에 의하여 분리됩니다. 따라서 불결한 것들은, 이른바, 모두 추방되고, 그리고 그들의 보다 좋은 생각들에 의하여 그 영들은 보다 선한 영들과 결합합니다. 1748년 2월 26일

간장관(肝臟管)의 영역을 구성하는 자들에 관하여

1017. 이 영역을 구성하는 영들은 머리 위쪽에 있고, 그들은 아주 정교하게 자신들의 소용돌이들을 형성합니다. 따라서 종국에 그들은 이른바 계속적인 소리들을 만듭니다. 그들은 이런 형태들이나 선회작용들을 일으키는 자들입니다. 이들은 도덕적인 삶의 선들을 경멸한 자들이고, 그러나 그것에 관해서, 그리고 소용돌이에 관해서 개략적으로 언급한 것들(1015항 참조)은 주의하여야 할 것들입니다. 그들은, 자신들의 다양함에 따라서, 머리에서 멀지 않은, 위쪽의 좌우 양쪽에 있습니다.

1018. 육체를 입은 생애에 선한 것들을, 또는 정동에 속한 것들을 경멸하고, 고통을 주었던 자들은 머리의 왼쪽, 또는 두개골의 왼쪽에 있습니다. 오른쪽에는 참된 것들, 다시 말하면 선이나 진리에 속한 지식들을 경멸하고 그들에게 고통을 주었던 자들이 있습니다. 여러 생각들에서 비롯된 온갖 거짓들에 따라서, 그리고 결론들에서부터 두뇌는 굳어진다고 일러졌습니다. 한 영이 나에게 말한 것은 여기저기에서 조그마한 원인에서 비롯된 나에게 있는 비슷한 굳은 것들을 그는 지각하였다는 것입니다. 그리고 그와 같은 것은 어디에서나 마찬가지였다고 하였습니다. 더욱이 그것의 융해(融解)의 고통이 느껴졌는데, 그 고통은 다양하였고, 그리고 그 원인의 성질에 따라서, 다시 말하면 거짓의 성질에 따라서, 그 고통은 약하기도 하고, 심하기도 하였습니다. 1748년 2월 26일

임파선(淋巴腺)의 영역을 구성하는 자들에 관하여

1019. 그들의 선회운동들은 매우 정교하고, 빠르기 때문에 거의 어떤 선회운동도 지각될 수 없습니다. 그것은 흐르는 물과 같았습니다. 따라서 선회운동이나, 소용돌이의 시작, 또는 고통에는 세 계도가 있습니다. 그것들의 처음 것은 담낭에 관계를 가지고 있고, 둘째 것은 간장관에 관계되고, 셋째 것은 임파선에 관계되고 있습니다. 1748년 2월 26일

장간막(腸間膜)에 관하여

1020. 그들은 장간막을 뜻하는 곳들에 그들이 옮겨졌다고 말하였습니다. 이것은 일종의 미로(迷路)라고 기술되었습니다. 그 이유는, 장간막에 있는 것들이 유미(乳糜)를 준비하는 것에 종사하듯이, 그들이 거기에 모여서 좋은 씀씀이(善用)를 위해 쓰여지고 있기 때문입니다.

1021. 그러나 거기에는 수많은 다른 길들이 있습니다. 그 중에 어떤 것은 여러 해 동안, 사실은 수 백 년 동안, 또는 수 천 년 동안, 반복되는 교정(矯正)들이나, 징벌들이나, 고통들에 의한 것도 있습니다. 어떤 것에는 길게 계속된 굴곡들이 있습니다. 그것은 마치 사람의 입에 들어온 음식물과 같습니다. 어떤 본질적인 것들은, 아주 짧은 길에 의하여 두뇌에 신속하게 운반되기도 하고, 어떤 것은 거기에 있는 정맥에 의하여, 혈액에 운반되기도 하고, 어떤 것은 위(胃)에서부터, 그리고 어떤 것은 장(腸)들에서부터 운반되는 것도 있습니다. 뒤에 이것들은 유미의 방법에 의하여 혈액에 들어가지만, 그러나 그것들은 계속해서 수정되고, 융해되고, 다시 결합됩니다.

1022. 젖먹이들이나 어린 아이들 같이 신속한 것은 각피(角皮)를 통하여 들어온 이와 같은 음식물에 의하여 표징되는데, 이런 자들은 가장 짧은 길을 통하여 두뇌에 운반되고, 그리고 피부의 원질에 도입됩니다. 1748년 2월 26일

대뇌의 오른쪽 부위에 속한 것들에 대응하는 왼쪽 눈에 속한 것들의 피부경결(=굳은살·硬結)에 관하여

1023. 대뇌의 왼쪽 부위, 또는 대뇌의 왼쪽 반구체(半球體)에는, 정동들의 측면에서, 그릇된 것들이 보이고, 그리고 교리적인 것들의 측면에서 거짓된 것들은 오른쪽에 보입니다. 또는 왼쪽에는 선을 중하게 여기는 자들이 보이지만, 오른쪽에는 진리를 중하게 여기는 자들이 있습니다. 그러므로 영혼들 안에는 피부경결(皮膚硬結)이나, 또는 두개골에 속한 굳은것들(hardening)이 있어서, 이와 같이 자신들을 드러내고 있습니다. 이와 같은 굳은 것들은 유연(柔軟)하지 않으면 안 되는 것들인데, 그와 같은 일은 여러 가지 방법들에 의하여, 예를 들면, 지식에 의하여, 진리에 관한 정보(情報)에 의하여, 또는 진리들이 고통을 가져다주는 다종다양(多種多樣)한 입류(入流)에 의하여 행해집니다. 이런 일이 행하여질 때 그것은, 거짓된 것들이나, 또는 굳어진 것들의 성질에 따라서 보다 더 큰 고통이 수반(隨伴)하는, 마치 갈기갈기 찢기는 것과 같은 실제적인 온갖 고통들에 의하여 행하여집니다. 이러한 일들은 계속해서 반복되지만, 그러나 굳어진 것들은 여전히 남아 있을 뿐입니다. 왜냐하면 굳어진 것들은 동시적인 것들이나, 계속적인 것들 안에 있는 반복되는 것들에 의하여 점차적으로 유연하게 되기 때문입니다. 이와 꼭 같은 것들이 내면적인 골수(骨髓)에도 내재해 있습니다.

1024. 관능적이거나, 자연적인 것, 또는 사람의 외면적인 것들에 속한 것들은, 이른바, 머리카락으로 감싸인 두개골(頭蓋骨)을 형성합니다. 내면적인 것들은 사람이 내면적인 생각들을 통하여 터득한 이와 같은 내면적인 것들에 관계를 갖습니다. 그런데 이와 같은 것들의 표면(表面·crust)을 굳게 하는 것은 온갖 거짓들입니다. 즉 자연적인 거짓들은 두개골을 굳게 하고, 영적인 거짓들은 골수를 굳게 합니다.

1025. 이런 유의 표면들은 시각(視覺)에 나타납니다. 사실은 감관

에 의하여 분명하게 나타납니다. 왜냐하면 온갖 환상들이나 미망(迷妄)들은 고통을 낳기 때문입니다. 그러나 이러한 것들은 표면들에 속한 표징들에 지나지 않습니다. 1018항을 참조하십시오.

1026. 더욱이 이러한 것들은, 온갖 진리들이 충분하게 밝혀지지 않는다면, 결코 유연하게 될 수 없습니다. 그 이유는 온갖 거짓들은 딱딱함(堅固·頑固·hardness)을 생성하지만, 그러나 진리들은, 그런 것들을 분해하고, 부드럽고, 유동적인 것들을 생성하기 때문입니다. 왜냐하면 모든 것들은 진리들을 통하여 자기 본연의 선회작용(旋回作用)에 들어오지만, 그러나 거짓들은 그것들을 저지하고, 그리고 냉랭함(寒氣)·우둔(愚鈍)·힘겨움 따위의 성질을 생성하기 때문입니다. 이러한 일은 자연적인 것들의 경우에서 잘 알 수 있는 내용인데, 거기에서 모든 활동에 속한 종결들(終結)은 오직 형태들, 즉 굳고, 차갑고, 힘겨운 것들이든, 부드럽고, 온화하고, 가벼운 것들이든, 모든 형태들을 생성합니다.

1027. 더욱이 양쪽의 눈(目)은 대뇌의 반구(半球)에 대응합니다. 그리고 이러한 일은 왼쪽 눈은 대뇌의 오른쪽 반구에, 오른쪽 눈은 대뇌의 왼쪽 반구에 대응하는 방법으로 행해집니다. 왜냐하면 이와 같은 방법으로 신경의 섬유들이 흘러들기 때문입니다. 그리고 마찬가지로 신경의 섬유들은 그와 같이 흘러들기 때문입니다. 내게 일러진 것은 그것이 사실이다는 것이었습니다. 이러한 것들은 영기(靈氣·spiritual sphere), 다시 말하면 왼쪽 눈, 또는 대뇌의 오른쪽은 진리에 속한 총명적인 것들을 표징하고, 오른쪽 눈은, 대뇌의 왼쪽 부위와 더불어 선에 속한 총명적인 것들을 표징합니다.

1028. 피부의 경결(硬結)에 속한 굳음·냉랭함·무거움 따위들은 온갖 거짓들에 맞추어서 생성되지만, 그러나 그것은 온갖 탐욕들을 가리키고, 또한 그것들을 생산하는 자아애나, 세간애를 가리킵니다. 그 이유는 모든 진리들이나 선들은, 우리가 잘 알고 있듯이, 온갖 탐욕들에 의하여 거짓들에게로 휘어지기 때문입니다. 이런 일이 생

기게 하는 온갖 탐욕들에는 여러 계도들이 있습니다. 비록 탐욕들은 무엇인가 종결하는 것들을 가리키지만, 그것들은 유착(癒着)하지는 않습니다. 거기에서부터 앞서 언급한 종결들은 비롯됩니다. 1748년 2월 26일

1029. 외적인 굳은살(硬結)들은 관능적인 기억에 의하여 생성되고, 그리고 그것들이 그 기억 안에 고정되면 될수록 그것들은 더욱 더 딱딱하고, 두터운 것이 됩니다. 그러나 기억에 고정되지 않은 것들은 지워져 없어지는데, 이와 같은 일은 그것들 안에서 작용하는 보다 내면적인 것들에 의하여 행해지고, 그리고 자기 본연의 형태에 맞게 그것들을 변형합니다.

선회운동(=소용돌이·旋回運動)의 시작에 관하여

1030. 영들은, 자신들의 외적인 것들을 자신들의 내적인 것들과 일치하기 위하여, 다시 말하면 자신들의 언어를 생각(思想)이라고 부르는 내적인 감각(the internal sensation)과 일치하기 위하여, 선회운동(旋回·螺線運動)에 들어가야 합니다. 한 영이 선회운동을 시작하게 되면, 그는 빨리 말하도록 재촉을 받고, 그리고 따라서 동시에 생각이 그 말에 따라가도록 역시 강요를 받습니다. 그러나 그는, 언어가 생각을 따라가는 것과 같이, 이 일에 익숙하지 않습니다. 그러므로 반항(反抗)이 생기고, 결과적으로 고통이 생기게 됩니다.

1031. 그 영이 선회운동을 시작하면, 말하자면, 그는 네 배의 속도로 질주(疾走)하는데, 그러므로 그 소리는 마치 네 발 짐승의 소리와 같습니다. 거기에는 명확한 치는 소리(beats)가 있는데, 뒤에 그것은, 앞서의 설명에서 볼 수 있듯이(1014-1016항 참조), 보다 빠른 선회운동에서 관측되었습니다. 이와 같은 선회운동의 시작은 간단한 언어(simple speech)에 비교될 수 있겠습니다.

1032. 두 겹의 방법으로 이루어지는 시작도 있습니다. 그것은 긴 두 박자로 끝이 났습니다. 그러나 명확한 선회운동에 관해서는 위에

기술된 것을 참조하십시오(1015 · 1016항 참조).

괴롭힘들(vexations)과 그것에 의한 정화방법들(淨化方法)에는 많은 것들이 있다

1033. 괴롭힘들과, 그것에 따른 선회운동의 시작(進入)의 방법에는 수도 없이 많이 있습니다. 그것들 중에 어떤 것은 수 천 년 동안 계속되는 것도 있습니다. 그것들은 천연 그대로의 상태(a crude state)에 있는 혈액 속에 흘러드는 유미(乳糜)를 뜻합니다. 이 혈액은 융해(融解)되고, 다시 결합됩니다. 그래서 이 혈액은 오랜 동안 계속됩니다. 왜냐하면 거기에는, 말하자면 부드럽게 되어야만 하고, 따라서 떨어져 나가야만 하는 그와 같은 수많은 것들이 있기 때문입니다.

1034. 인체에는, 내장에서와 같이, 말하자면 수많은 괴롭힘들을 통하여, 정화(淨化)들이 생겨나는 것들이 있습니다. 따라서 개별적인 것 안에 있는 다양함은, 내장에 속한 수만큼이나, 매유 다종다양(多種多樣)합니다.

1035. 이러한 것들은, 위(胃)에 운반되고, 거기에서 분쇄(粉碎)되는 영양물들, 즉 음식물들과 같은 처지라고 하겠습니다. 왜냐하면 영혼들은 위(胃)에 보내진 이런 것들과 관련되어 있기 때문입니다. 어떤 음식물들은 위에서, 다음에는 내장(內臟)들에서 조잡하게 처리됩니다. 다른 것들은 즉시 정맥들 속으로 흡수되고, 따라서 쉽게 깨끗하게 정화됩니다. 또 어떤 것들은 임파관 속에 흡수됩니다. 어떤 음식물들은 위에 이르기 전, 처음에는 입 안에서 흡수, 그리고 정맥들에 의하여 옮겨지는데, 그리고 두뇌에 옮겨지고, 그리고 즉시 순수한 순환작용(a pure circulation)을 시작하고, 그것들의 순수한 것들은 지각되지 않는, 말하자면 정맥의 섬유들에 의하여 두뇌에 운반됩니다. 더욱이 공기(大氣)로부터 폐장들을 통하여 흡수되고, 즉시 두뇌로 옮겨가는 음식물들도 있습니다. 이러한 것들은 두뇌에 속한 보다 순수한 음식물들입니다. 또한 거기에는, 위에서 언급한 것과 같이(1022항

참조), 유아들 같이, 몸 전체의 미세한 피막(the imperceptible tunics)에 의하여 흡수, 두뇌에 옮겨지는 음식물들도 있습니다. 또한 대기에서 비롯된 것이나, 에텔(ether)에서 비롯된 음식물들도 있습니다. 따라서 음식물들은 다종다양(多種多樣)합니다. 그러나 비뇨기 영역에 의하여, 그리고 결장(結腸)이나, 담낭에 의하여 고통을 받는 자들은 활동하기 위하여 긴 시간을 씁니다. 그 이유는 그들의 조악한 것들은 매우 밀접하게 밀착하여 있기 때문입니다. 1748년 2월 26일

혈액도 유사한 선회작용을 하는 것 같이 보인다

1036. 붉은 혈액 또는 혈액의 혈구(血球)들이 부드럽고, 연하고, 잘 녹고, 유동적이면, 그것은 그들의 사회에 들어가는 영들의 사회에 대하여 비슷한 선회작용(=소용돌이)을 행할 수 있는 것 같이 보이고, 그리고 이와 같은 일은 네 겹(四重)의 결과들로 행해집니다. 혈액의 혈구는 또한 그와 같은 선회작용에 흘러드는 것 같이 보이고, 또한 최소한 거기에 들어가려고 노력하는데, 이와 같은 사실은 그것의 형태에서 잘 알 수 있습니다. 이와 같은 선회작용에 들어가려고 노력하지 않고, 그리고 들어갈 수 없는 것은 그 사회에서, 따라서 그 순환작용에서 소멸되고, 그리고 앞에서 언급한 것과 같이(1015·1016·1033-1035항 참조), 고통을 겪습니다. 왜냐하면 선회작용은 단순한 선회작용이 아니고, 자전(自轉·revolves)이기 때문입니다.

1037. 그것은 보다 순수한 혈액과도 비슷하지만, 그러나 이것은 순수한 선회작용에 흘러듭니다. 이 혈액도 마찬가지로 고통을 겪고 분해 되고, 제휴(提携)하는데, 이와 같은 일은 계속적으로 일어납니다.

1038. 그 뒤 혈액의 생동적인 본질들(vital essences)도 계속 이어지는데, 내가 생각하기에는 그것은, 그것들의 구성체인 그와 같은 선회작용이 시작되기 전에는, 이런 방법으로 고통을 겪을 수 없습니다.

1038A. 거기에서 비롯된 그들의 성질을 명확하게 하기 위하여 혈

구로 이루어진 그것들의 선회작용이 비교될 수 있겠습니다. 왜냐하면 바르게 밀착되지 않은 혈구들은 딱딱하고, 그리고 일반적으로 모양이나 결정에 있어서 다른 것들과 다르기 때문입니다. 그러므로 무게나 경도(硬度), 온도에 따라서 다르기 때문입니다. 따라서 보다 양호한 혈액과 일치하지 않는 모든 혈구들은 쫓겨나갑니다. 1748년 2월 26일

형벌(刑罰)과 박탈(剝奪)의 차이

1039. 저 세상에서의 모든 형벌은 한 영의 개전(改悛)을 목적해서 일어납니다. 왜냐하면 형벌의 본성(本性)은 악들을 제거하기 위하여, 말하자면 선행의 능력을 유발, 야기하는 것입니다. 따라서 그것 자체에서 보면, 모든 형벌들은 박탈(剝奪)들을 가리키는데, 그 이유는 그것들이 진리를 고백하고, 선을 행하는 모든 능력들의 유인(誘因)이나 자극에 의하여 악을 소멸하기 때문입니다. 그러나 그와 같은 능력은 주님의 선물인 덤(附加)입니다. 왜냐하면 만약에 온갖 악들이, 선에 속한 기능들의 선물이 없이 제거될 수 있다면, 그 때 사람에 속한 것은 아무것도 남는 것이 없기 때문입니다. 왜냐하면 사람 안에는 악 이외에는 아무것도 없기 때문입니다.

1040. 그러나 모든 형벌들은 고통이나, 또는 반항심과 더불어 일어납니다.

1041. 그러나 저항이 없이 동의와 더불어 일어나는 박탈들이 있는데, 다시 말하면 누구나 그것을 갈망합니다. 어떤 자들은, 나무꾼들이나 수많은 다른 자들처럼, 박탈당하는 동안, 이런 식으로 저항이 없이 인도되기도 합니다. 그러나 이와 같은 박탈들은 그들의 믿음에 일치합니다. 이런 이유 때문에 거기에는 수많은 다종다양(多種多樣)함이 있습니다.

1042. 그러나 어떤 고통이나 불쾌감의 느낌이 없이 악의 박탈이 있는지, 없는지는 아직까지 나는 알 수 없습니다. 왜냐하면 천계에

안내되는 자들은 때때로 최후의 자포자기(自暴自棄)의 상태에까지 빠지게 되기 때문인데, 그 자포자기의 상태는 가장 내적인 영적인 고통들을 가리킵니다. 1748년 2월 26일

악령들이나 악마들은 모든 악들의 원인이다

1043. 사실 이와 같은 명제(命題)는 사람을 멸망시키려는 그것들의 계속적인 노력에서부터 확신을 가지고 결론지을 수 있습니다. 왜냐하면 그것들이 멸망(滅亡)하는 것은 아무것도 없기 때문입니다. 따라서 그들의 무법(無法)이나 욕망이, 마치 아무런 제지(制止)가 없이 즐거움으로, 자유롭게 되면, 그것들은 사람들이나 사람들의 동료 영들을 파멸시키려 돌진(突進)하기 때문입니다. 그러나 그것들은 온갖 구속들 안에 갇히게 됩니다. 역시 이상에서 볼 때, 지을 수 있는 결론은, 주님께서는 모든 선들의 근원이시고, 원인이시듯이, 악령들은 모든 악들의 근원이고, 원인이다는 것입니다. 그럼에도 불구하고 이와 같은 사실은 오랫동안 계속된 경험에서 도출(導出)된 것이 아니면 명확하지 않습니다. 악령들은 계속해서 나를 위험에 처넣으려고 하였지만, 나는 그것을 전혀 알지 못하였습니다. 예를 들면 그것들은 나를 달구지들 밑으로 처넣으려고 했습니다. 그것들이 나를 억지로 거기에 처넣으려고 하였지만, 그것이 허사였다는 것은 나에게 아주 명백합니다. 마찬가지로, 내가 물가를 거닐고 있을 때, 나를 해치려는 유사한 일이 집요(執拗)하게 계속되었지만, 그러나 주님에 의하여 그와 같은 일은 저지되었습니다. 그와 같은 경우는 수도 없이 많이 있습니다. 다시 말하면, 그것들은 선한 모든 것들을 막으려고 무진 애를 썼습니다. 그러므로 그들에게 그런 일이 하락된다면, 거기에서부터 온갖 불행이나, 악은 무엇이든 그들에게서부터 솟아날 것입니다. 이러한 사실은, 가장 가까운 악이든, 아주 멀리 떨어진 악이든, 모든 악들의 측면에서 진실입니다. 악들이 아주 멀리 떨어져 있을 때에는, 악령들은, 자신들이 그것들의 원인이다는 것을 부인하지만,

그럼에도 불구하고, 오늘 확실한 경험에 의하여 일어난 것과 같이, 그것이 그들에 의하여 실연(實演)되면, 그들은 그것이 사실이다고 고백합니다. 왜냐하면 이런 사실은 그들의 활동에 속한 본분들이기 때문입니다. 다시 말하면 악을 행하는 것이 그들의 본분이요, 역할이기 때문입니다. 가끔 그것들은 무의식 중에 선에 저항합니다. 왜냐하면 그것들의 본분은 선에 속한 애씀에 대하여 불쾌하고, 모순 되기 때문입니다. 그러므로 그것들에게 일러주는 일이 없다면, 그들이 이런 모든 악들의 근원이 자신이다는 것을 알지 못한다고 결론을 지을 수 있겠습니다. 1748년 2월 26일

여러 종류의 냄새들에 의하여 인지(認知)되는 악귀들에 관하여
1044. 영이 이따끔 영들의 성품이 그들의 여러 냄새들에 의하여 인지되지만, 그러나 그와 같은 일이 허락되지 않으면, 결코 그것은 흔한 일은 아닙니다. 이와 같은 냄새는, 육체를 입은 그들의 삶에서 비롯된 성품을 아주 명확하게 드러내 줍니다.

1045. 오로지 모방(模倣)의 기술에만 몰두하는 자들은, 따라서 그것으로 인하여 그와 같은 성품에 밀착하여 있고, 또한 그들의 생애에서 스스로 아첨하는 시문(詩文)에 열중한 자들의 그 시문에는 알맹이가 없는 가짜나, 장황한 말잔치 외에는 아무것도 없습니다. 따라서 거기에는 거짓과 진리가 서로 뒤섞여 있습니다. 다만 그들이 자기 자신들이나 다른 자들을 기쁘게만 할 수 있다면, 이런 부류의 사람들의 냄새는 구역질나게 하는 것이고, 위에서 올라오는 구토의 냄새와 같은 성질의 것입니다. 그것은 일종의 악취를 풍기는 냄새로, 콧구멍들이 그 냄새를 맡으면 다른 것들에게도 욕지기를 자극합니다. 그러나 그들 사이에는 일반적으로 차이들이 있습니다. 그들 중 몇몇은 말이나 칭찬으로 속이기를 좋아하고, 그래서 아첨자들처럼 행동하는데, 이들은 저술들이나 시문들에서 그와 같은 짓을 하는 자들과 같습니다. 그리고 그런 자들 가운데는, 자신들의 명예나 소득

을 목적해서 속이기를 갈망하는 자들도 있습니다. 바로 언급된 이와 같은 자들과 닮은 영들이 나타났을 때, 나는 그와 같은 고약한 냄새를 맡았습니다.

1046. 역시 또 다른 냄새가 지각되었는데, 그 냄새는 빵을 구울 때 그 냄새였습니다. 이 냄새는 여러 가지 방법으로 말재주나 능변(能辯)에 관하여 매우 열심히 연구하는 자들을 뜻합니다. 그럼에도 불구하고 진실성들은 상세하게 설명되었고, 그들이 동시에 자기 칭찬의 원인이 되기 위하여 이런 식으로 진실성을 유발하였습니다. 빵이 진리나 선을 뜻하기 때문에 이 냄새는 각자의 기질에 따라서 다양하게 변하고, 증식(增殖)됩니다.

1047. 나는 또한 감미로운 포도주 특유의 냄새를 지각하였습니다. 이 냄새는 허락된 정동으로부터 언급한 말에 진리가 있는 식으로 그들이 사랑하는 아첨자의 냄새입니다. 그러나 거기에는 진리가 내포된 일종의 외견상의 아름다움만 있을 뿐입니다. 포도주 특유의 냄새는 그것의 성질에 따라서 거기에서 옵니다. 이 냄새나, 앞서의 냄새는 모두 감각적으로 나에게 지각되었습니다. 1748년 2월 27일

매우 올바른 영들 중에는 갑자기 일어난 사건들에 관하여 판단하지 못하지만, 그러나 그것과 같은 것이 무엇인지 즉시 선언할 수 있는 자들이 있다

1048. 매우 올바른 영들이 있었는데, 그들은 사물들의 성질을, 말하자면, 그 어떤 내면적인 명상(瞑想)을 통해서 예리하지는 않지만, 온순하게 느끼었습니다. 그리고 그들은 아주 빠르게 "그것은 좋지 않다" "그것은 적당하지 않다" "그것은 적당하다"라고 선언하는가 하면, 그리고 그들은 빈번하게 "그것은 그렇게 해서는 안 된다" "그것은 그렇지가 않고, 이렇소"라고 선언하였습니다. 그들은 그들이 좋다고 원하는 사람들에 대하여 다른 사람들 안에서 느끼는 변화에 따라서 말을 하였습니다. 만약에 악한 자와 같이 있다면, 그들은 그

들에 관하여 이런 식으로 말하지 않습니다. 그들은, 육체를 입은 그들의 생애에서 명상이나 생각에 의하여 예리하지는 않지만, 일종의 내면적인 감관을 가지고 있었습니다. 그들의 어린 시절에는 그들은 매우 우둔하였습니다. 말하자면, 가르치는 것이 어려울 지경이었습니다. 그러나 그들은 삶을 통해서 진전하였기 때문에, 그들은, 한 사물에 속한 진리는 아니지만, 그것의 선함에 관하여 자기 자신들이나 자신들의 기질로부터 충분하게 가르침을 받을 수 있게 되었습니다.

1048A. 더욱이 내가 깨달은 것은 이런 자들 가운데는 어린 아이와 같은 성품을 지닌 자들도 있었다는 것입니다. 그 성품은 매우 유순하고, 단순하고, 따라서 그들 안에는 선이나 진리에 속한 지각이 있었습니다. 1748년 9월 14일

1049. 이런 영들이 흉선(胸腺)의 영역에 속해 있다는 사실이 나에게 알려졌습니다. 그 이유는 나는 이 샘(腺)의 쓸쓸이(用途)에 관하여 일반적으로 거의 꼭 같은 개념을 가지고 있었기 때문입니다. 다시 말하면 그것은 젖먹이들을 돕는 것이고, 그리고 분비물에 의하여 삶에 속한 감미로운 것들이나, 즐거운 것들을 이웃의 기관들에게 전달해 주는 것이기 때문입니다. 1748년 2월 27일

흉선(胸腺·thymus gland)에 관해서 볼 수 있듯이, 그들이 고통을 받고 있는 동안, 동일한 영들이 역시 큰 무리들 가운데 있었고, 그리고 그들을 격려하고 있었습니다.

사물들을 표징하는 영적인 형태들에 관하여

1050. 대부분의 사람들이 행하고 있는 것과 같이, 오직 낱말들에 의하여, 그리고 분리된 개념들을 모으는 것에 의하여, 다시 말하면, 언어를 통하여 다른 자들에게 사물들을 나타내는 자들은, 영들이 그들의 생각들을 자신들과 같이 있는 자들과 어떻게 교류하는지 전혀 파악할 수 없습니다. 그리고 그들이 낱말들이나, 개별적인 개념에 밀착되어 있으면 있을수록 그들은 더욱 더 파악할 수 없습니다. 여

러 가지 이유들 때문에 낱말들의 대체적인 뜻(the proximate sense of the words)이나, 또는 개별적인 것의 기억에 속한 것들 안에만 오직 빠져 있는 자들은 그것을 이해할 수 없는데, 그 이유는 오직 개별적인 것들이 거기에만 집중하고 있기 때문입니다. 그러나 보다 더 보편적인 개념들을 가지고 있는 자들은, 따라서 개별적인 것들에서부터 추출된 개념들을 가지고 있는 자들은, 어느 정도 파악할 수 있습니다.

1051. 예를 드는 것에 의하여 어느 정도는 이해할 수 있기 때문에, 한 가지 예를 들어서 설명하고자 합니다. 어느 누구가 수치감(羞恥感)이 존경심(尊敬心)을 수반하지 않는다면, 수치감은 불가능하다고 주장한다면, 그 때 수치감과 존경심이 무엇이냐는 것에 관하여 낱말들에 의하여, 또는 수많은 페이지의 저술에 의하여 토의하는 것에 수많은 시간을 할애하는 것은 통상적인 것입니다. 수치감이 어떤 것이냐에 관한 토론이나, 일반적이든 개별적이든, 그것에 관해서 서술되는 부류에 관한 언쟁이 있게 됩니다. 마찬가지로 존경심이 수많은 정황(情況)들에 적용하였을 경우, 거기에서부터 헤아릴 수 없이 많은 결론들이, 각자가 터득했거나, 그가 형성한 상태의 주제의 개념에 따라서 도출(導出)될 수 있을 것입니다. 이와 같은 모든 것들은 어떤 설명이나, 잘 알고 있는 개별적인 것들의 개념이 없이, 오직 영적인 직관(直觀·spiritual intuition)을 통하여 하나의 영에 의해 지각되고, 그리고 그것들은 일순간에 다른 자들에게 소통됩니다. 따라서 하나의 종속(種屬)에서 다른 종속에, 그리고 그와 같이 그들의 여러 종류에 소통될 것입니다. 이런 것들을 천사들은 분명하게, 그리고 동시적으로 지각됩니다. 그러므로 그들은 즉시 그 결론들을 주지합니다. 이런 내용이, 사후 영혼들이 즉시 들어오게 되는 특권(特權·faculty)인 영들 사이에 있는 사물들에 속한 소통입니다. 그러나 그 소통은 그들의 탐욕들에 속한 삶에 따라서 매우 다종다기(多種多岐)합니다. 온갖 망상들에 의하여 그들의 합리적인 시각을 눈멀게 하지 않는

자들은 보다 더 잘 이해합니다.

1052. 모든 사람은, 비록 매우 불영명하지만, 어떤 것이 사실이다는 것을 자기 자신으로 말미암아 이해할 수 있습니다. 그리고 전 세계를 통하여 그와 꼭같이 할 수 있는 사람은 거의 없습니다. 만약에 그와 꼭같이 이해하는 사람들이 있다면, 그들은 불학무식(不學無識)한 자들 가운데 있을 것이지만, 그러나 자신들을 박식(博識)하고, 학자라고 부르는 자들 가운데는 거의 존재하지 않습니다. 1748년 2월 27일

보다 내면적인 것을 전적으로 섬겨야 하는 합리적인 것·과학적인 것·자연적인 것에 관하여

1053. 이러한 사실은 단 하나의 예에 의하여 밝혀질 수 있습니다. 다시 말하면 자연에 속한 모든 예술들이나 학문들에 따라서, 인체의 모든 기관들·내장들·조직들로 그와 같이 이루어진 인간육체(人間肉體)에 의하여 밝혀질 수 있습니다. 비록 이러한 것들이 아무리 많이 존재하고, 또 존재할 수 있다고 해도, 모든 학문들에 속한 깊이 숨겨진 것들에 따라서 이루어집니다. 그리고 전체적인 것이든, 개별적인 것이든, 그것들의 모두는, 영혼이나 의지(意志)에 전적으로 종속(從屬)되어 있으며, 따라서 그것들은 오로지 어떻게 동의하고 섬기는지 그 방법을 알고 있습니다. 이러한 내용은 육체에 관한 진실이요, 사실입니다. 그럼에도 불구하고, 육체는, 죽어서 소멸할 것이고, 따라서 시체(屍體)에 지나지 않는 무가치한 존재로 평가받고 있습니다. 그렇다면 그 때 사람들이 밝히고 있는 학문들은 무엇입니까? 왜냐하면 그것들은 육체 안에 있는 모든 것들과 비교될 수 있는 것은 전무(全無)하기 때문입니다. 1748년 2월 27일

천사들이 아닌 어떤 영들이 천계에 들어가는 것이 왜 가끔 허락될까?

1054. 가끔, 아니 사실은 아주 자주, 악령들이 간계(奸計)를 써서, 자신들을 천계에 침투시키는 일이 허락되고는 합니다. 다시 말하면 천사들의 무리에 끼어들고는 합니다. 왜냐하면 그들은 그렇게 하는 것으로, 천계에 있기 때문인데, 그것은 천계가 독립된 장소가 아니고, 천계적인 자질이나 총명에 속한 사회들이기 때문입니다. 내면적인 천계에 속한 천사들의 상태들에 머무는 동안, 악령들은 선량함의 흉내를 통하여, 그리고 천사들이다는 거짓꾸밈의 실연(實演)에 의하여 가끔 천계에 허입됩니다. 천사들은 자유스럽게 그들을 허락합니다. 그러나 그들이 발견되게 되면, 그와 같은 일은 그들의 불일치(不一致)와 부조화(不調和)에서 일어나는데, 그 때 그들은 천계에서 모두 쫓겨납니다. 이와 같은 이유는, 이와 같이 해서 천사들도 역시, 그들이 천계에 있어야만 하는 천계적인 존재로서의 성품인지 아닌지를, 시험을 치루고, 그리고 판명되어야만 하기 때문입니다. 왜냐하면 불순(不純)한 것이나 부도덕적인 것은 언제나 붙어서 따라다니기 때문이고, 그리고 이들은 계속해서, 그리고 시간의 경과 속에서 반드시 시험을 받아야 하기 때문입니다. 따라서 천사들이 속임을 당하였다는 것이 드러나고, 그리고 그들의 오점(汚點)들이 적나라하게 밝혀집니다. 악령들은, 악을 불안이나, 어지럽히는 것과 뒤섞는, 하나의 소동이나 난리 같은 것이 됩니다. 만약에 그 때 천사들이 자신들이 잘못 인도되었다는 것을 묵인한다면, 그들 역시 한 동안 천계로부터 추방되고, 그리고 적절한 박탈(剝奪)의 상태에 놓이게 됩니다. 그와 같은 일이 있은 뒤, 천사들은 다시 허입되는데, 이러한 사실은 가끔 내가 들은 바입니다. 1748년 2월 27일

모든 지식들은 영적인 양식이고, 그것의 성질은 그들의 목적에서 드러난다

1055. 모든 영들은, 이른바, 알고자 하는 배고픔(飢饉)과 목마름(飢渴)을 가지고 있습니다. 그리고 또한 자신들에게 먹거리가 되고, 자

양분이 되는 온갖 앎(知識)을 얻고자 하는 배고픔과 목마름을 가지고 있습니다. 특히 그들의 기질(氣質)과 일치하는 그와 같은 지식들에 대한 기근과 기갈을 가지고 있습니다. 왜냐하면 영들은 거의 대부분 호기심(好奇心)이 강하고, 따라서 그들은, 자신들의 감관들에게 다가오는 모든 것들에 관해서 알고자 열망하기 때문입니다. 사실 어떤 사물이 그들에게 드러나거나, 또는 감추어지면, 그들은 분개(憤慨)하고, 심지어 분노(忿怒)합니다. 그리고 그들은 근심이나 걱정 가운데 그것을 조사하는 일에 무진 애를 씁니다. 그들은 역시, 선한 영들이 하는 것과 같이, 비록 그들이 이것을 알지 못하지만, 그들이 온갖 지식의 풍부함을 소유할 때 자신들의 삶의 기쁨 속에 빠져 있습니다.

1056. 더욱이 목적에서부터 그것들과 일치하는 온갖 종류의 양식을 안다는 것에서 큰 기쁨을 만끽(滿喫)합니다. 왜냐하면 그들은 지식들을 동경(憧憬)하고, 갈망(渴望)하기 때문입니다. 악령들은 다른 자들에게 일어나는 악한 것을 알기를 열렬히 갈망합니다. 그러므로 이와 같은 먹거리는, 그들이 이와 같은 관점에서 목적을 가지고 있는 한, 추천할만한 것은 못됩니다. 따라서 알기를 갈망하는 것에 그들을 인도하는 목적에서부터 그들이 영양을 공급받기를 좋아하는 것에 관해서, 이와 같이 결론을 지을 수 있겠습니다. 1748년 2월 27일

영적인 것들의 표징(表徵)과 천적인 것들의 표징 ; 그것들의 분별(分別)에 관하여

1057. 사물에 대한 지각에는 수많은 영적인 방법들이 있습니다. 그 중에 어떤 것은 명확하고, 어떤 것은 이른바 비밀스럽습니다. 그럼에도 불구하고 그것들도 충분하게 밝혀질 수 있습니다. 영적인 것들은, 그 어떤 것은 비록 마음을 움직이는(vibrating) 것이지만, 아주 예리한 것에 의하여, 말하자면 선형(線形)이나 상호적인 변전(變轉)들에 의하여, 줄무늬 모양의 것들에 의하여, 또는 희고 빛나는 것들에

의하여, 영적인 방법으로 드러내지고 있습니다. 이와는 반대로 천적인 것이 지배할 때면, 그것들은 찬란하게 빛나는 것들이나, 이와 비슷한 것들에 의하여 드러내집니다.

1058. 인체나 인체의 내장들 안에, 특히 대뇌나 소뇌, 그리고 그것의 골수질(骨髓質) 안에, 마찬가지로 간장이나 신장 안에 있는 영적인 것들은, 말하자면 골수 같이 홈이 있는 것들(striated)에 의하여 표징됩니다. 특히 흰색의 것들에 의하여 표징됩니다. 조잡한 영적인 것들 역시 홈이 파인 신체부위(a striated body)에 관계되도록 결합하고, 자리 잡은 보다 가시적인 도관(導管)들에 의하여 표징됩니다. 따라서 그것들은, 혈관(血管)들을 제외한, 속에 어떤 액체가 숨겨진 모든 도관들에 의하여 표징됩니다. 그러므로 이와 같은 홈이 파인 부위들은 역시 흰색입니다. 그리고 만약에 그것들이 매우 섬세하고, 정교하게 홈이 파인 것이라면, 그것들은 모두 투명(透明)합니다.

1059. 그러므로 외피의 원질(the cortical substance)이 천적인 것들과 관계된다는 것은 아주 명확하게 되었습니다. 어떻게 해서 그것들이 그렇게 할 수 있는지는 대뇌의 외피의 원질에서 아주아주 명백할 수 있습니다. 그리고 인체에서는 신장의 의사외피원질(擬似外皮原質)에서도 잘 알 수 있습니다. 그것들은 또한 시작에 불과한 것들입니다. 대뇌 안에는 동물적인 기질(animal spirit)의 구조가 내재해 있는데, 영적인 것들은 그것들에 관련되어 있고, 그리고 역시 그것에서 비롯됩니다. 그것들이 영적인 것들의 시초인데, 그 이유는 영적인 것들은 그것들에서부터 생겨나기 때문입니다. 그것들은 역시 서로 상이(相異)한 색채를 가지고 있는데, 다시 말하면 그것 자체로서는 그것들은 혈액과 같아서 밝게 빛나고, 또한 붉습니다.

1060. 따라서 육체의 기관들이나, 근육의 조직들도 역시 영적인 계층에 관계되기는 마찬가지입니다. 1748년 2월 28일

1061. 그러므로 마찬가지로 영적인 것들이나 천적인 것들은 천계에서 서로 분별됩니다. 그리고 그것들이 어떻게 서로 분별되는지는

앞에서 언급된 표징들에서 아주 명백합니다. 창조에서부터 확증되었기 때문에, 남성(男性)은 영적인 것들의 계층에 속하지만, 여성(女性)은 천적인 것들의 계층에 속합니다. 그러므로 처음혼인(the first marriage)의 가르침(規定)은, 남자 즉 사내는 그의 아내에 반드시 붙어 있어야 한다는 것, 다시 말하면 총명적인 것들은, 그들이 한 몸(one body)이 되기 위하여, 천적인 것들과 반드시 제휴(提携)하여야 한다는 것입니다.

결장(結腸)의 영역을 구성하는 자들에 관한 속편

1062. 잘 알려진 것은, 결장은 그 자체가 아주 넓게 퍼져 있다는 것입니다. 결장에 관계되는 자들도 마찬가지로 좀 멀리까지 뻗어 있지만, 그럼에도 불구하고, 위에서 언급한 것과 같이, 왼쪽의 뒤쪽에 분포되어 있습니다. 그러나 보다 더 악한 자들은 왼쪽에 치우쳐 있는데, 그래서 그쪽은 지옥에까지 이어져 있습니다. 따라서 결장의 영역은, 결장이 지옥적인 통(the infernal tun)을 가리키는 직장(直腸)에까지 뻗어 있기 때문에, 지옥에까지, 즉 지옥적인 통에까지 뻗어 있습니다.

1063. 더욱이 그 곳에 속한 영들의 기술에서, 그 영역 안에 있는 자들이 누구이고, 또 그들의 됨됨이가 어떤지, 명확하게 알 수 있겠습니다. 그들은 전혀 자비(慈悲)를 가지고 있지 않으며, 그리고 그들은 양심이 결여(缺如)된 자들로 인류를 파멸하려고 하며, 그리고 저항하는 자들이 어른이든, 어린이든, 여자이든, 간난 아이들이든 불문하고 분별없이 살해하고, 해치려고 합니다. 따라서 자비가 결여된 그들은 이런 식으로 인류나 인류에 속한 것은 무엇이나 멸망시키고, 파괴하고자 합니다. 그들은 아주 흉악한 기질을 지니고 있으며, 또한 대부분 병졸들이나 지휘관들도 이런 기질을 지니고 있습니다. 이 영들이 이런 기질과 성품을 지녔습니다. 만약에 어떤 특허가 그들에게 주어진다면, 그들은 육신을 입고 있을 때와 같이, 전쟁 중이 아

니고, 전쟁 이후라도 그 때 그들은, 도시들이든 마을이든, 그들이 만나는 곳은 무엇이든지, 파괴할 것입니다. 그들은 이와 같은 격정(激情)에까지 치닫게 될 것이고, 그들은 매우 큰 맹렬함으로 모든 것들의 파괴 외에 달려드는 것은 아무것도 없을 것입니다. 그러므로 그들은 전혀 억제될 수가 없을 것입니다. 한편, 나는 그들에 관해서, 그리고 사람들이 자기 본연의 성품에 남게 된다면, 그리고 법에 대한 고려 없이 행동하는 것이 허용된다면, 사람들의 성품에 관해서 영들과 대화를 가졌는데, 영들이나, 사람의 종자들은, 자기 종족에 대해서만 이런 식으로 죽이지 않는 가장 포악한 야생짐승들 보다도 더 흉악하다고 말하였습니다. 사람들이 자신들의 적군으로부터 자신들을 방어할 때와, 야생 짐승들이 다른 동물들에 대하여 자신들의 사나움을 적용할 때에는 차이가 있습니다. 왜냐하면 이런 것들은 그들에게 먹거리로서 주어진 것이고, 그리고 이와 같은 일은 적군으로부터 공격을 받았을 때, 그들이 먹거리를 위해서 동물들을 죽일 때와 같이 정당방위(正當防衛)라고 생각하는 것 이외의 다른 것은 전혀 고려되지 않기 때문입니다. 천계에 있는 자들은, 이 지구에 있는 인류들이 이런 성품이다는 것을 보았을 때, 공포에 사로 잡혔습니다. 왜냐하면 그들이 이런 광경을 보지 않았다면, 그것은 그들에게는 전혀 믿을 수 없는 것으로 보였을 것이기 때문입니다. 더욱이, 사랑과 자비와 평화가 다스리는 천계에 어떻게 저런 종자들이 들어갈 수 있는지를, 그리고 만약에 그들에게 그와 같은 특권이 주어진다면, 모두를 멸절(滅絶)하려는 그와 같은 기질을 변함없이 가지고 있지 않을까를, 그리고 그들은 자아애나 세간애에 의하여 날뛰지 않을까를, 나는 그들에게 물었습니다. 또한 나는 그들에게, 죽임을 당한 군대가 수 천 만에 이를 정도로 주변에 널려 있는 것을 보고, 그리고 절규(絶叫)하는 소리를 듣고, 그리고 시체에서 흘러나온 피가 강을 이루고 있는 것을 볼 때, 그런 작자들은 마음에서 쾌감을 만끽하고, 그리고 마음 속에서는 기쁨으로 충만할 것이다고, 말하였습니다. 그들은 이런 일에 긍지를 가질 것이고, 또 스스로는 자신들이 영웅들이라고 생각할 것입니다. 뿐만 아니라, 그 때 그들은 심지어 "우리는 주님을 찬양합니다"(Te Deum laudamus)라고 노래를 부를 것입니다. 더욱이 그들은 자신들이 기독교인들이라고 외칠 것입니다.

1064. 그러므로 이것이 천계인가, 아니면 지옥인가? 만약에 당신이 선호한다면, 그것이 진정한 인간인가, 아니면 짐승 같은 야만인인가? 라고 묻지 않을 수 없었습니다.

1065. 그럼에도 불구하고 범법자들이나, 죄인이라고 선고된 자들을 벌하는 사형집행자(死刑執行者)들을 혐오(嫌惡)합니다. 그러나 이와 같은 사형집행자들 보다 더 사악한, 자비나 양심 따위는 전혀 없이 사람을 죽이고, 불에 태우고, 순진한 사람을 약탈하는 이런 짐승 같은 자들을 칭찬하고, 존중하고, 고위(高位)에 앉히기도 합니다. 이런 일들도 영들에게 일러졌습니다.

결장(結腸)의 영역을 구성하는 자들에 관한 속편

1066. 그러므로 인류의 멸망을 위해 줄달음치는 이런 영들이나 영혼들은 그들만의 영역을 가지고 있는데, 그 곳은 지옥에서 멀지 않습니다. 왜냐하면 그들에게는 사람다운 것은 아무것도 없기 때문입니다. 그러나 그들 중에 인간적인 것을 지니고 있는 자들, 예를 들면, 행동거지(行動擧止)가 올바른 사람들이 있는데, 그들은, 이런 이유 때문에, 야생 짐승들이나 폭군들처럼 자신들을 생각하지 않고, 그리고 또한 관능적인 이유 때문에 스스로 억제하고, 따라서 분노에서 자신들을 온화하게 조절하는 자들은 벽(壁) 안에 있는 자들 가운데 있습니다. 이들에 관해서는 위의 내용을 참조하십시오(993항 참조). 그들에게는 자비가 전혀 없고, 오히려 자아애만 있는데, 이것은 인류를 증오합니다. 따라서 역시 그들은 지옥으로부터 떨어진 거리에 비례하여 분별되는데, 그것은 마치 결장이 직장(直腸)에서 이어진 장들에서 분별되는 것과 같이 분별됩니다.

1067. 그러나 그들 중에는 무엇이라고 열거할 수 없을 만큼 다양함이 있는데, 그럼에도 불구하고 그들은, 그들이 다양함들을 일으키는 것들에 따라서 자신들의 처소(處所)를 소유합니다.

1068. 그들 안에는 이 세상에서 선한 것이나, 고귀한 것으로 인정되는 것과 같이, 그들이 선한 것으로 여기는 어떤 것이 내재해 있습니다. 이런 영들 중에서 이런 것은, 빛을 비추는 일은 없지만, 거의 불덩이와 같은, 작은 별들로 나타납니다.

사람은, 자기 자신의 능력으로는 자신의 향상(向上)이나 개선(改善)에 대하여 아무것도 이룰 수 없다는 것을 어떻게 이해할 수 있는가?

1069. 사실은 거의 전부이지만, 수많은 영들은 자신들의 향상이나 개선에 대하여 그들이 아무것도 성취할 수 없다는 사실을 이해할 수 없습니다. 그와 같은 경우, 그들은 뜻하고 행동하기 위한 모든 노력을 포기할 수밖에 없다고 그들은 생각합니다. 본질적으로 이와 같은 생각은 잘못된 것입니다. 영과 같이, 사람은 자기 자신의 온갖 능력들에 의하여 언제나 노력하고 원할 수 있지만, 그 때 자기 자신의 능력에 의하여 그는 아무것도 이룰 수 없다고 반성하는 것은 주님에 의하여 그에게 주어지는 것은 아닙니다. 거기에 반성이 없다면, 그 때 그는 자신에 대하여 자기 자신으로 말미암아 행동하고 있는 것으로 생각하지만, 그럼에도 불구하고 그 때 그것은 그가 이런 일을 하려고 노력하는 것을 승낙하고 부여하신 주님에게서 비롯된 것입니다. 그러나 그 때 반성하고, 심사숙고(深思熟考)한다면, 그는 역시 이것이 주님에게서 비롯된 은사(恩賜)이다는 것을 시인할 수밖에 없습니다. 1748년 2월 28일

사기(詐欺)에 의하여 처녀들을 간통(姦通)에 유혹하는 간통자들에 관하여

1070. 이 세상에 어떤 사람들은, 수도원이든, 그들의 부모와 같이 있는 가정이든, 그들이 있는 곳 어디에서나 처녀들을 유혹하는 것 이외에는 아무것도 원하지 않으며, 그리고 온갖 수단들이나, 감언이설(甘言利說)에 의하여 그들은 자신을 교묘하게 침투시키고, 그리고 그들을 간통에 끌어들입니다. 이와 같이 그들은 어긋남(variety)으로 즐거움을 만끽합니다. 이런 부류의 영들은 생식기관들의 영역에 속해 있지만, 그러나 안에 있지 않고, 그것의 밖에 있습니다. 영혼들이나 영들과 같이, 그들도 마음에 이와 비슷한 것들을 가지고 있고, 또한 여러 사회들에 자기 자신을 침투시키는 능력을 가지고 있습니다. 그러나 그들은 육신이 죽은 뒤, 처음 한 동안은 자신들을 침투시킨 뒤, 그 때 그들은, 그들의 생각들이 모두 공개되어 있기 때문에, 널리 알려집니다. 이와 같은 인식은 선한 영들이나 천사들이 알아야 하는 여러 이유들 때문에 지켜지고 있습니다. 그 때 그들은 이리저리 떠돌아다니고, 그리고 그들이 가는 곳 어디에서나 그들은 거절됩니다. 만약에 그들이 교묘하게 침투하게 되면, 그들은 쫓겨나거나 처벌을 받습니다. 왜냐하면 그들의 아첨이나 감언이설 따위는 모두가 속임수요, 사기이기 때문입니다. 따라서 종국에 그들은 어느 사회에도 들어가는 것이 허용되지 않습니다. 이와 같은 일들은 마음의 온갖 변화나 불일치에 따라서 일어나는데, 그 변화나 불일치는, 그들이 순진한 소녀들을 속이고, 그들을 유기(遺棄)하는 것만큼, 그리고 그들이 그와 같은 불일치로 쾌락을 만끽하는 것만큼, 매우 많습니다. 그리고 그들의 환심이나 아부에 의하여 그들은 마찬가지로 다른 사람들의 아내들을 그들의 남편들에게서 유혹하고, 그래서 혼인애를 더럽힙니다. 이와 같은 불일치 때문에 형벌들에 속한 온갖 종(種)과 유(類)는 매우 많고, 다종다양하고, 그리고 외로운 곳에 있는 박탈의 기간은 길기도 하고, 짧기도 합니다. 1748년 2월 28일

마치 자기만 홀로 존재하듯이, 자기 스스로 모든 일을 하기를

좋아하고, 그리고 동시에 사기적인 사람의 영벌에 관하여

1071. 지금 머리 위 멀리에 나타난 어떤 영은, 마치 그가 유일한 존재인 것과 같이, 자기 자신으로 말미암아 모든 것들을 계획하고 결말짓고, 또 말하기를 좋아합니다. 따라서 그 영은, 다른 영들이 존재하든, 존재하지 않든, 고려하지 않습니다. 그 이유는 그는 모든 것을 자기 두뇌로 처리하기를 원하기 때문입니다. 그는 역시 교묘하게 무엇인가를 영합시키는 아첨자이고, 그리고 자기 자신을 내면적인 천계의 어떤 사회들 속으로 침투시키는 것이 허락되었습니다. 왜냐하면 그는, 아내들이나 미혼(未婚)의 딸들을 매춘(賣春)에 유혹하기 위하여 혼인한 배우자들 사이에 자기 자신을 침투시키는 것에 익숙하기 때문입니다. 따라서 그의 환심이나 침투는 동시에 사기적입니다.

1072. 여러 번 내면적인 천계에 속한 사회들로부터 거절당한 뒤, 그는, 마치 그가 다른 영들 위에 있는 것처럼, 권위를 가지고 말하고 행동하는 것같이 보였습니다. 그러나 그의 말이나 행동들이 사기적이고, 그리고 동시에 그가 오만하기 때문에 그는 아주 심하게 벌을 받았습니다. 그 형벌은 약 1시간 반 정도 계속되었습니다.

1073. 그는 갈기갈기 찢기는 일종의 형벌로 악한 영들에 의하여 사로잡혀 있습니다. 악령들은 처음에는 생식기관 가까이에서, 그 뒤에는 점점 아래로 내려오면서 고통을 줍니다. 이 영역들은 매우 비참하게 찢어졌고, 특히 그의 입과 잇몸의 영역에서, 그리고 그의 머리의 영역에서, 그 일이 일어났습니다. 사실 그 형벌은 너무나도 심하기 때문에, 그는 비참하게 갈기갈기 찢기었습니다. 거기에는 상호적인 진동에 들어온 강압이 있었는데, 그 때 강압은 보통의 선회작용(=소용돌이 작용)에 들어왔습니다. 그러나 그 강압은 지극히 짧은 순간이지만 그의 모든 영역에서는 언제나 저항이 있었습니다. 이와 같은 저항은 계속적으로 일어났는데, 그것으로 인하여 고통은 더욱 증대되었습니다. 그러나 한편, 무엇 하나도 그의 총명적인 인식에서

부터 제거되는 것은 없었는데, 따라서 그는, 자신이 형벌을 받지 않고 있을 때와 같이, 이런 식으로 깨달을 수 있었습니다. 여기에서부터 고통을 느꼈습니다. 그가 고통을 느끼지 않는다고 무엇을 말할 수 있는 기회가 그에게 주어지지 않았으므로, 그는 온갖 거짓들에 의하여 다른 사람을 속일 수가 없었습니다. 더욱이 탄원(歎願)하는 것, 다시 말하면 형벌 때문에 회개하고, 참회하는 것은 매우 빠르게 그에게 용인되지 않았지만, 그러나 그 형벌이 오랜 동안 지속되어서 그가 매우 고집스럽게 행동하고 있다는 것과, 그리고 이 형벌을 감각적으로 느끼게 하려는 것입니다. 따라서 이와 같은 부위가 찢어지는 고통은 다른 종류의 형벌과는 차이가 있습니다. 왜냐하면 그것들은 습관화된 악의 기질이나 성질에 따라서 다양하게 변하기 때문입니다.

1074. 이와 같은 형벌은 그 본성을 사실 제거하지는 못하지만, 그러나 그것들은 이런 효과를 가져다 줍니다. 다시 말하면 어느 영이 그것을 다시 행하면, 그 형벌들의 기억은 되살아나서, 따라서 그가 그것을 단념하게 합니다. 그러므로 그것은 그가 저지른 온갖 악행들로부터 기억되는 두려움이나, 아니면 부끄러움이지만, 그러나 그 두려움이나 부끄러움이 제거되면 그와 같은 영들은 종전과 꼭 같이 됩니다. 이와 같이 한번 가해진 형벌은 충분하지 않지만, 그러나 그 형벌은 수도 없이 여러 번 반복되어야만 합니다. 그러므로 이와 같은 일은 보통 수년을 소요하며, 그리고 거기에는 수많은 반복이 있습니다. 1748년 2월 28일

영적인 것들이나 천적인 것들의 측면에서 영들의 차이점에 관한 결론은 내장의 외피의 본질과 줄무늬의 본질에서 얻을 수 있다

1075. 영적인 영들과 천적인 영들 사이에는 보편적인 분별이 있습니다. 따라서 거기에는 중간적인 차이점들이 있습니다. 인체의 모든

기관이나 내장도 그와 같습니다. 왜냐하면 그것들의 개별적인 것들이나 전체적인 것들 안에는 서로 다른 방법으로 혈관들에서 생긴 그 각각의 적합한 섬유들이 있기 때문입니다. 따라서 눈(目)의 경우에서 보면, 초자체액(硝子體液)이 있는데, 거기에는, 내가 생각하기에는, 외피의 본질은 있지만, 줄무늬의 본질은 있지 않습니다. 수정체의 렌즈 안에 있는 본질은 줄무늬이지만, 그러나 그것은 보다 더 굳은 특질에 속한 것입니다. 그 밖의 다른 내장의 경우도 꼭 같습니다. 여러 맥관(脈管)에 속한 미로(迷路)의 곡선들이 있는 내장들의 외피들에도 꼭 같은 본질이 있고, 그 밖의 다른 곳에도 마찬가지입니다. 그것들이 호칭되는 것과 같이, 모세혈관 자체들은 그것들의 시초에서부터 자신들의 성질을 또한 취하고 있습니다. 그러므로 그것들은 모든 점에서 자신들의 시초에 속해 있습니다. 이러한 사실은 영적인 것이나, 합리적인 경우에서도 마찬가지입니다. 그 시초가 내재해 있는 이런 것들 안에는 이런 식으로 계속 이어지지 않고, 따라서 거기에는 계속되는 시초들만 존재하는데, 영적인 것은 무가치(無價値)하게 되고, 또한 쓸모가 전혀 없게 됩니다. 그리고 그것은 무감각하게 되고, 그리고 서로 분리하게 됩니다. 그 밖에도 다른 많은 것들이 있습니다. 1748년 2월 28일

보편적인 통치(統治)와 개별적인 통치에 관하여

1076. 나는 주님의 보편적인 통치(=보편적인 정부·the Lord's universal government)에 관해서 여러 영들과 이야기를 하였는데, 그들이 말하기를, 보편적인 통치는, 그것이 가장 단순한 것들(the most simple things) 안에 존재하지 않는다면, 주어질 수 없는 것이고, 그리고 일반적인 것이 개별적인 것에서 존재하듯이, 가장 단순한 것들에서부터 보편적인 것은 존재한다는 것입니다. 그리고 가장 단순한 것이 존재하지 않는다면, 보편적인 것 역시 결코 존재할 수 없다고 말하였습니다. 왜냐하면 이와 같은 보편적인 존재(存在·ens)는 무가

치한 것이 될 것이기 때문입니다. 이러한 사실은, 인체의 각각의 개별적인 것 안에 있는 영혼의 통치(the government of the soul)에 관한 전반적인 생각에 의한 영적인 방법에서 잘 드러납니다. 만약에 각각의 개별적인 것들 안에 이와 같은 영혼의 통치가 존재하지 않는다면, 그리고 이 각각의 것들이 그것의 기능이나 역할에 맞게 처리되지 않는다면, 전체적인 것은 그것의 보편적인 후원(後援) 하에 놓여질 수 없습니다. 비록 이러한 사실이 부정될 수 없는 영적인 직관(直觀)에서 비롯된 입증에 의하여 명쾌하게 이해된다고 해도, 그럼에도 불구하고 수많은 영들은 개별적인 것들의 기억에서부터 온갖 의문들을 제기하기 시작하면, 전반적인 불영명(不英明)은 그 즉시 솟아나게 됩니다. 만약에 언급한 것들이나, 입증한 것들이 오늘날의 유식한 사람들에게 일러진다면 꼭 같은 일이 일어날 것입니다. 왜냐하면 수많은 것들에서 집합된 유식한 사람의 온갖 의심들이나, 또는 짐승들의 영혼들에 관한 의문이나, 이와 비슷한 의문들, 그리고 영혼과 육체에 관한 그의 앎(知識)들은 유사한 의문들을 일으키고, 또한 심지어 더 어두운 구름을 야기(惹起)시키기 때문입니다. 그리고 만약에 어떤 의심들이 자신들로 인하여 생기게 되면 보다 명료한 보편적인 개념 안에 존재하는 것으로 인하여 마음은 그 어떤 개별적인 의문에 종결될 것이고, 그리고 그것에 의하여 개별적인 것들이나 전체적인 것들은 혼란스럽게 될 것이고, 그리고 부정적인 것에서 끝맺음(終結)을 할 것입니다. 그 밖의 모든 것들의 경우에서도 마찬가지입니다. 이러한 내용들이나 사실들은 수많은 영혼들이나 영들의 현존(現存)에서 언급되었고, 또 기술되었습니다. 그리고 그들은 언급된 사안(事案)에 대하여 그들이 명료하게 이해하였기 때문에, 그것에 반대되는 것을 아무것도 설명할 수 없었습니다. 왜냐하면 그들은 개별적인 의문들을 말하는 것에서부터 제지(制止)되었기 때문입니다. 1748년 2월 28일

개별적인 것들의 기억에 관하여

1077. 사람이 살아가는 동안, 사람은 개별적인 기억 이외의 또다른 기억이 존재한다는 것을 알지 못합니다. 그 이유는 그는 내면적인 기억에 속한 것들에 관하여 깊이 생각하지 않았고, 그리고 내면적인 기억이 없다면, 그는 결코 추론(推論)하지도 못하고, 판단하지도 못한다는 것을 깊이 생각하지 않았기 때문입니다. 따라서 참된 것이나 선한 것을 결코 그가 이해할 수 없는데, 하물며 보다 내면적인 것에 관해서 어떻게 깊이 숙고(熟考)할 수 있겠습니까! 나는 수차에 걸쳐 개별적인 기억들이나, 내면적인 기억에 관해서 여러 영들과 이야기를 하였습니다. 그들은, 그들의 시각에 그것이 입증될 수 있었기 때문에, 사람에 비하여 이 사안을 보다 잘 이해할 수 있었습니다. 왜냐하면 개별적인 것들의 기억은, 말하자면, 제거될 수 있었고, 그리고 내면적인 기억은 아주 부드러운 눈같이 흰 본질의 모양으로 공개적으로 나타나 보이기 때문입니다. 이러한 내용은 위의 설명을 참조하십시오(856·862-865항 참조). 더욱이 이런 사실에서 영들이 밝히 알 수 있는 것은, 그들이, 어떤 굳은살 같이 붙어 있는 그 어떤 개별적인 기억을 향유(享有)할 수도 없고, 그리고 여러 가지 이유들 때문에, 그 기억을 활용하는 것이 허락되지도 않는다는 것을 잘 알고 있다는 것입니다. 그러므로 명확한 것은 영들은, 관능적인 기억에서부터 만약에 말한다면 결코 그렇게 할 수 없는 것이 사람들에 비하여 더 많은 특권을 가지고 있다는 사실입니다. 왜냐하면, 그들은 사람의 개별적인 것의 기억에서 말하고, 그리고 그가 생각했고, 행한 어떤 것을 그것에서 끄집어낼 수 있는 사람의 개별적인 것의 기억에서 말하고, 또한 그와 같이 사람의 개별적인 기억의 전체의 소유에 들어가기 때문입니다. 위의 설명을 참조하십시오(267·796·797항 참조).

1078. 더욱이 철학적인 것들이나 보편적인 것들에 관한 것들은, 영적인 진실성(眞實性)들이나 천적인 진실성들이 그러하듯이, 개별적

인 기억에 속해 있습니다. 내면적인 기억에 속한 것은 그들의 이해에 지나지 않습니다. 1748년 2월 28일

1079. 개별적인 기억은 관능적인 기억(=육체적인 기억), 또는 물질적 관념들에 속한 기억이라고 부를 수 있습니다. 내면적인 기억은 자연적인 기억, 또는 자연적인 것 안에 있는 영적인 기억이라고 부를 수 있고, 보다 더 내면적인 기억은 영적인 기억이라고 부를 수 있습니다. 가장 내적인 기억은 천적인 기억으로, 오직 주님에 의해서만 생성됩니다. 따라서 보다 더 내면적인 기억, 또는 영적인 기억은 주님에게서 비롯되며, 거기에서부터 이해는 비롯됩니다.

더러운 사랑들(filthy loves)이 어떻게 영들의 천계에 있는 어떤 영들에게 알려지는가?

1080. 옅은 청색의 옷을 입은 한 사람이 아주 밝은 빛 가운데 나에게 나타났는데, 그 사람은, 그의 무릎 위는 딴 사람, 이른바 반쪽은 악마(semi_devil)였습니다. 갑자기 그의 모습은 공포에 속한 어떤 것을 자극하였는데, 이와 같은 일은 머리의 영역 위의 조금 높은 곳에서 일어났습니다.

1081. 그가 입은 옅은 청색(=a pale_blue)의 옷은 그가 정직한 영이다는 것을 뜻하지만, 그러나 그의 무릎 위에 있는 그와 같은 그의 모습(his holding)은 그가 어떤 더러운 사랑을 마음 속에 간직하고 있다는 것을 뜻합니다. 더러운 사랑을 뜻한다는 것은, 그가 그의 무릎 위에 앉아 있다는 사실에서 지각되었습니다.

1082. 좀 뒤에 옅은 청색의 옷을 입은 사람에게 이 사실이 알려졌을 때, 그는, 이와 같은 사람의 형상을 가지기를 원하지 않는다고, 소리를 지르면서 도망을 쳤습니다. 따라서 이와 같은 생생한 경험에 의하여 가끔 영들에게, 특히 정직한 영들에게, 그들이 품고 있는 더러운 사랑들이 무엇인지를 알려 줍니다. 그 때 그들은 그것들을 몹시 싫어합니다. 1748년 2월 29일

자신들이 그리스도라고 사칭(詐稱)하는 자들에 관하여

1083. 자신이 그리스도라고 떠벌이는 몇몇이 있었는데, 그들에 관해서는 복음서들과 묵시록에 명확하게 언급되었습니다. 이런 자들은 저 세상에서 그들의 뺨들에서 타오르는 불꽃에 의하여 명확하게 분별됩니다. 그러므로 멀리에서도 불꽃이나 타오르는 입과 뺨들은 명료하게 나타나 보입니다. 이런 성품의 어떤 사람이 나에게 나타났는데, 내게 일러진 것은, 이런 부류의 영들은 이런 모습을 가지고 있다는 것입니다. 나는, 검은색에 가까운 거무스름한 것과 같은 것을 제외하면, 그의 얼굴을 보지 못하였습니다. 그의 얼굴은 초췌(憔悴)하였습니다. 검정색의 천으로 만든 모자는 터키 사람들의 흰색의 머리쓰개(head-dress) 같이 머리를 두르고 있었습니다. 이 모자나, 그의 입 주위의 불꽃은 저 세상에서 이런 영들이 이런 성품의 소유자들이다는 것을 알려 주고 있습니다. 그러므로 이런 영들은 그들에게서 도망하였습니다. 그들은, 자기와 같거나, 사악한 자들이 아니면, 그 누구하고도 어울릴 수 없습니다.

1084. 더욱이 이런 영들을 그리스도라고 시인하는 자들은 저 세상에서 그들의 모자들(caps)에 의하여 다른 자들과 분명하게 분별됩니다. 그 모자들은 검정색이지만, 그러나 정방형(正方形)이고 꼭대기가 평평(a flat top)한 모양이었습니다. 그리고 또한 그들의 근육이 발달한 몸체나 허리까지 벌거벗은 몸은, 마치 어떤 검은 것과 뒤섞인 땀으로 인하여, 검은색이었습니다. 더욱이 그들이 가까이 다가오자, 그들은, 마치 그들이 그 사람 위에 물을 뿌리는 것과 같이, 다른 사람의 머리 위에서 자신들의 손으로 원들을 만들었습니다.

이런 식으로 이런 영들은 분별되었습니다. 왜냐하면 그들은, 그들이 다른 사람들에게 자주 나타날 때에는 이런 모양으로 나타났기 때문입니다. 따라서 그들의 모습만으로도 그들이 누구이고, 그들의 성품이 어떤 것인지 능히 알 수 있었습니다. 1748년 2월 29일

악한 영들에게서 천계적인 사회들이나, 천계에 입류하는 것은 전무(全無)하다 ; 그러나 이 사실이 지각되면 영들은 멀리 도망한다

1085. 나는 어떤 천계의 사회에 있었고, 그 곳에 있는 영들의 중앙에 있었습니다. 내가 그 사회에 있는 동안, 내가 그 전에 대화를 하였던 영들과의 교류나, 아주 명확했던 그들의 작용이나 영향력은 느낄 수 있을 정도로, 둔해졌습니다. 그러므로 내가 처해 있는 영기(靈氣)에 들어올 수 있는 그들의 것은 아무것도 없었습니다. 나는 명확하게 이 사실을 지각하였습니다. 어떤 영이 자신의 영들과의 교류 능력을 주입하기를 원할 때, 거기에는, 말하자면, 굼뜸(dullness)이 있었습니다. 그러므로 그 영은, 지금 그는 아무것도 할 수 없다고 말하면서, 몹시 슬퍼하였습니다. 그리고 동시에 분노하였습니다. 그는 도망치려고 하였습니다. 이와 같이 그 어떤 천계적인 사회와 악령들과의 교류는 도저히 불가능하였습니다. 그럼에도 불구하고, 주님께서 원하실 때에는 언제나, 중간적인 기질(氣質)을 가진 영들에 의하여 꼭 같은 교류가 주어졌습니다. 1748년 2월 29일

말로 표현할 수 없는 표징(表徵)들에 관하여

1086. 결코 필설(筆舌)로서 표현할 수 없는 그런 성질들을 가리키는 모든 다른 것들이나, 대상물에 관해서 주어진 표징들이 있고, 그리고 그와 같은 표징들의 파생(派生)들이 있습니다. 그 이유는 그런 것들은 자연적인 마음(the natural mind)에 의해서는 상상할 수 없기 때문입니다. 사실, 내가 몇 마디 말로 그것들을 기술하려고 생각하였을 때, 예를 들면, 지난밤에 내게 일어난 일들을 기술하려고 했을 때, 그 때 나의 이해력은 그것들을 파악하지 못하였습니다. 비록 그런 일들이 일어나고 있는 동안, 그러한 일들은 매우 표의(表意)적이고, 실제적인 것이기 때문에, 그것들이 꼭 같은 방법으로 자연적인

것들로 지각될 수 있고, 표현될 수 있는 것들이다고 생각하는 것이 허락되었습니다. 그러나 "마음"(animus)이 깨어나고, 그리고 그것들에 대하여 예의 주시하면, 즉시 사람은 그와 같은 것들에 관하여 전적으로 무지하고, 따라서 그것들이 무엇인지 전혀 알지 못합니다. 이와 같은 개념들이나 생각은, 특히 잠을 자고 있을 때나, 잠에서 막 깨었을 때 존재하는데, 그 때 감관들의 대상물들이나 물질적인 개념들은 총명적인 개념들에서 멀리 옮겨져 있습니다. 1748년 2월 29일

무지개나 무지개의 장식에 관하여

1087. 말하자면 천적인 것들을 표징하는 여러 장식(裝飾)들이 있습니다. 그것들은 무지개와 같지는 않지만, 여러 겹의 색깔로 채색되었는데, 그럼에도 불구하고 그것들은 무지개와 같은 것이라고 호칭될 수 있습니다. 왜냐하면 그것들은 각색의 색깔들의 결합된 천계적인 활들(heavenly bows) 모양을 하고 있기 때문인데, 그것의 색깔들은 천계적인 방법으로 결합되어 있고, 또한 서로서로 연계되어 있기 때문입니다. 정직한 영들의 천계(the heaven of upright spirits) 안에 있는 자들의 목전(目前)에 나타난 장식들은 거기에서 비롯되었습니다. 그리고 그것들은 이런 부류의 무리의 목전에 이와 같이 드러낸 그들의 "마음"(animus) 또는 자연적인 마음의 각양각색의 다양함을 가리킵니다. 이런 이유 때문에 그와 같은 표징들이나 장식들의 변화는 "마음들"(animi)만큼이나 많습니다. 이런 장식들은 영적인 것들과는 엄연히 분별되는데, 그것에 관해서는 711항을 참조하십시오. 왜냐하면 이와 같이 형성된 천적인 무지개들은 위쪽으로 뻗치고 있지만, 영적인 무지개들은 벽들 위에 나타나기 때문입니다. 1748년 2월 29일

예견과(豫見·foresight)과 섭리(攝理·providence)에 관하여

1088. 의심의 여지가 없는 명확한 사실은 주님께서 우주(宇宙)를 다스린다는 것입니다. 이와 같은 다스림(統治)을 섭리(攝理)라고 호칭합니다. 그러나 온갖 악들은, 허용들과 같이, 대비(對備)되지 않고, 오히려 예견되기 때문에 이 사실을 이해하기 위해서는 필히 주지하여야 할 것은 예견(豫見・foresight)은 악들과 관계되어 있지만, 섭리(攝理)는 선한 목적들에 대한 그것들의 처리(處理)이다는 사실입니다. 그럼에도 불구하고 거기에는 우연(偶然)과 같은 것은 결코 존재하지 않는다는 것입니다. 다시 말하면, 결코 악은 우연에 의하여 일어나지 않고, 오히려 모든 악들은 다스려지기 때문에 그것의 어떠한 것도, 사람이나 영혼에 선한 것을 조장하는 것이 아니면, 허용되는 것은 하나도 없습니다. 더욱이 이와 같이 예견되지 않는 것이 허용되는 것은 아무것도 없습니다. 왜냐하면 그렇지 않다면 그것은 결코 일어날 수 없기 때문입니다. 결과적으로 다종다기(多種多岐)한 악들은 다른 것들이 생기는 것이 아니고, 확실한 것들로 바뀌기 때문입니다. 그 이유는 그것은 매우 사악한 상태에서는 다른 것이 있을 수 없기 때문입니다. 그러므로 다스리는 것은 섭리뿐입니다. 왜냐하면 예견은 이와 같이 섭리로 바뀌기 때문입니다. 그리고 이런 방법으로 온갖 악들은 그것으로 인하여 거기에 선한 것이 존재하도록 처리되기 때문입니다. 왜냐하면 만약에 악령들에 속한 예견들이 허용된다면, 그것은 사람이나 영혼들의 멸망으로 인도할 것이기 때문입니다. 그러므로 악령들에 의하여 도모(圖謀)된 것들은 허용되는 이런 것들에 기울 수밖에 없습니다. 1748년 2월 29일

귀(耳)의 영역을 이루는 자들에 관하여

1089. 귀(耳)의 영역을 형성하는 자들은 머리 가까이에 자리 잡고 있습니다. 사실 거의 머리의 중간 가까이, 약간 왼쪽에 있습니다. 그들 중 몇몇은, 그들의 입과 입술로 그 머리의 정수리(頂)를 핥느라고 애를 썼지만, 그러나 그들은 그 머리의 정수리로부터 떨어진 거

리에 따라서 다양하게 바뀌었습니다. 그들은 또한 약간 정면에 있지만, 그러나 거의 왼쪽 귀에까지 뻗쳐 있습니다. 그들은 강압적으로 심하게 머리를 만지고 있었습니다.

1090. 이것은 딱딱한 피막 안에 있는 잘 울려 퍼지는 영역에 닮은 것 같이 보였는데, 그 피막에는 경정맥(頸靜脈)이나 청신경(聽神經·the acoustic nurves)의 착생(着生)이 있는데, 그러므로 경정맥은 이른바, 그들이 그들의 입술로 이와 같이 누르는 작은 입입니다. 그래서 신경들은 귀들을 향하여 자기 자신들을 착생합니다.

1091. 그들은 말을 하지 않고, 침묵합니다. 따라서 그들은 영적인 자들과 같이 있지 않고, 오히려 영적인 자들이나 천적인 자들 사이에 있는 중간적인 영들 가운데 있습니다. 1748년 3월 1일

죽어가고 있는 자들의 상태와, 죽음에서 소생하고 있는 자들의 상태에 관하여

1092. 오늘 아침 나는 죽어가고 있는 자들의 상태에 안내되었습니다. 그것은 나로 하여금 죽을 때의 그들의 상태나, 죽음 뒤에 이어지는 상태가 어떠한 것인지 알게 하려는 것입니다. 실제로 나는 죽지 않았지만, 그럼에도 불구하고 나는, 육체의 감관의 측면에서는 내면적인 생명은 전적으로 그대로 남아 있는, 일종의 무감각의 상태에 들어갔습니다. 그러므로 나는, 죽은 자들에게 일어나는 것들을 깨달을 수 있었고, 그리고 나의 기억 안에 간직할 수 있었습니다. 왜냐하면 나의 호흡은 제거되지 않았고, 그리고 그 호흡이 남아 있는 한, 사람은 오관(五官)을 통해서 느낄 수 있었기 때문입니다. 그리고 만약에 죽은 자의 호흡이 내가 가지고 있는 것과 같은 그런 호흡이라면, 그 사람은 내적인 것으로 감지할 뿐, 감관들의 대상물들에서부터, 또는 외적인 것들로부터 감지하지는 못합니다.

1093. 내 영과 육체와의 교류가 어느 정도까지 제거되기 위하여 나의 호흡은 역시 잠잠하였고, 또한 무감각하게 되었습니다.

1094. 심장 측면에서 보면, 먼저 천적인 것에 점유되어, 천적인 누구와 결합된 것같이 생각되었는데, 종국에 내 자신에 속한 것은 거의 남은 것이 없을 정도로 그와 결합되었습니다. 이와 같은 상태는 여러 시간 동안 계속되었습니다.

1095. 그러므로 죽어 가고 있는 자의 처음 상태는, 내가 처해 있는 이런 방법, 말하자면, 내가 그들에게서 멀리 떨어지는 방법을 제외하면, 영적인 것을 듣지도 못하고, 또는 말하고 있는 자들의 말을 듣지도 못하는 그와 같은 상태입니다. 따라서 거기에는 나와 이야기하는 이외의 영들과의 교류는 거의, 아니, 전혀 있지 않았습니다. 그러므로 나는 실제로 그들의 말을 들었지만, 그러나 나는 그들과의 교류 밖에 있었습니다. 영들은, 내가 죽었다는 것, 따라서 육체의 삶이 옮겨졌다는 것 이외의 것은 아무것도 알지 못하였습니다. 왜냐하면 나는 그들이 하는 말을 듣고 있기 때문입니다. 이와 같은 일은 내 경우에 일어난 것이지만, 그러나 꼭 같은 일이, 죽어 가고 있는 다른 자들에게 일어나지 않고, 그리고 내가 경험하고 있는 것과 같이, 영들과 이야기하는 자들에게도 일어나지 않습니다.

1096. 그 때 천적인 영들이 심장의 영역을 점유하였기 때문에 나는 그 영들에게로 떠나갈 수가 없었습니다. 더욱이 거기에는 내 머리에 자리를 잡은 선한 영들과, 천적인 영들이 있었습니다. 이와 같이 있었던 주님의 천사들에 관하여 우리가 읽는 것과 같이, 그 때 머리맡에 천적인 영들이 좌정(坐定)한다는 것은 일반적인 규칙입니다. 이와 같은 일은 죽는 사람 누구에게나 일어나는 일입니다.

1097. 천적인 존재는, 아무것도 말하지 않고, 오히려 그 때 다만 얼굴에 의한 교류들에 의하여 자신들의 생각들이나, 내면적인 것들을 드러내는 그런 성품입니다. 그들은 자신의 고유속성과 유사한 것을 자신의 얼굴에 드러내는데, 그러므로 그들은 누구나 다른 사람의 얼굴에서 이런 것들, 즉 그들의 생각이나 내면적인 것들을, 자기 자신 안에서와 같이, 아주 명료하게 지각할 수 있습니다. 나는 다른

사람의 얼굴이 나에게 야기된 것을 두 번이나 지각하였습니다. 그 때 그들의 방법으로 일러진 것은, 그것이 내 머리맡에 좌정한 천적인 영의 얼굴이다는 것인데, 따라서 거기에는 두 얼굴이 있었습니다. 이런 식으로 그들은 사람이 죽었는지, 죽지 않았는지를 알았습니다. 왜냐하면 만약에 야기된 그들의 얼굴들이 그들의 것들로 인지(認知)된다면, 그 때 그들은, 사람이 죽었다고 알기 때문입니다.

1098. 더욱이 그들은 나에게 입 주위의 영역에서 어떤 변화들을 야기시켰는데, 그들은 그것에 의하여 자신들의 방법으로 나와 이야기할 수 있었습니다. 그리고 또한 자신들의 생각을 나타낼 수도 있었습니다. 왜냐하면 그것이 입의 영역을 통하여 말하는 천적인 존재들이 가지고 있는 일반적인 것이기 때문입니다. 이런 식의 말(言語)은 그것이 천적인 것이기 때문에 이해됩니다.

1099. 그러므로 사람이 죽게 되면, 천적인 영들은 즉시 나타나서 그의 머리맡에 좌정합니다. 그리고 사실 그들은 계속해서 현존(現存)합니다. 이와 같이 그들은, 어떤 사악한 악령들이 그에게 근접하지 못하도록, 그를 지키고 있습니다. 이것이 모든 사람에게 있는 경우입니다. 천적인 영들은, 그의 영혼이 육체적인 것들에서 풀려난 뒤, 한 동안 그 사람과 같이 남아 있습니다. 그와 같은 일은, 사람이 침대에서 죽었든, 전쟁터에서 전사했든, 또는 어떤 다른 식으로 죽었든, 문제가 되지 않습니다. 왜냐하면 사람 안에 있는 생동적인 것은, 비록 육체에 속한 부분들이 천 마일이나 떨어져서 분산되어 있다고 해도, 그럼에도 불구하고 모두 결집(結集)되기 때문이고, 그리고 그것은 모두 합쳐져서 그의 것과 꼭 같은 것을 이루기 때문입니다.

1100. 더욱이 천적인 것은, 영들의 방법에 의하여, 시체가 방부(防腐)처리할 때와 같이, 마치 향기로운 냄새를 지각합니다. 나에게도 두 번이나 명확하게 이와 같은 냄새를 맡는 일이 허락되었습니다. 이와 같은 일은 천적인 것이 현존해 있기 때문에 일어납니다. 왜냐하면 시체(屍體)의 것은 무엇이든지 그 때 지각되지 않고, 다만 향기

로운 것들만 지각되기 때문입니다. 그러므로 악령들은 결코 감히 근접하지 못하는데, 하물며 영들이 어떻게 근접하겠습니까! 사람의 똥 냄새 같은 냄새도 지각되지만, 그럼에도 불구하고 그것은, 꼭 같은 이유 때문에, 다시 말하면, 천적인 것이 현존하기 때문에 불쾌한 것은 아닙니다.

1101. 이러는 동안 나는, 내 몸의 내면적인 것들의 측면에서 보면, 또는 심장의 영역에서 보면, 천적인 것과 아주 밀접하게 결합되었습니다. 그와 같은 사실을 나는 나의 손가락으로 느끼었습니다.

1102. 내게 일러진 것은, 사람이 죽는 시각에 품고 있는 생각들, 다시 말하면, 거룩하고 경건한 생각들은 밀착되어, 그대로 남아 있다는 것입니다. 내가 명확하게 깨달은 것은, 내가 생각했던 어떤 것들은 이런 식으로 남아 있었다는 사실입니다. 특히 그들은, 내게 일러진 것과 같이, 영원한 생명(永生)에 관하여서는 묻지만, 구원이나 또는 행복에 관해서는 거의 묻지 않습니다. 영생에 관한 생각은 남아 있는 것들 중에서 으뜸 되는 것입니다. 그리고 그것들은 천적인 존재에 의하여 그와 같은 생각에 머물게 됩니다.

1103. 그들은, 그들이 천적인 존재에 의하여 떠나서, 영들에게 오고, 그리고 영적인 것들과 제휴(提携)하기 전에, 그들의 죽음 뒤, 그들의 삶의 상태에 따라서 아주 오래, 또는 아주 짧게, 한 동안 이런 상태에 있습니다. 그들이 영적인 존재들과 제휴했을 때, 그들은 그들이 육신을 입고 살았을 때와 같이, 그들과 함께 삽니다. 그리고 그들은 그들이 이 세상에서 살고 있다는 것 외에는 전혀 알지 못합니다.

1104. 더욱이 내면적인 관능적인 것들이 냉랭하게 되자, 즉시 그 사람 안에 있는 생동적인 본질은, 그것들이 어디에 있든, 심지어 수천의 것들이 뒤얽힌 것들 속에 갇혀 있다고 해도, 그 사람에게서 분리, 떠납니다. 왜냐하면 그와 같은 일은 주님의 부활에 속한 효능(効能)이요, 능력이기 때문입니다. 다시 말하면 주님의 자비(慈悲)입니

다. 주님의 자비의 능력은, 모든 사람들을 영원한 행복에, 따라서 그분 자신에게 끌어당기는 것이고, 그리고 그분께서 원하시는 그런 성질이기 때문에, 그것은 살아 있는 강력한 흡인력(吸引力) 이외에 아무것도 아닙니다. 나는, 어떤 힘이 있고, 그리고 그와 꼭 같은 무엇이 존재하는 것을 확실하게 알 수 있는 살아 있는 흡인력 같은 것을 한번 확실하게 느낀 적이 있었습니다. 이와 같은 힘 때문에, 육체적이고, 물질적인 것들 안에 생동적인 본질에 속한 것은 아무것도 없었지만, 그러나 필연적인 것은 반드시 우러나왔습니다. 그 목적 때문에 역시 천적인 존재는 죽어 가고 있는 자에게 즉시 나타납니다. 왜냐하면 그와 같은 일은 그들에 의하여 성사(成事)되기 때문입니다. 그리고 또한 그와 같은 때에 악한 악귀들은 결코 그에게 근접할 수 없기 때문입니다. 1748년 3월 1일

1105. 아주 오랜 동안, 수 주간에 걸쳐 천적인 존재들은, 나의 머리의 영역을 점유한 채, 나와 같이 있었습니다. 그들은 말은 하지 않고, 다만 생각만 하였는데, 이와 같은 일은, 조소(嘲笑)하지도 않고, 쓸모가 없는, 따라서 어리석은 거짓들이나 영적인 것에 속한 거짓들로 만드는 것을 제외하면, 그러나 마치 그들 자신의 평온한 상태 안에는 그들을 위하여 전혀 관심이 없고, 아무것도 남아 있는 것이 없는 것처럼, 그들이 생각하고 있는 것이 무엇인지 내가 알 수 없을 만큼 아주 평온하고 조용하였습니다. 비록 그들은 생각은 하지만, 거의 말을 하지 않았는데, 그럼에도 불구하고, 나는 그들의 현존(現存)을 명확하게 알 수 있었습니다. 사실 표현하는 것 이상으로 보다 명확하게 인지하였습니다. 역시 그들은 지금, 영적인 존재가 하는 것과 같은 것을 제외하면, 그러나 내적으로 소리 없이, 나와 같이 말하고 있습니다. 이것은 하나의 언어인데, 그것은 만약 어느 누구가 그것을 이해할 수만 있다면, 소리가 없는 언어와 같은 언어(無聲言語)입니다. 지금 그들은 낱말들에 의하여 말을 하지만, 그들은 거의 낱말을 사용해서 말을 하는 것은 거의 없습니다. 이것은, 이런

식으로, 사후의 영들과 그들이 말하기 시작하는 하나의 표지(標識)입니다. 그들은 그들을 방치(放置)하지 않고, 오히려 그들은, 머리의 영역의 측면에서, 그들에게 밀접하게 밀착되어 남아 있습니다.

1106. 영들과 제휴하기 위하여 영적인 존재가 되는 시간이 임박했을 때, 그리고 그들이 육신을 입은 삶을 살아가고 있을 때, 그 때 제일 처음으로 오는 영들은, 바깥쪽 눈(external eye)의 영역에, 또는 왼쪽 눈과 코 사이의 약간 위쪽에 있는 눈을 덮고 있는 피막(皮膜)의 영역에 있는 영들입니다. 이 영들은, 피막 즉 눈으로부터 그 꺼풀을 말아 올려서 그 사람으로 하여금 볼 수 있게 합니다. 이와 같은 일은, 그 때 그 영혼이 영적인 존재들 가운데 가게 되었다는 하나의 증표(證票)입니다. 이들과 꼭 같은 영들이 나타나서, 그 눈을 열게 하기 위하여 그들이 그 피막들을 어떻게 말아 올리는지를 나에게 보여 주었습니다. 그러나 내가 살아 있었기 때문에, 그들은 자신들의 애씀에 의하여 이 일을 할 수는 없었습니다. 그 피막의 기관들이 말아 올려지면 빛에 속한 기쁨(enjoyment)의 향유(享有)가 주어집니다.

1107. 영혼이 영적인 존재들과의 제휴가 시작되면, 그는, 그 때 아직은 그 영혼이 어떤 성품인지 알지 못하는, 선한 영들과 처음으로 교우(交友)하고, 그리고 그들은 그 영혼을 위한 모든 도움들을 제공합니다. 이런 일에 관해서는 815항을 참조하십시오. 그러나 그들이, 그 영혼이 그들의 무리에 있을 수 있는 그런 성품이 아니다는 것을 알게 되면, 그 때 그는 다른 존재들(others)에 의하여 옮겨집니다. 따라서 이와 같은 일은, 그가 육신을 입은 삶에서 터득한 삶의 성질에 따라서 다양하게 바뀝니다. 종국에 그 영혼은 박탈의 상태(剝奪·state of devastation)에 이르게 되는데, 이 상태에 관해서는 앞에서 수도 없이 언급하였습니다.

1108. 천적인 존재가 천계 바깥의 영들을 통해서 말을 할 때에는, 그들의 언어는 조용하게 거침없이 흘러나옵니다. 그들의 언어에는

과격한 것(sharp)이나 귀에 거슬리는 것, 즉 잡음 따위는 결코 없습니다.

1109. 영적인 존재가 천적인 것으로 말미암아 말할 때에는, 그들이 천계로 말미암아 말을 하는지, 또는 동시에 자기 자신에게서 비롯된 어떤 것들을 말하는지 그 때 아주 명확하게 인지됩니다. 그들이 천계로 말미암아 말을 할 때, 그들의 언어는 멈춤이 없이 흘러나오고, 따라서 그들의 언어는 물 흐르듯 합니다. 그러나 거기에, 몇 마디 말로 표현할 수 없는 어떤 성질을 넘어선, 귀에 거슬리는 삐걱거리는 어떤 것이 있고, 그리고 따라서 물 흐르듯 한 것이 나타나지 않게 되면, 즉시 그것은 조화롭지도 못하고, 그리고 그 영은 그것을 참된 것으로 시인하지도 않습니다. 그러나 즉시 그 영은 그 모순(矛盾)이나 불일치(不一致) 따위를 직시(直視)합니다. 서로 차이가 나는 것은 그 영에게서 비롯됩니다. 1748년 3월 1일

자신들의 목적 때문에 무슨 방법으로 순진무구(純眞無垢)한 자들을 죽이고, 해치는 것을 좋아하고, 그리고 지옥으로 향한 길에 억류(抑留)하기를 좋아하는 자들에 관하여

1110. 그들이 선한 영들의 무리 가운데 있기 때문에, 내가 선하다고 여겼던 몇몇 영들은, 갑자기 선하고, 순진무구한 자들에게 속한 것들을 자신들의 것으로 요구하는 탐욕으로 인하여, 등 뒤에 있는 지옥을 향한 길에 자신들을 두게 되었습니다. 사실 그들은, 그들이 선한 영들의 무리에 있을 때에도, 그와 같은 탐욕으로 젖어 있었습니다. 이것은 나를 매우 놀라게 하였는데, 그것은 내가 이와 같은 것을 의심하지 않았기 때문입니다. 내게 일러진 것은, 이와 같은 모든 노력이나 목적은, 다시 말하면, 그들이 정당하게 소유한 그들의 생명이나 권리들에 속한 순진무구한 것을 갈취(喝取)하고 약탈(掠奪)하려는 노력이나 목적 따위는 본질적으로 지옥을 소유하는데, 그 이유는 이런 영들이 지옥으로 가는 길을 장악(掌握)하고 있기 때문입

니다. 1748년 3월 1일

사후의 삶은 영혼들이 믿지 못했던 그런 성질이다는 것에 관하여

1111. 그들이 살아 있을 때 내가 잘 아는 자들 중에서 몇몇 영혼들은, 저 세상에는 이와 같은 상태가 있을 것이다는 것을 결코 믿지 않았다고 자주 고백하였는데, 그 때 그들은 아주 많은 변화들 속에 놓이거나, 또는 온갖 형벌들이나 이와 비슷한 것들을 받을 것이라는 것을 결코 믿지 않았다고 고백하였습니다. 역시, 그들은, 육신을 입은 삶에서 그들은 이와 같은 거짓들을 믿었다는 것을 결코 생각하지 않았을 것이라고 고백하였고, 또한 구원하는 믿음은 오직 믿음만의 교리이다는 것이 잘못이다는 것 역시 결코 생각하지 않았다는 것, 그리고 특히, 그러므로 그들이 자신들 안에는 범죄적인 것이 아닌 것은 아무것도 없다는 것, 그리고 자신들이 말한 것은, 자신들에게서 비롯된 것과 같이 범죄적이 아닌 것은 전무(全無)하다는 것과, 그리고 주님에게서 비롯된 것만이 오직 선하고 참된 것이다는 등등을 고백하였습니다. 더욱이 그들은, 그들 중 어느 누구도 주님 예수 그리스도께서 천지(天地)의 우주를 다스리신다는 것을 거의 믿지 않는다고 고백하였습니다. 그 밖에도 수많은 것들도 믿지 않는다고 고백하였습니다. 그들은 그런 것들에 관해서 육신의 삶에서 듣지 못하였기 때문에 역시 그들에게 그것은 믿을 수 없는 것 같이 보였습니다. 1748년 3월 1일

천적인 것에 속한 기쁨(喜悅)에 관하여

1112. 저 세상에서 천적인 것이 영적인 것과 엄연히 분별되듯이, 천적인 것에 속한 기쁨들도 즐거움의 감관에서 역시 분별됩니다. 천적인 것의 즐거움(joy)은 필설로 기술할 수 없는 일종의 기쁨(喜悅)입니다. 그러므로 경험을 통하여 그것을 알 수 있도록 주님께서 허

락하신 사람이 아니면, 그것을 어떻게 이해할 수 있겠습니까! 왜냐하면, 상당 기간 동안 느낄 수 있도록 나에게 허락하셨던 것과 같이, 온 몸으로 그것의 기쁨을 느끼었기 때문입니다. 그것은 심장에서 비롯된 온 몸에 속한 명확한 느낌(a manifest sensation)입니다. 말하자면 모든 섬유들을 통해서 퍼져나가는 부드러움 자체이고, 그들의 즐거움 가운데 있는 혼인한 부부의 최대의 기쁨과 다르지 않은 것입니다. 그것은 지극히 작은 단 하나의 섬유에서 보다 많은 것의 복합체로의 퍼짐(擴張)입니다. 그러나 이 기쁨이 극내적인 것들에서 온 것인지, 또는 단순히 외적인 것들 안에 있는 것인지, 아주 조심스럽게 분별되어야만 합니다. 이것에 관해서는 위의 설명을 참조하십시오(379·903·904항 참조). 1748년 3월 1일

주님께서 우주를 다스린다는 것에 관하여 ; 목성의 영들에 관하여

1113. 목성의 영들이 여러 주간 동안 나와 같이 있었습니다. 그들은 내 머리의 영역을 점유한 그들 자신들의 특사(特使)들을 가지고 있었습니다. 나는 항상 그들의 현존을 명확하게 인지하고 있었습니다. 왜냐하면 그들은 천적인 존재이고, 그리고 말을 한다고 해도 거의 말을 하지 않았고, 다만 그들은 생각을 하였기 때문입니다. 그들은 목성의 영들의 불신앙(不信仰)에 관해서 아주 예리하게 깊이 생각하고, 반성하였습니다. 왜냐하면 아직까지 그들은 이와 같은 불신앙에 대해서 전혀 무관심하였기 때문입니다. 그들은 이와 같은 분위기 속에 오랜 동안 머물러 있었기 때문에, 우리 주님이 그들의 유일하신 한 분 주님이신지 아닌지에 관해서 끊임없이 어떤 의심이 있었지만, 그러나 그것은 다만 일순간이었습니다. 그들이 여기에서 오랜 동안 머무는 중에 그들이 또다른 어떤 주님을 가지고 있었고, 그리고 또한 또다른 주님에 속한 그 어떤 것을 알았는지 질문을 받았습니다. 그들이 자신들 안에서 확증된 이 사실을 깨달았을 때 그들

은 즉시 거기에 나타났습니다. 그러나 이런 일들은 일순간에 일어났고, 그리고 그들은 내가 그것들을 까발리는 것을 좋아하지 않았습니다. 왜냐하면, 그들이 지금 나에게 선언한 것과 같이, 아직까지 그들은 다른 자들에 비하여 이 사실을 더 잘 알고 있었고, 그리고 그들이 어떤 불신(不信)에 사로잡히지나 않을까 두려웠기 때문입니다. 1748년 3월 1일

그들의 언어는 한 계도 안에 있었고, 한 마디로 달변(達辯)이었고, 또 내면적이었습니다. 그럼에도 불구하고 역시 기술할 수 없는 방법으로 그것 자체를 여러 낱말들로 변화시켰습니다.

수천의 세계가 있다면, 6000년 동안 인류의 숫자는 얼마나 무가치(無價値)한 것인가?

1114. 목성의 주민들은, 만약에 우리의 지구와 같이, 수천의 지구들이 주민들로 가득 채워진다면, 6000년 동안 거기의 사람들, 즉 영혼들의 숫자에 관해서 내가 생각하고 있다는 것을 지각하였습니다. 그 때 나는 그들을 위해서 이 계산을 하였습니다. 즉, 가령 6000년 동안 일 천 개의 지구가 있다고 하면, 그 주민들은, 그들의 지구가 가득 채워질 것처럼 생각되어도 그 공간이 너무나 크기 때문에, 그 공간을 가득 채우지 못할 것입니다. 가령 사람의 한 세대(世代)를 35년이라고 생각해 보겠습니다. 그러면 그 때 6000년 동안에는 171과 7분의 3(=171 3/7)세대가 생성될 것입니다. 그러므로 만약에 현재 이 지구에 사는 사람의 수는 171 3/7의 배(倍)가 될 것이고, 그들은 이 지구의 표면의 1천분의 1도 채우지 못할 것입니다. 만약에 그 지구의 중앙까지 공간이 비어 있는 장소라고 생각하고 계산한다면, 거기에서 얻는 결과는, 우주에는 수천, 아니, 수만의 지구들이 있고, 그 하나에는 수천, 수만의 주민들이 있다고 해도 그들은 우리들의 눈에는 그들의 지구가 그렇게 크다고 생각되지 않는다는 것입니다. 따라서 그 숫자는 우주에 비하면 거의 아무것도 아니라고 여길 정도로

보잘것없는 수치일 것입니다. 더욱이 우주가 한 끝에서 반대의 끝에까지 채워진다고 해도 무한하신 주님의 안전(眼前)에서 그것은 아무것도 아닌 것이 될 것입니다. 1748년 3월 1일

죽어 가고 있는 자의 상태에 관한 속편

1115. 눈의 영역에 속한 선한 영들은 자신들에게는 눈의 얇은 막을 코의 격막(膈膜)을 향해 밀어올린다고 생각하였는데, 그 때 일종의 빛이 그 영혼에게 나타납니다. 그러나 그 빛은, 마치 사람이 처음 눈을 떠서 그의 눈꺼풀을 통해서 어떤 발광체(發光體)를 보는 때와 같이 희미하였습니다. 그럼에도 불구하고 그 영혼은, 그가 천적인 것에 의하여 보호되고, 따라서 그가 평온한 상태에 있기 때문에, 마치 완전히 잠에서 깬 상태와 잠의 상태의 중간 상태에 있었습니다. 왜냐하면 천적인 것의 상태는 평온의 상태이기 때문입니다. 그 때 거기에는 마치 눈의 격막을 통해서 보는 것과 같은 광경이 있었고, 거기에는 천계의 작은 별이 가지고 있는 천계의 색깔의 그림자가 보였습니다. 그러나 이러한 것들은 여러 가지 다양한 변화를 가지고 일어났습니다.

1116. 그런 뒤, 어떤 무엇이 얼굴에서부터 얌전하게 말려지는 것이 그 영혼에게 느껴졌는데, 그것은, 꼭 같은 방법으로, 눈에서부터 말려진 것과 같았습니다. 그러므로 그는 인간적인 것을 벗어버릴 수 있었습니다. 그러나 이러한 일들은, 내가 어떤 해로운 표현을 사용하지 못하도록 지금 여기에 있는 동일한 영들이 온갖 노력에 의하여 나를 억제할 정도로 매우 얌전하게 행하여 졌습니다. 그와 같은 일은 가장 얌전한 것을 제외하면 아무것도 느낄 수 없도록 그들이 조심하고 있다는 증거입니다. 왜냐하면 그들은 그들과 같이 하는 자들을, 따라서 그들이 돕는 모든 영혼을 사랑하기 때문입니다. 말하자면, 이와 같이 주체자의 외현(外現)이나 감관에 따라서 그 얼굴에서부터 피막(皮膜)이 벗겨지게 되면, 그 때 그에게는 그가 하나의 영

이다는 지각이 생성하게 됩니다. 그와 같은 지각은 지금 나에게 생성되었고, 또 그전에도 수차에 걸쳐 생성되었습니다.

1117. 이런 일들이 있은 뒤에는, 또다른 삶의 질서가 시작됩니다. 처음에는 그 삶이 아주 즐겁고, 행복합니다. 왜냐하면 그 영혼은 자기 자신이 영원한 삶(永生)에 들어간 것으로 생각되기 때문입니다. 이와 같은 일은, 그의 처음의 삶을 뜻하는, 다시 말하면 영적인 것으로서의 천적인 것을 가리키는 아주 멋진 빛나는 황금빛에 의하여 나에게도 나타났습니다.

1118. 드디어 영적인 삶이 계속 이어졌습니다. 다시 말하면 그 영혼은, 영들에 의하여, 처음에는 선한 영들에 의하여, 그들의 사회에 영접되었습니다. 이와 같은 일은, 말머리가 지옥을 향해 있고, 그가 그 쪽으로 말을 몰고 가기를 무척 갈망하지만, 한 발자국도 움직일 수 없는 말 위에 타고 있는 한 젊은 사람에 의하여 나에게도 나타났습니다. 말은 그 곳에 억류되어 있었습니다. 이러한 광경은, 만약에 고삐들(=억류들)이 그 때 그 영혼의 이해나 추론에 주어진다면, 그가 지옥을 향하여 곧장 돌진할 것을 뜻합니다. 따라서 그는 그 곳에 억류되어 있고, 제지(制止)를 받았습니다. 젊은 사람이 거기에 나타난 것은, 그 때 그 영혼은 마치 자기 자신이 청춘의 꽃 같은 시기에 있다고 생각되었기 때문입니다.

1119. 그가 그 곳에서 그 말을 움직일 수 없게 되었을 때, 그 때 그의 계속되는 삶은, 그가 말에서 내려서, 사실은 그가 내가 있는 곳을 향해 발로 걷는 것에 의하여 나에게 표징되었습니다. 이 광경이 뜻하는 것은, 그가 진리가 무엇이고, 선이 무엇인지 알기 위하여 진리나 선에 속한 앎(知識)들로 물들었다는 것입니다. 이런 식으로 그는 가르침을 받았습니다. 그리고 이와 같은 가르침은 매우 다양하였습니다. 왜냐하면, 그는 형벌을 받아야 하기 때문에, 그는 진리나 선에 속한 앎에서부터 자신의 성품이 어떠한지, 그리고 그가 살아온 삶이 어떤 것인지를 반드시 알아야 하기 때문입니다.

1120. 그런 뒤, 그는 천계를 향하여 거기에서부터 좀 더 인도되었는데, 그와 같은 일은 약간 위쪽을 향한 경사진 길들에 의하여 표징되었습니다. 앎들(知識)은, 자신 안에는 그 어떤 선한 것이 결코 존재하지 않는다는 것을 알 뿐만 아니라, 고백하기 위하여 그 때, 그리고 그 뒤에 이와 같은 결과를 얻습니다. 자기 자신의 고백이나 시인이 없다면, 어느 누구도 모든 사회들이 진리나, 주님을 믿는 믿음의 선행(善行) 안에 있는 천계에 인도될 수는 결코 없습니다. 왜냐하면, 내적인 시인(internal acknowledgment)이 없다면, 결코 그 어떤 치유(治癒)가 존재할 수 없기 때문입니다. 1748년 3월 2일

인체 안에 있는 것은 무엇이건 각각의 개별적인 역할에 대한 선용(善用·use)을 제공한다는 것에 관하여

1121. 인체(人體)에 관해서 살펴보면 아직까지 알려지지 않은 비의(秘義)로 가득 차 있습니다. 내장이나 내장의 부분, 심지어 지극히 작은 부분들까지, 무엇이든지 그것의 영양분이나, 따라서 보존(保存)을 요구하고 있습니다. 그것은 혈액에 있는 유동체들이나, 또는 비유동체(非流動體) 안에 있는 모든 것들에서 얻습니다. 그것은 반드시 가깝게, 또는 아주 멀리 떨어져서 도움을 주는 일에서 일어나야만 합니다. 그러므로 전체는, 그것들이 인체 어디에나 존재하기 위해서는 개별적인 부분들의 도움에 유익하여야 합니다. 개별적인 부분들은 자기 자신만을 위한 것으로, 어떤 것을 고려해서는 안 되고, 오히려 다른 어떤 부분들이 그것의 쓸쓸이를 위해 그것을 원한다면, 공동의 선(the common good)을 위하여 존재한다는 것을 고려하여야 합니다. 이것이 바로 살아 있는 몸에 대한 하나의 비의(秘義)입니다. 그러나 이와 같은 내용은, 그것이 사실이기 때문에, 헤아릴 수 없이 많은 것들에게 명확하게 입증될 수 있고, 증명될 수 있습니다.

1122. 그것은 영적인 것들이나, 천적인 것들의 측면에서 보면 최대인(最大人間·the Grand Body) 또는 하나님 메시아의 왕국(Kingdom of God Messiah) 안에서도 꼭 같습니다. 인체의 지체에 속한 것 하나가 선용을 원하면, 가장 가까이 있는 것이든, 좀 멀리 떨어져 있는 것이든, 심지어 아주 멀리 떨어져 있는 것이든, 따라서 전 천계가 원하는 것은 그것을 공급하기 위하여 다종다기(多種多岐)한 방법으로 일어나는데, 이것이 바로 주님의 나라의 성질입니다.

1122A. 전체적인 것이든 개별적인 것이든, 모든 것들이 주님에 의하여 세워진 계속적이고 변함없는 질서에 따라서 사람 각자의 교정(矯正)이나, 개선(改善)을 목적해서 협력하듯이, 그것들 역시 각자의 행복을 위해 협력합니다. 그러나 그런 일이 어떤 식으로 이루어졌는지를 기술하기에는, 수천의 책으로도 충분하지 않습니다. 그럼에도 불구하고 그것은 영원한 사실이요, 진리입니다. 그것을 묵묵히 시인한 영들이나 천사들 앞에서 이것들은 기술되었습니다. 1748년 3월 2일

이 지구의 언어는 목성의 영들에게는 전혀 이해되지 않는다

1123. 사실 사람의 언어는, 그가 어디에서 태어났든 모든 영에 의하여, 심지어 목성에서 온 영들에 의해서도 이해됩니다. 그러나 후자는 천적인 존재이고, 그리고 천적인 방법으로 생각하기 때문에, 그들은 이른바 낱말들에 의한 것이 아니고, 오히려 마치 계속적인 관념들에 의하여 그들이 표현하는 상상적인 언어(a imaginative speech)를 가지고 있습니다. 이에 반하여 여러 낱말들로 갈라져 있는 우리의 언어는, 산재(散在)해 있는 것과 같은 것들이 반드시 함께 모여져야 하고, 그리고 그것으로 인하여 하나의 계속적인 관념이 형성되어야만 합니다. 그러므로 수많은 순간들에서 이해하는 것에 비하여, 더욱이 우리가 거의 표현할 수 없는 그런 것들까지, 한 순간에 그들의 언어에서는 더 많은 것들을 이해하는 일종의 단절된 방법(a disconnected manner)으로 일반적인 관념을 계속 영위하기 때문에, 그들은, 이 언어가 거의 이해되지 않는다고 말하였습니다. 마찬가지로,

스스로 여러 생각들에 열중하는 사람은, 그의 생각을 오직 그 언어에 집착(執着)하고, 또는 단순히 낱말들에, 다시 말하면, 외적인 것을 가리키는 입술에 집착하는 사람에 비하여 더 많은 것을 쉽게 이해할 수 있습니다. 1748년 3월 2일

1124. 그러나 오직 말만 하는 영들이 오직 생각만 하는 영들을 흉내 내려고 한다면, 그들은 그와 같이 할 수 없는데, 그 이유는 그들의 모든 생각은, 그들이 말을 하든, 그들이 다른 사람이 하는 말을 듣든, 언제나 그들의 언어 안에 있기 때문입니다. 그들은, 묵성의 영들이 하는 것과 같이, 말을 하지 않고, 생각하는 것을 열심히 하려고 하지만, 그러나 그들은 그 일을 할 수 없습니다. 그들의 생각은 일종의 부질없는 푸념적인 넋두리 속에 사라집니다.

1125A. 더욱이 양쪽으로 생각하고, 말을 하는 자들이 있지만, 그러나 언어가 생각과 차이가 있을 때에는, 그것은, 각각의 개별적인 낱말이나, 또는 각각의 개별적인 소리 안에서 매우 명료하게 지각됩니다. 육체를 입은 삶에서의 관습에서 생긴 생각들과 언어 사이의 불일치(不一致)는 영들에 의하여 매우 명확하게 알 수 있을 만큼, 그들은 음성의 소리(sound of the voice)에서 그것을 잘 압니다. 그러므로 이와 같은 영들은 선한 영들의 무리에서 쫓겨납니다. 거기에서부터 처참하고, 길게 계속되는 천벌(天罰)은 비롯되는데, 왜냐하면 생각과 언어 사이의 전적인 불일치는 선한 영들의 천계에서 결코 묵인될 수 없는데, 어떻게 천사들 사이에서 용인될 수 있겠습니까! 그러므로 제일 먼저 필요한 것은 생각과 언어가 일종의 고통의 여러 방법들(various modes of torture)에 의하여 일치하는 것입니다. 왜냐하면 그것은, 이와 같은 일치 하지 않는 것에 비하여, 하나의 영은 전적으로 부패하기 때문입니다. 왜냐하면 그와 같은 것들 안에는 속임수(詐欺)가 존재하기 때문입니다. 다시 말하면 그 영은 자기 자신을 목적해서, 또는 재물을 얻는 것을 목적해서 그의 동료를 속이기를 갈망하기 때문입니다. 때때로 이런 영들이 정직한 영들의 무리에,

또는 심지어 천사들의 무리에 일시적으로 잠입(潛入)하는 것이 묵인 되었지만, 그러나 그들은, 마치 하나의 거품과 같이, 즉시 거기에서 쫓겨나고, 그리고 벌을 받습니다. 1748년 3월 2일

그러므로 악한 자는 자기 자신의 온갖 거짓들에 쫓겨나고, 그리고 그것들이 박탈되는데, 따라서 그 마음이 하나가 되었을 때에는 속에 불일치하는 것은 전무(全無)하게 됩니다.

처음으로 천계에 들어온(intromitted) 자들에 관하여

1125. 영적인 부류에 속하든, 천적인 부류에 속하든, 천계에 들어 오는 자들은 반드시 한 사회에서 다른 사회로 진전하는 그들 자신의 과정을 통과하여야만 합니다. 천계에 들어온 천적인 부류에 속한 자들은 곧바로 진지(眞摯·serious)한 사회로 들어갑니다. 왜냐하면 박탈(剝奪)의 상태를 거친 뒤, 그들은 진지한 생각들 이외에는 아무 것도 사랑하지 않기 때문입니다. 따라서 다른 것들이 방해가 된다면, 그들은 조용하게 그것들을 물리치고, 따라서 진지한 사안들에 관해서 깊이 생각하는 것을 애지중지(愛之重之)하는 사람들과 같이, 그들은 매우 만족스러운 마음(a very contented mind)을 가지고 있기 때문입니다. 다른 사람들에게 즐거움이 되는 것들을 그들은 즐거운 것으로 여기지 않고, 오히려 그들은 자신들의 즐거움이나 가장 큰 선을 진지한 명상들(瞑想·serious meditations)에 둡니다. 또한 그들은 자신들의 명상들을 근본적인 것들 위에 고정시키고, 거기에서 그들은 빗나가지 않습니다. 그 이유는 그것들이 근본적인 것들이기 때문입니다. 따라서 그들은 방황하지 않습니다. 이러한 것들은, 그들이 현존했을 때나, 그리고 사실은 그것들이 직접적인 수단들(the directing means)이 되었을 때, 기술되었습니다. 따라서 그들이 자신들의 마음을 근본적인 것들에 두고 있고, 방황하지 않는다는 사실은 그들의 문체(文體·style)에서 아주 명확합니다.

1126. 그 때 그들이 생각한 한 가지 일은, 그들이 반복해서 내게

말하였듯이, 영원(永遠)입니다. 나는 그들에게서부터 삶에 관해서, 다시 말하면, 영생(永生)에 관하여 생각하는 것이 아니면, 오직 영원에 대해서만 그들의 생각을 어떻게 해서 고정시키는지를 알고자 하였습니다. 그러나 그들은, 그 때 그들은 영원 이외의 다른 것에 관해서는 아무것도 명상하지 않으며, 그리고 그것은 동시에 영원한 삶을 뜻하는 것이다는 사실들을 말하였습니다. 그들은 내 얼굴과 내 마음에 자신들의 상태나, 또는 자신들의 사회의 상태를 유발하려고 애를 썼습니다. 그러나 나는 그들에 비하여 영원한 삶에 속한 것들로 충만하게 채워 있었기 때문에 그들은, 그들이 그렇게 할 수 없다고 말하였고, 또한 그런 일에 대하여 그들은 매우 놀라웠다고 말하였습니다. 그 뒤 영원한 삶에 속한 것들은, 즉 그것이 어떤 것이든, 그리고 그것의 성질이 어떤 것이든, 일반적인 개념 속에 계속해서 삽입(挿入)되었습니다. 따라서 그들은, 먼저 일반적인 개념들을 수용하고, 다음 덜 일반적인 것을, 그리고 그 다음에는 보다 더 개별적인 개념들을 수용하는 어린 것들과 같았습니다. 이런 식으로 즐거움의 삶은 주입(注入)되었습니다. 1748년 3월 3일

1126A. 그들은, 다시 말하면, 진지한 이 영들은 코의 왼쪽 내부에서 활동한다고 일러졌습니다. 왜냐하면 말초신경(末梢神經)으로서의 얼굴의 다른 부위들은 코의 격막(膈膜)을 하나의 축(軸)으로 의존하기 때문입니다.

유미주머니(乳糜囊)와 흉관(胸管)이나, 그 밖의 몸의 유사한 기능의 시작을 구성하는 자들에 관하여

1127. 행동을 할 때에, 네 겹의 소리를 가지고 행동하고 말을 하는 악마들이나, 영들이 있습니다. 그러므로 탈곡(脫穀)할 때와 같이, 그들의 종결들(終結・terminations)은 네 겹(四重)입니다. 이런 종결들에 의하여 그들의 언어나 그것의 소리는, 어떤 사람에게는 매우 느리게, 어떤 사람에게는 매우 빠르게, 퍼져 나갑니다. 그것이 매우 빨

라지게 되면, 그것은 위의 설명에서 알 수 있듯이(1014 · 1031 · 1036항 참조), 네 겹으로 된 그들의 가장 빠른 것, 또는 네발짐승의 소리들과 일치합니다. 그러므로 이 소리에 의하여 그들은 다른 악귀들이나 천사들과 분별됩니다.

1128. 그들은 이런 점에서 다른 악마들이나 영들과 분별됩니다. 즉 그들은 머리에 일종의 빨아들임(吸入)이나 또는 끌어당김(引力)을 유발하는데, 이것은 이와 같은 흡입이나 인력이 존재하는 장소가 가장 고통스러운 곳이다는 성질을 가리킵니다. 흡수의 느낌은 여러 피막(皮膜)들이 분명하게 빨리어 들어가는 것을 느낄 정도로 아주 명확합니다. 다른 것들이 그 고통 때문에 그것을 참고 견딜 수 있는지는 의문의 여지가 있지만, 그러나 나는 이와 같은 영들이나 악마들의 강력한 끌어당김에 오랜 동안 익숙하였기 때문에, 나는 전혀 고통이 없이 이런 것들을 능히 견딜 수 있었습니다.

1129. 이와 같은 흡입을 느끼는 주된 장소는 정수리 바로 아래에 있는 머리의 중간 부위에 있습니다. 흡입의 중심은 거기에 있지만, 그러나 역시 그들은 그것을 왼쪽 귀의 영역이나, 왼쪽 눈의 영역 쪽으로 뻗치지만, 그럼에도 불구하고 느낌이나 고통은 거의 없이 흡입력은 뻗칩니다. 귀 쪽으로 그것을 뻗는 자들은 악마들이고, 눈 쪽으로 그것을 뻗는 자들은 영들입니다. 또한 그들은 서로 함께 활동합니다. 이러한 사실은 내가 그들의 언어에서 들은 바입니다. 이들은 유미주머니 영역을 형성하는 자들인데, 그들은, 유미가 장들에서부터 흡수되는 것과 비슷한 주사기(注射器)에 의한 흡입에 의하여 그것을 모방합니다. 그리고 이 유미의 조절을 위해서는 임파가 임파관이나 임파샘의 방법을 통하여 다른 장들로부터 흡입되고 있습니다. 이런 것에서 나는 인체의 내장은 일종의 흡수에 의하여 자신들에게 알맞는 모든 것을 빨아들인다는 견해를 확증하였습니다. 이와 같은 일은 유미주머니나 유미 또는 임파액의 경우에서도 마찬가지입니다.

1130. 머리 안에서 활동하는 다른 자들도 또한 있는데, 사실 그들

은, 비록 그와 같이 흡인력이 명확하지는 않지만, 거의 비슷한 방법으로 왼쪽 귀의 내부 영역 주변에서 활동합니다. 역시 그들은 얼마 동안 나에게도 그와 같이 작용하였습니다. 나에게 일러진 것은, 인체의 유미와 결합하기 위하여 그들은 거의 같은 방법으로 대뇌로부터 알코올 성분의 유미(the spirituous chyle)를 흡수하여 그것을 심장에 운반하는 자들이다는 것입니다. 따라서 그들은 운반하는 경정맥(頸靜脈)을 구성하는데, 이들 경정맥은 흡입하는 힘을 지니고 있습니다. 왜냐하면 잘 알고 있듯이, 경정맥은 흉관을 통해서 올라오는 인체의 유미가 있는 곳에까지 내려오고 있는데, 이것은 두뇌의 기운(the spirit of brain)이나 인체의 유미가 혈액의 준비를 연결하기 위해서 입니다. 내부에서 활동하는 자들은 흉관 위에 있는 경정맥의 영역을 형성하는 자들입니다. 그리고 이들은, 흡수된 임파액을 담고 있는 그 위의 도관(導管)들에 들어오는 흉관의 상단 부위를 형성하는 자들입니다.

1131. 밖에서부터 네발짐승의 소리를 가지고 활동하는 자들(1127항 참조)은, 처음에는 그리 멀지 않은 약간 왼쪽에 있는 정면에서 보였고, 그 뒤에는 왼쪽의 더욱 높은 곳에서 보였습니다. 그러므로 그들의 영역은 코의 왼쪽 격막에서부터 왼쪽 귀까지, 그러나 위쪽으로 올라간 영역이 되겠습니다.

1132. 그러나 그들의 활동에 관해서 살펴보면 아래와 같습니다. 그들은, 그들이 나에게 하듯이, 한 영에게 마음을 집중하였고, 그리고 그가 무엇에 관해서 생각하고 있는지, 그리고 그 때 그의 성품이 무엇인지를 계속해서 탐색하는 일에 전념하였습니다. 그들은, 거기에 나타나고 있는 생각이나, 관념을 포착하고, 끈질기게 그것에 집착하고 있는데, 그들은, 그 어떤 것이 나타나 보이기 전까지는, 뒤로 물러나지 않으며, 그들은 그 나타난 것을 종전의 생각을 가지고 계속해서 집착하여 탐색하고 있습니다. 말하자면 그들은 이런 식으로 영이나 사람에게서 그의 생각을 끄집어내어서, 꼭 같은 사안에 관해

서 그가 생각하고 있는 것이 무엇인지 더욱 명확하게 이해합니다. 그리고 이와 같은 일은 그들이 종전의 것들과 결합하고, 그리고 그들은 그들과 같이 하고 있는 자들의 "마음"(*animus*)을 탐색할 때까지 그와 같은 일을 계속하고 있습니다. 왜냐하면, 그의 생각의 대상이 감관들을 활발하게 움직이게 하고 있기 때문에, 그들은 사람이나 영이 자신의 관념에서 멀리 이탈하는 것을 허락하지 않기 때문입니다. 따라서 그가 꼭 같은 관념이나, 꼭 같은 대상 안에 사로잡혀 있을 때 지금까지 관계된 모든 것들은 반드시 나타날 수밖에 없습니다. 더욱이 그들은, 이런 식으로 사람이나 영이 생각하고 있는 것을 끌어낼 뿐만 아니라, 그가 선호(選好)하고 있는 것도 끌어냅니다. 그러므로 그들은 변함없이 계속해서 그의 온갖 탐욕들을 알려고 열심입니다. 그러나 이와 같은 일은 그와 같이 허락되지 않습니다. 왜냐하면 모든 사람이나 영은, 악하기 때문이고, 그리고 그 자신으로 말미암아서는 그가 온갖 탐욕들에 속한 삶을 살기 때문입니다.

1133. 그러나 이것은 충분하지는 못하였습니다. 그들이, 사람이나 영에 대하여 사랑하는 인물이 누구인지를 지각하였을 때, 그 때 그들은, 그들이 그의 느낌이 무엇인지를 알기 위하여, 그 인물을 꼭 같은 관념들 안에서 뒤섞고, 그리고 그 사람에 대하여 고정된 그들의 관념들을 계속해서 고수합니다. 이런 식으로 그들은 한 사회 안에 있는 자들을 괴롭히는 데 익숙합니다. 그러므로 그들은 그들이 만나는 수많은 자들을 동일한 관념으로 자극하고, 그리고 그들에게 결합시킵니다. 이와 같은 일은 오로지 한 사회 안에서 행해지고 있는 것이 무엇인지 알려고 하는 그들의 열망에서 비롯된 것입니다.

1134. 나는, 저 세상에서 이와 같이 영들을 괴롭히는 그와 같은 영들이 된 사람들이 누구이고, 또 그들의 성품이 어떤 것인지 애써서 알아보았습니다. 내게 일러진 것은, 그들은 다른 사람들이 생각하고 있는 것이 무엇인지 그들에게서 알아내려고 열망하는 사람들이다는 것입니다. 그리고 임금들, 군주들, 고위직위에 있는, 친구들

이나, 법률들에서와 같이, 거짓으로 말하는 것이 금지된 그런 사람들에 대하여 그들이 유포한 거짓들을 알려고 열망하는 사람들이다는 것입니다. 그들이 이 사실을 알았을 때 그들은, 어떤 이익을 목적해서 여러 구속들이나 그들의 지배(支配·disposal) 하에 그 사람을 옭아매고, 그것을 활용하여 사악한 일을 성취하는데, 그것을 써먹었습니다. 그들은 또한 사람의 탐욕들이나 욕망들을 알려고 하는데, 그 때, 만약에 그들이 그런 것들을 알게 되면, 또는 그 사람이 저지른 악들을 알게 되면, 그들은 그 사람을 온갖 구속들 안에 매우 심하게 얽어맵니다. 그러나 그들이 그 사람을 증오 가운데 구속하고, 치사한 이득을 목적으로 그 사람을 오직 자신들에게 구속시키고 있기 때문에, 이와 같은 일은 허락되지 않습니다. 사람들이 선호하는 그와 같은 온갖 탐욕들, 예컨대 그들이 추구하는 명예들이나 재물(財物)들이나, 또는 그들이 수치스러운 것으로 여기기 않는 다른 것들을 제외하면, 육신을 입은 삶에서 그것은 역시 허락되지 않습니다.

1135. 위에서 언급한 것과 같이, 명백하게 안 사실은, 이들과 같은 악마들이나 영들은 머리의 위의 영역뿐만 아니라, 발바닥까지 끌어당긴다는 것입니다. 사실 그들은 명확하게 발바닥을 끌어당긴다는 것입니다. 이러한 것이 뜻하는 것은, 유미주머니가 이런 식으로 어떤 조악(粗惡)한 영양물을 흡수하듯이, 이와 꼭 같은 악마들이나 영들은 자연적일 뿐, 아직 미리 생각하지 않은 것들을 빨아들입니다. 왜냐하면 남을 속이는 사기적인 사람이 다른 사람이 하는 말을 알아들었을 때에는, 특히 그가 그의 기억 속에 끌어들여 간직하게 되면, 깊이 생각되지 않은 것들, 다시 말하면, 조악한 것들을 기억 속에 저장하기 때문입니다. 왜냐하면 그 뒤, 미리 깊이 생각한 것에서 말을 할 경우, 동일한 사람은 보통 다른 것들을 말하고, 또한 악한 결과에 속한 것은 없지만, 그의 입에서 흘러나온 것을 그와 같이 표현하는 것이 일반적입니다. 그와 같은 악마들이나 영들은 이런 것을 원하지 않습니다. 비슷한 본질로 이루어진 유미의 결집은 이와 같이

충분하게 이루어질 수 있었습니다. 이와 같은 영들이나 악마들은 그 사람들과 결합하고, 그 뒤에는 그런 성품을 지닌 영들과 결합합니다. 이런 식으로 그들이 생각한 모든 것들은 그들이 있는 사회 앞에 적나라하게 공개됩니다.

1136. 나는 아직까지 그들의 형벌들이 무엇인지 알고 있지 못합니다. 왜냐하면 그들은 방종(放縱)이 부여된 방황하는 영들(the wandering spirit) 가운데 있기 때문입니다.

1137. 내적인 자들에 관해서 살펴보면, 이들은 악하지 않습니다. 사실 그들은 사람이 생각하고 있는 것이 무엇인지 알기를 열망합니다. 그리고 이것은 하나의 확실한 탐욕에서 비롯되지만, 그러나 그들이 그 사람을 자신들에게 끌어들이기 위하여, 그리고 그가 그들의 사회에서 그들과 함께 있기 위하여, 그의 원하는 것들로서 그의 온갖 거짓들이나 악들처럼 그와 같은 것은 아닙니다. 왜냐하면 그들은, 그들이 유미에 결합시키는 영들을 끌어들이는 영역을 형성하기 때문입니다. 따라서 그들은 모든 것들에 대하여 좋은 쪽으로 해석하는 자들을 가리킵니다. 비록 그들의 생각이 선하지 않다고 해도 그들이 이룬 결과는 거기에 우정이 있다는 것입니다.

1138. 더욱이 생식기의 영역을 구성하는 영들의 부류가 존재합니다. 왜냐하면 거기에는 보다 순수한 혈액의 흡입 이외의 흡입, 전 영역에 의한 흡입이 있습니다. 다시 말하면 생식기관에 공헌하는, 예를 들면 고환들, 전립선, 정액기관들이나 그 밖의 다른 여러 생식기관에 공헌하는 기관들에 의한 흡입이 존재합니다.

성언(聖言)에 속한 내면적인 것들이나, 보다 내면적인 것들을 경청하고, 시인하는 것을 원하지 않는 영들에 관하여

1139. 비록 선하기는 하지만, 그들이 성언(聖言)에 속한 내면적인 것들(the interior things)이나, 보다 내면적인 것들(the more interior things)을 경청하고, 시인하기를 원하지 않기 때문에, 아직까지 천계

에의 허입(許入)이 불가능한 영들이 있었습니다. 이런 이유 때문에 그들은 나에 대하여 나쁘게 생각하였고, 그리고 모든 것들을 악한 것으로 해석하였습니다. 왜냐하면, 내면적인 것들에 찬성하지 않는 자들은, 그들이 내면적인 것들이 존재하는 것을 모르기 때문에, 그리고 성언에 대한 순종에서 행한 믿음에 속한 선행들에 관한 것들을 가리키는, 보다 더 내면적인 것들이 존재한다는 것을 더욱 모르기 때문에, 내면적인 사람이나, 보다 내면적인 사람에 속한 것들을 배울 수 없기 때문입니다. 그들은 선한 사람에 의하여 행하여진 것들이나, 선한 마음에서 행한 것들을 모두 선이라고 부릅니다. 그러나 만약에 선행들은 인애에 속한 선행이어야만 하고, 그리고 그 인애가 자비이고, 따라서 주님 구세주의 자비라고 말을 한다면, 그들은 그것을 시인하기는 하지만, 그러나 그들은 그것을 아주 깊이 생각하지는 않습니다. 그러므로 이와 같은 것들을 시인하지 않는 그런 성품의 사람들은 알고 있는 지식들의 방법에 의하여 내면적인 천계에 아직까지는 들어갈 수는 없습니다.

1140. 더욱이 내면적인 것들이나, 보다 더 내면적인 것들을 전혀 듣기를 원하지 않고, 또 그것들을 시인하기를 원하지 않는 자들은 천계 밖에 있습니다. 그리고 또한 그들은 이러한 것들에 대한 증오를 품는 것 이외의 다른 것은 할 수 없는데, 그 이유는 그들이, 내면적이고, 그리고 보다 더 내면적인 것들이나, 그리고 또한 그것들을 가르치는 자들에 대한 증오를 품지 않을 수 없기 때문입니다. 이와 같은 일이 장차 성언의 내면적인 것들이나, 보다 더 내면적인 것들을 싫어하는 이 지구의 수많은 사람들의 경우가 될 것이다라고 나는 생각하는데, 그 이유는 그것들이 그들의 온갖 사람들에 속한 삶과 너무나 밀접하게 관계되어 있고, 그리고 또한 그것들은 그들에게는 불가능한 것들로 여겨지는 온갖 어려움들을 야기시키고 있기 때문입니다. 따라서 그들이 동의하여 내면적인 것들을 선호한다는 것보다는, 그것들에 이르는 길이 굳게 닫혀 있다는 것을 그들은 옳

다고 생각합니다. 여기에 부연하여 그들은, 그들이 이해할 수 없는 이와 같은 것들에 의하여 마음이 어지럽게 되는 것을 원하지 않기 때문입니다.

1141. 아주 아주 자주 이와 같은 성품의 영들이 나와 대화하였고, 그리고 그들은 아주 고약한 것들을 말하였는데, 그 이유는 이러한 것들이 그들에게는 모순(矛盾)들로 여겨졌기 때문입니다. 더욱이 이런 성품을 지닌 몇몇 영들이 오늘 나와 같이 있었는데, 따라서 그들은 내 생활에 속한 여러 행위들을 아주 나쁘게 생각하였습니다. 간략하게 말하면, 영들의 천계(the heaven of spirits)는 이런 부류의 영들로 거의 가득 차 있습니다. 그러나 이와 같은 일은 천계에 있는 모든 자들과는 그 처지가 전혀 다릅니다.

1142. 이런 영들이 하나의 환상(幻像)을 통하여 내게 나타났습니다. 그들은, 비록 눈같이 희지만, 추한 얼굴을 가진 늙은 여인과 같았습니다. 그 얼굴은, 비록 빛을 띠고 있었지만, 이상야릇하고, 몹시 추한 모습이었습니다. 한마디로 추하였습니다.

1143. 그러나 그 뒤, 내면적인 것들을 듣고, 시인하고, 사랑하는 영들이, 흰 옷을 입고, 악기를 연주하는 처녀의 초기 상태의 젊은 소녀에 의하여 나에게 나타났습니다. 왜냐하면, 사실 이런 부류의 영들의 의상(衣裳)들은 희게 되고, 그리고 그들 스스로 화환들이나, 그들의 천계의 장식들을 가지고, 그들의 청춘에 속한 꽃 속으로 보내지기 때문입니다.

1144. 내면적인 것들이 밝히 드러나야만 한다는 것은 그 뒤 통상 발 아래 놓여 있는 일종의 양탄자가 말려서 벗겨지는 것에 의하여 드러났습니다. 밝히 드러내려고 하는 내면적인 것들이 아직까지 열려지지 않은 채 있었는데, 이 양탄자는 말려서 벗겨졌습니다. 1748년 3월 3일

1145. 더욱이 철학적인 사안들이나, 인체의 내면적인 내장들에 관한 것들과 같은 내면적인 것들이나, 전혀 알지 못하는 것들에 관해

서 내가 다루고 있다는 이유 때문에 나에게 권태감(倦怠感)을 느끼게 한 이런 영들과 나는 대화를 하였습니다. 이런 사안들이 그런 성질이고, 그리고 그것들이 참된 것이기 때문에, 그러므로 예컨대 내가 오늘 유미주머니에 관해서 보고 들은 것을 이해하는 사람이 거의 천에 하나라고 해도, 그들은 묵묵히 지나갈 수는 없습니다. 그 일이 사실이고, 그리고 영들이나 천사들의 상태가 다른 어떤 방법으로 밝혀질 수 없기 때문에, 그러므로 그 일은 아무 말 없이 덮어둘 수 있는 일은 아니었습니다. 왜냐하면 거기에는 이런 것들을 지각하고, 또 좋아하는 자들 몇몇이 있었기 때문이고, 그리고 비록 그들이 이해하지 못하지만, 보편적인 진리들로 그들이 확증하는 것을 볼 수 있어서 그것들을 시인하는 또 다른 몇몇이 있었기 때문입니다. 그러므로 이러한 것들이, 다른 자들을 위해서가 아니고, 오직 그들을 위해서 기술되었습니다. 왜냐하면 나는, 천사들이 이런 유의 것들을 아주 정확하게 이해한다는 것을 입증할 수 있었기 때문입니다. 왜냐하면 이와 같은 확증은 해부학적인 진리들이나, 철학적인 진리들에서 추구하는 것이기 때문입니다.

1145A. 그리고 그들은, 인체 안에 있는 것과 같은 천계 안에 있는 것들에서 충분히 알고 있고, 또 깨닫고 있습니다. 사실 그들은, 만약에 그것들이 글로 기록된다면, 육신을 입고 사는 사람은 그 누구도 이해할 수 없는, 헤아릴 수 없이 많은 것들을 지각할 것입니다. 왜냐하면 내가 생생한 명확한 경험에서 입증할 수 있는 것과 같이, 지극히 작은 개별적인 것이 참인지, 아닌지를 명확하게 지각하기 때문입니다. 사람의 마음에 매우 뒤얽히고, 난해(難解)한 이와 같은 것들은 천사들에게는 지극히 일반적인 사안들입니다. 그리고 천사들이 유치(幼稚)한 것을 말하지만 그들은, 그것들이 모두의 이해력에 들어오지 않는다는 것을, 그들이 지금 지적하고 있듯이, 매우 이상하게 생각합니다. 왜냐하면 천사들은 이러한 것들을 글로 쓰도록 나의 생각을 인도하고 있기 때문입니다. 더욱이 그들의 모든 다종다양함으

로 충만한 영들이나 천사들의 상태들은 인체에 속한 지식이 없이는 결코 파악될 수 없습니다. 왜냐하면 주님의 나라(王國)는 사람의 모양이기 때문입니다. 그리고 주님께서 유일한 사람(the Only Man)이시고, 그분이 그분의 나라이기 때문에, 진실로 사람과 같은 이와 같은 나라가 존재하지 않는다면, 사람은 어느 누구도 결코 살 수가 없습니다. 왜냐하면 천계에 있는 모든 것들은 분명하게 입증할 수 있는 것과 같이, 인체 안에 있는 개별적인 것들의 보존(保存)을 위하여 협력하고 있기 때문입니다. 만약에 독자들께서 원한다면, 여러분은 보다 더 깊은 비의(秘義)들을 들을 것입니다.

1145B. 만약에 이와 같은 존재(存在 · a Man)를 함께 구성하는 수많은 세상들이나 별들이 있지 않다면, 한 세계, 또는 한 별에서 온 영혼들은 결코 만족하지 않을 것입니다. 왜냐하면 거기에는 끝없는 다종다양함이 있고, 그리고 개별적인 모든 것들 안에도 그 사람(that Man)을 형성하여야만 하는 무수한 영혼들이 있어야만 하기 때문입니다. 1748년 3월 3일

천사적인 언어(言語)에 관하여

1146. 비록 천사들이 사람에게 자기 자신들을 언어에 의하여 명확하게 드러내지 못한다고 해도, 그들이 자신들의 생각을 언어나 담화(談話)에 의하여 어떻게 표현하는지를 내가 깨닫게 하기 위하여 그들이 하는 말을 나는 듣게 되었습니다. 그 때 나는 선한 영들과 같은 상태에 옮겨졌는데, 그러므로 나는, 천사들이 선한 영들을 통해서, 그리고 그들의 뜻들에 따라서 말하고 있다는 것을 깨달을 수 있었습니다. 그들의 언어는, 유수(流水)와 같이 빨랐습니다. 사실 낱말들이 있었지만, 그것들은 연속적이었습니다. 오히려 그 개념들은, 나에게는 낱말들 속으로 빠르게 흘러드는 생각이 내재(內在)한 하나의 시냇물(stream) 같았습니다. 한마디로 말하면, 거기에는 낱말들이 대응하는 개념들의 흐름이 있었습니다. 그러나 낱말들은 그 개념들에

밀착되어 있지는 않았습니다. 내가 대답하였을 때, 내가 밝히 안 사실은, 나의 언어는 단절(斷切)적이었는데, 다시 말하면 낱말들에 의하여, 또는 유창하지 않은 다른 소리에 의하여 분할되었지만, 그러나 천계적이지 못하다는 것이었습니다. 따라서 나는, 내가 그들과 같지 않은 성품이었기 때문에, 즉시 그들과 구분되었습니다. 따라서 그들이 말할 때 천사적인 담화는, 그와 같은 경우 거기에 있는 낱말들은 충족하지 못한 낱말들의 뜻이었습니다. 1748년 3월 3일

1147. 그 뜻 안에 들어온 낱말들은 유수(流水) 같았는데, 그들은 이런 낱말들 안에 수많은 자음(子音)들을 받아들이지 않았습니다. 그 이유는, 그것들은 어떤 자음이 그러하듯이, 그 흐름을 방해하기 때문입니다. 따라서 지금 나는 흐름(flumen)이라고 쓰는 것이 허락되지 않고, 강물(fluvium)이라고 쓰는 것이 허락되었습니다. 그것은 다른 경우에서도 마찬가지입니다.

1148. 그 뒤 영들이 말을 할 때, 그들의 언어는 낱말들로 갈라졌고, 그리고 거기에는 그들이 부끄러움으로 가득 찬 그런 차이가 있어서 감히 말을 하려고 하지 않았습니다. 더욱이 그들의 생각들은 서로 연관을 맺지 못하였고, 결과적으로 그들의 낱말 역시 이런 식으로 계속되는 것이나, 흐름에서 차이가 있었습니다. 후에 그들이 천사들에게서 도움을 받았을 때, 그리고 그들이 천사들과 더불어 말할 수 있게 되었을 때, 그것은 그들을 에워싸고 있는 하나의 강(江)과 같았습니다. 그리고 그들은 자신들의 언어를 따르지 않았습니다. 따라서 그들은, 그들이 말을 하지 않는다, 또는 그들에게 말하는 것이 주어지지 않았다고 불평을 하였습니다. 1748년 3월 3일

마치 귀 속에다 말하는 것처럼 조용하게 말하기를 좋아하는 자들에 관하여

1149. 귀에 속삭이듯, 아주 수차에 걸쳐, 나와 말을 한 영들이 있었습니다. 그 때 그들은, 어느 누구도 그들이 하는 말을 듣지 못하

게 하기 위해서 귀에 대고 속삭이기를 좋아해서, 왼쪽 귀 가까이에서 말을 하였습니다. 이와 같이 귓속말로 속삭이듯 말하는 것은 천계에서는 적합한 방법이 아니다는 것을 그들에게 말해 주는 것이 허락되었습니다. 왜냐하면 그런 말버릇은, 이런 부류의 영들은 그들의 삶에서 밀고자들(密告者·whisperers)이었다는 것, 다시 말하면 그들은 다른 사람들의 허물들이나 결점들을 찾으려고 했고, 그들이 하는 말을 듣지 않을 때에는 그런 허물이나 결점을 자신들의 동료들에게 고자질을 하고, 만약에 다른 사람이 거기에 있으면, 귓속에다 대고 귓속말을 했다는 것을 지적하는 것이기 때문입니다. 또한 그들은 모든 것들을 나쁘게만 보았다는 것, 다시 말하면 심지어 다른 사람들이 결점들이 아니라고 해도, 그들은 다른 사람의 허물들을 보았다는 그런 기질(氣質)임을 지적하기 때문입니다. 거기에 지극히 작은 것도 유심히 관찰하고, 그리고 그것들을 나쁘게만 해석하는 수많은 자들이 있습니다. 그들은 자신들의 동료들을 비웃고, 조롱하기를 좋아하기 때문에, 자신들 속에는 사기적인 것을 가지고 있을 뿐만 아니라, 그들은 다른 사람에 비하여 자신들이 잘난 사람이라고 생각합니다. 이런 이유 때문에 그들은 결코 천계의 무리에 들어갈 수가 없습니다. 왜냐하면 마치 그들이 자기 자신의 능력으로 그 무리에 들어온 것처럼 행동하여, 그들은 거기에서 즉시 쫓겨나기 때문입니다. 왜냐하면 이런 기질은 즉시 인지(認知), 발각되기 때문입니다. 더욱이 이런 부류의 언어는 아주 먼 거리에서도 들을 수 있고, 공개적으로 하는 말보다 더 크게 들리기 때문입니다. 1748년 3월 3일

순진무구한 사람을 학대(虐待)하는 짓은 빈대(wall lice)의 악취를 생성한다는 것에 관하여

1150. 가끔 나는 빈대(wall lice)의 아주 고약한 악취를 맡고는 하였지만, 그럼에도 불구하고 그 때 거기에는, 내가 아주 잘 알고 있듯이, 어떤 종류의 악취도 있지 않았습니다. 그러나 이런 악취가 영

들의 과오에서 발산(發散)된다는 것을 내가 지각한 뒤, 나는 생생한 경험을 통해서 가르침을 받고, 확증한 것은 이런 악취가 순진무구에 대한 박해를 보여 준다는 것입니다. 왜냐하면 거기에는, 젖먹이들을 박해했던 자들이 있었고, 또 그들을 쫓아내기를 좋아하는 그런 자들이 있었는데, 그들로 인해서 거기에 그와 같은 악취가 있었기 때문입니다. 1748년 3월 3일

바다나 육지의 강도들의 사후 삶에 관하여

1151. 낮은 지역(the lower region)에 있었던 어떤 영이 있었는데, 말하자면 내적으로는 내 안에 있었습니다. 왜냐하면 영들은, 그들이 온 세상에 있을 수 있는 곳이라면 이런 식으로 나타나기 때문입니다. 다시 말하면 신체의 이런 영역이나, 저런 영역에 속해 있는 자들은, 그 때, 그 곳 이외의 다른 장소에는 어디에도 나타나지 않고, 이른바, 사람의 바깥이나, 또는 안에만 나타날 뿐입니다.

1152. 나에 의하여 내 오른쪽에 불려 온 이 영은, 지난날 강도였다고 다른 자들에 의하여 고발(告發)되었는데, 그러나 그는 눈에 보이지도 않았고, 아무런 대답도 없었습니다. 그러는 사이에 어떤 영들이 역시 나의 머리를 점유하였습니다. 그러나 그 영도 아무런 대답을 하지 않았습니다. 그 뒤, 내 모자 아래에서 없어졌고, 그 뒤 잠간 동안 내 오른쪽에 서 있다가, 곧 내 왼쪽에 서 있었습니다. 이 영도 역시 강도였다고 고발되었고, 그리고 아무런 응답도 없었고, 그리고 더욱이 그는 눈에 띄지 않는 방법으로 행동한다는 사실 때문에, 나는, 그가 이런 성품이었고, 그리고 자신을 숨기기를 좋아하는 사람이다는 것 이외에는 아무것도 알 수가 없었습니다.

1153. 더욱이 나에게 일러진 것은, 이런 성품의 사람은, 최소의 성공의 기회가 있을 때는 매우 용감하지만, 그리고 최소의 위험이 있으면, 매우 소심한 겁쟁이다는 것입니다. 왜냐하면 나는, 이 영이 매우 소심한 겁쟁이였다는 것을 명확하게 지각하였고, 그리고 또한 그

가 두려움에서 비롯된 것은 어떤 것도 자인하는 것에 굴복하지 않았다는 것도 지각하였기 때문입니다. 공포나 두려움 때문에 자인한다는 것은 다른 영들이 명령한 모든 것들을 자인(自認)한다는 것입니다. 그는 지금 내 곁에 있는데, 그런데 그는 여러 가지 것들에 대한 내 기억을 훔쳐가려고 무척 애를 쓰고 있습니다.

1154. 이런 부류의 영들이 방광(膀胱)을 통괄하고 있는데, 사실 오줌이 배출될 때 그 기능을 통괄합니다. 그 영들이 그 직무에 배치되었다는 것을 나는 여러 날 동안의 경험에 의하여, 그리고 그 결과로부터 알았습니다. 왜냐하면 이런 부류의 영들이 물러나게 되면, 오줌의 배설(排泄)은 완전히 멈추기 때문입니다. 그리고 그 배설이 그들에 의하여 다스려질 때, 또는 그들이 분개(憤慨)할 때, 그들은 스스로 빙빙 도는데, 그것은 내게는 그들이 방광의 입구에 위험을 가지고 들어오려는 것 같이 보였습니다. 이러한 일은, 전혀 의심의 여지가 없을 만큼 나에게는 아주 명확하였습니다. 다른 것들은, 여러 곳에서(1145항 참조) 밝힌 이유 때문에, 전혀 느낄 수가 없었습니다.

1155. 이상에서 내가 지을 수 있는 결론은, 이 영은 육신을 입은 삶을 살 때 하나의 강도였다는 것이고, 그리고 정말로 무서운 강도였다는 것입니다. 왜냐하면 그는 자신을 숨기는 일이나, 또는 오른쪽으로 도망하고, 그리고 그 때 머리 쪽을 향해 도망하는 일에 너무나도 능수능란(能手能爛)하였기 때문입니다. 왜냐하면 강도들이 교활(狡猾)하지 않다면, 그는 오랜 동안 강도들로 남을 수가 없기 때문입니다. 그는 지금 이 사실을 인정하였습니다. 그리고 나는 그것을 확인하였습니다. 그는 좌측 관자놀이 영역에 있었습니다. 그의 역할이 오줌의 배설이라는 것은 과거나 현재의 증거들이나 징후들에서 명백합니다. 왜냐하면 비록 내키는 일은 아니지만 그는 방광 윗부위에서 활동하고 있기 때문입니다.

1156. 더욱이 그와 다른 또다른 종류의 강도들이 있었는데, 그들은 아주 사나운 강도들은 아니어서, 그들은 강도질하기를 좋아하고,

그리고 활동적인 강도들과 자신들이 짝패가 되는 그런 성질을 가지지는 않았습니다. 그 뒤 이런 유의 강도 하나가 내 팔 밑 오른쪽에서 내게 보였습니다. 그는 아무 말도 하지 않았지만, 다만 사람들이 하는 것과 같이, 이를 갈고 있었습니다. 그 이 가는 소리는 몸서리쳐지는 소리로 들렸습니다. 이런 일은 한 동안, 아주 명확하게 들렸습니다. 나는, 그런 소리를 내는 어떤 것이 있다고 생각되어 알아보았습니다. 그것은 역시 위에서 멀지 않은 좌측의 그들과 함께 있었습니다. 그러므로 그들은 액체의 배설물, 또는 오줌의 배설물을 관장하는 자들이었습니다.

1157. 이런 부류의 영들의 용모가 내게 보였습니다. 그 용모는 얼굴이 아니고, 다만 어둑어둑하고, 검은 수염투성이 같았는데, 따라서 검고, 손질하지 않은 수염 이외의 아무것도 아니었습니다. 이런 부류는 대개가 강도들입니다. 동시에 그들의 창살 모양의 이빨이 내게 보였습니다. 말하자면, 피부가 입에서부터 말려 올라갔을 때, 양쪽에 창살 모양의 이빨들이 내게 보였습니다. 그러므로 그들의 얼굴의 내면적인 것은, 상아(象牙)와 같은 이빨들 외에는 아무것도 없었습니다. 따라서 거기에는 오직 이빨들만 있었습니다.

1158. 눈에 잘 띄지도 않고, 빈틈없이 활동하는 다른 영이 내게 나타났습니다. 그는 푸른색의 옷을 입었습니다. 그의 얼굴은 사람과 꼭 같이 보였지만, 그러나 심술궂게 보였습니다. 그는, 아마도 그것들이 말할 가치가 없기 때문에, 내가 기억하는 다른 것들을 모두 강탈해 갔습니다. 1748년 3월 4일

1159. 꼭 같은 영이 내 양쪽 눈에서 활동하고, 말하자면 그것들 안에 있는 일종의 눈을 자극하는 액체나 오줌을 자극하였습니다. 따라서 그런 일들이 억제되지 않았다면, 나는 고통 때문에 볼 수도 없고, 글을 쓸 수도 없었을 것입니다. 따라서 그들이 어디에 있든, 그들은, 이 영이 나의 머리 위에서 활동하고 있기 때문에, 오줌의 액체를 자극하였습니다. 그러므로 오줌의 액체는 나의 눈들에 흘러들

었습니다. 그러므로 그들은 오줌의 수집을 통괄하였고, 그런 일 때문에 그들은 다른 어떤 액체에 비하여 추하고, 불결한 오줌을 중하게 여기고, 그리고 그와 같은 것들 안에서 살았습니다. 따라서 그들은, 직장(直腸)의 영역을 구성하는 지옥의 떼거지들이 이런 것들 안에 사는 것을 좋아하고 갈망하듯이, 그들은, 이와 같은 것들 안이나, 오줌통 속에 사는 것을 좋아하는 영적인 부류에 속한 지옥의 무리입니다.

1160. 동일한 영이, 자기는 가장 맑은 물에 사는 것 보다는 오줌 같은 것들에 사는 것을 더 좋아한다고 고백하였고, 그리고 오줌의 악취가 다른 어떤 것에 비하여 자신에게는 매우 향기롭고, 유쾌한 것이라고 고백하였습니다. 그는 오줌통 같은 데서 일생을 보내기를 원하지만, 아주 작은 통 속에서 일생을 보냈고, 그리고 자신의 거주지를 거기에서 가지고 싶다고 그는 말하였습니다. 매우 사나운 그 영도 역시 꼭 같은 것을 고백하였습니다.

영적인 존재는 버터(butter)를 싫어한다는 것에 관하여

1161. 영적인 부류를 구성하는 영적인 존재나, 영들이 버터를 싫어한다는 것은, 비록 내가 버터를 즐기지만, 그럼에도 불구하고 아주 오랜 기간 동안 그것을 원하지 않았다는 사실에서, 그리고 내가 그것을 먹을 때, 그것은 별 맛이 없었고, 결과적으로 종전과 같은 맛이 없었다는 사실에서 잘 알 수 있습니다.

1162. 영적인 것들이 버터를 싫어하기 때문에, 영적인 것들이 이와 같은 결과를 빚는다는 것은 나에게는 한 사실에서 아주 명확합니다. 즉 어떤 천적인 자가 현존해 있었고, 나는 버터에 대한 식욕으로 자극을 받았을 때, 나는 그것을 먹었습니다. 버터는 정말 맛이 있었습니다. 그 때 영적인 자는 입에서부터 코에 버터의 냄새를 올라가게 하였는데, 따라서 이런 버터의 냄새는 나에게 매우 불쾌하였습니다. 이런 경험에서 나는 영적인 것이 버터를 싫어한다는 것을

배웠습니다.

1163. 그럼에도 불구하고, 영적인 자들은 우유를, 특히 신선한 우유를 무척 좋아합니다. 왜냐하면 내가 우유를 마셨을 때, 내가 그것에 대해서 거의 기술할 수 없을 만큼, 그것은 맛이 있었기 때문입니다. 그러므로 우유는 영적인 것들에 속하지만, 버터는 천적인 것에 속합니다. 영들은, 자신들의 표징들 때문에, 먹거리로서 이런 것들을 즐기지 않습니다. 다시 말하면 그들이 뜻하는 것들 때문에 그것들을 음식으로 즐기지 않는다는 것입니다. 1748년 3월 3, 4일. 이러한 일은 냄새가 드러내는 영기(靈氣)의 일치에서 일어났습니다.

사람이 주님께서, 전체적인 것이든 개별적인 것이든, 모든 것들을 섭리하신다는 것을 믿지 않는다면, 사람은 결코 적절하고 유익한 권고(勸告)도 받지 않는다는 것에 관하여

1164. 아주 많은 여러 종류의 경험을 통하여 내가 배워서 터득한 것은, 사람은 자신이 적절하고, 유익하다고 여기는 수많은 권고나, 조언을 구체적으로 생각하고, 받아들일 수 있다는 것입니다. 사실 그 때 그는 영들이나, 심지어 천사들에게 꼭 같은 견해를 가지도록 권유, 설득할 수 있습니다. 왜냐하면 그들은 좋은 의도(意圖)만을 고려(考慮)하고, 긍정적인 것들만을 찾기 때문입니다. 따라서 선한 영들이나 천사들도, 비록 적절하지도 유익하지도 않다고 해도, 그것이 적절하고 유익한 것이라고 믿도록 설득되기 때문입니다. 나는 수차에 걸쳐 반복되는 경험들을 통하여 이 사실을 배웠습니다. 다시 말하면 선한 영들이나, 심지어 천사들도 여건이나 상황에 따라서, 예컨대 출판하는 책의 숫자에 대한 생각의 경우처럼, 자신들의 감정이 긍정적으로 바뀌고, 설득될 수 있다는 것입니다.

1165. 오직 우리 주님께서만이, 참된 것이 무엇이고, 선한 것이 무엇이며, 또 장차 다가올 일이 무엇이고, 어디에서 무슨 일이 일어날지를, 따라서 모든 것들이든 개별적인 것이든, 전부를 아신다는 것

은 진리입니다. 그러므로 사람이 주님의 섭리(攝理·the Lord's Providence)에 자신의 의도와 계획 따위를 맡기지 않는다면, 특히 그가 자신으로 말미암아 선한 것을 행하기를 좋아한다면, 아주 자주자주 속아 넘어갈 것입니다.

세상적인 염려나 걱정 따위에 집착(執着)하는 사람은 전적으로 아주 다른 상태에 빠진다는 것에 관하여

1166. 거의 3년 동안, 정확하게 말하면 33개월 동안, 나의 마음이 관능적인 것들에서 정말로 떠나서 영적인 존재들이나, 천적인 존재들의 사회에 있을 수 있는 그와 같은 상태에 지금 나는 있습니다. 그럼에도 불구하고 나는, 이와 같은 일에 영들도 역시 이상하게 생각하겠지만, 사람들의 무리에 있는 다른 자들과 별로 차이가 없는 그런 사람이었습니다. 이 뿐만이 아니었습니다. 내가 세상적인 것들에 관한 온갖 생각에 아주 밀접하게 사로잡혔을 때, 예를 들면, 내가 필요한 씀씀이(經費)에 관해서 걱정할 때, 또는 오늘 같이 내가 편지를 쓸 때, 그러므로 나는 한 동안 이런 일들을 계획하고, 의도하는 것에 내 마음(animus)이 사로잡혀 있을 때, 그 때 나는 다시 이런 상태, 말하자면, 세속적이고 관능적인 상태에 빠졌습니다. 그래서 영들은 나와 더불어 이야기할 수 없었습니다. 그들은, 자신들은 그 전에 있었던 것과 같은 방법은 거의 결여된 상태에 있었다고 말하였습니다. 따라서 내가 알 수 있는 것은, 계속적으로 세속적이고, 관능적인 관심이나 일들에 마음을 내맡기는 사람과는 천사들이 대화를 가질 수 없다는 것입니다. 왜냐하면 관능적이고, 세속적인 것들은, 소위 마음에 관념들을 끌어내려서, 그것들을 관능적이고 세속적인 것들 속에 끌어넣기 때문입니다. 1748년 3월 4일

사회들에 대한 사람들과 영들의 조건의 차이점에 관하여

1167. 이와 같이 사람이 개과천선(改過遷善)될 수 없다는 사실은,

인류는 자기 자신을 그들이 푹 빠져 있는 사회에 결합하고, 그리고 온갖 어려움을 가지고 그것에서 물러나야만 하는 왜곡(歪曲)된 상태에 있다는 것에서 아주 명백합니다. 그러므로 이런 상태가 바로 그 사회이고, 대부분의 사람의 상태입니다. 사람의 상태는 그의 영의 측면에서 그가 천계에 있을 때와는 전혀 다릅니다. 그 때 그는, 그가 영들이나 심지어 천사들에 속한 상이하고 다종다양한 사회에 들어갈 수 있는 사회 안에 있는 영들이나 영혼들과 같습니다. 이것이 영들의 사회이지만, 사람의 사회, 즉 그의 영의 사회는 이러합니다. 서로 반대되는 일이 인류에게 일어납니다. 다시 말하면 이것이 사람들의 사회이고, 대부분은 사람들이 인도받는 영들의 사회입니다. 그러나 사실 올바른 진정한 교회 안에 있는 형제들의 사회와는 아주 다릅니다. 거기에 있는 사회들은, 그들이 영들과 같이 인도되기 때문에, 마찬가지로 다양하게 바뀔 수 있습니다. 왜냐하면 그들은 자아애나 또는 재물(財物) 때문에 사회들을 찾지 않고, 오히려 믿음이나 형제애가 목적이 되어 찾기 때문입니다. 따라서 그들은, 삶의 그릇된 상태 안에 있는 짝꿍들이나 단체들 보다는 주님에 의하여 보다 직접적으로 형성된 질서에 따라서 정리 정돈될 수 있기 때문입니다. 1748년 3월 4일

천적인 영들처럼 유창(流暢)하게, 그리고 빨리 말할 수 있는 영들이 있는데, 그들은 모두 악한 영들이다는 것에 관하여

1168. 오늘 나와 같이 한참 동안 이야기 한 영이 있었습니다. 육신을 입고 살 때 그는 믿음으로 고쳐진 적도 없고, 사후의 삶도 믿지 않았습니다. 그는, 그들이 생각하는 것처럼, 철저한 도둑들의 무리의 하나였습니다(1155항 참조). 그는 물 흐르듯이 아주 유창하게, 천적인 영들 중의 하나처럼, 말을 할 수 있었는데, 그럼에도 불구하고 그는 여전히 악하였습니다. 그러므로 여기서 얻을 수 있는 결론은, 어느 누구의 화술(話術)이나 그것의 유창함으로 그가 천적인 존

재이다고 단정할 수 없다는 것입니다. 그러나 한 영이 천적인 존재인지는 이런 사실에서 잘 알 수 있습니다. 다시 말하면 그가 믿음에 속한 사안들에 관해서 말하기를 좋아한다는 것, 따라서 믿음에 속한 것들을 지각하는 일을 사랑한다는 것 등에서 잘 알 수 있습니다. 그러나 주님의 나라(the kingdom of the Lord)에 관해서 어떤 사실들이 언급되었을 때, 이 영은 이 대화를 따라갈 수 없고, 다만 스스로 뒤로 물러섭니다. 그러므로 그의 성품이 어떤지 즉시 알게 됩니다. 1748년 3월 4일

1169. 이런 영들은 선에 속한 정동을 가장(假裝)해서 모두의 정동 안에 자신을 침투시키고, 그리고 그들은, 심지어 천사들까지도 타락시킬 수 있다고 생각하는 어떤 영이 하듯이, 온갖 아첨과 감언이설(甘言利說)을 가지고 다른 자들의 귀에다 속삭입니다. 그들은 모두의 정동에 따라서, 심지어 믿음에 속한 사안들에 관해서 말하는 일에 매우 교활하기 때문에, 그들은 자신들의 실제적인 삶에서 이와 같은 본능을 취하고 있습니다. 그럼에도 불구하고 저 세상에서 그들은 자신들의 됨됨이(性稟)를 밝히 드러낼 수밖에 없는데, 그 이유는, 이런 것과 같은 것은 한 마디의 말이나, 개념에서 지각되기 때문이고, 그리고 또한 한 개념에서 참된 것이나 선한 것과는 일치하지 않는다는 것이 아주 명확하게 보여지기 때문입니다. 그러므로 그의 교활함이 육신을 입은 삶에서 성공하였기 때문에 그것이 역시 저 세상에서도 성공할 것이다고 그의 육신을 입은 삶을 사는 동안 생각한 자는 아주 크게 속고 있는 것입니다. 이와 같은 육신을 입은 삶에서 터득한 사기성(詐欺性)은 내면적인 천계의 천사들 앞에서 아주 명료하게 드러나기 때문에, 천사들은 그가 말한 어떤 것에서도 그것을 잘 보고 있습니다. 여기서 언급한 꼭 같은 영이 지금 나타났는데, 그러나 그 영은 아무 말이 없이 입을 다물고 있었습니다. 그래서 나는 그의 생각들을 지각할 수 없었습니다. 왜냐하면 이런 부류의 영들은 능히 침묵할 수 있고, 생각할 수 있기 때문입니다. 1748년 3월

4일

1169A. 이런 부류의 영들은, 자신들의 이웃에 대하여 아주 고약하게 생각하면서, 그러나 아주 선량하게 말을 하고, 또 이런 일을 아주 조심스럽게 하는 그런 성품이기 때문에, 따라서 그들은, 자신을 위해서, 그리고 이익을 목적해서는 자신들의 동료들이나, 심지어 친한 친구들까지도 속여 먹습니다. 거기에는 이런 부유의 큰 무리들이 있습니다.

1170. 더욱 우리가 지금 언급하고 있는 이 영은, 오줌에 흠뻑 빠져 있는 자들 가운데 있는데, 왜냐하면 그는 자기 눈에 오줌과 같은 것을 쏟아 넣을 뿐만 아니라(1159항 참조), 그것을 마시기를 갈망하는 데까지 오줌을 너무나 사랑하기 때문입니다. 그는 아랫배의 영역에 고통스러운 압축이나 위축을 주입하였고, 그리고 거기에 있는 또 다른 지시들에서부터 나는 그가 그런 성품이라는 것을 알 수 있었습니다.

1171. 사람의 됨됨이(性稟)는, 그의 육신을 입은 삶을 사는 동안, 그것이 자만(自慢)이든, 재물(財物)이든, 그가 희망했던 목적(目的·end)에서 인지(認知)됩니다. 내가 들어서 안 사실은, 이 영이 이런 열심을 가지고 스스로 애썼던 것은, 특히 쾌락이 목적이었다는 것입니다. 따라서 그는 마치 본능에서 알고 있듯이, 그리고 따라서 한마디로 자기 자신에게서 알고 있듯이, 모두의 마음(animus)을 알 수 있었습니다. 그리고 이 영은 자신의 암시적인 아첨이나 환심에 의하여 그들로부터 사랑을 받았습니다. 이런 영들은 다른 영들과 같이 그와 같은 나쁜 목적을 가지고 있지 않았기 때문에, 그들은 선한 영들 가운데 있을 수 있었습니다. 그러나 그들이 자아애나 세간애에서 행동하였다면 사정은 다릅니다.

1172. 나는 또 그의 성품에 속한 표징을 보았습니다. 다시 말하면, 일종의 녹색으로 꾸며진 아치형의 방에서 오랜 동안 살았다는 것을 알았습니다. 그 주위에는 어느 정도 흰색의 구름들이 떠돌아 다녔지

만, 그것들은 그들이 매우 즐거웠던 녹색에서 바랜 색깔을 띄었습니다. 한마디로, 그는 다능(多能)하고, 유연하기 때문에, 그러므로 그는 자신이 선하게 바뀔 수 있다는 희망 가운데 선한 영들의 무리 가운데 있었습니다.

1173. 이런 영들은 그들의 생애 동안, 그들이 하는 일에 대하여 대부분 근면하였지만, 그러나 그가 사악한 그런 것들에 대하여 열심히 일하였기 때문에, 이런 것들이 사후(死後) 그들의 마음(animus)에 밀착되었습니다. 그러므로 그는 방광의 영역에 가도록 판결을 받았습니다. 왜냐하면 그는 오줌이나, 녹색의 것을 너무나 좋아했기 때문입니다. 1748년 3월 4, 5일

1174. 이런 녹색의 주거들이나, 녹색에서 바래서(退色) 흰색을 띄는 구름들은 더러운 망상(妄想)에서 형성되었습니다. 그런데 이런 것들은 가장 낮은 부류의 사람들에게 속한 것들입니다. 더욱이 그들은, 각종의 소·양·사람의 똥에 의해서 생긴 구역질나는 똥 썩은 물이나, 오줌이 고인 그런 것을 좋아하였습니다. 내가 그들과 같이 있는 자들에게 말한 것과 같이, 그들이 이런 웅덩이에서 살고, 그리고 그들이 똥에 속한 생각으로 매우 기쁘다고 말한다는 것은 진리에서는 아주 먼 이야기는 아닙니다. 이것이 그들이 가장 낮은 계도의 관능적인 것들 안에 있는 자들 가운데 있는 이유이고, 그리고 또한 그들이 그런 웅덩이들 속에 사는 것 같이 보이는 이유입니다. 1748년 3월 6일

내적인 것에 의하여 외적인 것이 평형(平衡)의 상태에의 변형(變形)에 관하여

1175. 영들의 큰 무리가 내 주위에 있었는데, 그들은 무질서적인 방법으로 움직이고 있었습니다. 그들은 자신들이 모두 멸망할 것이다고 불평을 늘어놓고 있었습니다. 나는, 그 무리의 지꺼림들은, 마치 거기에는 그들과 결합할 수 있는 것은 아무것도 없다는 것으로

들렸습니다. 다시 말하면 동료와 동료끼리, 사회와 사회끼리의 결합이 없다는 것입니다. 그래서 그 멸망이나 파괴가 그들에게 다가오고 있다는 것입니다.

1176. 그러나 나는 그들의 중앙에서 부드러운 음성을 들을 수 있었고, 또 지각하였습니다. 다시 말하면 거기에는 질서적인 것을 제외하면 아무것도 없는 어떤 천사적이고 감미로운 그런 음성이었습니다. 그 음성이 나온 그들의 중심에 내가 있었지만, 그러나 영들의 무리는 주변에 있었습니다. 이 천사적인 흐름은, 자주 반복되어서 한동안 계속되었습니다. 그리고 내게 일러진 것은, 주님께서 이런 방법을 통하여 주위에서 일어나고 있는 무질서한 것들이나, 뒤죽박죽의 것들을 다스리신다는 것입니다. 왜냐하면 주님께서는 평온(平溫·pacific)한 것에서, 다시 말하면 평온하게 작용하시기 때문입니다. 그러므로 주변에 있는 것들, 즉 원주(圓周)에 있는 것들은 질서에 필수적으로 순응, 복종되어야 하는 것들이고, 그 사람 자신의 오류에서 취득한 성질(性質·nature)의 개별적인 것은 반드시 자연(自然)에 순응하여야 하는 것들 입니다. 그러므로 주님께서는 인류나, 사람들의 망상(妄想)들인 인류의 외적인 것들도 다스리십니다. 그리고 오늘날은 그들의 행동들이나 언어도 그것들에 의하여 다스려지고 있습니다. 내가 생각하기에는, 나는 영적인 무리들의 무질서한 상태는, 공중에 있는 대소동(大騷動·tempest)에, 또는 대기 속에서 날고 있는 구름이나 먼지에, 비교할 수 있겠습니다. 그러므로 그것은 대기의 평형상태(平衡狀態) 주변에 있어야 하고, 그러나 반면에 보다 순수한 대기나, 또는 에텔(ether)은 대기의 평온상태에 있어야 합니다. 그리고 평온상태의 조용한 힘(silent force)은 사나운 대기에 계속적으로 작용하고 있고, 그것을 평온상태나 휴식의 상태에 복종시키고 있습니다.

1176A. 외적인 격동(激動)들이 사람을 방해하지만, 그럼에도 불구하고 그의 내적인 것은 평온상태에 있을 때, 이와 유사한 일들이 사

람에 존재합니다. 1748년 3월 5, 6일

내면적 천계(the interior heaven)에 있는 군중에 관하여

1177. 마치 그가 내 안에 있다는 것 외에는 다른 것을 거의 생각할 수 없는 것을 나에게 명령하는 어떤 영이 내부의 위턱 영역 주위에서 내적으로 나를 사로잡고, 괴롭히고 있었습니다. 나는 달리 말을 할 수 없지만, 이 사실을 명확하게 지각하였습니다. 왜냐하면 그는 나를 자신의 것과 비슷한 상태에 몰고 갔기 때문입니다. 그러나 머리 바깥에 다른 자들이 있는 동안, 비록 그들이 왼쪽 옆, 즉 왼쪽 관자놀이 영역을 점유하고 있을 때에는, 그는 그와 같은 힘을 가지고 있지 못하였습니다. 그러므로 명확한 사실은 바깥, 즉 주변에 있는 자들은 내부에 있는 자들과 다르다는 것이고, 그리고 말하자면, 그들의 통치(統治·ruling) 역시 다르다는 것 등입니다. 그 때 나는 그 영의 통치나 상태에 일치하는 것 이외의 것은 전혀 생각할 수 없었고, 또한 비록 강압적이기는 하지만, 그 외의 다른 것을 말할 수도 없었습니다. 이러한 사실은 나 자신 보다는 다른 자들에 의하여 보다 명확하게 지각될 수 있었습니다. 그 뒤에 내가 들은 바는, 사람이 내적으로 이와 같은 식으로 사로잡혀 있으면, 그 사람은 사로잡고 있는 그 영의 상태나 변덕에 따르는 것 외에는 달리 행동할 수도, 말할 수도 없다는 것이었습니다. 이런 경험은 계속되었는데, 나는 두 시간 이상 계속되었다고 계산됩니다.

1178. 내가 들은 바로는, 그것은 내 안에서 활동하는 영이 아니라, 내면적인 천계의 천사들의 일종의 주거(住居)를 가리키는데, 그들은, 사람에 대해서, 그의 이마 보다는 조금 높이, 왼쪽을 향한 정면에, 좀 떨어진 곳에서 삽니다. 이런 자들은, 보다 내면적인 것들을 관대히 취급할 수 없고, 오히려 여러 가지 원인들로부터 오직 내면적인 것들 안에 남기를 원하는 그런 자들입니다. 그들은, 예를 들면, 주님께서는 우주를 다스리신다는 것, 그리고 사람 안에 있는 선은 아무

것도 아니고, 모든 선은 주님의 것이다는 것 등이 일러졌을 때, 그 것을 관대하게 받아들일 수 없습니다. 그리고 또한 사람·영·천사는 모두 자기 스스로는 아무것도 할 수 없고, 다만 그들은 생명에 속한 기관(器官·organs)에 지나지 않는다는 말을 들으면 역시 그것을 받아들일 수 없습니다. 그러나 그들은 자기 스스로에 의하여 행동하기를 무척 좋아하고, 따라서 심지어 선을 행하는 능력도 자기 자신의 공로로 돌리기를 좋아합니다. 이와 같은 영들은 자신들의 생애에서 주님으로 말미암아 그들이 행한 여러 가지 선행들 안에 있는 공로(功勞)도 자신의 탓으로 돌립니다. 따라서 그들이 지금 추측하기를 좋아하는 것과 같이 칭의(稱義·justification)도 주요 요소에 관해서는 자신의 공(功)으로 돌립니다. 그런 것들에는 보다 내면적인 비슷한 것들이 많이 있습니다. 어떤 주거(住居)에는 내면적인 천계에 속한 또다른 천사들이 있습니다.

1179. 그러나 만약에 그들의 입에서 무엇인가를 취하고, 그리고 그들의 말들 가운데 보다 내면적인 비의(秘義·more interior arcana)가 있다고 그들에게 내가 말을 한다면, 그리고 그들의 담화(談話) 가운데 숨겨진 것들 때문에 그들의 지혜를 내가 칭찬한다면, 그 때 그들은 아마도 즐거움이나 유쾌함으로 만면(滿面)에 미소를 지을 것입니다. 그러나 그들은 아무 말이 없이 조용합니다. 그럼에도 불구하고, 내가 깨달은 것은, 이런 말(言語·speech)이 그들의 심성을 은근히 추켜세우기 때문에 그들에게는 흡족할 것이다는 것이고, 따라서 그들이 자아애(自我愛)로 물들었다는 것도 깨달을 수 있겠습니다. 그러나 그들이 내면적인 천계에 왜 있는지 그 이유는 너무나도 깊숙이 숨겨진 것이어서 공개(公開)할 수는 없겠습니다.

1180. 만약에 보다 내면적인 것들(the more interior things)이 적나라하게 드러난다면, 그것이 그들에게는 만사가 끝일 것이다는 사실을 그들은 무척 두려워하고 있습니다. 왜냐하면 그들은, 그들이 다른 천사들과 같이, 자신들 안에 보다 내면적인 것들을 가지고 있지

못하다는 것을 잘 알고 있기 때문입니다. 다른 천사들은 비록 어떤 보다 더 내면적인 진실성들에 관해서 무지(無知)하다고 해도, 그럼에도 불구하고, 그들이 그것들에 관해서 들으면 즉시 그들은 그것들을 열정적으로 수용하고, 사랑하기 때문입니다. 이런 방법으로 그들은 주님으로부터 그와 유사한 수많은 것들을 밝힐 수 있습니다.

1181. 뿐만 아니라, 보다 내면적인 것들에 대하여 혐오(嫌惡)하고 배척하는 그런 천사들은 나에게 내적으로 작용했던 자들입니다. 다시 말하면 위턱 위의 영역에서 활동한 자들인데, 그들은 그들의 색깔에 따라서 나로 하여금 생각을 하도록, 그리고 말을 하도록 유도하기도 하고, 억압하기도 하였습니다. 그리고 그들은, 그들이 옳다고 확증 받기 위하여 나에게 동일한 상태를 유발(誘發)하기도 하였습니다. 나는 역시 그들로 말미암아 말을 하였습니다. 기술하여야 할 온갖 난해한 것들로 가득한 사안(事案)들에 대하여, 그리고 어느 사람들도 그것들을 깨달을 수 없다는 결과에 대하여, 그리고 또한 주님의 직접적인 계시(啓示)가 없다면, 그것들의 개별적인 것들도 사람들에게는 쓸모가 없을 것이다는 등등의 반대(反對)와 배척이 있었습니다. 그것은 역시 거절되었는데, 그 이유는 이와 같이 인류는 더욱 더 악하게 되었기 때문입니다. 왜냐하면 그들은 내면적인 것들을 왜곡, 타락(墮落)시켰고, 보다 내면적인 단 하나까지도 타락시켰기 때문입니다. 그것을 왜곡, 타락시키는 자들은 더욱 더 악한 자들이기 때문입니다. 그 밖에 유사한 것들도 많이 있습니다.

1182. 이런 영들에 의하여 내가 사로잡혀 있고, 보다 내면적인 천계에 관한 어떤 사안들에 관하여 생각하고 있을 때, 다시 말하면, 보다 내면적인 것들을 믿는 믿음을 전혀 가지고 있지 않는 자들은 타락하는 위험에 빠지게 된다는 것에 관해서 내가 생각하고 있을 때, 그 때 명확하게 내게 확증된 것은, 이것이 바로 이런 부류의 천사들의 주거(住居)이다는 것이고, 그리고 그들이 이런 식으로 생각하고, 그리고 그들의 생각을 나에게 전가(轉嫁)시키며, 따라서 그들은

나에 속한 그들의 망상(妄想)의 밀착을 얻는다는 것 등입니다. 이들과 꼭 같은 천사들도, 장차 일어날 것이든 과거의 것이든, 이러한 것들이 주님에게서 직접적으로 계시된 것이 아니라면, 주님에 속한 어떤 것도 쉽게 시인하지 않습니다. 이러한 내용들이 내게 일러졌습니다.

1183. 비록 그들에게 계속해서 주장하는 것에 대하여 권고하였지만, 이런 부류의 천사들은 이런 생각들에서부터 무엇을 생각하는 것을 억제할 수 없기 때문에 종국에 그들은 그들의 주거에서 멀리 옮겨졌습니다. 사실 그들은 여인들이 자신들의 머리에 말아 올린 머리털 같은 코일(coil)을 가지고 약간 왼쪽을 향한 아주 멀리 떨어진 곳으로 옮겨졌습니다. 그러나 그 머리 모양은 멋진 것이었습니다. 그들이 어느 정도 멀리 갔을 때, 나는, 그들이 아마도 다른 주님을 찾으려고 하거나, 또는 그들이 말한 것과 같이, 그들이 이 천계에서 보다는 그들이 보다 쉽게 활동할 수 있는 다른 천계를 찾고 있다는 것을 깨달았습니다. 노상에서 그들은 그들이 자랑했던 금으로 된 것이 그들에게 나타났습니다. 왜냐하면 그들이 보는 모든 것들은 찬란하게 섬광(閃光)을 발하는 금으로 된 것들이었기 때문입니다. 그 밖에도 예술적이고 멋진 모양인 다른 많은 것들도 시각에 들어왔는데, 그들은 그것으로 매우 기쁘고 즐거웠습니다. 그러나 그들에게 일러진 것은, 이런 것들은 오직 망상에 의하여 생겨난 것들이고, 그리고 오랜 동안 그들을 기쁘고, 즐겁게 할 수 없다는 것이었습니다. 그들은 거기에서 되돌아가기를 원하였기 때문에, 즉시 그들은 어두운 방으로 들어갔습니다. 아직까지 나는 다른 것들을 알지 못합니다. 1748년 3월 6일

속편

1183A. 그들이 어떻게 활동하는지가 보여졌습니다. 그들은, 다른 자들이 하듯이, 회전(回轉)운동이나, 궤도(軌道)를 선회하는 작용에

의하여 활동하지 않고, 오히려 직선적인 상호작용에 의하여, 말하자면 흐르는 방법(a flowing manner)에 의하여 활동하였습니다. 그 이유는, 내게 일러진 것과 같이, 그들은 생각하고, 말할 것을 유발하고, 그리고 동시에 대답으로 말할 것을 지어내기 때문입니다. 왜냐하면 그들은, 그들이 온전히 한 사람을 사로잡고 있고, 그리고 비록 그들이 주님의 탁월한 통치를 부인하지 않는다고 해도, 자신으로 말미암아 그 사람을 전적으로 다스린다고 생각하고 있기 때문입니다. 따라서 그들은, 그들이 이 세상에서 활동할 수 있는 수단들인 그들의 기관(器官) 이외의 아무것도 아니라고 사람을 생각합니다. 그러므로 그들은 전적으로 그 사람을 경멸(輕蔑)하고, 그리고 그들은 그 사람이 하나의 종으로서 그의 쓸쓸이가 가능하지 않다고 생각되면, 무가치한 쓰레기 같은 존재로 그를 배척합니다. 그들은 그를 그의 노역(勞役)을 목적해서 우쭐하게 만듭니다. 그들은 오직 자기 자신의 이익만을 도모하고, 다른 사람을 위해서는 아무것도 고려하지 않습니다. 그리고 그들이 생각들이나, 답들을 낳기 때문에 그들의 행동은, 따라서 상호적이고, 유동(流動·flowing)적 입니다.

1184. 이 항의 내용은 1189항 아래에 있습니다.

1185. 이런 천사들이 그들의 주거에서 옮겨졌을 때 그 때 그들은 좌측 무릎과 그 무릎 정면의 그 위의 부분에서, 그리고 또한 오른쪽 발바닥 약간 아래 부분에서 활동하였습니다. 그러나 나는 아직까지 이런 것들이 뜻하는 바가 무엇인지 알지를 못합니다.

1186. 그들이 이와 같이 멀리 옮겨졌을 때, 그 때 그들은 더 이상 천사들이 아니고, 영들일 뿐입니다. 그리고 뒤에 그 장소에 있는 그들에 대하여 부연하여 언급하겠습니다. 그들은, 나는 실물로서는 사람이고, 그리고 내 몸 안에는 그들이 내재해 있고, 생각하는 것이 바로 그들이라는 것 이외의 다른 것은 전혀 알지 못한다는 것을 말하였습니다. 그들이 수적으로 너무나도 많기 때문에, 나는 어떻게 그런 일이 가능한지를 물었을 때, 그들은 이상하게 생각할 뿐, 대답

은 하지 않았습니다.

1187. 더욱이 장차에 관해서 근심하고 있기 때문에, 그들은 세상적인 염려나 걱정 따위뿐만 아니라, 특히 장차 다가올 것들에, 푹 빠져 있었습니다. 나는 그들의 무리 안에 꼼짝달싹 못하게 구금(拘禁)되어 있었습니다. 왜냐하면 그들은 사람이 생각한 것을 단단히 쥐고, 운영하고(put on) 있기 때문입니다.

1188. 그러므로 그들이 보다 내면적인 것들을 혐오(嫌惡 ')하기 때문에, 그들은 그들과 함께 동일한 주거지(住居地)에 있었습니다. 그러나 거기에 남아 있는 자들은, 지금 그들은 자신들의 과오들을 잘 알고 있다는 것을 말하였습니다. 다시 말하면, 외적인 것들은 존재하지만, 그러나 내면적인 것들, 다시 말하면 자연에 맞닿아 있는 (joined) 영적인 것들은 거의 아무것도 아니다는 것으로 바보스럽게 간주(看做)하였다는 것을 잘 알고 있다고 말하였습니다. 그리고 그들은 자연에게서 비롯된 것이 아니면, 아무것도 용납하지 않았고, 그리고 거기에 있는 것은 무엇이나 오직 자연적인 것에서 비롯되었다는 것 이외에는 아무것도 알지 못한다고 말하였습니다. 그들에게 할 말이 내게 주어졌는데, 그것은, 모든 개별적인 것 안에 있는 자연적인 개념(natural idea) 안에는 무엇이라고 형언할 수 없는 것이 들어올 수 없기 때문에 그들이 보다 내면적인 것들을 용납하지 않을 때 그들은 자기들 스스로 그것들로 인하여 막아버리는 헤아릴 수도 없고, 표현할 수도 없는, 수많은 것들이 내재해 있습니다. 영적인 방법으로 하나의 개념을 열어 보여 주는 것을 통하여 그들에게 이와 같은 사실이 드러나 보여 지는 것이 허락되었습니다. 그 방법은, 그 때 하나의 검은 점(a black point)으로 나타났는데, 그러나 그것이 열려 보여 졌을 때 그것은 우주와 같이 크게 확대되었고, 그리고 주님에게까지 이르렀습니다. 그러므로 일러진 것은, 주님에게서 파생된 모든 개념 안에는 전 천계(the whole heaven)의 이미지(=형상·image)가 내재해 있다는 것입니다. 그 이유는 그것은 천계 자체이신 그분

으로 말미암아 존재하기 때문입니다. 1748년 3월 6일

1189. 그러므로 그들이 입 천정 위의 영역을 점령하는 일이 일어났는데(1177항 참조), 그 이유는 거기가 관능적인 것들이 혈액으로서 두뇌에 오르는 곳이고, 그리고 그것들이 내려오는 곳이기 때문입니다. 그러므로 그 곳은 이른바 하나의 여관(旅館·inn)과 같은 곳이기 때문입니다. 이런 이유 때문에 그들이 이 여관으로 옮겨지므로(1183항 참조), 그들은 내실(內室)이라고 부릅니다. 그러므로 자연적인 것들은 두개골(頭蓋骨) 안에서 그것들과 함께 합니다. 그리고 두뇌에서가 아니면 혈액의 자연적인 찌꺼기에서부터 혈액이 정화된다는 것은 불가능합니다. 그 때 이러한 영들은, 왼쪽 넓적다리나 왼쪽 무릎이 뜻하는 쾌락 따위의 것들에 속한 온갖 사랑들 때문에, 왼쪽 무릎을 점령합니다. 그리고 오른쪽 발바닥은 거기에 밀착하는 관능적인 것들을 뜻합니다. 1748년 3월 6일

내면적인 것들로 기뻐하지만, 그러나 사람이 그런 것들로 기뻐하는 것을 원하지 않는 천사들에 관하여

1184. 선한 영들은 조금 떨어져서 약간 오른쪽의 정면에 있는데, 그들은 감미롭고, 그리고 물 흐르듯이 말을 합니다. 사람은 보다 내면적인 것들로 즐거워하면 안 된다고 그들이 생각하는 것을 제외하면, 나는 그들 안에 잘못된 것이 있다는 것을 전혀 찾지를 못하였습니다. 사람이 그런 기쁨을 즐기면 안 되는 이유는, 그들이 거기에서 취한 기쁨을 잃을 것이기 때문입니다.

성언(聖言·the Word)의 내면적·보다 더 내면적·극내적인 것에 관하여

1190. 젊은 소녀들이 내게 나타났습니다. 첫 번째는 내 얼굴 정면의 조금 떨어진 곳에 앉아 있었습니다. 그녀의 얼굴은, 황색에 치우친 사람의 얼굴과 거의 닮았지만, 장미 빛이었고, 그러나 그녀의 눈

은 붉은 색을 띠었습니다. 따라서 그녀는 약시(弱視)라는 눈의 질병으로 고통을 겪고 있었습니다. 그녀는 앉아 있었다고 일러졌는데, 그녀는 갑자기 나타났다가는 또 갑자기 사라졌는데, 그럼에도 불구하고 그녀는 분명하게 눈에는 보였습니다. 이 소녀는 성언의 내면적인 뜻(the interior sense)을 뜻하는데, 그것은 그녀가 그와 같은 얼굴을 지녔다는 이유 때문입니다. 왜냐하면 그녀는 그녀의 얼굴의 장미 빛은 관능적인 것들에서 취하였고, 그리고 그녀의 얼굴의 노란색은 자연적인 것들에서 취하였기 때문입니다. 붉은 색을 띠는 그녀의 야윈 눈들은, 진정한 믿음은 아니지만, 이와 같은 관능적인 것들이나, 자연적인 것들 안에 있는 자들에게 속한 총명적인 믿음을 뜻합니다.

1191. 그런 뒤에, 아름다운 얼굴을 가진 소녀가 나에게 나타났는데, 그녀는 오른쪽을 향해서 매우 빨리 나아갔고, 약간 위쪽을 향해 서둘러 나갔습니다. 그녀는 어린 아이도 아니고, 젊은 소녀도 아니지만, 젊음이 넘치는 꽃다운 성숙한 여인이었습니다. 그녀는 검정색 의상을 입었습니다. 그리고 그녀는 빛 안에서, 그리고 빛 속으로 오른쪽을 향해 약간 위를 비스듬하게 즐거운 듯이 서둘러 나갔습니다. 그녀는 성언의 보다 내면적인 것들(the more interior sense)을 뜻합니다. 그녀는 매우 아름다웠고, 얼굴에는 광채가 있었지만, 그녀의 옷은 비록 어울리기는 했지만, 검정색이었습니다. 그 이유는 겉옷이 가리키는 외면적인 것들(exterior things)은, 보다 내면적인 것들에 대하여 드러나지 않기 때문입니다.

1192. 이 젊음이 넘치는 소녀와 함께 나에게는 보이지 않는, 여성의 영이 거기에 있었습니다. 그녀는 나의 오른쪽 뺨에 날아왔는데, 그러나 보이지는 않았습니다. 내가 단지 지각한 것은 그녀가 갑자기 내 얼굴의 오른쪽으로 향하였다는 것입니다. 나는 이 사실을 지각은 하였지만, 보지는 못하였습니다. 그녀는 성언의 극내적인 것들(極內的・the inmost things of the Word)을 뜻하는데, 그것은 어느 정도는 나의 지각에 닿지만, 그러나 나의 이해력에는 이르지 않습니다. 왜

냐하면 극내적인 것들은 이런 성질이기 때문입니다.

1193. 그런 뒤에 손질하지 않은 길고 검은 수염을 지닌, 오로지 얼굴만 나타났습니다. 입은 타는 듯이 빨갛고, 얼굴의 나머지 부분은 오직 검은 머리카락뿐이었습니다. 따라서 얼굴 전체는, 작은 입에 속한 불의 색깔에 가까운 노란색의 어떤 것을 제외하면 얼굴이라기보다는 수염뿐이었습니다. 이 얼굴은 성언의 겉뜻, 즉 성언의 문자적인 뜻을 뜻하는데, 그것은 생명이 없는 죽은 것이지만, 그러나 다소의 생명에 속한 것을 가지고 있습니다. 작은 입(the small mouth)은 그것을 뜻합니다.

1194. 이러한 내용이 환상(幻像·vision)에 속한 뜻들이다는 것을 신념(信念)을 가지고 지각하였을 때, 어떤 사람이, 그것을 이해하기 위하여, 성언에 속한 뜻과의 차이가 무엇인지를 물었습니다. 그 이유는 대부분의 사람들은 하나의 뜻, 따라서 신약성서에 있는 내면적인 뜻(an interior sense) 이외에 더 많은 뜻이 있다는 것을 인정하지 않기 때문입니다. 이러한 사실은, 거기에 보다 더 내면적인 것들이 있다고 여러 곳들에서 언급되었기 때문입니다. 왜냐하면 성경은 그것의 어떤 장절들에서는 내면적인 것들, 그리고 보다 더 내면적인 것들, 심지어 극내적(極內的)인 것들을 밝혀주는 성질의 것이기 때문입니다. 이런 사실에서, 다시 말하면 선행들(善行·good works)에서, 극내적인 것, 보다 내면적인 것, 내면적인 것 등이 무엇인지 알 수 있다는 것을 밝히는 임무가 나에게 주어졌습니다. 내면적인 사람(the interior man)의 인애에서 분리된 선행들은 외적인 행위들을 가리키는데, 그것은 마치 불구(不具)의 얼굴(1193항 참조)과 같다고 하겠습니다. 선행들은, 그것들이 인애에서 비롯되고, 따라서 이웃에 속한 인애가 존재할 때, 내면적인 것입니다. 그리고 또한 그 근원에서, 따라서 사랑에서 선행이 비롯되고, 또한 이웃을 사랑할 때, 선행은 내면적인 것입니다. 이와 같은 인애는 가르침을 받지 못한 이방인에게도 주어집니다. 그러나 보다 더 내면적인 것들(the more interior things)은, 인애가 자비(慈悲·mercy)에서 나올 때, 알 수 있습니다. 왜냐하면 그 때 그것은 홀로 자비 자체이신 주님에게서 비롯되기 때문이고, 그리고 이것이 보다 더 내면적인 뜻에서 "가난한 사람"(貧者)들에 속한 인애이기 때문입니다. 그러나 그 자비 안에 순진무구(純眞無垢·innocence)가 내재하였을 때 그것들은 극내적인 것들입니다. 그러므로 얻는 결론은, 순진무구(innocence)는 자비를 이루고, 자비는 인애를 이루고, 인애는 모든 선행들 안에 내재해 있는 선을 이룬다는 것입니다. 따라서 이러한 것들은 모두가 오직 주님으로만 존재하고, 그 때 비로소 그것들은 처음으로 믿음의 열매(the fruits of faith)라고 부를 수 있습니다. 왜냐하면 홀로 주님께서 순진무구이시기 때문입니다. 1748년 3월 7일

모습을 드러낸 랍비(a rabbi)에 관하여

1195. 분명하지는 않지만, 사람 같기도 하고, 물건 같기도 한 어떤 것이 나타났습니다. 그 이유는 그것이 게헨나(Gehenna)의 이웃에 있는 더러운 도시 예루살렘(the filthy Jerusalem)이 있는 영역에서 오고 있기 때문입니다. 이 도시에 관해서는 앞서의 설명에서(636·750·843항 참조) 읽을 수 있겠습니다. 그러나 대문이 열려 있었고, 그리고 그가 밤의 어둠 속에서, 즉 별빛 가운데서 왔기 때문입니다. 대문이 열려 있어서 그는 들어 왔습니다. 그 곳에는 희미한 떠돌이별들(行星·wandering stars)이 있었는데, 그것들은 그의 주위, 특히 그의 왼쪽 주위를 날고 있었습니다. 그가 내게 가까이 다가왔기 때문에, 그가 영이라고 생각하지 않고, 오히려 어두운 구름(a dark cloud)이라고 생각하였습니다. 그럼에도 불구하고 그는 더 가까이 다가왔고, 그리고 그는 나와 이야기 하려고 그의 입을 내 왼쪽 귀에 가까이 하였습니다. 그는 낭랑한 목소리로 말을 하지 않았지만, 그러나 마치 자신 안에서 하는 것 같이 속으로 말하였습니다. 그럼에도 불구하고 나는 충분하고 명확하게 그가 하는 말을 들었습니다.

1196. 그는 유대 사람의 랍비(Rabbi)이었고, 아주 오랜 동안 그 더러운 도시에 있었다고 말하였습니다. 그리고 또한 그는, 어디를 가든 더럽고, 흙먼지 외에는 아무것도 없는 도로들뿐이고, 불결한 것을 제외하면 먹을 것이라고는 아무것도 없는 그런 도시에 아주 오랜 동안 머물 수밖에 없다는 것에 대하여 무척 슬펐다는 것도 말하였습니다. 나는, 그가 하나의 영인데, 그가 먹기를 원하는 이유가 무엇인지를 그에게 물었습니다. 그는, 그에게는 그가 먹기를 갈망하는 것 같았지만, 그 때 불결한 음식을 제외하면 그에게 제공되는 것은 아무것도 없었는데, 그래서 그는 매우 슬펐다고 말하였습니다.

1196A. 따라서 그는 자기가 할 일이 무엇인지를 물었습니다. 왜냐하면 그는 아브라함·이삭·야곱을 찾는다는 것이 불가능하였다고 말하였기 때문입니다. 나는 그들에 관해서 몇 가지를 말해 주었습니다. 그리고 또한 그들이 그에게 아무런 도움을 주지 않을 것이기 때문에, 그들을 찾는 일은 허사(虛事)일 것이다는 것과, 그리고 그 밖에 그들에 관한 다른 것들도 너무나도 비밀스럽다는 것을 말해 주었습니다.

1197. 그 때 나는, 그들이 그들의 전 생애 동안 그와 같이 경멸(輕蔑)했던 한 분 하나님 메시아(God Messiah) 외에는 누구도 찾을 수 없다는 것과, 그분께서 우주, 즉 천지(天地·heaven and earth)를 다스리신다는 것과, 그분 외에는 어느 누구에게서도 도움을 찾지 못한다는 것 등을 그에게 말해 주었습니다. 그는 그분과 더불어 대화를 할 수 있기 위해서, 그분이 계신 곳이 어디인지를 아주 간절하게 수차에 걸쳐 물었습니다. 나는 그분은 어디에나 계시며, 그리고 그가 그분과 이야기하기를 원한다면, 그가 머무는 곳이 어디이든, 심지어 그 도시에서든지, 어디에서나 그분을 만날 수 있을 것이다는 것을 말해 주었습니다. 그러나 그는 본인 자신이 그분과 이야기하기를 원한다는 것을 주장하였습니다. 그러나 나와 같이 있는 다른 영들이 어느 정도는 사기적이다고 의심하였기 때문에 그는 도망하였습니다.

1748년 3월 7일

극내적 천계(極內的 天界·the inmost heaven)에 관하여

1198. 그 뒤 내가 극내적인 것들(inmost things)이나, 극내적인 천계에 관하여 생각하고 있을 때, 나에게 일어난 생각은, 거기에 있는 천사들은 거룩할까, 따라서 그들은 거룩한 영(聖靈·the Holy Spirit)일까, 하는 생각이었습니다. 그 때 극내적 천계(the inmost heaven)로부터 중간매체인 천사들과 영들을 통하여 한 음성이 나에게 있었는데, 그들로부터 언급된 것은, 그들은 거룩하지 않고, 다만 주님만이 홀로 거룩하시고, 그리고 그분 자신은 그들의 거룩함이 되신다는 것이었고, 그리고 다시 일러진 것은, 주님 그분을 제외하면, 자기 스스로 거룩한 자는 아무도 없다는 것, 따라서 그들 자신 안에는 불결하고, 추한 것만 있기 때문에, 그들은 자신들이 거룩하다고 불리우는 것을 몹시 싫어 한다는 것 등이었습니다.

1199. 들려온 그 음성은 위에서 왔는데, 사실은 이마 위에서 왔습니다. 그 이유는 그 음성이 가장 내적인 자들에게서 왔기 때문입니다.

1200. 오늘날은 유전악들(遺傳惡·hereditary evils)이 매우 창궐(猖獗)하기 때문에, 오늘날 태어난 사람 누구가 극내적 천계(the inmost heaven)에 들어갈 수 있는지에 관해서 생각하게 되었습니다. 내 생각에서 하나의 답이라고 여겨지는 것은, 오늘날 우리의 지구에 태어난 자들은 극내적 천계에 들어갈 수 없지만, 그러나 다른 지구들에서 온 자들과 꼭 같이, 태고교회(太古敎會·the Most Ancient church)에 속한 우리의 지구에서 온 자들은 들어갈 수 있다는 것입니다. 왜냐하면 그들은 순진무구(純眞無垢·innocence)하였기 때문입니다. 보다 더 내면적인 천계(the more interior heaven)나 내면적인 천계(the interior heaven)에는 역시 순진무구가 존재하지만, 그러나 그것과 동일한 성질은 아닙니다. 전자들의 이노센스는 그들의 극내적인 것을

이루지만, 그러나 중심축이나, 핵처럼, 그것은 그것들의 중심(中心·center)이라고 불리우는데, 그 중심, 또는 그것의 극내적인 것이 이른바 순진무구가 아니라면 어떤 천계도 존속(存續)할 수 없으며, 그리고 그 밖의 나머지는 이노센스가 중심에서부터 흘러나가는 원주(圓周)와 같은 것으로 여겨집니다. 왜냐하면 그가 이노센스를 가지고 있지 않다면, 어느 누구도 천계에 있을 수 없기 때문입니다. 더욱이 극내적 천계는 그것의 중심을 통해서, 말하자면 이노센스를 통해서, 보다 내면적인 천계와 교류합니다. 따라서 극내적 천계는 보다 내면적인 천계(the more interior heaven)를 통해서 내면적인 천계(the interior heaven)와 교류합니다. 그러므로 주님께서 제정하신 질서(秩序·order)에 일치하여, 극내적인 것이나, 그리고 주님에게서 비롯된 교류의 본성(本性)이 무엇인지 밝히 이해할 수 있다는 것입니다.

1201. 주님께서는 극내적인 천계에 의하여 극내적 천계에서 비롯된 혼인의 시작이나 근원에 참된 혼인애(婚姻愛·truly conjugial love)를 주입시키십니다. 그 때 그것은 낮은 천계들의 중간매체(中間媒體·medium)를 통해서 발출(發出)합니다. 이것에서 역시 익애(溺愛·무조건적인 사랑·자녀사랑·storge)도 생성됩니다. 왜냐하면 극내적 천계의 천적 천사들은 그 부모들이나 또는 어머니가 사랑하는 것보다 더 어린 것들을 사랑하기 때문입니다. 사실 그 천사들은 어린 것들과 같이 있으면서 그들을 보살핍니다. 아니, 나에게 일러진 것과 같이, 그들은 어머니 뱃속에서 그들과 같이 현존(現存)해 있고, 그리고 그들의 영양분을 돌보는 일에 온갖 정성을 다한다는 것입니다. 이와 같이 천사들은 임신기간 동안 자궁을 다스립니다.

참된 혼인애가 없이, 또는 자녀 생산의 열망이 없이, 성교(性交)하는 자들에 관하여

1202. 생애의 말년에 혼인을 하는 많은 사람들이, 특히 기독교 국가에 많이 있기 때문에, 그리고 합법적인 혼인관계를 떠나서 자녀를

잉태하고, 낳으려고 할 때 그들이 벌을 받기 때문에, 많은 남자들과 여자들이 그것으로 인하여 자녀를 위한 열망이 없이 그들이 성교를 욕망하는 성질이 관습적이 되었습니다. 따라서 그들은 혼인에 속한 중심적인 것이나, 가장 깊이 자리 잡고 있는 중요한 것들에서 자기 자신들을 전적으로 추방시켜 버렸습니다.

1203. 그들이 천계에서 멀리 떨어진 채 오랜 동안 있었다는 것은 지옥의 형벌을 받아야 마땅하기 때문에, 그리고 참된 혼인애의 열망이 아니고, 오직 성교의 탐욕 가운데 자신들의 생애의 마지막까지 그들의 삶을 살다가 죽었을 때, 그들은 사후 아주 비참한 형벌을 받습니다. 왜냐하면 네발짐승의 방법으로, 말하자면, 맥박이 뛰는 방법으로, 다른 자들에 비하여 아주 빨리, 그리고 달변(達辯)으로 말을 하고, 그 사람이나, 영의 생식기관의 영역에 온 자들이 있었는데 그들의 성품이 어떠한지를 검증(檢證)받았기 때문입니다. 그들이 그런 성품의 자들을 찾게 되면, 그들은 영 또는 영혼의 영역에서부터 극내적 천계에 정반대의 중간 선에서 조금 떨어진 정면에 있는 중간 깊이의 영역으로 가라앉게 됩니다. 그들은 나에게, 아마포(亞麻布) 천 위에 자신들의 등을 눕히고, 그들의 머리는 아래로 떨어뜨리고, 그들의 가슴은 활짝 열린 채로, 아주 가혹하게 형벌을 받는다고 말하였습니다. 그러나 나는, 그들이 그 때 그들의 머리가 아래로 향해 거꾸로 뒤집혔고, 그리고 그들의 외면적인 것이나, 관능적인 것들은 드러내졌고, 그래서 그들은 연속하여 위로 올려지는 것 이외에는 보지 못하였습니다. 그리고 그들의 내면적인 것들, 말하자면 그들의 영적인 것들은 위로 올려졌고, 따라서 그들은, 자녀에 대한 열망이 없이 오직 정욕만을 목적한 성교의 추잡한 탐욕에서부터 벗어났습니다. 왜냐하면 그들은, 그들이 그들을 죽이기를 갈망한다고 말하는 자들에 의하여, 이런 식으로 죽임을 당하였기 때문입니다. 그 이유는, 이것이 이런 부류의 사람들을 죽이려고 하는 그런 영들의 마음(*animus*)이기 때문입니다. 그러므로 그들은 그들을 넘어뜨리고, 칼들

을 가지고 그들을 죽였습니다. 영혼들은 자신들이 이렇게 죽임을 당했다고 생각하였지만, 그러나 이런 식으로 그들은 그 탐욕에서 쫓겨난 것입니다.

사람과 결합된 영의 됨됨이는 사람에게 속한 환상들 그대로이다는 것에 관하여

1204. 사람이 그의 환상들과 같은 영들의 사회 안에 구속된다는 것은 일반적인 진리입니다. 그리고 또한 사람이 욕망에 의하여 자극을 받아 흥분되면 그럴수록 이런 영들의 사회는 더욱 더 악해지고, 확대된다는 것도 진리입니다. 왜냐하면 왜곡된 인간의 생명은 망상이요, 미망이기 때문입니다. 따라서 이와 같은 온갖 망상들이나, 온갖 탐욕들로부터 그 사람이 어떤 영들과 함께 있는지 인지(認知)될 수 있기 때문입니다. 이와 같은 내용은 오래 계속된 여러 가지 경험에 의하여 나에게는 잘 알려져 있습니다. 1748년 3월 7일

사회들, 즉 선한 자의 사회나 악한 자의 사회는 가끔 사람의 생각들에 관해서 싸운다는 것에 관하여

1205. 나는 오늘 천계적인 사회들이 나의 생각들에 관해서 어떻게 싸우는지, 생생한 경험에 의하여 명확하게 알게 되었습니다. 관능적인 것들에 대하여 좋아하고, 염려하는 영들은, 조금 머리 위의 내 밖에 있었고, 그리고 그들은 감관의 모든 대상물에서부터 내 생각들이나 탐욕들을 형성하기를 원하였습니다. 가끔 그들은 그들이 보는 것은 무엇이나 동경(憧憬)하고 열망하였습니다. 내 안에 있는 선한 사회는 그것 자체에서 나를 명확하게 떼어 놓으려고 하였습니다. 나는 그런 끌어당김(引力·attraction)을 지각하였습니다. 그러는 동안에 그들은 그들의 승리 여부에 관해서 말하였습니다. 1748년 3월 7일

자신들이 순진무구(純眞無垢·innocent)하다고 여길 때 옷을

벗고, 스스로 나체(裸體)가 된 영들에 관하여

1206. 어떤 영 하나가 모두에게 고통을 주기를 갈망하고, 그리고 열심히 그런 기회를 찾으려고 애쓰는 오줌에 속한 영들에 의하여 고통을 받았습니다. 그들은 다만 그의 교우관계에서, 또는 그의 현재의 생활에서 어떤 낌새를 채게 되면, 그들은 심리(審理)도 하지 않고, 즉시 판결, 그들의 고유한 방법들에 의하여 그에게 형벌을 주기를 열망합니다. 이것이 첫 번째 판결입니다. 그러나 그 영이 그 사람이 이노센트하다고 생각하면, 그 영은 분노하고, 자신의 옷을 훌훌 벗어버리고, 그들은 그들이 원하는 것을 그에게 실천하려고, 심지어 자기 자신을 벌거벗은 나체로 만듭니다. 1748년 3월 7일

겉으로는 정직하지만, 속으로는 탐욕스러운 자들에 관하여

1207. 겉으로 보기에는 정직한 얼굴을 가지고 있고, 생활도 정직한 것과 같이 보이는 자들이 있었습니다. 그러므로 어느 누구도 그들이 정직한 사람이다는 것 이외는 달리 의심하지 않았습니다. 왜냐하면 그들은 자기 자신들의 명예를 위해서, 그와 같이 보이기 위하여, 가장 조심스럽게 처신(處身)하기 때문입니다. 만약에 그들이 앞서 가기를 노력한다면, 그리고 만약에 그들이 다른 사람의 재물을 약탈할 수 있다면, 그들은 쾌락을 만끽하면서 그 일을 할 수 있는 내적으로는 그런 성품이지만, 그들이 어느 누구에게나 다르게 보이지 않을까 하는 고질적인 두려움이나 공포 따위가 그 때 거기에 있습니다. 비록 그들이 다른 일들을 하지는 못했지만, 그들은 여전히 그 짓 하기를 무척 좋아합니다. 그러나 자신의 명예, 사회의 여러 법률들이나, 그 밖의 여러 제약들은 그런 성품이 행위로 실천하는 것을 억제하고 있습니다. 그러므로 만약에 그런 짓이 세상에 공공연하게 드러나지 않는다면, 그들은 양심도 없이 그 짓을 할 것이고, 그리고 또한 아마도 그와 같은 짓이 탄로(綻露)되지 않을 술책들을 알 수 있다면, 그들은 그 짓을 거침없이 해치울 것입니다. 죄에 대

한 책임이 그 짓을 행한 자들에게 돌아가고, 그리고 그것이 그들 자신에게 귀속되지 않는다면, 그 밖의 여러 수단들을 동원, 그와 같은 짓을 저지르는데, 그들은 아무런 두려움이나 걱정 따위는 없을 것입니다. 그러므로 그들은, 비록 그들이 실제적으로 그 짓을 행하고, 그리고 그들이 남이 모르게 몰래 그 짓을 행하고, 또는 다른 사람들에 의하여 그 짓을 하기 때문에, 거기에다 사기(詐欺)를 더 가중(加重)시키는 그런 성품입니다.

1208. 저 세상에 있는 이런 부류의 영들은 결백(潔白)하기를 좋아하는데, 그 이유는, 발각(發覺)된 나쁜 짓들도 그들이 저지른 것이 아니다고 우겨대고, 그리고 정직하게 부끄러움 없이 살았다고 말하기 때문입니다. 동일한 영들은 통상적으로 자신들의 옷을 훌훌 벗어 버리고, 그들은 아무런 흠이 없이 결백하다고 주장합니다. 그러나 이것은 그들이 겉껍데기 안에 있을 때의 일입니다. 이런 부류의 인사들은 그들의 생애에서 주님에 대하여 경외(敬畏)하지도 않고, 또한 저 세상의 삶에 관해서도 전혀 생각하지 않습니다.

1209. 그러나 그들이 영들에 속한 방편들을 통하여 천사들에 의하여 검증받게 되면, 그들이 하는 모든 말들에서는 그것들이 그런 성질의 것인지 아닌지 잘 몰랐다는 말을 듣게 되고, 따라서 그들의 삶이 적나라하게 기술될 때, 만약에 그들이 이런 성품이었다면 그 때 그것은 그것이 사실인지 아닌지 모든 표현에서 명료하게 지각될 것입니다. 왜냐하면 그들의 말은 쉽게 그와 같이 흘러나오지만, 그 때 그것은 그들의 삶에 속한 온갖 행위들과 일치하기 때문입니다. 그 때 직접적으로 물 흐르듯 유창하지 않은 어떤 것이 있다면 무엇인가 일치하지 않은 것이 있다는 것이 명료하게 지각되기 때문입니다. 그러므로 이상의 내용에서 충분하게 잘 알 수 있는 것은 그들의 성품이 무엇인지 알 수 있다는 것이고, 그 밖의 사실들, 즉 천사들은 주님으로 말미암아 그들의 성품(性稟)을 아주 정교하게 잘 알 수 있다는 것입니다. 이것이 바로 둘째 심판(審判 · the second judgment)입

니다. 다시 말하면 사람의 내면적인 것에 관한 심판입니다. 그러나 그것은 도덕적인 삶에 관한 것이지, 그의 영적인 삶에 관한 심판은 아닙니다.

1210. 위에서 언급한 것과 같이, 이런 부류의 영들은, 저 세상에서 양심도 없이, 그들의 동료들이나, 또는 그들이 만나는 자들을 모두 죽이려고 합니다. 그들은 스스로 자신들의 손에는 도끼나 햄머(hammer)를 가지고 있다고 생각하고, 그리고 자신들 앞에 부복(俯伏)해 있는 다른 영들을 무참히 내리친다고 생각하지만, 그러나 그들은 자신들의 죽음에 대하여 두렵기 때문에 피를 흘려서는 안 된다고 생각합니다. 그럼에도 불구하고 그들은 양심도 없이 그들 앞에 부복한 자는 모두 잔인하게 도끼나 햄머로 내리쳤습니다. 그들은 그런 짓을 하는 것을 좋아하기 때문에, 자신들의 손에서 그런 흉기들을 놓을 수가 없으며, 그리고 그들이 이와 같은 성품을 보이지 않으려고 하지만, 그들의 마음(animus)에 속한 사납고 잔인한 기질이 영들이나 천사들 목전(目前)에 드러나기 위해서 그들은 이런 짓을 계속해서 행합니다.

1211. 더욱이 그들의 얼굴들은 수많은 행성(行星)들로 장식한 채로 나타났습니다. 그리고 한 영의 얼굴에 그 행성들이 너무나도 많이 있어서, 나는 매우 놀랐습니다. 그러나 이와 같은 일은 그들이 다른 자들을 박해(迫害)한 뒤에 일어났습니다. 나에게 일러진 것은, 이와 같은 행성들은 겉보기에는 정직에 속한 외현(外現)을 뜻한다는 것이었습니다. 1748년 3월 7일

1212. 1213항 아래에 이어집니다.

1213. 이러한 영들이 피도 없는 그들의 잔인함을 실천할 때, 왜냐하면 거기에 피 흘림이 없었기 때문인데, 그들은 약간 정면을 향해서, 발 밑의 중간 거리에 있었습니다. 그러나 그들이 자신들의 외적인 것 안에 있을 때에는, 따라서 정직에 속한 겉꾸밈 안에 있을 때에는, 그들은 그 때 약간 앞을 향해 이마 위에 있었습니다. 왜냐하

면 그들은 정직한 것처럼 꾸미려는 목적을 위해서 명예를 추구(追求)하기 때문입니다. 그 영의 얼굴을 장식한 별은 내 얼굴에서 멀지 않게 나타났습니다. 그것은 소득(所得)을 뜻하는 그의 왼쪽에 있었습니다. 1748년 3월 7일

그들은 자신들의 제물들(祭物)의 발을 때리는 것으로, 그리고 뼈 같은 다른 부위를 때리는 것으로 생각하였습니다.

사기적인 수단으로 재물을 취득(取得)하려는 자들은 결코 부유(富裕)하게 될 수 없고, 오히려 가난하게 된다는 것에 관하여

1212. 이런 사실은 수많은 자들의 행위들에서 하나의 진리로서 아주 명백하며, 그리고 이런 사실은 "부정(不正)한 재물은 제 삼대까지 가지 못한다"는 속담에서 잘 알 수 있는 것과 꼭 같습니다. 그럼에도 불구하고 매우 매우 많은 자들은 불신(不信)하고, 장님이 될 만큼, 그들은 무슨 수단이냐는 전혀 관심을 가지지 않고 재물을 취득하려고 합니다. 그러나 오늘 천사들에 의하여 나에게 명확하게 된 사실은, 이것이 사실이라는 것입니다. 다시 말하면 부정한 수단으로 취득한 재물은, 그들 자신들도 왜 그러는지 알지 못하게, 눈 녹듯이 사라진다는 것이고, 그러나 그렇지 않은 다른 자들은 정말로 부유하다는 것입니다. 1748년 3월7일

보다 더 내면적인 천사들(the more interior angels)에 관하여

1214. 내면적 천계의 천사들은, 개별적인 것이든 전체적인 것이든, 모든 것들은 주님에 의하여 존재하고, 그리고 주님에 의하여 마련되었다(=섭리되며)는 이와 같은 강한 신념(信念)을 가지고 있지 못합니다. 따라서 그들은 우연(偶然·chance)이 존재한다는 것을 시인합니다. 그러나 보다 더 내면적인 천계(the more interior heaven)의 천사들은 우연(偶然) 따위는 시인하지 않고, 오히려 개별적인 것이든 전

체적인 것이든, 심지어 지극히 작은 것까지도 주님에 의하여 섭리(攝理)되고 있다는 것을 믿으며, 따라서 다른 존재들이 생각하기에는 일련의 우발적인 사건(偶發的 事件・the series of contingencies)이라고 하는 것까지도 섭리(攝理・Providence)라고 믿습니다. 결과적으로 그들은, 이른바 무가치(無價値)한 것으로 여겨지는 것들, 또는 맑은 하늘에 지극히 작은 먼지의 입자(粒子)들 같은 극소수의 것들까지도, 사람의 타산(打算・영특・英特・꾀・man's prudence)으로 말미암아 존재한다는 것을 믿지 않습니다. 내면적 천계의 천사들은 역시 이것을 깨닫고, 그리고 그것을 이지적으로, 특히 원칙(=信條・敎理・principles)들로 말미암아 믿습니다. 그럼에도 불구하고 그것은, 그들이 영적인 것과 결합된 자연적인 것들을 가지고 있기 때문에, 그들의 이해에 속한 평범한 상태는 아닙니다. 그러므로 자연적인 것들이 만연(蔓延)되어, 지배적인 것이 되면, 영적인 것들은 보다 내면적인 것들 안에 있는 믿음에서, 이른바 뒤로 움추려듭니다. 그러나 그들의 자연적인 것들이 종으로 있게 되면, 그 때 빛을 발하고, 어떤 사물(事物)이 참되다는 것을 확증하는 것은 바로 영적인 것입니다.

1215. 그러므로 자연적인 것이 세력을 떨치게 되면, 그리고 세력을 떨치는 동안, 사람은 믿음에 속한 보다 내면적인 것들(the more interior things of faith)을 결코 믿을 수 없습니다.

예수님의 열두 제자들에 관하여

1216. 목성(木星・Jupiter)에서 온 자들을 교육할 목적으로, 학자들 중에서가 아니고, 어부들과 같은 낮은 신분의 사람들이 예수님의 제자들로서 피택(被擇)된 이유에 관해서 영들 사이에 연구(硏究)가 제기되었습니다. 나는 이런 사실을 들었기 때문에, 그것에 대해서 언급할 수 있겠습니다. 즉, 그 당시 대부분의 사람들은, 쓸모없는 것들이나, 이와 비슷한 것들로 주입(注入)되고, 따라서 더럽혀졌으며, 그리고 그들이 믿음에 속한 것들을 받아들이고, 붙잡을 수 없을 정도

에까지 이르렀지만, 이러한 믿음에 속한 것들을 쉽게 영접, 붙잡고, 그것들을 믿을 수 있던 불학무식(不學無識)한 사람들은 그것들을 행하였기 때문에, 그러므로 그들은 유식한 사람들보다 앞서서 선택되었습니다.

1217. 열둘이 선택된 이유는, 그들 각자 각자가 이스라엘 지파가 표징하는 것을 표징하기 위해서 입니다. 따라서 베드로(Peter)는 총명적인 믿음(intellectual faith)을, 야곱(James)은 인애(仁愛·charity)를, 요한(John)은 인애에 속한 열매(善行·the fruit of charity)를, 각각 표징하고, 나머지 제자들도 그와 같습니다. 이런 이유 때문에, 선택된 사람들은 그들이 표징하는 것들과 꼭 같은 것을 가리킵니다. 1748년 3월 7일

박탈(剝奪)의 과정을 통해서만 얻는 능력에 관하여

1218. 나는 박탈(剝奪·vastation)의 과정을 겪는 영들과 이야기를 하였는데, 그런데 그들은, 그들이 그것에 관해서 그들에게 일러진 사실들도 믿으려고 하지 않기 때문에, 자포자기(自暴自棄)하였습니다. 다시 말하면, 천사들이 되는 능력은 오직 박탈의 과정을 통해서만 얻는다는 것, 그리고 그들이 천사들과 같이 인도받을 수 있는 이와 같은 능력을 그들이 주님에게서 비롯된 선물에 의하여 얻기 전에는 그들이 천계에 들어갈 수 없다는 것, 그리고 또한 그들의 허입(許入)에 앞서 능력의 충전(充塡)이 반드시 있어야 한다는 것 등등을 믿으려고 하지 않았습니다. 그러므로 그들이 천사들이 된 뒤에도 박탈의 과정은 있습니다. 왜냐하면 반항하고, 소위 자극하는 것들이 똘똘 뭉친 것 안에 있는 수많은 추하고 더러운 자연적인 것들이 여전히 현존해 있기 때문입니다. 이런 것들이 해소(解消)되는 동안, 따라서 영들은 천계에 보내지고, 다시 거기에 허입됩니다. 따라서 어느 누구도 완전히 그 능력으로 충분하게 가득 채우지는 못합니다. 왜냐하면 영들이 보다 선하게 성장하기 위해서는 거기에 항상 있는 것들

을 반드시 제거하여야만 하기 때문입니다. 그러므로 영들은, 진리나 선에 인도되기 위해서는, 온갖 기능들이나 능력들 외에는 아무것도 주님에게서 받는 것은 없습니다. 그리고 그것은 더욱 더 증대됩니다. 따라서 이런 것들이 평형상태(平衡狀態·equilibrium)를 형성하게 될 때, 그리고 영들이 주님에 의하여 선이나 진리 안에 인도될 때, 그 때 그들은 자신이 선하게 된 것처럼 생각되고, 그리고 악한 것들이나 거짓된 것들은 완전히 소멸된 것처럼 생각되지만, 그러나 그것은 그렇지가 않습니다. 1748년 3월 7일

영혼들의 생각들이나 행위들은 사람의 것들과 꼭 같이 발각(發覺)될 수 있다는 사실에 관하여

1219. 영들은, 내가 알지 못하는 방법으로, 그들이 그의 생애에서 생각하고, 행하였던 것이 무엇인지, 예의 검색(檢索)됩니다. 그러나 천사들이나 영들을 통하여 나에게 일러진 것은, 죽은 사람들의 영혼들은, 위에서 자주 언급한 것과 같이, 살아 생존의 사람들의 것들과 꼭 같이, 그들의 생애에서 그들이 생각했던 것이나, 행한 것에 관해서 상세하게 조사를 받을 수 있다는 것입니다. 왜냐하면 거기에도 꼭 같은 관계가 존재하기 때문입니다. 그러나 이와 같은 것이 그와 같이 허락되지 않는 이유는, 그들이 그 때 온갖 여건(與件)들에 관계없이, 따라서 심판이 없이, 심판하고 벌 주는 것을 원하는 그런 영들 가운데 있기 때문입니다. 그러므로 이와 같은 일은 허용되지 않습니다. 1748년 3월 7일

시민적인 삶에 대하여 생각했던 사람의 내면적인 것에 관한 심판이 허락되었다는 것에 관하여

1220. 나는 여러 번 영들과 같이, 사람의 내면적인 것들에 관해서 심판하는 것이 허락되었는지 여부에 대하여 의논을 하였는데, 그것은 그들의 의견과 일치한다고 말하였습니다. 그리고 그들은 사람의

시민적인 생활이나 도덕적인 생활에 관해서 심판하는 것이 허락되었지만, 그러나 그의 영적인 생활에 관해서 심판하는 것은 허락되지 않았으며, 그것에 관해서는 그분 홀로 아시기 때문에 주님 홀로 심판하신다고 하였습니다. 사람들의 시민적인 삶이나 도덕적인 생활은 그들의 말들(words)과 행동들에서 검색하는 것이 허락되어 있습니다. 왜냐하면 이 세상에 있는 여러 사회들은, 다종다양한 이유들이나 목적들에서, 그들과 교제의 관계에 들어갈 수 있는지의 여부를 알기 위하여 형성되기 때문입니다. 만약에 그렇지 않다면, 사람은 그가 악에 쉽게 타락하고, 그리고 그의 모든 선들을 파괴하는 이 세상의 사건이나 문제의 상태에 빠져 있을 것입니다. 1748년 3월 7일

도덕적인 생활에 의해서는 그 사회에 관한 영예스러운 모든 것들이 이해됩니다. 그러나 도덕적인 미덕(美德)과 믿음이 어떻게 서로 돕는지 사람은 알지 못합니다. 그리고 또한 믿음에 관계되는 사람의 내면적인 측면에서 사람의 성품이 무엇인지도 알지 못합니다.

영들에 속한 심판에 관하여

1221. 오줌통의 영역을 구성하는 영들이 있습니다. 조잡한 그들은 그들이 만나는 모든 영혼들을 검색하고, 그리고 혹평하고, 그리고 그 자를 벌하기를 갈망합니다. 그러나 그들의 판단은, 그들의 시각에 보이는 것은 무엇이나 조화롭지 않고, 비난 받아 마땅한 것과 같은 그런 성질이기 때문에, 그들은 여건들에 관한 깊은 생각 없이, 혹평, 비난하고, 그리고 벌을 주려고 무척 애를 씁니다. 왜냐하면 그들은 외적인 것을 넘어서 살지 않고, 그리고 또한 그들은 여건이 무엇인지는 전혀 관심을 두지 않기 때문입니다. 비록 그 영혼이 잘못되지 않고, 오히려 그 과오가 그가 처해 있는 사회에서 비롯되었으나 그의 것과 같이 보인다고 해도, 가끔은 그렇게 나타나기는 하지만, 그들은 그 잘못을 그의 탓으로 돌리고, 그리고 그것을 그에게 덮어씌웁니다. 그러므로 그의 영혼이 이들 영혼들이 알지 못하는 내

적으로 그런 성질이나 사실과 같은 것이다는 것을 모르면 그들의 판단에 제공되는 것은 아무것도 없습니다. 그러므로 만약에 주님께서 모든 영혼들이나 모든 개별적인 것을 다스리지 않으신다면 이 그릇된 판단을 피할 수 있는 인생은 아무도 없습니다. 이런 영들은 게헨나 위에 있으며, 그리고 그들은, 게헨나를 향해서 조금 위에 있는 그들에게 속한 지면에서 멀지 않은 곳까지 자신의 영역을 넓힙니다. 그러므로 이것을 가리켜 게헨나의 심판(the Judgment of Gehenna)라고 부릅니다(852항 참조). 그들의 성품은 신장들·요관(尿管)들·방광의 작용과 그들의 망상들이나 삶과의 비교에서 명확하게 알 수 있습니다.

천사적인 언어에 관하여

1221A. 천사적인 언어에 관해서 기술한다는 것은 그리 쉽지 않습니다. 그 이유는 관능적인 것들이나, 자연적인 것들을 뜻하는 낱말들을 반드시 사용하여야 하기 때문입니다. 하나의 결과로서 거기에는 관능적이거나, 자연적인 개념들이 있으며, 그리고 이것은 각각의 개별적인 상태나 상황에 일치합니다. 왜냐하면 천사적인 언어는, 만약에 천사들이 그 낱말을 받아쓰려고 하고, 그리고 그것들이 그와 같이 기술된다면, 그들은 모든 자연적인 개념이나 관능적인 개념에서 비롯된 추상적인 낱말들의 뜻 이외에는 아무것도 이해하지 못할 것이기 때문입니다. 반면에 영들이나 사람들은 그것들을 자연적으로, 그리고 관능적으로 이해할 것입니다. 내면적인 계도 안에 있는 이런 것들은 대응하기 때문에, 나는 천사들과 함께 생각할 수도 없고, 말할 수도 없다고 생각하였습니다.

천사적인 언어에 관하여

1221A. 나는, 영들에 속한 방법들을 제외하면 나는 찬사들과 함께 생각할 수도, 말할 수도 없다고 생각했습니다. 더욱이 그것은, 그것

이 천사적인 것이다고 아는 것이 주어진 것도 어느 정도에 불과하고, 그리고 나의 극내적인 지각에 따라서, 나는 천사처럼 생각한다고 가끔 생각하기는 했지만, 그럼에도 불구하고 그것은 그렇지 않았습니다

1222. 천사적인 언어나 생각은, 그들이 조악(粗惡)한 자연적인 것들을 벗어버리지 않는다면, 영들이 밀착되어 있고, 그것들을 그들의 것으로 만들어 버리기 때문에, 영들이 전혀 이해할 수 없는 내면적인 것입니다.

1223. 이와 같이, 내면적 천계의 천사들은 보다 내면적인 천계의 천사들이 생각하고, 말하는 것을 이해할 수 없습니다. 왜냐하면 그러한 것들은, 내면적인 천계에 속한 자들의 모든 것을 만든 것들에서 추상화된 것들이고, 그리고 말하자면 그런 것들을 벗어버린 것들입니다.

1224. 낱말들은 지극히 관능적인 것을 직접적으로 담고 있습니다. 따라서 명확한 것은, 고상함을 단순하게 애매한 표현들 안에 두는 자들이나, 또는 달변(達辯)이나 또는 시문(詩文)에 두는 자들은 오직 관능적이다는 것입니다.

1225. 간략하게 말하면, 천사적인 언어의 성질은 표현될 수 없습니다. 그리고 만약에 비록 그 언어가 표현된다고 해도, 사람은 그것에 속한 개념을 아무것도 결코 붙잡지 못할 것입니다. 하나의 낱말이나, 표현에 속한 뜻 안에는 천사들만이 파악하는 무한한 것들이 내재해 있습니다. 반면에 사람이나 또는 영은 관능적이고, 자연적인 것을 제외하면 아무것도 파악할 수 없습니다.

육신을 입은 삶에서 오직 자연적인 것들에만 관심을 두었던 자들에 관하여

1226. 모든 중요한 것들을 적절한 겉치레(propriety)에, 예를 들면 음식이나 옷·몸가짐·말씨나 그와 같은 것들을 준비하는 일에 두

는 사람들, 특히 여인들이 많이 있습니다. 그리고 그들은 그 일에 대해서 보다 깊이 생각하지 않습니다. 그리고 또한 그들은 근본적인 것들에 대해서도 관심을 두지 않습니다. 그 이유는 그들은 모든 중요한 것을 이런 것들에 두기 때문이고, 그리고 또한 영원한 생명이나, 믿음에 대해서는 전혀 관심을 가지지 않기 때문입니다.

1227. 사실 이러한 일은, 여인들이나, 젊은 여성의 나이에는 용납될 수 있는 일입니다. 그러나 만약에 그들이 성년의 나이에, 그리고 생애의 마지막 시기에 이르러서도 이와 같은 삶을 계속한다면, 그리고 그 때 그들이 서로 다르게 이해할 수 있거나, 또는 혼인에 속한 열정이나 열망이 소멸된다면, 그 때 그들은 이 세상 삶 뒤에도 계속해서 남아 있는 하나의 성품이 그대로 밀착될 것입니다.

1228. 그 때 머리 빗기를 좋아해서, 허리까지 늘어진 긴 머리카락을 지닌 그와 같은 여인이 나타났습니다. 왜냐하면 그들은 자신들의 머리카락에서 기쁨을 취하고, 그들의 기품이나 고상함을 그것들 안에서 이루기 때문입니다. 그 이유는 그의 머리카락은 단순히 형식적인 것(formal)에 불과한 자연적인 것을 뜻하기 때문입니다. 그들의 머리카락은 그들의 주위를 전부 뒤덮었습니다. 그들의 머리도 얼굴도 보이지 않았습니다. 왜냐하면 얼굴은 본질적인 것을 뜻하기 때문입니다. 더욱이 그들은 허리부위는 드러내고 나타났는데, 그것은, 그들이 그런 것들을 사랑하고, 그리고 자신들 스스로 그런 모습이 매우 아름답다고 생각한다는 것을 뜻합니다. 그 때 그들은 그와 같이 다른 자들에게 나타나고, 따라서 그들의 성품(性稟)에 관해서 즉시 알려지고, 그리고 그들은 그 자신들과 같은 자들을 제외하면 함께 있을 수도 없습니다.

1229. 따라서 그들이 자신들의 모든 것을 이러한 것들 안에다 두기 때문에 그들은 이른바 원한에 불타는 자들을 가리킵니다. 영들은, 그들이 그들의 생애에서의 성품이 어떠하였는지는, 머리카락에서, 다시 말하면, 그것의 색깔, 길이, 그것이 덮은 방법, 그리고 머리카

락에 관계되는 다른 여러 가지 것들로부터, 그들의 성품을 즉시 판단합니다. 그리고 또한 몸에서, 즉 몸의 노출(露出 · nakedness)에서, 그리고 그 노출이 어느 정도이고, 특히 어느 부위를 드러내고 있고, 어느 부위를 감추려고 하는지, 그의 몸에서 그들의 성품은 즉시 판단합니다. 이상에서 볼 때 역시 영들은 자신들에 관해서 잘 인지(認知)할 수 있습니다. 왜냐하면 그들은 그들이 가지고 있는 성품이 무엇인지를 우선 알아야만 하기 때문입니다. 1748년 3월 8일

부단히 반성(反省)하는 저 세상에 있는 자들에 관하여

1230. 육신을 입은 삶 동안, 그들이 귀로 들은 것에 대하여 곰곰이 생각하는 기질에 물들어서, 그것이 관습이 된 몇몇이 있었는데, 이것은 결국에 그들이 거기에서 비롯된 원인들을 깨닫게 하기 위한 것입니다. 사실 어떤 자는 대상물들에 대해서 곰곰이 생각하지 않고, 오히려 그것들에 관해서 본질적으로 생각했습니다. 다시 말하면 그렇게 하는 것도 악이다 또는 선이다는 것을 목적한 것이 아니고, 오히려 그들이 기쁨이 되는 연구 자체를 목적해서 입니다.

1231. 저 세상에서 이런 영들은 약간 좌측에 치우친, 정면을 향한 깊은 장소에 지정되었습니다. 그리고 거기서 그들은 서서, 생각하는 것 같이 보였습니다. 만약에 다른 영들이 그들을 공격, 괴롭히려고 한다면, 그들은 원인들이나 원칙들에서 비롯된 영특하게 대답하는 것 외에는 아무런 관심도 없습니다. 비록 그들은, 자신들로 인하여 그와 같이 한다고 생각하고, 따라서 그것들을 자신들의 심사숙고(深思熟考)에 의하여 이끌어냈다고 생각하지만, 그것은 주님에 의하여 그들이 진실들을 말하는 것이 그들에게 주어졌을 뿐입니다.

1232. 그들은 그 곳을 낙원(樂園 · the Elysian field · 極樂淨土)과 같은, 즐거운 초원으로 기술하였습니다. 그들은, 그들의 기쁨이나 즐거움이 생각하는 것에 존재하기 때문에, 어느 누구에 의해서 방해받는 것을 원치 않습니다. 영들이 그들을 공격, 괴롭히려고 할 때, 그들은

특별한 두려움은 없고, 오히려 그들은 주님께서 그들을 보호하신다는 것을 알기 때문에, 그들은 안전하다고 말합니다.

1233. 오줌의 무리에 속한 몇몇 영들은 거기에 있는 그들을 괴롭히려고 하지만, 그러나 그들은 그 곳에 들어갈 수가 없었습니다. 그들이 그 지역의 경계에 근접하자, 즉시 그들은, 나에 대하여 오른쪽에 있는 그 지역 주위에 자기 자신을 확장한 엷은 작은 구름과 같이 확대되었습니다. 종국에 이 엷은 구름은, 용수철 또는 나선(螺旋·helix) 모양으로 자기 자체를 만들었습니다. 따라서 위로 올라갔고, 드디어 그것은 사라졌습니다. 그러는 사이에 그 영들은, 그들이 양각(羊角) 모양의 길들(winding paths)에 의하여 옮겨지고 있고, 그리고 그들이 가고 있는 곳이 어디인지 알지 못하기 때문에 슬퍼하기 시작했습니다. 그러므로 그 장소에 있는 영들은 안전하였고, 관능적인 판단이나, 물질적인 판단에 의한 공격받는 일이나, 괴롭힘을 당하는 일은, 그들에게 허락되지 않았습니다. 1748년 3월 8일

작은 자(末座·꼴찌·the least)가 되기를 원한다는 말의 뜻은 무엇이고, 그리고 이런 자가 가장 큰 자(上座·첫째·the greatest)가 된다는 말의 뜻에 관하여

1234. 위의 경우가 어떠한 것을 가리키는지는 수많은 사실들이나 내용들에서 잘 알 수 있습니다. 왜냐하면 어느 누구가 첫째(the greatest)가 되기 위하여 꼴찌(the least)되기를 반드시 원하지 않기 때문입니다. 그 이유는, 그 때 그 사람은 첫째가 되기를 마음에 품고 있고, 열망하기 때문입니다. 그러나 첫째가 되기 위하여 꼴찌 되기를 원하여야 한다는 말이 무엇을 뜻하는지는 이런 사실에서, 다시 말하면 어느 누구가 자기 자신에게 잘 되기 보다는 다른 사람이 잘 되기를 도모하고, 원하는 마음에서 잘 알 수 있습니다. 그러므로 그는 다른 사람에게 더 좋은 일이 양도(讓渡)되기를 도모하고, 그리고 다른 사람들의 행복을 위해서, 그리고 자기 자신의 목적이 아니고,

다른 사람을 사랑하는 사랑으로 말미암아 그들을 섬기는 것을 바랍니다.

사람의 삶의 목적이 무엇인지는 질병(疾病)으로 죽음이 임박(臨迫)했을 때에 명백하다는 것에 관하여

1235. 사람이 사랑한다는 것은 무엇이든 그가 그것을 잃는다는 것을 두려워합니다. 그러므로 질병(疾病)으로 죽음이 닥쳐왔을 때, 특히 그의 전 생애에서 그가 지금까지 애지중지(愛之重之)한 것이 무엇인지, 또는 그가 그의 삶의 목적(目的)들로 가지고 있는 것이 무엇인지는 아주 잘 알 수 있습니다. 따라서 만약에 그 사람이 명예 따위를 추구하고, 그의 기쁨을 그런 것들 안에 두었다면, 그 때 그 사람은 죽음을 아주 아주 크게 두려워 할 것이고, 그리고 그의 임종(臨終)에서 그의 기쁨의 원천(源泉)적인 것들을 그는 술회(述懷)할 것입니다. 그러므로 그는 변함없이 자기 자신에게 헌신(獻身)했던 이러한 것들에서부터 자기 자신을 단절(斷絶)하지 못합니다. 마찬가지로 그 사람은 역시 그의 기쁨을 재물이나, 소득에 둘 것이고, 그리고 또한 그의 생각을 그런 것들에 고정시켰던 그 밖의 현세적이고, 세속적인 것들에 그의 기쁨을 둘 것입니다. 그리고 죽음의 시각에서 그는 유언(遺言)이나 그와 비슷한 방법에 의하여 그것들을 처리합니다. 이에 반하여, 이런 것들에 관해서 아무런 관심이 없었고, 그리고 그것들을 무가치(無價値)한 것으로 여겼던 사람은 오직 영원한 구원(eternal salvation)만을 생각하고, 비록 그것들이 온 세계가 된다고 해도, 그 밖의 것들은 전적으로 무가치한 것으로, 따라서 입에 올린다는 것조차 무가치한 것으로 여길 것입니다.

1236. 그러나 자신의 자녀들 때문에 죽는 것을 원치 않는다는 것은 선한 사람에게나, 악한 사람에게나, 모두 자연적인 것입니다. 왜냐하면 악한 사람도 자기 자신 안에서 지배하고 있는 목적들, 다시 말하면 명예 따위나 그와 같은 것으로 빛을 발하는 목적들을 제외

하면, 그들도 그들의 자식들을 사랑하기 때문입니다.

1237. 임종의 시각에서 악한 사람도 역시 세상적인 것들이나, 무가치한 것으로 그들 자신의 재물들을 여길 수 있고, 그리고 영원한 것들에 관해서도 깊이 생각할 수 있지만, 그러나 그들은, 자신들의 삶을 자포자기하였을 때에 그렇게 합니다. 말하자면, 그들이 더 이상 산다는 것에 대한 어떤 희망도 보이지 않을 때, 그와 같이 생각할 것입니다. 그 때 그들은 역시, 비록 이러한 일들이 자아애(自我愛)에 의하여 살아가는 자들에게는 흔히 있는 경우는 아니지만, 경건하게 말하고, 이 세상적인 것들을 경멸할 것입니다.

1238. 그러나 사후(死後)에 최고의 칭송을 받기 위하여, 그리고 동시에 이 세상적인 것들에 관해서 아무런 관심을 두지 않는 자아애로 인하여 죽음에 대하여 전혀 생각하지 않는 자들이나, 그리고 영웅들로 칭송되기를 원하는 그와 같은 자들에게는 서로 다른 원인이 있습니다. 왜냐하면 이러한 것들은 그들이 죽기를 선호(選好)하는 것이기 때문입니다. 1748년 3월 8일

내면적인 검색자들에 관하여 ; 내면적인 심판에 관하여

1239. 내면적인 심판(an interior judgment)을 수행하는 자들이 있습니다. 외적인 심판(external judgment)을 수행하는 자들이 신장이나 방광의 영역을 구성하듯이, 내면적인 심판을 담당하는 자들은 그것의 배설의 작용이 행해지는 대뇌의 부위에 속한 영역을 구성합니다. 대뇌에는 수많은 배설작용들(排泄作用・excretions)이 있습니다. 다시 말하면 유막(柔膜・pia mater) 안이나 주름들(皺襞・folds) 사이에서, 섬유들 사이에서 이와 같은 배설작용은 일어납니다. 이와 같은 배설작용은 유선의 작용(乳腺作用)이나 사판(篩板・cribriform・小孔質)의 압박에서 생겨납니다. 살아 있는 주체들 안에서 배설작용은 구멍들을 통한 뇌척수막들 사이의 공간이나, 섬유들의 묶음(纖維束) 사이의 공간 속에서 배설작용은 일어납니다. 죽은 주체들에서는 이런 구멍

들은 닫혀 있고, 따라서 배설작용은 이어지지 않습니다. 그리고 또한 배설작용은 점액의 요소들이나, 알코올 성분의 요소들이 보여지는 커다란 공동(空洞) 속에서도 배설작용들은 있습니다.

1240. 이런 영역들을 구성하는 영들이 있었는데, 그들은, 중간거리에 있는 거의 머리의 중간 부위 위에 직접적으로 나타납니다. 이런 영들은 이른바 양심의 가책(良心呵責 · scruples of conscience)을 야기시킵니다. 그리고 그들은, 어떤 의심스러운 것이, 그들이 하나의 의무라고 여기는 사안들에 대한 그 가책들을 사람 속에 침투시킵니다. 그러므로 그들은 수많은 것들 안에 있는 죄를 그에게 맡깁니다. 따라서 그들은, 양심이 부담을 지지 않아도 될 여러 가지 일로 인하여 양심에 무거운 부담을 줍니다. 이 세상에는 그런 것이 많이 있습니다. 그리고 그들은 "양심적인 사람"이라고 불리웁니다. 왜냐하면 무엇이 진실된 양심인지 잘 알지 못하기 때문입니다. 그러나 그들은 갑자기 일어나는 모든 것들을 양심의 문제로 만들기 때문입니다. 따라서 예를 들어보겠습니다. 만약에 어떤 사람이 해외여행을 하게 되어, 거기에서 그의 돈을 매우 값진 것들을 위해 써버렸다면, 그 때 그들은, 이 가책으로 그의 양심에 부담을 줍니다. 그리고 그가 그의 재산을 그의 나라에서 빼앗은 것이고, 뿐만 아니라, 그의 재산은 반드시 거기에 남아 있어야 한다는 양심의 가책에 의하여 그의 양심에 부담을 줍니다. 이와 같이 그 밖에도 다른 예가 많이 있습니다. 이러한 가책이 하나의 문제로서 생각된다면 확증들이나 더욱이 무거운 짐들은 결코 이와 같은 의사양심(擬似良心 · quasi_conscience)에는 결코 부족함이 없습니다. 거기에 참된 양심(a true conscience)이 있다면, 그것은 이와 같은 추론들이나 증거에 정반대가 될 것입니다. 왜냐하면 만약에 그 사람이 그의 돈을 소비하지 않았다면, 모두가 시인하듯이, 그의 양심은 확실하게 부담이 되었을 것입니다. 그러므로 이와 같이 어느 누구가 매우 큰 유익이나 실익을 위해 돈을 소비하였는지의 여부는 양심적인 문제로 남습니다. 그 이유는, 법률이

나타내고 있는 것과 같이, 법률에 따라서 반드시 보호되어야 한다는 상속자들은 그것에 의하여 그것을 박탈당하고 있습니다. 그 밖에도 이와 같은 예는 많이 있습니다. 그들의 생애에서 그런 성품이었던 사람들은 저 세상에서 그런 영역을 구성하고, 그리고 어떤 누구와 같이 있게 되면, 그들은 계속해서 이와 같은 가책으로 양심에 부담을 받아야 합니다. 심지어 고통을 야기시키는 정도까지 가책을 받아야 합니다. 그리고 그들은 그들의 가책들을 증대시키는 그런 것들만을 오직 생각하기 때문에, 그들은, 그것들을 무가치한 것으로 평가하여야만 할 것들을 매우 유용한 것들로 생각하고, 존중합니다.

1241. 사실 이러한 영들은 신체의 복부(腹部) 부위나, 횡격막(橫膈膜) 영역에서 인지되는 불안이나 걱정 따위를 야기시키는데, 따라서 그 불안이나 걱정은 그들이 활동할 때 느껴집니다. 그것들은 또한 사람의 시험기간 중에도 이와 유사한 불안이나 근심·걱정 따위들을 유발합니다. 그와 같은 때 허락된 경우라면 참기 어려운 불안·걱정·근심 따위를 일으킵니다. 나는 시험기간 중에 여러 날 동안 그런 것들을 참고 견디어야 했고, 그리고 심지어 지금도 비록 약하기는 하지만 그것들을 느끼고 있습니다. 이와 같은 불안이나 걱정 따위들은 그들에게서 비롯되는데, 그 이유는 그들이 이러한 성품이고, 그리고 또한 보다 유익하거나 필요한 것들에 동의, 묵종(默從)하기 위하여 생각의 확대를 결코 가지고 있지 못하기 때문입니다.

1242. 나는 오늘 양심을 괴롭히고, 부담을 주려고 애쓰고 있는 영들과 대화를 하였는데, 그들은 동기들이나, 이성 따위에는 전혀 관심을 둘 수가 없었습니다. 그 이유는 그들은 그들 자신의 소견(所見)에 끈질기게 고착(固着)되어 있기 때문입니다. 1748년 3월 8일

자신들이 지금도 육체 안에 있다고 생각하는 영혼들의 상태에 관하여

1243. 앞에서 자주 언급하였듯이, 어떤 영혼들은, 그들이 지금도

육체 안에 있다는 것 이외에는 결코 다른 것을 생각하지 않습니다. 그리고 그들은 그것을 가리켜 사람들의 존재(being men)라고 부릅니다. 이런 식으로 그들이 사람들이라고 생각하지만, 그들은, 심사숙고(深思熟考)나 반성(反省)이 없다면, 그들이 영들(spirits)이다는 것을 시인할 수 없습니다. 나는 지금, 이 세상에서 살고 있다고 생각하는 두 명의 영들과 이것에 관해서 서로 대화를 가졌습니다. 왜냐하면 그들은 그들이 육체 안에서 가지고 있었던 것은 무엇이나 다 지금 그대로 지니고 있기 때문입니다. 다시 말하면, 내가 먹고 있는 무엇을 그가 보았을 때, 그들 중 하나가 긍정한 것과 같이, 그들이 육신을 입은 삶에서 간절히 원했던 먹거리를 그들이 보았을 때의 식욕(食欲)과 같이, 그들의 식욕들은 물론, 그들의 관능적인 삶을 구성했던 그들의 모든 탐욕들을 그들이 지금 가지고 있기 때문입니다. 나는 그들에게 그들이 뚜렷하게 느낄 수 있는 다른 감각들, 예를 들면 시각·청각·후각·촉각을 육체를 입고 있을 때와 같이, 마치 그들이 관능적인 존재이듯이, 모든 다른 감각들을 지니고 있다고 말해 주었습니다. 더욱이, 나는 그들에게, 그럼에도 불구하고, 그들은 영들의 존재이다는 것을 말해 주었습니다. 이러한 사실은 그들이 심사숙고나 깊은 반성에서 잘 알 수 있다는 것과, 그리고 지금은 세상에 있을 때와 같은 그들의 육체는 돌보아야 할 필요는 전혀 없다는 것도 일러주었습니다. 먹거리·입을 옷가지·사는 주거(住居) 따위는 오직 이 세상에 있는 사람들에 속한 관심사들이고, 염려들일뿐입니다. 오늘날 이 먹거리·옷가지·집을 목적해서 사람들은, 그 때 그들이 지극히 적은 것들로도 만족할 수 있는데도 불구하고, 우주까지 소유하려고 열망하고 있습니다. 그러나 지금 영들의 존재로서 그들의 삶에서 그들은 이러한 것들을 목적해서는 아무런 관심을 가질 필요가 없습니다. 그러므로 그들은 지금 자기 자신들을 천계적인 것들에 적용할 수 있습니다. 1748년 3월 8일

믿음(faith)과 선행(善行·good works)들에 관하여

1244. 나는 그들의 생애에서 유식한 신학자들이었던 어떤 영들과 믿음과 선행들(faith and good works)에 관해서 토의하였는데, 그들은, 선행과 관계없이, 즉 선행이 없다고 해도, 오직 믿음만이 구원한다는 것이고, 그리고 행위들(works)은 정죄한다는 취지의 말을 하였습니다. 나는 그들에게, 아무런 설명이 없는 이와 같은 형식적인 주장들(formulas of speech)은, 특히 불학무식(不學無識)한 사람에게는 매우 위험하다는 것을 말하였습니다. 왜냐하면 구원하는 것은 믿음이기 때문입니다. 그 이유는 믿음 안에 생명(生命·life)이 있기 때문입니다. 다시 말하면 홀로 생명 자체이신 주님께서 그 안에 계시기 때문입니다. 그러므로 주님께서는 믿음에 의하여 구원하십니다. 그 이유는, 믿음은 인애에 속한 선행을 성취하는 것 이외에는 아무것도 할 수 없기 때문입니다. 인애에 속한 선행들(good works of charity)의 결여(缺如)는 마치 잎 외에는 아무것도 열매를 맺지 못하는 한 그루의 나무와 같습니다.

1245. 그러나 공로사상(功勞思想·merit)과 올바른 행위(righteousness)를 선행들 안에서 내세운다면, 그 때 거기에는 그와 같은 선행들 안에 믿음(faith)에 속한 것은 아무것도 존재하지 않습니다. 왜냐하면 사람이 자기 자신으로 말미암아 구원을 받을 수 있다는 것, 또는 자신의 업적(業績·works)에 의하여 자기 자신을 정의의 사람으로 만들 수 있다는 것을 믿는 것(to believe)은 믿음에 속한 것이 아니기 때문입니다. 그러므로 그 때 믿음이 이런 성질의 것이고, 그리고 이런 성질이 그의 선행(=업적) 안에 있다면, 그 때 그 믿음은 사람을 정죄합니다. 왜냐하면 그 사람 자신이나, 따라서 자아애(自我愛), 또는 부정한 행위들이 그 업적들이나 선행들 안에 있기 때문입니다.
1748년 3월 8일

어두운 방에 있는 지옥의 패거리(the infernal crew)에 관하여

1246. 거의 칠흑 같은 방 안에 있는 지옥의 패거리나, 사기꾼들의 떼거지에 관해서 독자들께서는 위의 설명에서 읽을 수 있겠습니다 (775·776항 참조). 그들은, 자신들이 만나는 자들을 어떻게 하면 사기적인 술책으로 속일 수 있을까 하는 음모(陰謀) 외에는 거기에서 아무것도 하지 않습니다. 나는 그들과 대화를 하였는데, 몇몇의 영들은 그들과 대화하는 일이 허락되었다는 사실을 매우 이상하게 생각하였습니다. 그러나 그들이 나에게 아무런 해꼬지를 할 수 없기 때문에, 비록 매우 사악한 악마들과도 대화를 하는 것이 나에게 허락되었다는 것을 나는 그들에게 말하였습니다. 만약에 그들이 나를 해칠 수 있고, 그리고 그 때 반감(反感)이나 두려움(恐怖)이 현실적으로 있었다면, 사정은 판이하게 달랐을 것입니다. 그러나 주님께서 나를 안전 가운데서 지켜 주시기 때문에, 나는 그들로 인한 아무런 공포를 느끼지 않을 수 있었습니다. 이런 이유 때문에, 만약에, 내가 그들의 생명의 본질이나, 지옥의 본질을 알게 하기 위하여, 그들이 나와 같이 이야기하기를 원한다면, 악마들과 대화를 하는 것이 결코 나에게는 금지(禁止)되지는 않습니다. 더욱이, 이와 같은 대화를 통해서 지옥의 무리들이 그들 자신의 성품에 관해서 배울 수 있다는 것을 그들에게 말하는 것이 내게 주어진 은사(恩賜)이기도 합니다. 왜냐하면 그들은 관능적이기 때문에, 그들은, 자신들이 육체에 속한 삶 안에 있다는 사실 이외에는 아무것도 알지 못하기 때문입니다. 이와 같이 그들은 자신들의 됨됨이에 관해서 배울 수 있습니다. 한 걸음 더 나아가서, 그들이 지옥에 있었기 때문에, 어떤 악이 그들에게 행해지기 보다는 오히려 그들의 처지가 애처로울 뿐입니다. 왜냐하면 만약에 내가 그들에게 이런 말을 해주지 않는다면, 만약에 어떤 영들이 육체를 입은 그들의 삶으로부터 고착(固着)된 아주 고약하고 불쾌한 것을 이런 식으로나마 그들에게 말을 한다는 것은, 그 때 그들은 가중된 여러 고통들을 받을 것입니다. 이와 같은 일은 자비나 인애에는 정반대가 되는 것입니다. 왜냐하면 비록 악마들에게

까지도 잘 되기를 원하는 것이 기독교도이기 때문입니다. 뿐만 아니라 나는 그들의 생애에서 그들 중 몇몇을 내가 잘 알고 있었다는 것, 그리고 그 때 그들이 지옥의 패거리가 될 것이라고 생각하지도 못하였다는 것 등입니다.

1247. 내가 그들과 대화를 하고 있는 동안, 그들은 여전히 자신들이 매우 위대한 인물들이라 생각하고, 그리고 그들과 비교하여 다른 자들을 경멸하기 때문에, 그들은 자신들이 있어야 할 곳이 어디인지를 물었습니다. 내가 대답하도록 주어진 것은 그들은 지옥의 방에 있어야 한다는 것이었습니다. 그것 역시 여러 가지 것들에 의하여 그들에게 보여졌습니다. 그들이 다른 사회들에 들어가고, 그리고 자유스럽고 거기에 갇혀 있지 않기를 원하였을 때, 그들에게 일러진 것은, 그들이 결코 어디에도 있을 수 없다는 것이고, 그리고 만약에 그들이 원하는 어떤 곳에 가는 일이 허락된다면, 그들은 스스로 동일한 사회에 되돌아 올 것이고, 역시 그 지옥의 방으로 되돌아 올 것이다는 내용이었습니다. 따라서 그들이 이와 같은 그들의 자만(自慢)이나, 동시에 그들의 속임수들로 인하여 단념(斷念)할 수밖에 없기 때문에, 자기 자신들을 그 곳에 처넣는 것은 그들 자신입니다. 그들이 이러한 사실을 알기 위해서 그들이 방황하도록 밖으로 내처졌지만, 그러나 그들은 즉시 자신들의 곳으로 되돌아 왔습니다. 왜냐하면 이와 같은 탐욕들은, 그들의 마음(*animus*)을 사로잡고, 구속하고, 그리고 그들을 되돌려 놓는 원인이기 때문입니다. 그들은 어둠 속에 있는 것을 무척 좋아합니다. 어느 누구도 자신들이 하는 말을 듣지 못하는 것이 자신들의 쾌락이요, 즐거움이다는 것을 그들은 고백하였습니다.

1248. 또한 그들에게 일러진 것은, 만약에 그들이 다른 사회들에 들어간다고 해도, 그들은 즉시 인지(認知)될 것이고, 그래서 그들은 찌꺼기 같은 쓸모없는 존재로서 그들에게서 쫓겨날 것이다는 것이었습니다. 왜냐하면, 이것에 관해서는 이미 위에서 언급하였지만

(1107항 참조), 사후의 삶의 첫 기간(the first period) 뒤에, 그리고 그들이 아주 여러 번 다른 영들의 사회들에서 쫓겨난 뒤이기 때문에, 종국에 그들은, 말하자면, 가인과 같은 하나의 증표(證票・mark)를 요구하였습니다. 그 증표에 의하여 그들은, 가야 하는 곳을 알았습니다. 그들은 그들의 자만심이나 사기성에서 인지될 뿐만 아니라, 그 밖의 다른 징후들(徵候・signs)에서도 인지되었습니다. 그 징후들이란, 예를 들면, 그들의 얼굴 모습들이 더 이상 사람 모습이 아니고, 오히려 마치 생명에 속한 것은 아무것도 없는, 오직 조각물(彫刻物)과 같은 회색의 석회 덩어리 같이 보였습니다. 다른 자들은 그들대로의 다른 모습으로 나타나 보였습니다. 비록 자신들에게는 그들이 사람 이외의 다른 것으로는 결코 보이지 않았습니다. 그럼에도 불구하고 다른 사람에게는 그들은, 그들의 마음에 따른 다양한 모습으로, 위에 기술된 것과 같이 보였습니다. 그리고 또한 그들은 형벌을 받을 때마다, 그들에게 계속해서 부착(付着)된 다른 여러 증표들도 있었습니다.

1249. 거기에는 또한 매우 자만스러운 자들 몇이 있었습니다. 그들은, 그들이 나타나자 즉시 나에게 그들의 마음(animus)을 잘 드러내 보여 주었습니다. 다시 말하면, 그들의 "마음"(animus)에서 마치 그들은 다른 자들과 비교해서, 자신들은 위대하고, 다른 자들은 이른바 아무런 가치가 없고, 따라서 경멸할 수밖에 없는 것처럼 나타났습니다. 그러나 어느 누구가 자기 자신과 비교하여 상대가 아무런 존재 가치가 없다고 생각할 경우, 영적인 표징에 의하여 그가 경멸했던 자들에게 보내졌습니다. 따라서 자신 자신은 보잘것없는 존재(small)로 보였고, 다른 자들은 위대한 존재로 보였습니다. 이러한 사실은 그를 매우 분노하게 하였지만, 그럼에도 불구하고, 그는 그 일을 통해서 자기 자신의 성품에 대하여 반성할 수 있었습니다. 따라서 그는 지옥의 무리들 가운데 다시 돌려보내졌습니다. 1748년 3월 9일

삼각형 모양의 공간 안에 있는 영들에 관하여

1250. 두 예루살렘으로 통하는 삼각형 지역 안에 있는 다른 사람들을 협박하고, 죽이고, 불사르고, 그리고 무지막지하게 다루는 영들에 관해서, 그리고 거기에 있는 도둑의 무리에 관해서, 독자들께서는 위에 언급된 내용을 참조하십시오(750항 참조). 가장 악질적인 자들은, 위에서 언급하였듯이, 더러운 예루살렘(the filthy Jerusalem)을 향해 뻗어 있는 측면의 왼쪽 주위에서 떠돌아다니는 자들입니다. 이런 영들은, 그들의 몹시 무서운 환상들에 의하여 사람들을 나타낼 뿐만 아니라, 특히 그들이 피로 범벅이 된 그것들의 머리를 장대에 매달고, 그리고 가죽을 벗긴 양을 장대 꼭대기에 매달고 그들이 빙글빙글 돌렸던 살육(殺戮)된 양으로서의 기독교도들을 그려 보여 주고 있습니다. 그러나 그들은 이와 같은 광경으로 쾌락을 만끽(滿喫)합니다.

1251. 이들에 관해서는 위에서 언급하였지만(761항 참조), 그 장소나 사막에 있는 도둑의 떼거지들이 하는 짓과 같이, 이러한 영들은 사실 이와 같은 공포를 가지고 공격하지는 않습니다. 그러나 그들의 환상들에 의하여 그들은 그들이 만나는 자들의 생명을 빼앗아 갑니다. 나는, 마치 그들이 내 몸의 내면적인 살아 있는 호흡을 빼앗아 가는 것 같이 인식하였지만, 그러므로 내가 이 사실을 알지 못하였다면, 아마도 나는 그들의 말에 속아 넘어가서, 그들은 내 목숨을 가져갈 수 있었을 것입니다. 이와 같은 환상들 속에 계속해서 살고 있는 영들은 별로 다른 것을 거의 생각할 수 없습니다. 따라서 그들은 죽음의 고통 가운데 빠져 있습니다. 1748년 3월 9일

사람의 단순한 하나의 행위에도 협력하는 영들의 무리에 관하여

1252. 정말로 놀라운 것은, 아주 많은 영들의 무리가 한 사람의 단순한 행위 하나에도 협력한다는 것입니다. 이런 영들의 무리는,

자신들이 그 사람이다는 것 이외에는 생각하지 않고, 그리고 내 얼굴 모습에서의 지극히 작은 하나의 드러남(顯形·representation)에서 보이는 것과 같이, 자신들은 그 행위를 하고 있는 바로 그 자신들이 다는 것 이외에는 다른 것을 생각하지 않습니다. 그 때에 아주 엄청나게 큰 무리가 거기에 있다는 것이 나에게 보여졌습니다. 왜냐하면 영들은 그 때 나와 질서정연하게 대화를 하였는데, 그들은, 그들이 그 일을 지금 행하고 있다고 생각한다고 말하였기 때문입니다. 그들 각자 각자가 이와 같은 변화를 위해서 이미 꼭대기에서 목 아래까지 기여하고 있다는 사실이 역시 입증되었습니다. 왜냐하면 이런 식으로 그들이 행동하듯이, 내 얼굴도 그와 같이 행동하는 것이 나에게 드러나 보여졌기 때문입니다. 그리고 그들은 질서정연하게 나와 대화를 하였는데, 그들은, 자신들이 이런 일을 행하고 있는 자기 자신들이다는 것 이외에는 아무것도 생각하지 않는다고 말하였기 때문입니다. 그러나 그렇게 수많은 영들이 그 일에 협력하고 있다는 사실에도 불구하고 그 무리에서는 오직 단 하나의 현형(顯形)만 있었을 뿐입니다.

1253. 그들 중 몇몇은, 자신들이 마치 그들 자신들처럼 행동하고 있으며, 그러므로 그들은 자기가 행동을 하고 있는 그 자들이라고 생각한다는 것을 말하였습니다. 그러나 머리 위에 있는 다른 자들은, 직접 행동에 의하지는 않지만, 말하자면 그대로 따르는 것에 의하여 자신들은 협력하고 있다고 말하였습니다. 나는 그들에게, 그렇지만 그들이 내 몸이 될 수 없기에, 그것은 여전히 그들의 환상들 이외에 아무것도 아니다는 것과, 그리고 그들의 영들이 아닌 나의 영이 하나의 몸으로 감싸고 있다는 것 등을 말해 주었습니다. 이런 내 말에 대하여 그들은 아무런 대답을 할 수가 없었습니다.

1254. 더욱이, 역시 내가 명료하게 지각한 사실은, 각각의 영들도 다른 많은 영들에 의하여 드러내는 비슷한 현형(顯形)의 주체자들과 같다는 것, 따라서 그들은 하나가 아니고, 오히려 수많은 행동에 대

하여 중심적인 주체자들이다는 것 등이었습니다. 그러므로 각자각자 개별의 영은, 여러 영들의 하나의 집단(集團)이고, 따라서 수많은 영들의 수와 꼭 같이 보다 많은 영들의 중심적인 주체자들입니다. 왜냐하면 각자 각자는 이와 같은 하나의 중심적인 주체자들이기 때문입니다. 이와 같은 것은 어느 누구에게나 놀라운 일이고, 믿을 수 없는 불가사의(不可思議)한 일이지만, 그러나 만약에 사람들이 적절한 지식으로 교육을 받는다면, 그들은 이 일이 불가사의한 것이 아니다는 사실을 알 수 있을 것입니다. 그 이유는 유사한 것들이 육체의 각각의 기관, 근육이나 여러 부위에 존재하기 때문이고, 마찬가지로 생물의 발육(發育・植生・vegetation)에서와 꼭 같이 자연이나 대기(大氣) 안에 존재하기 때문입니다. 다시 말하면 수많은 것에서 비롯된 것을 제외하면 단 하나의 것도 결코 존재할 수 없다는 것, 그리고 한 사회에나, 상호적인 제휴(提携) 안에 존재하지 않는 것은 아무것도 없다(全無)는 것, 이와 같은 제휴에서 분리되면, 그들은 결코 아무것도 할 수 없다는 것, 그럼에도 불구하고 그들은 단 하나의 개별적인 것에도 기여하고, 그리고 그와 같이 전체적인 것에도 기여할 수밖에 없다는 것 등등입니다. 영들의 천계(the heaven of spirits)와 천사들의 천계(the heaven of angels) 사이에는 이와 같은 연계관계(連繫關係・connection)가 존재한다는 것, 다시 말하면 서로 함께 하여 이루어진 상호적인 제휴들에 의한 하나의 연계관계는 일반적인 형체들을 이룬다는 것이고, 그리고 이런 사실은 보편적인 질서에서도 마찬가지이다는 것입니다. 1748년 3월 9일

심지어 사악한 자나 믿음을 가지지 못한 자도 선한 영들과의 교제(交際) 안에 있을 때에는 진리들을 말하고, 그것을 정말로 믿는다는 것에 관하여

1255. 나는 두 영들이 하는 말을 들었습니다. 비록 그들은 지옥적인 영들이고, 그리고 다른 관점에서도, 그들은 그런 것을 알 수도

없고, 더구나 믿을 수도 없지만, 그럼에도 불구하고 그들은 마치 지식으로부터, 따라서 믿음으로 말미암아 진리들을 말하였습니다. 생생한 경험을 통하여 내가 본 사실은, 그 때 그들은 선한 영들의 무리 가운데 있었기 때문에, 그래서 그들은 마치 자기 자신으로부터 말하는 것과 같이, 그들로 말미암아 말을 하였다는 것입니다. 왜냐하면 악한 자들은, 자기 자신들로 말미암아 모든 것들을 소유한다는 것 이외의 다른 것은 결코 알 수도 없고, 알려고 하지도 않기 때문입니다.

1256. 한번은 내가 천사들의 무리 가운데 있은 적이 있습니다. 나는 그 때, 그들의 무리 밖에 있을 때에는 가질 수 없는 그들의 확고부동(確固不動)한 믿음을 가지고 있었습니다. 이러한 사실은, 어느 누구에게나 믿음을 부여(附與)하시는 주님으로 말미암아 쉽게 가능하다는 것과, 심지어 사람이 자신이 믿음을 가질 수 있다고 생각할 수 있는 정도에까지, 주님께서는 믿음을 주시기 때문에 가능하다는 것을 잘 보여 주고 있습니다. 그러나 그의 내면적인 것은 동의(同意)하지 않고, 그리고 그의 삶이 그것에 정반대이기 때문에, 이와 같은 것은 질서에 일치하지 않습니다. 그것에서부터 결론을 지을 수 있는 것은 사람의 마음을 주님께서 어떻게 인도하시는지, 그리고 어떻게 그 쪽으로 기울게 하시는지 알 수 있다는 것입니다. 1748년 3월 9일

교활하고 사기적인 자들과 저 세상에서의 그들의 삶과 그의 형벌(刑罰)에 관하여

1257. 어떤 영이, 대부분은 그들의 생애에서 사기한(詐欺漢)이었고, 범죄자들이었던, 다른 영들과 함께 지옥적인 내실(內室)에 있었습니다(775·1246항 참조). 왜냐하면 그 방에서 그들은 사악한 음모(陰謀)를 꾸미고, 온갖 사기(詐欺)들이나, 속임수를 날조(捏造)하는 짓 이외에는 아무 일도 하지 않았기 때문입니다. 그들의 사기나 속임수의 목적들은 자기 자신들이 그 어떤 것들이다는 것을 과시(誇示)하려는

것들이었습니다. 그들은 이 세상에 있을 때와 꼭 같이 거기에서도 그와 같은 삶을 보내고 있습니다.

1258. 이 영은 거기에서부터 나에게로 와서, 나와 이야기를 하였습니다. 자기 자신이 알려지게 되는 그의 실제적인 기세(氣勢·sphere)에서와 꼭 같이, 그의 교활한 음모들이나, 분명한 그와 같은 것들인 수많은 것들에서, 나는 그가 매우 사기한적이다는 것을 감지하였습니다. 이런 내용은 앞에서 읽을 수 있습니다(973항 참조). 그러나 나는 이런 사실에서, 그리고 확실한 이유 때문에, 특히 악에 속한 것은 그 어느 것도 결코 어느 누구의 탓으로 돌려서는 안 된다는 이유 때문에, 어떤 결론도 결정할 수 없었습니다. 하물며 그를 어떻게 심판할 수 있겠습니까! 왜냐하면 주님 외에는 어느 누구도 사람의 내면적인 것을 알지 못하기 때문입니다.

1259. 그 뒤, 동일한 영은, 자기가 지옥의 감옥에서 자유스럽게 되기를 애원하듯이 기도하였습니다. 그는 기도할 때 아주 진지함을 가지고 기도하였고, 그리고 수많은 이유들을 늘어놓았습니다. 예를 들면, 만약에 사람이 악한 생각을 하였을 때, 그가 삶 속에서 악한 짓을 저지르지 않았으면, 그와 같이 생각했다는 것이 그가 죄를 저지른 것이다고 정죄할 수 없다고 하였습니다. 왜냐하면 어느 누구도 그를 비난할 수 없기 때문입니다. 그는 그 밖에도 이와 비슷한 여러 가지 논증들을 제시하였습니다. 그러므로 그는 자신을 다른 사회들에 보내 줄 것을, 다시 말하면 올바른 영들의 사회들에 보내 줄 것을 간구하였습니다. 이 일이 역시 그에게 허락되었습니다. 왜냐하면 그는, 그가 이 세상에서 올바른 사람의 무리 가운데 있을 수 있었기 때문에, 마찬가지로 저 세상에서도 그와 같을 수 있다고 생각하였기 때문이고, 그리고 그는 육신을 입은 삶에서 했던 것과 같이, 마찬가지로 선한 사람처럼 가장(假裝)할 수 있다고 생각하였고, 그리고 올바른 사람들과 함께 있으면서 사랑을 받을 수 있다고 상상하였기 때문입니다. 그러므로 그는 이미 위에 있는 선한 영들의 무리 속에

들어가는 것이 허락되었습니다. 이 무리 속에서 그는 자기 자신의 생각이 옳다는 것을 주장하였습니다. 그는 억지로 그들과 같이 되려고 무리하였습니다. 그럼에도 불구하고 그는 오랜 동안 그렇게 할 수는 없었습니다. 개별적인 것 안에서 저항(抵抗)이 관측되었고, 그는, 이런 것이 강요되듯이, 이런 영들과 결합하기를 간구하였습니다. 그 일 역시 허락되었습니다. 그러나 여전히 비슷한 저항이 있었습니다. 그래서 그는, 그가 홀로 있을 수 있고, 따라서 안전할 수 있는, 다른 사회들이나, 또는 다른 방으로 보내 줄 것을 간청하였습니다. 그래서 그는 둥근 큰 천장의 방으로 보내졌고, 그리고 거기에 있는 긴 의자에 앉았습니다. 역시 그는 주변을 선회하였습니다. 이러한 일련의 일은, 그의 성질이 변덕스럽다는 것을 뜻하고, 그는 어느 사회에도 있을 수 없다는 것을 뜻합니다. 종국에 그는 다시 나에게 되돌아왔습니다. 그들은 여전히 그를 지옥의 방으로 밀어 넣으려고 하기 때문에, 그리고 그는 자기 자신이 이노센트하다고 주장하기 때문에, 그러므로 그 곳에 그가 보내졌을 때, 그는 위와 아래를 나선형으로 오르락내리락 하였고, 또는 좌우로 배회하였습니다. 이러한 좌우·상하로 움직이는 것은 같은 내용을 뜻합니다. 다시 말하면, 그는, 자기 자신이 결백하다고 생각하기 때문에, 어디에도 머물 수가 없었습니다. 그는 종국에 지옥의 방으로 되돌아왔습니다. 사실은 그의 종전의 무리에 돌아왔지만, 그들은 그 때 그를 맞아 주려고 하지 않았습니다. 그들은, 그에 관해서, 그는 여전히 변함이 없이 종전과 꼭 같다고 불평하였습니다. 왜냐하면 그는 종전과 같이 그들을 속이려고, 사기를 치려고 하였기 때문입니다. 그들은, 그가 하나의 탄원자(歎願者)처럼 기도하고, 또 자신은 결백하다고 생각하는 이유 때문에, 그를 다시 내쫓아 버렸습니다.

1260. 아주 정직한 자들인 머리 위에 있는 영들은 그 때 그에게서 심판이 지나가기를 원하였지만, 그러나 그들은, 그의 성품에 관해서 알지 못하였기 때문에 그렇게 할 수 밖에 없었습니다. 그러나 그의

성품이 그 때 모두 까발려졌습니다. 그는, 약간 정면에 있는 오른쪽 발 아래의 보다 낮은 땅(the lower earth)으로 깊이깊이 내려 보내졌습니다. 그리고 그는, 시체를 매장하기 위하여 장례를 치르는 자들이 하는 것과 같이, 거기에서 구덩이를 팠습니다. 따라서 그가 그의 생애에서 죽을 짓을 행하였다는 의심이 즉시 일어났습니다. 그 때 거기에는 새까만 천으로 감싼 관(棺) 하나가 나타났습니다. 그 관 안에 있는 자가 누구인지 분명하지 않았습니다. 잠시 뒤, 그 관에서 일어난 어떤 이가 나에게로 왔으며, 그는 자신이 죽었다는 것을 경건하게 말하였습니다. 그는, 그 구덩이를 파고 있었던 그 영에 의하여 독약(毒藥)으로 독살(毒殺)되었다는 소견을 가지고 있었습니다. 그 이유는 저녁에 그와 같이 포도주를 마셨고, 그가 집에 도착하자 즉시 죽을병에 사로잡혔고, 그는 그 때 거기서 자신이 독약(毒藥)을 마신 것이라고 생각했기 때문입니다. 그는 이것을 그가 죽을 때 생각했지만, 그것이 지나친 의혹이었는지 여부는 알지 못하였다고 주장하였습니다. 그는 경건하게 말을 하였는데, 그는 자신은 신분이 낮은 사람이었고, 그러므로 만약에 그 작자가 이런 일을 했다면, 그가 다른 사람들을 아마도 그 약으로 죽이려고 그 약을 시험할 목적으로 그가 이런 일을 하였을 것이라고 주장하였습니다. 이와 같이 그는 그에 관해서 악담(惡談) 외에는 아무것도 말하지 않았습니다. 그는 자신이 죽었다는 것을 만족해하였습니다. 왜냐하면 만약에 죽지 않고 오래 살았다면 그는 아마도 더 많은 죄들을 범하였기 때문입니다.

1261. 다른 영이 이와 같은 그의 말을 들었을 때, 그는, 그 사람이 그의 생애에서 그와 같은 행위를 저질렀다는 것을 털어놓았습니다. 그리고 그는 그것으로 인한 양심의 찌름(苦痛)에 의하여 괴로워하였습니다. 그러나 그는 자신의 영예 때문에 사제(司祭)에게 고백할 수 없었다는 것도 말하였습니다.

1262. 이와 같은 고백이 있은 뒤 이와 같은 형벌(刑罰)이 뒤이어졌

습니다. 즉, 그는, 그가 판 어두운 구덩이 속에서 두 번 통닭구이 형벌을 받았고, 그것으로 인하여 그는, 마치 이집트 사람의 미이라처럼, 얼굴이나 몸이 새카만 한 영이 되었습니다. 이런 모습으로 그는 다시 일어나서, 주위를 높이 날아다녔습니다. 이러한 사실은 천사들 앞에서 그의 성품이 어떤 것이었는지를 명확하게 드러내는 것이고, 그리고 그가 어떤 종류의 사악한 악귀(惡鬼)였는지를 보여주는 것입니다. 그가 나에게 왔을 때, 나 역시 지금은 그가 냉랭하다는 것을 느꼈습니다. 그러므로 그는 냉랭한 지옥의 무리 가운데 있었습니다.

1263. 그의 양심에 속한 고통이나 비애(悲哀)의 교류를 통하여 그것이 나에게 많은 느낌과 영향을 줄 정도로 그것은 매우 심각하다는 것을 깨닫는 것이 나에게 허락되었습니다.

1264. 그는 역시, 자기는 어느 누구에 대해서도 선한 것을 찾기를 결코 좋아하지 않았고, 오직 나쁜 것만을 찾으려고 혈안(血眼)이었다는 것을 말하였습니다.

1265. 그가 이런 성품을 지녔기 때문에, 그는 역시 그의 합리성(合理性 · rationality)을 박탈당하였습니다.

1266. 저 세상에서 그에게는 특히 순진무구한 사람을 멸망하려는 욕망이 그대로 남아 있었습니다. 다시 말하면 결코 악을 행하지 않고, 오직 선을 행한 사람을 죽이려는 욕망이 그에게는 그대로 남아 있었습니다. 그는 복수로 불타고 있었습니다. 그가 놀란 것은 이와 같은 짓들이 죽은 뒤에 노정(露呈)된다는 것입니다. 그 이유는, 지상에 있는 자는 어느 누구도 이 사실을 알지 못하고, 그리고 역시 천계에 있는 누구도 그것을 알지 못한다고 그가 생각하였기 때문입니다. 그러나 그에게 일러진 것은, 그가 양심의 가책(=찔림 · 苛責)들에 의하여 온갖 고통과 괴로움을 겪는 동안, 그와 같은 고통을 야기시킨 그 영들은 그것에 관해서 잘 알고 있다는 것입니다. 이것에 대해서 그는 아무 대답도 할 수 없었고, 다만 그것을 모두 시인하였을 뿐입니다. 1748년 3월 9일

코의 점액(粘液)에 관하여

1267. 가래(痰) 또는 끈끈한 분비물(分泌物)에 관계되는 영들이 있었습니다. 다시 말하면 뇌로부터 코의 작은 샘만 아니라, 수막(髓膜)들이나, 유관속(維管束)들을 거쳐, 코 속에 분비되는 것들과 관계되는 영들이 있었습니다. 그 때 그것은 보다 농후(濃厚)해 지고, 더 끈적끈적한 것이 됩니다.

1268. 코의 점액에 관계되는 자들은, 어느 누구에게 한번 마음을 가지게 되면, 그들은 집요하게 복수를 열망하는 자들입니다. 그래서 그들은 어떤 이유도 용납하지 않습니다. 이러한 자들은 한번 증오를 품게 되면, 그들이 어떤 이유를 찾는다고 해도, 그 증오를 해소(解消)하는 가능성은 결코 없습니다. 그 증오나 미움은 다른 사람의 죽음 이외에는 아무것도 내뿜는 것이 없습니다. 왜냐하면 그 때 그들은 마음(animus) 속에 그런 것이 아니면 간직하는 것도 없고, 깊이 생각하는 일도 없습니다. 이들은 코에 속한 끈적끈적한 점액을 형성합니다.

1269. 앞에서 언급한(1260항 참조) 독약에 의하여 순진무구한 사람을 살해한 것이 드러내 보여졌던 동일한 영이, 비록 참된 것이라고 해도, 죽음으로의 복수의 열망 때문에 단념할 수 없는 그런 성품이라는 것을 보여 주기 위하여 나타났습니다. 그는 나와 같이 있었는데, 언급된 모든 이유들은, 그들이 그의 지각 속에 들어가지 못하고 오히려 무가치한 존재이기 때문에, 그는 아무것도 할 수 없다는 그런 성품이었습니다. 결국에 나는 이 사실을 깨달았습니다. 그래서 내가 깨달은 것은, 그는 사람들의 생각들을 받아들이고, 그리고 그의 마음 안에서 그것들을 바꾸는 사람이 아니고, 오히려 짐승과 같다는 것입니다.

1270. 그 동안 그는 내적으로 복수 이외에는 아무것도 생각하지 않았습니다. 이와 같은 일은 너무나도 비밀스럽기 때문에, 나는 그

가 이런 것을 생각하고 있는 것을 전혀 깨닫지 못하였습니다. 그는 모든 사람 안에 있는 그 사람 자신의 목적들을 자극하고 분기(奮起)시켰습니다. "내 마음"(my animus)에서 그는 악이나, 또는 증오로 왜곡, 타락시킬 수 있는 것들을 자극하고 분기(奮起)시켰습니다. 그리고 이런 식으로 그는 계속해서 자기 자신을 키워나갔습니다. 사실 그는 다른 영들이 생각한 것들을 너무나도 단단히 움켜쥐고 있기 때문에, 다른 영들은 그가 주위에 널리 배포했던 것들로부터 풀려날 수가 없었습니다. 나는 또 내 스스로 이 사실을 알았습니다. 다시 말하면 그가 확고부동한 나의 내면적인 생각들을 쥐고 있다는 것을, 말하자면 그가 내 생각들을 왜곡시킬 수 있다는 것을 깨달았습니다. 이것이 바로 점액의 끈적끈적한 성질입니다.

1271. 그가 나와 같이 계속해서 있는 동안, 그는 하나의 무리로서 지각되었는데, 그는 그 무리의 배후에서는 가장 으뜸이어서, 합리적인 것은 아무것도 그것에 침투할 수 없었습니다. 그 이유는 그가 내면적인 증오나 미움에 너무나도 밀착되어 있었기 때문입니다.

1272. 그는 나에게도 이와 같은 영향을 주었습니다. 즉, 나는 위(胃)에서 매우 심한 고통을 느꼈고, 그리고 내적인 둔한 고통으로 변비에 걸렸고, 종국에 나는 여러 번 위(胃)에서부터 위산과다(胃酸過多)의 역겨운 냄새를 뿜어냈습니다. 이런 일은 이런 영들이 위(胃)에 작용한 결과인데, 그것은 콧구멍의 점액과 같은 것이 다량으로 위(胃)에 들어왔을 때, 그것은 음식물들과 유착(癒着), 세공(細孔)을 막았으므로, 따라서 소화가 되지 않은 상태로 남아 있었기 때문입니다.

1273. 그 뒤, 동일한 원인 때문에, 위의 위쪽의 구멍들 주위에 둔한 통증의 장애(障碍)가 일어났는데, 그 이유는 거기에 콧물이 모여서 장애를 일으켰기 때문입니다.

1274. 이 영이 내 목의 왼쪽에 있을 때, 점차 아래로 내려왔는데, 그는 혈액에 속해 있는 것들을 빨아들이는 것 같이 보였습니다.

1275. 그러나 그 뒤에, 그가 앞으로 움직였을 때 나는 더 이상 그와 이야기 하고 싶지 않았습니다. 그 이유는 그는 아무런 이유도 인정하지 않았기 때문입니다. 그의 생각들은 적절하게 기술할 수 없는 내면적인 그런 성질이다는 것이 일러졌습니다. 그는 동시에 수많은 증오들을 궁리해 냈고, 그리고 그것들을 주위에 퍼뜨렸습니다. 주위에 있는 영들이 불평한 것은, 그들은 마치 그에 의하여 구속된 것처럼 얽매어 있다는 것이었습니다. 따라서 그는 마치 점액과 같았습니다. 역시 그들이 불평한 것은, 그들은 그들이 서로 협력한, 특히 서로 닮은 기질의 자들이 서로 협력한 이런 증오들이나 미움들에 의하여 그와 같이 유혹되었다고 불평하였습니다. 이것이 이런 영들의 치명적인 기질(氣質·sphere)입니다. 1748년 3월 10일

1276. 나는 그가 그의 합리성(合理性)을 빼앗긴 그와 같은 성품이라고 생각하였습니다. 왜냐하면 그는 나에게는 벙어리 같이 보였고, 말하자면, 그와 같이 준비된 온갖 증오들이 가득 찬 하나의 덩어리나, 또는 그루터기처럼 보였기 때문입니다. 그러므로 콧물 같은 점액은 영적인 뜻으로 끈질긴 증오들을 뜻합니다. 뒤에 밝혀진 것은, 이 영은, 외적인 것 안에 있는 그런 종류의 것은 아니고, 그 때 그는 매우 다루기 쉬운 그런 성질이었지만, 그러나 그가 이런 온갖 증오들이나 미움으로 가득 찬 그의 생각들을 이런 식으로 생각할 때, 그의 가장 외적인 것은 이것과 같지는 않다는 것입니다. 왜냐하면 그는 그것에 의하여 자기 자신을 이 세상에 적응하기 때문입니다.

1277. 이와 같이 끊임없이 온갖 증오들이나 미움들 안에 살고 있는 이런 영들, 말하자면, 그 자신 안에서 온갖 증오들이나 미움들이 불타고 있는 이런 영들은 영들의 천계에 허용되지 않고, 오히려 아주 깊은 곳에 갇히어 있습니다. 그곳에서부터 그들은, 특별한 경우를 제외하면, 밖으로 나올 수 없습니다. 그 영이 이런 영들이 되었을 때, 그들의 대부분도 그와 같았습니다. 왜냐하면 그렇지 않다면, 그는 무리 밖에 있을 것이기 때문입니다. 그러므로 그는 종전과 같

이 말하였고, 그리고 나중에 그가 거기에 머물러 있는 동안, 종전에 그와 같이 있었던 다른 영들이 그에게서 스스로 물러나 있다는 것을 그는 이상하게 생각하였습니다. 그들 중에 어떤 자들은 그 때 그에게 얽매여졌고, 그와 결합하였습니다.

1278. 매우 깊은 지옥에서 온 영들이 함께 결박되었을 때, 내 위 속에 있는 것들이 매우 심하게 흔들렸기 때문에, 나는 내가 먹은 것을 토할 수밖에 없었습니다. 왜냐하면 그들이 나타나자 곧, 그들은 영들의 영기 안에서 하나의 변화를 야기시켰기 때문입니다. 그 이유는 그들은 독약을 가지고 있기 때문입니다. 말하자면 그들은 자신들의 독약을 사람에게 주입(注入)하기를 열망하였고, 그 약의 결과가 구역질이기 때문입니다. 왜냐하면 그들의 생애에서 그들이 독약에 의하여 사람들을 죽이기를 열망하였듯이, 이 열망이 그들의 "마음"(animus)에 뿌리를 박고 있었고, 그리고 그들은 그것을 내뿜었기 때문입니다. 그러므로 이와 같은 결과는, 구토제(嘔吐劑)나 음식물을 지나치게 먹은 데서 비롯된 다른 경우들과는 다르게, 그들에게서 비롯되었기 때문입니다. 이와 같은 구역질이 그런 영들에게서 비롯된 결과라는 것을 나는 지각하였습니다.

1279. 아주 깊은 지옥에는, 그것을 표현한다면, 죽은 시체의 고약한 악취와 같은 악취가 너무나 불쾌하고, 썩은 악취를 뿜는 것이기 때문에, 그 악취는 심한 불쾌감을 줄 것입니다. 그럼에도 불구하고, 이런 영들은 그와 같은 악취를 너무나도 좋아하기 때문에, 그들은 가장 유쾌한 향기들로 그것들을 좋아합니다. 그들에게서 발산하는 냄새는 사실은 아주 유해한 독성이고, 페스트 성의 고약한 것입니다. 거기에서부터 명확한 사실은, 이런 영들이 위에 속한 내면적인 것들에게 염증을 일으키는 악취들인 그것들을 옮긴다는 것입니다.

1280. 그들이 여기저기로 파송되었을 때, 그들은 일종의 가락지를 받게 되는데, 그 가락지에는 청동(靑銅)의 뾰족한 돌기들이 약간씩 간격을 두고 고정되어 있습니다. 그 뾰족한 것들은 그들의 손들을

압박하면서 빙글빙글 돕니다. 이것은 그들이 그와 같은 영들 가운데 갇혀 있다는 증표입니다.

1281. 더욱이 그들은 다른 영들과 분별되었습니다. 왜냐하면 일반적으로 알려진 것은, 그들이 그와 같은 존재가 되었을 때, 또는 그들이 악한 존재가 되었을 때, 그들은 그들이 만나는 다른 영들에게서 자기 자신들을 숨길 수 없기 때문입니다. 왜냐하면 그들의 망상이나 미망은, 가인에 관해서 언급한 것과 같이, 그들이 즉시 인식하는 유사한 결과들을 그것에서 생성하기 때문입니다. 그들은 그런 존재이기 때문에, 그들은 다른 자들에게 혐오(嫌惡)나 공포(恐怖)를 일으켜, 그들에게서 그들을 내쫓아버리는 것으로, 그들은 가인과 같이 안전하게 됩니다.

1282. 나는 그를 보지 못하였지만, 아주 깊은 지옥에서부터 파송된 그들 중의 하나가 매우 강한 증오의 독기(毒氣)를 가진 것으로 기술되었습니다. 그는, 내가 그를 잘 알게 하기 위하여 나와 같이 있는 영에 의하여 그와 같이 기술되었습니다. 언급한 것은 육신을 입은 그의 생애에서 그는 독약을 가지고, 어떤 양심의 가책도 없이, 수많은 사람들을 살해하고, 그리고 그것은 몇 년 일찍, 또는 몇 년 뒤에 죽었는지 관계없이 모두가 꼭 같다고 생각되었습니다. 그는 순진무구(純眞無垢)한 자에 대하여 이와 같은 처참한 살인을 저질렀고, 그리고 그가 의도했던 자는 누구에게도 실제로 살인을 자행하였습니다. 이와 같은 살인자들을 도와주었던 조력자들도 그들과 함께 아주 깊은 지옥에 있었는데, 그러나 그들은, 미리 계획된 것에서가 아니고 명령에 따라서 다만 행동하기 때문에, 그들은 보다 유순하게 다루어졌습니다. 그들은 명령에서 비롯된 것이 아니면, 아무것도 거기에서 행하지 않았습니다. 이런 이유 때문에, 그들의 처지는 사실은 다소 가벼운 상태였습니다. 그럼에도 불구하고 그들은 가장 사악한 지옥의 무리들 가운데 있었습니다.

1283. 이런 악마는 외적인 것들 안에서는 순진무구한 자처럼 자기

자신을 드러내기 때문에, 그는 자신을 밉지 않은 얼굴의 젖먹이의 모습을 통해서, 그리고 그의 손에는 어떤 그릇을 든 모습을 통해서 나에게 드러냈지만, 그러나 그의 오른손에는 단검(短劍)을 쥐고 있었습니다. 이런 모습에서 즉시 알 수 있는 것은, 그는 그의 그릇 안에 담겨 있는 독약을 가지고, 어떤 자를 살해할 의도를 가지고 있다는 것이고, 그리고 이와 같은 일도 순진무구의 위장(僞裝) 하에서 행하려고 한다는 것입니다. 이와 같은 의도나 계획은 즉시 적나라하게 밝혀졌지만, 어쨌든 수많은 영들은 그것을 숨기려고 애를 씁니다. 그러므로 역시 알려진 것은 그는 가장 사악한 자들 가운데 있다는 것입니다. 매우 강한 독기(毒氣)를 가지고 있는 그는 이런 성품이었습니다.

1284. 이런 영들이 밖으로 나가게 되면, 그들은 앞서의 한 장소에 나타나는데, 사악함이 끔찍하면 그럴수록 그들은 더욱 더 왼쪽에 있습니다. 이것이 이 영의 상태이었습니다. 그들의 몸은 미이라와 같이, 알몸이었고, 매우 검었습니다.

참된 기독교인들은 반시 비참함을 겪어야만 한다고 생각하는 자들에 관하여

1285. 이런 영들 중의 한 영이 육신을 입은 상태에 있을 때, 경건을 고백한 사람들에 대하여 생각했던 것을 말하였습니다. 즉 만약에 그들이 불운(不運)이나 역경(逆境)들로 시달림을 받지 않았다면, 경건한 자가 결코 될 수 없었다는 이유 때문에, 그들은 모두가 불행·비참·역경 안에서 기쁨과 즐거움을 가져야 하는 그런 성품들이다고 그는 생각했다는 것입니다. 따라서 그는 기독교인이 이와 같은 일들을 겪는 것은 필수적인 것이라고 생각하였습니다.

1286. 내가 그에게 이에 관해서 말할 수 있는 것이 주어졌습니다. 어쨌든 그와 같은 생각은 사실이 아니고, 오히려 참된 기독교인들은, 다른 사람들과 꼭 같이, 역경이나 비참한 일이 없이, 그러면서도 사

치 속에 빠지지 않고, 좋은 것을 먹고, 마시며 살 수 있다는 것입니다. 그들은, 역시 다른 사람들과 같이, 좋은 옷을 입을 수 있으며, 마찬가지로 사회적인 즐거움을 향유(享有)할 수 있으며, 또한 그들은 다른 자들로부터 존경을 받을 수 있고, 부유하게도 될 수 있다는 것이었습니다. 그러나 이런 모든 것들은 관능적이고, 세상적이며, 그리고 그들은, 천계적인 것과 비교하여, 그것들을 무가치한 것으로 생각합니다. 그러므로 박해(迫害)나 학대(虐待)가 그들을 옥죄고, 사로잡았을 때, 그들은 이런 것들까지도 무의미한 것으로 여깁니다.

1287. 그들이 소유하고 있는 것을 팔아서 가난한 사람에게 주어야 한다는 것도 필수적이 아닙니다.

깊은 지옥에 관하여

1288. 여기에 있는 지옥적인 악귀 또는 원혼(冤魂·fury)은 그와 같은 매우 유해한 독기를 지녔고, 그리고 단검과 독약이 든 그릇(1283항 참조)을 가지고 있는 위장한 젖먹이를 나에게 보냈습니다. 그 뒤에는 다른 자들에게도 꼭 같은 일을 하였지만, 그런 일이 있은 뒤에는, 그를 시체의 지옥으로 보내기 위하여 다른 곳으로 옮겨졌습니다. 그는 관자놀이를 향해 약간 왼쪽으로 조금 앞서 나갔으며, 그리고 내려감이 없이, 같은 평면에 있는 대단히 먼 거리에 있는 곳을 향해 나갔습니다. 그 뒤에 그는 가라앉았는데, 처음에는 불 속으로 가라앉는 것 같이 보였고, 그 다음에는 용광로의 불꽃 속으로 가라앉는 것 같이 보였습니다. 잠시 뒤에는 그 용광로 아래로 가라앉았습니다. 왜냐하면 그 장소는 아주 큰 용광로를 표의하기 때문입니다. 그는 정면을 향해 계속해서 나아갔는데, 거기에는 동굴들이 있었고, 어느 방향에서나, 동굴은, 양쪽 아래로 경사가 졌는데, 그는 경사진 방향으로 계속 나아갔고, 그리고 종국에 그는 시체의 악취 속으로 잠겨버렸습니다. 그는 그 길을 따라서 앞으로 전진하면서, 그는 아무런 원인도 없으면서, 특히 순진무구한 자에 대한 온갖 악

들을 생각하고, 도모하였습니다. 내 주위에 있는 영들은 공포를 느끼고, 모두 도망쳤습니다. 그가 그 불 속을 통과할 때, 그는 비탄(悲嘆)의 소리를 질러댔습니다. 1748년 3월 10일

이 지옥은 위에 기술한 매우 캄캄한 동굴들 안의 땅 밑에 있습니다(1246-1249·1257-1266항 참조).

어떤 흡혈귀(吸血鬼)에 관하여

1289. 영들에 의하여 언급된 것입니다. 어떤 사람이 자기가 죽어가고 있을 때 자기는 흡혈귀들에 관해서 생각을 하였고, 그 때 그는 미치광이 같은 정욕에 사로잡혔다고 하였습니다. 그리고 만약에 그가 죽으면, 흡혈귀와 꼭 같이 활동할 것이고 육신을 입은 삶에서 다시 살아나면, 역시 흡혈귀와 꼭 같은 활동을 하겠다고 결심했던 것을 말하였습니다. 그는 나와 같이 있었는데, 대정맥(大靜脈)이 목이나, 등뼈에 흘러내리는 곳에서 이 일을 하려고 노력하였으나, 그러나 어떤 악도 나에게 일어날 수 없었기 때문에 그 결과는 허사가 되었습니다. 이런 일이 일어났다고 언급한 것은, 그가 그의 죽음의 시각에 이와 같은 미친 짓의 흡수를 생각하였기 때문인데, 그가 육신을 입고 사는 사람과 같이 있다는 것을 알았을 때, 이 생각이 그에게 돌아왔기 때문입니다. 1748년 3월 10일

1290. 동일한 영이 나에게 한 말은, 어디서나 그에게 절호의 기회가 된다고 생각되는 곳에서, 그는 이와 같은 짓을 다른 자들에게도 시도하였다는 것입니다. 따라서 그가 죽음의 시각에 터득한 망상이나 미망은 여전히 남아 있다는 것입니다.

과학적인 방법에 의하여 이해하는 것과는 별도로 하여 믿음을 갖는다는 것은 바람직한 것이다

1291. 그들이 보는 것이 없기 때문에 믿지 않는 자들 보다는, 보지 못하였지만 믿는 자들이 축복 받은 자들이다(요한 20 : 29)는 것

은 아주 명백합니다. 시각에서 떠난 믿음은, 어떤 의미로는 대상물을 보는 사람이 그것을 본 자신에게 입증된 증거를 원하지 않듯이, 모든 증거들을 추방하고 거절하는, 그와 같은 성질이라고 하겠습니다. 믿음에 관해서도 마찬가지입니다. 누구가 하나의 대상물을 보았을 때, 그에게 보여진 증거의 사실은 의심을 불러일으키는데, 왜냐하면 증거는 이런 결과를 가지고 있기 때문입니다. 1748년 3월 10일. 그러므로 모든 증거들이나 입증(立證)들은, 다만 그들이 그것을 볼 수 없다면 어떤 것도 믿으려고 하지 않는 사람들을 위한 것입니다. 따라서 이러한 자들은 여전히 자신들의 맹목(盲目)에 남아 있지 않기 위하여, 그들은, 입증할 수 없는 것들을 입증하여야만 합니다. 예를 들면 한 분 하나님이 존재한다는 것과 같은 것입니다. 어느 누구나, 그것을 입증하려고 하는 아무런 논쟁(論爭·argument) 없이, 이 사실을 반드시 믿어야만 합니다. 그러나 사실은 그 반대입니다. 일상적인 일은, 이것을 입증하려고 할 때, 그 각각의 논쟁이나 논증(論證)에는 의문에 속한 것들이 있고, 그리고 이와 같은 사실은 거절과 배척을 위한 여지(餘地)만 제공할 뿐입니다. 따라서 부끄러운 일들을 위한 여지만 제공합니다. 1748년 3월 10일

발(feet) 밑에 있는 깊은 지옥에 관하여

1292. 지옥이 하나 있었는데, 그것은 탐욕자들의 지옥입니다. 그것은 발 밑에 있었는데, 그것의 가장 사악한 영역은 왼쪽 발 아래에 있었습니다. 비록 그 지옥이 깊고, 그리고 매우 낮은 지역에 있다고 해도, 그것은, 위에서 언급한 다른 지옥들과 같이, 땅 아래에 있지는 않았습니다. 거기에서 일종의 연기(煙氣)가 솟아 올라왔는데, 그것은 오직 연기만이 아니고, 네델란드나, 다른 나라들에서 그 나라 사람들이 하는 것인데, 그것들의 털을 뽑기 위하여 뜨거운 물(hot water)이 가득 담긴 커다란 물통 안에 집어넣고 털을 뽑는 돼지들의 살갗에서 흔히 나오는 그런 김(蒸氣)도 함께 섞여 있었습니다. 이와 같은

연기 같은 증기가 그 지옥에서 솟아 올라왔습니다.

1293. 그가 다른 지옥에 들어가는 것이 허락되지 않았기 때문에, 한 검은 영(a black spirit)이 이 곳에 보내졌습니다. 아마도 이런 이유 때문에 아직까지도 위의 영들 가운데 머무른 것 같습니다. 그가 다른 지옥에 들어갈 수 없기 때문에, 따라서 그는 여기에 보내진 것입니다. 그러나 거기에 있는 영들도 모두 도망하였는데, 그들이 하는 말은, 그가 새카맣고, 따라서 그들을 죽이려는 강도라는 것입니다. 그들이 하나의 살인자에게서는 도망하여야 할 그와 같은 증표(證票)를 그가 가지고 있었습니다. 그리고 그가 그들을 죽이지 않을 것을 말하였을 때, 그들은 여전히 거기에 남을 용기가 없었습니다. 그들이 말한 것과 같이, 그들이 생각하기에는, 거기에서 모은 재산을 약간이나마 거기에 남겨두려고 하였는데, 그것들을 모두 약탈자에게 빼앗겼다는 것입니다. 왜냐하면 그들이 그들의 돈궤 안에 가지고 있는 것들을 그가 빼앗는 것을 막기 위해서 그들은 경계를 늦출 수 없었기 때문에 그들은 일생 동안 매우 큰 두려움에 떨어야만 했기 때문입니다.

1294. 그들이 한 말은, 그는 검지만, 그러나 그는 돼지들이 하는 꼭 같은 방법으로 물통 안에서 그들의 털이 뽑혀졌습니다. 이런 방법으로 그는 뻔뻔스럽게도 희게 된다는 것입니다. 왜냐하면 그들은, 이와 비슷한 방법으로 자신들을 희게 만들었다고 말하였기 때문입니다. 그러나 사실은 그는 그들과 같지 않다고 일러졌는데, 이것은 그가 하려고 하는 것이 아니기 때문입니다.

1295. 따라서 이것이 탐욕스러운 자들의 거처(居處·住居)입니다. 그들은 피부가 검게 되고, 그 연기 같은 증기 안에서 배회하고, 그리고 자신들의 재물을 긁어모았습니다. 그들이 검기 때문에, 그들은 스스로, 앞서의 돼지들과 같이, 그들의 털을 긁어내는 그런 방법으로 자신들을 희게 만들어야 하겠다고 생각하였습니다. 그러나 그 표지(標識·mark)는, 그들이 어디를 가든, 여전히 남아 있습니다.

검은 살인자들에 관한 더 많은 내용

1296. 1293항에서 볼 수 있듯이, 그 영이 그들의 지옥들 중에 한 곳에 내려 보내질 수 없었기 때문에, 그는 이마 위 약간 높은 영들의 천계에 자유스럽게 남게 되었습니다. 왜냐하면 그의 육신을 입은 삶에서 그는 위대한 자가 되기를 갈망하였고, 그러나 그와 같이 되기 전에 그는 죽었기 때문입니다. 아마도, 그는 악명이 높은 성격이었지, 좋은 성격의 사람은 아닌 것 같았습니다. 이러한 사실은 인간들의 사회에서는 숨길 수 없는 사실이지만, 그러나 그것을 숨기려고 하였습니다.

1297. 그는 영들의 천계(the heaven of spirits)에 자유스럽게 지낼 수 있었지만, 그럼에도 불구하고 그는 그 자신의 지옥의 무리의 사회 안에 있었습니다. 다시 말하면 죄 없는 사람들을 독약으로 죽인 자들의 사회에 머물러 있으면서, 그는, 독기(毒氣)를 뿜어냈고, 그래서 거기에 있는 영들은 그가 행한 것에 영향을 입어서 우쭐대게 만들었고, 그리고 그들로 하여금 서로 다른 생각을 하도록 꼬드겼습니다. 그들은 또한 이와 같은 일을 몹시 비통하게 여겼습니다. 왜냐하면 그는 자기 자신의 증오(憎惡)에 속한 것들을 모두에게 토해내었기 때문입니다. 그래서 그는 아주 비밀스럽게 그들의 선을 악으로 뒤집었습니다. 그가 내뿜는 독기(毒氣)는 이런 성질의 것이기 때문에, 깊은 생각이 없다면, 그 사람이 알지 못하게 그에게서 발출된 독기를 뿜어 주입시키고, 그리고 내 주위에 있는 영들의 영역이나, 내 자신까지도, 그 독기로 가득 채웠습니다. 그는 이런 짓으로 기쁨을 만끽합니다. 그 이유는 이런 식으로 그는 위대하게 되고, 말하자면, 명령을 하는 자가 되기 때문입니다.

1298. 이상에서 확실하게 알 수 있는 사실은, 한 영이 자유스럽게 지내고, 또 다른 영들의 영역에 들어가는 것이 허락되었을 때, 그가 가지고 있는 독성이 무엇인지 안다는 것입니다. 그리고 이런 부류의

영들이 지옥에 감금(監禁)되지 않는다면, 어떤 일이 일어날지도 알 수 있겠습니다.

1299. 더욱이 이런 영이 이 세상에서 살 때, 그가 교활하다고 일러지는 것이나, 그리고 아마도 몇몇 사람이 그는 영악스러운 사람이라고 말하는 것을 제외하면, 그는 존경 받는 사람들 사이에서 살았습니다. 그는 높은 지위를 누리며 살았고, 그리고 존경을 받으며 살았습니다. 그리고 그는 자기 나라의 중요한 고위직의 국사(國事)에 종사하였습니다. 따라서 더욱 더 명확하게 알 수 있는 것은, 사람이 자신을 얼마나 속일 수 있느냐는 것이고, 또한 육신을 입은 삶에서, 악하지 않은 사람의 외모(外貌)를 취할 수 있다는 것 등입니다.

≪영계 일기≫ 2권 끝

영 계 일 기 [2]

2006년 11월 5일 1판 1쇄 펴냄
2009년 5월 4일 1판 2쇄 펴냄
2023년 9월 25일 1판 3쇄 펴냄

지은이 E. 스베덴보리
옮긴이 안곡·박예숙
펴낸이 이영근
펴낸곳 예수인

1994년 12월 28일 등록 제 11-101호
(우) 157-014·서울 강서구 화곡 4동 488-49
연락처·예수교회 제일 예배당·서울 강서구 화곡 4동 488-49
전 화·0505-516-8771·2649-8771·2644-2188

대금송금·국민은행 848-21-0070-108 (이영근)
　　　　　우리은행 143-095057-12-008 (이영근)
　　　　　우체국 012427-02-016134 (이영근)

ISBN 89-88992-08-3 04230 (세트)　　값 25,000원
ISBN 89-88992-40-1 04230

◇ 예수인의 책들 ◇

순정기독교(상.하)
스베덴보리 지음·이모세·이영근 옮김 각권 값 20,000원

혼인애
스베덴보리 지음·이영근 옮김 값 35,000원

천계와 지옥(상.하)
스베덴보리 지음·번역위원회 옮김 각권 값 11,000원

신령사랑과 신령지혜
스베덴보리 지음·이모세·이영근 옮김 값 11,000원

최후심판과 말세
스베덴보리 지음·이영근 옮김 값 9,000원

천계비의 ① 아담교회
—창세기 1-5장 영해—
스베덴보리 지음·이영근 옮김 값 11,000원

천계비의 ②③ 노아교회 [1].[2]
—창세기 6-8장 / 9-11장 영해—
스베덴보리 지음·이영근 옮김 각권 값 11,000원

천계비의 ④-⑱ 표징적 교회
[1][2][3][4][5][6][7][8][9][10][11][12][13][14][15]
— 창세기
12-14/15-17/18-19/20-21/22-23/24-25/26-27/28-29/30-31/32-34/35-37/38-40/41-42
/43-46/47-50장 영해 —
스베덴보리 지음·이영근 옮김 각권 값 11,000원

천계비의 ⑲-㉑ 표징적 교회[16]·[17]·[18]
— 출애굽기 1-4/5-8/9-12장 영해 —
스베덴보리 지음·이영근 옮김 각권 값 14,000원

묵시록 해설[1].[2].[3]
스베덴보리 지음·이영근·박예숙 옮김 값 15,000원

스베덴보리 신학총서 개요(상.하)
스베덴보리 지음·M. 왈렌 엮음·이영근 옮김 각권 값 45,000원

새로운 교회의 사대교리
스베덴보리 지음·이영근 옮김 값 40,000원

이대로 가면 기독교 또 망한다
이영근 지음 값 12,000원

성서영해에 기초한 설교집 ≪와서 보아라≫[1].[2].[3]
이영근 지음 각권 값 9,000원

* 이 책들은 교보문고·영풍문고·≪예수인≫본사에서 구입할 수 있습니다.